KB196660

역사적 상상과 역사교육

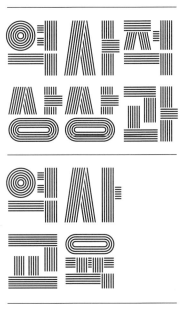

역사책 쓰기와 역사교육

김한종 지음

책과함께

역사교육 연구의
전문성과 실천성을 기대하며

이 책은 1994년 제출한 나의 박사학위논문에서 출발한다. 당시 '역사적 상상'이란 말은 역사교육 분야에서는 그리 흔히 들을 수 있는 용어가 아니었다. 역사학은 지난날 일어났던 사실을 탐구하는 학문이며, 역사교육은 역사적 사실을 내용으로 한다는 너무나 당연해 보이는 사실 때문이었다. 상상은 역사학 및 역사교육의 이런 기본적 성격에서 벗어나는 것처럼 보였다.

내가 원래부터 역사학을 상상이 필요한 성격의 학문이라고 생각한 것은 아니었다. 나 같은 인문사회 분야에 관심을 가진 1970년대 학번이 그렇듯이, 대학에 들어가 역사를 공부하면서 역사학은 사회 현상을 꼼꼼히 분석하고 객관적으로 통찰하는 학문이라고 여겼다. 역사 공부는 사회 현상을 비판적으로 바라보고, 사회를 구조적으로 파악하는 것이라고 믿었다. 그래야 역사 공부가 사회적 실천으로 이어질 수 있다는 생각이었다.

그러다가 역사이론이나 철학 서적, 그리고 사회 문제를 다루는 소설이나 논픽션 같은 책을 읽으면서 점차 역사는 인간의 이야기라는 데 관심을 두게 되었다. 인간은 사회적 존재이므로, 사회 현상이나 사회적 조건이 인간 행동에 영향을 미친다는 생각은 여전했다. 그러나 인간은 자신이 살아가는 사회 상황에 종속되거나 이를 수동적으로 받아들이는 것이 아니라 자기 나름으로 소화해서 삶의 한 부분에 포함한다. 우리가 공부하는 역사는 이런 인간의 의지와 행동의 산물이다. 점차 이것이 인간의 주체성이고 실천성이라는 생각이 들었다. 이는 역사학자나 역사를 공부하는 사람뿐 아니라, 역사적 행위의 당사자, 그리고 역사를 기록하는 사람도 마찬가지다. 그렇지만 이를 온전히 알기는 어렵다. 역사 기록은 실제 일어난 일 중 많은 부분이 빠졌거나 편집되어 있으며, 지난날 사람들이 행동하면서 가졌던 생각을 제대로 전하지도 않는다. 우리는 일종의 상상을 통해서 이를 추론할 뿐이다.

교과교육이 하나의 연구 영역이 된 이후 사고와 사고력은 주된 연구 주제였다. 사고력을 기르는 교육이 지식을 전달하는 기존 교육의 대안으로 부상했다. 역사교육도 마찬가지였다. 역사교육은 역사적 사고력을 길러야 한다는 말을 어렵지 않게 들을 수 있으며, 역사적 사고력을 기르는 역사수업 방안들이 제시되었다. 역사적 사실을 지식으로 그냥 받아들이는 것이 아니라 학습자 스스로 생각해야 한다고 강조하면서, 사고력 교육은 탐구에 집중되었다. 역사탐구에 적용되는 탐구수업은 사회과학적 탐구를 기반으로 하는 것이었다. 역사가 지난날 인간의 행위를 다루는 것이지만, 사회과학의 일반적인 사회탐구는 '인간'이라는 요소에 큰 관심을 두지 않았다.

그러다가 역사교육이 역사의 특징적인 사고방식을 가르쳐야 한다는 주장이 나오면서, 그런 사고방식으로 역사적 상상이 논의되기 시작했다. 이 문제에 눈을 돌린 것이 박사학위논문인 〈역사학습에서의 상상적 이해〉였다. 이 논문에서는 역사적 사고력과 상상의 개념, 역사적 상상의 성격, 학교교육에 반영된 역사적 상상, 역사적 상상력을 기르기 위한 수업 방안 등을 검토했다. 너무도 흔히 볼 수 있는 말이지만, 역사학은 인문학적 성격과 사회과학적 성격을 함께 가지고 있는 학문이다. 이 논문은 역사의 인문학적 성격을 토대로 역사적 상상의 개념과 범주를 밝히고 학습자의 사고활동 방안을 탐색했다는 평가를 받았다.

이후 역사적 상상은 역사교육 연구와 역사교육 현장에서 자주 찾아볼 수 있는 말이 되었다. 2000년대에 들어 역사교과서에 자료와 탐구활동이 늘어나면서 추체험이나 감정이입 또는 역사적 상상이 필요한 학습활동이 들어갔다. 상상적 사고를 포함하거나 역사적 상상력을 기르는 수업 방안이 제시되었다. 그러나 역사적 상상의 성격을 구체화하거나, 이를 기반으로 하는 수업 절차와 모형, 역사적 상상력을 기르는 교육과정 등 역사적 상상에 대한 깊이 있는 이론적·실천적 연구는 별로 없었다. 누구보다도 나 자신이 박사학위논문을 이어 역사교육에서 상상의 문제를 지속적으로 연구하지 못해, 체계적으로 정리하지 못했다. 역사교육 논문을 다수 쓰고 역사교육 책을 여러 권 내면서도 정작 역사교육 공부의 출발점이었던 이 주제에 본격적으로 눈을 돌리지 못했다. 그동안 역사적 상상은 역사교육의 방향으로 제시되거나, 수업 아이디어 또는 실천 사례로 언급되는 정도였다.

박사학위논문을 쓰고 난 후 시간이 지나서 그 내용을 되돌아보니 개

넘이나 논지에서 정리되지 않은 거친 내용들이 많았다. 용어나 개념 사용이 적절하지 못하거나 역사학이나 역사철학 이론을 충분히 이해하지 못한 내용도 있었다. 그래서 이를 다시 정리하고 부족한 내용을 보완해 역사적 상상을 주제로 책을 써야겠다는 생각을 계속 품고 있었다. 그렇지만 이러저런 이유로 실제 작업으로 옮기지 못하고 그저 머릿속에 생각으로만 남긴 채 현재에 이르렀다.

자기변명이겠지만, 물론 그렇게 된 데 이유가 전혀 없는 것은 아니다. 한국중세사, 서양고대사, 동아시아근대사, 서양근대사상사와 같이 특정 시대나 분야의 전공을 표방하는 일반 역사학자와는 달리 역사교육 전공자는 그 안에 세부 전공을 가지고 있지 않다. 그저 스스로 '역사교육'을 전공한다고 말을 하고, 학계나 사회에서도 역사교육이라는 말이 붙는 모든 영역을 전체적으로 알아야 한다고 여겼다. 그러다 보니 역사교육과 관련한 다양한 주제나 분야의 글을 쓰는 것이 역사교육 전공자의 일반적 경향이었다. 만약 이 중 어떤 분야에 집중하면 오히려 공부의 폭이 좁다는 인상을 주기도 했다. 이러한 상황은 특정 주제를 집중적으로 공부하기 어렵게 만들었다.

역사교육은 역사적 사실 자체는 물론 역사이론, 철학과 교육 등 여러 학문 분야와 연결된다. 그래서 역사교육이 기존 학문 분류에서 어떤 하나의 영역에 속한다고 구분하기 어렵다. 역사학자이건 일반인이건 간에 많은 사람들이 역사교육은 독립적인 학문 분야가 아니라 응용학문이라고 여긴다. 새로운 사실을 밝히는 창의적인 학문이라기보다는 기존 학문들의 연구 결과를 교육 실천에 적용하는 것이 역사교육이라는 생각이다. 이런 인식이 적절하건 아니건 간에, 이와 같은 생각은 역사교육 전공자들을 학문적 연구 못지않게 국가교육과정 개발이나 교과서 집필과 같은 일에 참여하게 했다. 더구나 역사교육을 둘러싼 사회적 논의는 학문적 성격이나 연구 결과보다는 현실적인 사회 문제와 밀접한 관련을 가지고 전개되었다. 역사연구와 역사인식은 물론 이념과 정치적 성향까지 얽힌 한국근현대사 논쟁 및 역사교과서 국정화 파동, 일본 및 중국 등 인근 국가와의 역사 갈등, 국가교육과정의 개편 등 역사교육과 관련한 사회 문제들이 자주 터져 나왔고, 그때마다 역사교육 전공자들이 호출되었다. 나 자신도 이런 문제들에서 벗어날 수 있는 것은 아니었다. 이 주제에 처음 관심을 가진 후 30년도 넘은 오늘에서야 이 책을 내게 된 이유 중 하나이기도 하다. 물론 학문적 관점으로 보면, 이 모든 것은 핑곗거리이고 그저 나 자신이 부지런하지 못한 탓에 공부가 부족하기 때문일 것이다.

인문학의 다른 분야나 연구 주제들이 그렇듯이, 역사적 상상도 많은 학문 분야와 연결된다. 역사교육과 역사학, 역사철학뿐 아니라, 교육학과 심리학 등 다양한 영역이 관련된다. 역사적 상상을 탐구하려면 역사교육 이론뿐 아니라 역사학과 역사철학에 대한 폭넓은 식견과 고민이 필요하다. 다양한 학문 분야의 이론과 연구 성과를 종횡으로 연결할 때 역사교육에서 상상의 문제도 체계화되고 깊이를 더한다. 그렇지만 그러기는커녕 이 중 어떤 한 분야를 제대로 이해하기도 쉽지 않다. 이 책에 언급한 역사학자와 철학자, 교육학자 중에는 한 사람의 이론을 주제로 하는 논문도 많이 있을 만큼 널리 알려지고 깊이 있는 이론을 펼친 학자들도 있다. 그 이론을 모두 이해해서 역사교육에 적용할 수 있는 것은 아니다. 또한 박사학위논문을 쓴 이후 수십 년이 지나는 동안 직접 역사적 상상 자체를 주제로 하지는 않더라도 역사교육 이론 전반이나 역사적 사고에 관한 연구들이 적잖이 발표되었다. 박사학위논문을 썼던 1990년대에 비해 지금은 인터넷으로 학술 연구의 성과를 찾기 훨씬 쉬운 상황이 되어 책을 쓰는 데 이를 참고하고자 했지만 여전히 빠뜨린 연구들도 꽤 있을 것이다.

이런 우려를 하면서도 현재 수준에서 이 책을 내기로 한 것은 이제까지 나 자신의 공부를 정리하는 것과 함께, 역사교육 연구가 이제는 구체적인 주제에 눈을 돌리고 이를 체계화하는 방향으로 나아갔으면 하는 마음 때문이다. 그렇게 되었을 때 역사교육 연구가 깊이를 더하고, 역사교육학이 하나의 학문 영역으로 자리잡을 것이다. 그런 의미에서 이 책은 역사적 상상을 주제로 하는 역사교육 연구의 종합적 정리보다는 앞으로의 연구를 위한 하나의 과정이라고 할 수 있다. 앞으로 여러 연구자들에 의해 역사교육의 다양한 주제들에 관한 깊이 있고 비판적인 연구들이 이어지기를 기대한다.

이 책의 내용은 최근의 연구 성과들을 반영했지만 전체적으로는 여전히 박사학위논문의 구조를 따랐으며 내용을 그대로 옮긴 부분도 많다. 30년이라는 세월이 지나는 동안 많은 역사교육과 역사이론 연구들이 나왔는데도 박사학위논문의 틀과 내용을 근본적으로 수정하지 못한 것은 몇 가지 이유 때문이다. 첫째는 역사교육에서 역사적 상상력에 대한 이론적·실천적 연구가 다른 영역에 비해 부족하다. 역사적 상상의 개념을 도입하거나 역사적 사고력을 기르기 위한 수업 사례들이 발표되었지만, 역사적 상상 자체에 대한 연구는 국내는 물론 외국에서도 그리 많은 편이 아니다. 물론 근래 역사교육 영역에서 '역사적 상상력'이나 '감정이입' 등을 주제로 하는 책이나 글들이 나왔다. 그렇지만 이들 연구도 역사적 상상의 이론적이고 철학적인 논의를 정리하고 이를 역사교육에 적용하는 기본적인 방향을 제시하는 정도로, 역사교육 실천 연구의 측면에서 보면 수십 년 전과 크게 달라진 것은 아니다. 둘째, 이 책이 앞으로 역사교육에서 역사적 상상에 대한 안내서이자 토대가 될 수 있을 것이라는 기대감 때문이다. 이 책에서는 역사적 상상을 주제로 하는 연구들을 소개하고 있다. 이에 대해 더 깊이 검토함으로써 앞으로 한 걸음 진전된 연구들이 나올 수 있을 것이다. 셋째, 역사적 상상이라는 개념이 역사교육은 물론 역사이론, 철학이론 등 포괄적 영역에 걸쳐 있다는 점이다. 그런 연구들을 포괄해서 역사교육 이론으로 완전히 새롭게 구성하기에는 내 자신의 능력이 부족하다. 이러한 문제들은 앞으로 나올 연구들이 보완해줄 것이라고 기대한다.

이 책을 내는 데는 많은 분들의 도움이 함께 했다. 지금은 고인이 되었지만 박사학위논문 지도교수 윤세철 선생님, 언제나 걱정 어린 눈으로 격려해주고 필요할 때 도움을 주셨던 이원순 선생님은 내 삶에서 정말 고마운 분들이었다. 4장 4절 학생들의 역사적 상상력 조사를 해준 임식경, 허차진, 조지선, 박미송, 문순창 선생은 이 책을 쓰는 데 직접적인 도움을 주었다. 공주교육대의 이해영 선생은 역사교육 연구부터 책의 구체적 내용에 까지 건설적인 의견을 주었다. 권준, 오효순 편집자는 책의 내용을 꼼꼼히 읽고 교정은 물론 오류를 바로잡고 인명과 용어표기에 이르기까지 세세한 내용에 일일이 의견을 주었다. 그 덕분에 책의 완성도를 높일 수 있었다. 서문의 의례적인 감사말 이상의 진심으로 고마움을 전한다. 원래 이 책은 《역사교육 강의》와 함께 퇴임에 맞춰 쓰고자 했는데 늦어지고 말았다. 그런데도 책과 함께 류종필 대표는 계속 격려를 하면서 기다려주었다. 흔히 말하듯이 인문사회 학술서에 해당하는 이 책이 상업성이 떨어질 것 같은데도 흔쾌히 출간을 해준 마음에 고마울 뿐이다.

이 책의 내용뿐 아니라 그동안 정리되지 않은 나의 글을 읽고 실제 수업에 적용하고자 한 전국의 역사 선생님들에게는 고마우면서도 미안한 마음이 교차한다. 나의 공부는 그들의 기대에 부응하기에는 한참 부족했던 듯하다. 그렇지만 그들의 노력은 학생들의 역사적 사고와 역사의식으로 결실을 맺을 것이다. 이 책과 내 공부가 여기에 조그마한 아이디어라도 제공했으면 한다. 그리고 앞으로 더 좋은 역사수업 아이디어를 제공하는 역사교육 이론과 성과들이 나오기를 기대한다.

2024년 11월, 천안아산역 연구실 '인간과 역사 너머'에서
김한종

차례

서론

1. 문제 제기

지식보다 사고력을 강조하는 것은 오늘날 학교교육의 전반적인 경향이다. 교과교육의 중요한 목적 중 하나는 적절한 내용과 학습방법을 통해 해당 교과의 본질을 이해하고, 거기에 필요한 사고능력을 기르는 데 있다. 역사교육에서도 1970년대 이후 역사적 사고력에 대한 관심이 높아졌다.[1] 서구에서는 역사적 사고가 역사교육 연구의 이론과 실천의 표준이 되었다는 평가를 받는다. 역사적 사고는 한때 역사학, 심리학, 교육학에서 탐구의 기저가 되는 모호한 학문적 개념이었지만, 2010년대에 들어서는 비디오게임 개발자들까지 역사적 사고력을 길러야 한다고 주장할 정도로 유행하는 개념이 되었다.[2]

오랫동안 역사교육은 사실을 기억하는 지식 중심으로 전개되어 역사적 사고력을 기르는 데 효율적이지 못하다는 비판을 받았다. 흔히 지적하는 바와 같이 역사를 사건, 인물, 연대를 나열하는 단순한 이야기로 다루는 역사교육은 학생들에게 역사를 암기의 대상으로 여기게 했으며, 강의 중심의 역사수업은 생생하고 흥미 있는 학습을 어렵게 한 채 역사를 지루하고 무미건조한 과목으로 인식하게 했다. 이와 같은 역사교육은 학생들로 하여금 역사를 본질에 비춰 역사답게 이해하려는 노력을 충분히 하기 어렵게 만들고 역사 지식의 의미를 생각할 수도 없게 했다. 역사적 사고력의 육성을 강조하는 것은 이에 대한 반성에서 나왔다고 할 수 있다.

학문이나 교육에서 사고란 일반적으로 과제를 적절한 방식으로 해결해나가는 지적 활동을 가리킨다. 역사적 사고는 역사적 과제를 해결하는 역사학의 특징적인 이해 방식이라고 할 수 있다.[3] 역사교육을 논의하면서 엄밀한 개념 규정 없이 '역사적 사고'라고 하면 흔히 역사가가 자료에서 역사적 사실을 탐구하는 과정에서 사용하는 사고방식을 떠올린다. 문제의식을 가지는 것, 자료를 분석하고 해석해서 이를 설명하는 것, 자료 내용이 전하는 역사적 사실에 의미를 부여할 때 발현되는 정신적 활동이 역사적 사고라는 것이다.[4] 역사가는 과제를 해결하고 역사적 사실을 밝히는 데 다양한 사고방식을 사용한다. 분석과 해석, 비판을 하기도 하고, 직관과 통찰, 감정이입을 통해 역사적 사건과 현상의 의미를 찾기도 한다. 분석이나 비판은 과학적 사고의 성격을 가진다. 이에 반해 직관과 통찰, 감정이입에는 상상적 추론이 들어간다. 역사적 사고는 이 두 가지 측면을 모두 가지고 있다. 엘턴(G. R. Elton)은 역사적 사건을 이해하기 위해서는 분석적 눈으로 자료를 보아야 하며, 상상적 재구성과 해석을 할 수 있어야 한다고 말한다.[5] 역사는 '현재와 과거의 대화'이며 '역사가와 사실의 상호작용'이라고 말한 카(E. H. Carr) 역시 역사학에서 상상적 이해와 경험적 일반화의 필요성을 모두 인정하고 있다. "역사가는 자신이 다루는 사람들의 마음, 즉 사람들의 행위에 깔려 있는 생각을 상상적으로 이해할 필요가 있으며",[6] "역사가는 오직 현재의 눈을 통해서만 과거를 보고 이해를 할 수 있다"[7]는 것이다. 놀런드(James R. L. Noland)는 역사 탐구의 이런 두 가지 성격을 상상과 비판으로 대비했다. 상상은 인간 행동의 이해를 추구하며, 비판은 인간 행동의 이면에 있는 인과적 힘을 밝히는 것이다.[8] 그렇지만 역사적 사고에서 상상과 비판은 배타적인 것이 아니다. 역사적 사고가 지난날 실제 일어난 일을 밝히는 것을 추구하며 자료 탐구를 기반으로 하므로, 역사적 상상에도 자연히 탐구활동이 늘어간다. 캐나다의 철학자인 페어필드(Paul Fairfield)는 역사적 상상력의 확장적 개념이 특별한 시대를 의미 있게 재인식하는 것으로, 이는 현상학적-해석학적 분석과 역사적 탐구의 조합을 통해 명확해질 수 있다고 보았다.[9] 여기에서 역사적 탐구는 자료에서 사실을 밝히는 작업으로 과학에서 흔히 사용하는 탐구 방식이다. 현상학적-해석학적 분석은 '분석(analysis)'이라는 표현을 쓰고 있지만 자료로부터 역사의 어떤 시대가 가지는 의미를 해석하는 것이다. 역사적 상상은 현상학적-해석학적 분석에만 나타나는 것이 아니라 역사적 탐구에도 작동한다. 역사적 상상의 개념을 확장하면 이두 가지 사고방식을 종합해서 역사적 사실을 추론하는 작업이 된다.

그러나 전통적으로 교과교육에서 상상의 문제는 무시되거나 소홀하게 취급되었다. 교육은 학생들의 논리적 분석과 합리적 추론 능력을 기르는 것을 강조했다. 그러면서 사고를 이분법적으로 합리적 사고와 비합리적 사고로 나누고, 상상을 비합리적 사고의 형태로 여겨왔다.[10] 역사적 사고에 대한 논의도 분석적 사고나 비판적 사고에 치우쳐왔다.

교육에서 사고의 비판적 요소와 상상적 요소는 그렇게 명확히 구분되지 않는다. 상상 역시 마음속으로 이미지를 그리는 의식적인 행위라고 할 때, 엉뚱한 공상이나 불합리한 사고가 아닌 합리적이고 지적인 정신 작용일 수 있다.[11] 역사는 재창조와 설명, 예술과 과학의 양면성을 가지고 있기 때문에, 이 두 가지 사고방식은 별개로 분리되기보다는 상호보완의 성격을 띠는 경우가 많다.[12] 여기에서 역사가 재창조 또는 예술의 성격을 가졌다는 것은 역사적 이해를 위해서는 상상이 필요하다는 의미이다. 역사 이해는 자연과학이나 사회과학보다 상상을 더 필요로 한다. 역사적 상상은 순수한 창조적 행위가 아니라 과거의 재구성에 필요한 것으로, 자료에 직접 나타나 있지 않은 내용을 재구성하거나 자료의 간극을 메우는 데 사용된다.[13] 교육에서 사고의 문제를 다룬 대표적인 학자인 라일(Gilbert Ryle)은 역사가의 문제 해결 방식을 탐정의 문제 해결 방식에 비유하면서, 역사가는 가설을 세우는 데 풍부한 창조력을 가져야 하고 각종 자료에 유의해야 한다고 말했다. 풍부한 창조력은 상상력과 관계가 있고, 자료에 유의하는 것은 분석력과 관계가 있다. 즉 역사적 문제 해결을 위해서는 한편으로는 상상적으로 사고하고, 다른 한편으로는 논리적·조직적·사실적 사고를 해야 한다는 것이다.[14] 과학적 역사 연구방법을 주장하는 학자들도 역사적 사고에는 상상이 필요하다는 것을 인정한다. 예를 들어 역사연구에 통계적 방법을 사용한 에이들럿(William O. Aydelotte)은 역사에서 일반화가 가능하고 또 필요하다고 주장하면서도, 이는 논리적 연구의 결과만이 아니라 새로운 방식으로 사실을 보고, 증거를 다루며, 이제까지는 인식되지 않은 증거들 사이의 유사성 및 관련성에 주목함으로써 이루어질 수 있다고 말한다.[15] 여기에서 후자를 위해서는 상상력이 필요하다. 즉 논리적 탐구뿐 아니라 상상도 역사적 일반화의 조건이다.

특히 딜타이(W. Dilthey), 오크숏(Michael Oakeshott), 크로체(Benedetto Croce), 콜링우드(R. G. Collingwood) 등의 관념론자(idealist)*들은 역사적 이해와 자연과학의 이해는 근본적으로 다르다고 주장하면서, 역사 이해의 독자적 논리를 주장한다. 이들이 역사 이해의 방법으로 제시한 추체험(追體驗, Nacherleben), 재연(再演, re-enactment), 감정이입(empathy), 상상(imagination) 등은 역사적 사고의 상상적 측면으로, 이를 둘러싼 논의는 분석철학자(analytical philosopher)들에게로 이어진다. 역사교육의 주요 목적 중 하나가 학생들에게 역사의 본질을 인식하게 하고, 역사가의 사고방법을 배우게 하는 것이라고 할 때, 역사적 상상력을 기르는 것은 이러한 목적을 달성하는 데 필수적이다.

이 책은 이 같은 문제의식을 바탕으로 역사적 사고와 상상 이론을 검토함으로써 역사 이해 방식으로서 역사적 상상의 개념과 속성을 체계화하고 역사적 상상을 경험하는 학습 방안을 탐색하고자 한다.

이 책은 역사적 사고가 다른 교과나 학문과 공통적인 속성과 역사의 고유한 속성이라는 양면성이 있다는 관점에서 출발한다. 역사적 사고의 이 두 가지 속성은 분리되는 것이 아니라 하나의 사고작용에 복합

---

* 앳킨슨(R. F. Atkinson)은 실증론자(實證論者, positivist)와 관념론자(觀念論者, idealist)라는 용어가 역사에 대한 시각과 철학적 입장 사이에는 필연적인 관련성이 있다는 느낌을 주기 때문에, 통합론자(assimilationist)와 자율론자(autonomist)라는 용어가 더 적절하다고 주장한다(R. F. Atkinson(1978), *Knowledge and Explanation in History*, London: Macmillan Press Ltd., p.23). 그러나 이 책에서는 일반적인 용례에 따라 실증론과 관념론이라는 용어를 사용한다.

적으로 들어가는 경우도 많다. 또한 역사적 사고의 본질이 무엇인가는 역사교육보다는 철학적인 문제로, 역사교육의 목적이 역사철학자를 기르는 것이 아니며, 이를 둘러싼 역사이론의 논쟁이 역사교육에서 어느 한 가지 사고방식을 배제해도 좋다는 의미는 아니다. 역사적 상상은 과학적 사고와 대비되는 역사적 사고의 인문학적 성격으로 규정되어왔다.[16] 그렇지만 역사적 사실의 이해뿐 아니라 이를 구조화하는 데도 상상이 필요하다는 점에서 보듯이, 상상이 반드시 역사의 인문학적 성격에만 한정되는 것은 아니다.

1990년대 역사적 상상이 과학적 사고와 구분되는 역사학의 특징적인 사고방식으로 제시된 이후, 역사교육에서도 역사적 상상에 대한 관심이 많아졌다. 이에 따라 역사교과서에는 역사적 상상을 요구하는 활동 과제가 들어갔다. 특히 추체험과 감정이입이 들어가는 탐구는 인기 있는 학습활동이 되었다. 역사적 상상력을 기르기 위한 수업 방안을 제시하거나 수업에 적용한 결과, 학생들의 역사적 상상력이 어떻게 촉진되었는지를 검토하는 연구들도 나왔다.[17] 그렇지만 역사적 상상의 개념과 속성, 역사학습에서 상상력의 기능, 역사적 상상력을 적용한 역사수업 방안 등 역사적 상상에 대한 연구는 역사교육에서 그리 체계적으로 진척되지 않았다. 역사적 상상력의 교육적 개념과 속성을 명확히 하고 역사수업에 체계적으로 적용하려면 다음과 같은 문제를 더 깊이 논의할 필요가 있다.

첫째, 역사적 사고와 역사적 상상의 관계이다. 역사적 상상도 역사 탐구의 한 가지 형식이다. 역사적 사고에는 과학적 사고와 상상의 두 측면이 있지만, 실제 실제 사고 활동에서는 이 두 가지가 분리되어 나타나는 것은 아니다. 역사를 탐구하는 데 이 두 가지 사고방식이 어떤 관련성을 가지거나 상호작용을 하는지 밝힐 필요가 있다.

둘째, 역사적 상상과 문학이나 예술의 상상은 어떤 점에서 같고 다른가의 문제이다. 역사적 상상이 기본적으로 과학적 사고와 대비되는 인문학적 사고를 바탕으로 한다고 할 때, 그것은 작가가 작품을 쓰거나 만들 때 발휘하는 상상과는 다른가? 물론 문학이나 예술이 기본적으로 창작을 하는 것이고 역사는 사실을 기반으로 하는 것이지만, 외적으로 볼 때 상상이라는 사고방식 자체에 차이가 있는 것은 아니다.

셋째, 역사적 상상의 인지적 속성과 정서적 속성의 관계이다. 역사적 상상은 인지적 사고능력으로 여겨진다. 그렇지만 일상생활에서 상상이라고 할 때 사람들은 정서를 떠올리는 경우가 많다. 역사적 상상이 기본적으로 인지적 사고행위라고 하더라도, 그 안에 정서적 성격이 들어갈 수도 있다. 그렇다고 역사적 상상의 정서적 속성이 인지적 성격을 배제한 순수한 정서라는 뜻은 아니다.

이 책에서는 이런 문제들에 직접적으로 답하지는 않는다. 그렇지만 역사적 상상의 성격과 그것이 역사교육에 주는 의미를 논하는 가운데, 이 문제에 접근하는 관점을 제공할 것이다.

2. 연구 동향

역사적 상상은 역사적 사고의 특징적인 방식이지만, 여전히 독자적인 연구 영역으로 자리매김하지 못하고 있다. 역사교육은 물론 역사학에서도 역사적 상상을 주제로 한 체계적이고 이론적인 연구는 국내와 국외를 막론하고 별로 없다. 근래 외국에서 역사적 상상을 주제로 하는 연구서들이 몇 권 나왔지만, 역사학의 본질이나 역사 연구의 성격에 대한 철학적 논의와 역사적 사고의 특징적인 방식으로 역사적 상상의 성격이나 기능에 대한 일반적인 설명에 중점을 두고 있다. 그래서 역사교육에서 역사적 상상력에 대한 연구 동향은 역사적 사고 연구 속에서 검토할 수밖에 없다. 다만 역사적 사고의 연구 동향을 정리한 기존 연구들[18]이 있기에, 여기에서는 이 책의 주제인 역사적 상상력과 직접 관련이 있거나 그 동향 및 논점을 이해하는 데 필요한 연구에 한정해 검토하겠다.

역사적 사고는 1950년대부터 역사교육의 장에서 언급되어왔다. 1970년대까지는 주로 역사교육의 목적으로 제시되었다.[19] 그렇지만 역사적 상상력에 별도의 관심을 가지거나, 이를 역사적 사고력의 한 영역으로 다루지 않았다. 1970년대 이후 역사적 사고력 연구는 역사교육의 다른 분야에 비해 비교적 활발했다. 1970년대부터 역사적 사고력은 역사를 보는 관점 또는 역사교육의 방법으로 인식되기 시작했다. 이에 따라 역사적 사고력의 개념과 교육적 기능이 논의되었다. 이런 연구들은 역사적 사고력을 역사를 이해하고 학습하는 능력으로 보았다. 그래서 인지발달의 관점에서 학생들의 역사적 사고력의 발달단계와 그 연령을 밝히거나, 학생들의 역사적 사고력을 육성하기 위한 교수학습 방법을 검토하는 데 중점을 두었다.

역사적 사고력의 발달에 대한 초기 연구는 주로 일본의 연구를 토대로 했다. 일본에서는 1950년대부터 1970년대에 걸쳐 역사적 사고력을 역사의식으로 표현하면서, 역사의식을 그 성격에 따라 위계화하고 학생들의 역사의식 발달을 조사했다. 일본의 연구들은 역사의식의 구성요소로 시원의식, 고금상위(古今相違), 변천, 발달, 인과관계, 시대 구조 및 시대 관련 등을 파악하는 제 능력과 역사를 발전적으로 파악하려는 능력으로 구분하고,[20] 그중에서도 분석, 비교, 인과관계의 파악, 실증, 비판, 종합, 해석 등을 역사교육에서 길러야 할 중요한 사고력으로 보았다.[21] 이는 분석적·비판적 사고를 토대로 하는 것으로, 과학적 사고방식이라고 할 수 있다. 물론 비판적 사고는 자연과학뿐 아니라 사회과학이나 인문학에서도 널리 사용되는 사고방식이며, 해석은 역사가들이 사실을 밝히는 기본적인 방법이다. 그렇지만 여기에서 말하는 비판이나 해석은 상상적 측면을 염두에 둔 것이 아니라 자료를 직접 확인하고 검증한다는 속성을 가지는 것이었다.

역사적 사고력을 주제로 한 초기 역사교육 연구들은 교과로서 역사의 성격에 대한 검토 없이, 과학에서 사용하는 분석과 같은 방식을 역사 탐구에 적용하면 그것이 곧 역사 탐구라고 여겼다. 사회과 탐구모형을 그대로 역사 탐구에 적용한 것도 이런 생각에서 비롯되었다. 그러면서도 이러한 탐구 논리를 역사 탐구에 어떻게 적용할 것인지를 체계적으로 연구하지 않은 채, 그저 역사적 사실이라는 내용에도 적용할 수 있는 것으로 받아들였다.

역사적 사고력의 발달을 돕는 역사학습 방안들은 주로 수업 실천의 성격을 가진다.[22] 그렇지만 이론적 체계를 갖춘 것이 아니라 담론 수준이었다. 역사적 사고력의 개념이나 영역에 대한 연구는 별로 없었다. 그 결과 역사적 사고력을 기르기 위해서는 다양한 학습방법이 필요하다는 데 공감의 폭이 확대되고 이를 위한 구체적인 수업 방법이 활발하게 모색되었다. 그럼에도 불구하고 1980년대까지는 역사적 사고력이 무엇이며 이를 어떻게 기를 것인가를 구체적으로 논의하기보다는 그저 역사적 사고력이 중요하다는 문제 제기 수준에 그쳤다.

1990년대 들어 국내에서도 역사적 사고력의 개념과 구성요소에 대한 논의가 진행되었다. 역사를 탐구하는 방식에 따라 사고하는 것을 역사적 사고로 보고, 역사 탐구의 성격을 교육적 측면에서 밝히려는 연구들이 나타났다. 김한종은 역사적 사고력을 역사적 탐구 기능과 역사적 상상력으로 구분했다.[23] 역사학은 과학적 성격과 예술 또는 문학적 성격이라는 양면성이 있다는 사실에 기반하여 역사적 사고가 과학적 사고에 기반을 둔 전통적인 탐구 방식과 역사이해의 독자적 성격이라고 할 수 있는 역사적 상상의 양 측면이 있음을 밝히고 이에 속하는 사고 요소들이 무엇인지 제시했다. 역사적 사고의 이런 복합적 성격이 역사교육에서 역사적 사실을 탐구하는 데 가지는 의미를 구체화하고자 한 것이다. 이 연구가 특히 관심을 끌었던 것은 역사적 상상력을 역사적 사고의 한 영역으로 독립시킨 것이었다. 이후 역사적 상상력에 대한 관심이 역사교육 연구는 물론 학교의 역사수업 현장에서도 커지기 시작했다. 역사적 사고의 이 두 가지 성격을 체계화하고 종합하여 역사적 사고의 개념과 속성을 구체화하려는 일련의 박사학위논문들이 발표되었다.

정선영은 역사적 사고의 과학적 성격에 주목했다. 그래서 실증주의 역사 이론과 역사적 설명에 대한 논의를 바탕으로, 역사교육에 과학적 설명의 논리를 적용하기 위한 종합적인 연구를 발표했다.[24] 이 연구에서 정선영은 과학적 역사 설명의 방식을 연역적-법칙적 설명, 확률적 설명, 발생적 설명, 성향적 설명, 설명 스케치로 나누었다. 그렇지만 생략적 설명과 부분적 설명을 가리키는 설명 스케치의 경우, 명시적으로 제시되지 않은 부분이 과학적 설명의 한 부분일 수도 있고 상상에 해당하는 부분일 수도 있다. 따라서 과학적 설명인지의 여부를 가리키는 것과는 기준을 달리한다. 이 연구는 역사교육에서 과학적 사고의 필요성에 대한 근거와, 이를 역사교육에 어떻게 적용할 것인가에 대한 이론적 틀을 제시했다. 그러나 역사적 사고의 또다른 측면인 상상이 역사를 이해하는 데 어떤 기능을 하며, 이를 역사교육에 어떻게 적용해야 하는지는 별도의 과제로 남겨놓았다.

정선영에 이어 김한종은 과학적 사고방식과 구분되는 역사적 사고의 특징적인 방식인 역사적 상상력의 개념과 범주를 밝혔다.[25] 김한종은 역사적 상상을 구조적 상상과 감정이입적 이해, 그리고 역사적 판단으로 구분했다. 그리고 구조적 상상에는 보간(interpolation)과 자료의 대안적 해석이 있다고 했다. 이 연구에서는 역사적 상상력과 역사의 상상적 이해를 구분하지 않고 사용했다.

이러한 연구를 이어서 역사적 사고력의 요소를 더 구체화하고자 한 것이 최상훈의 연구였다.[26] 최상훈은 역사적 사고력의 하위요소를 연대기 파악력, 역사적 탐구력, 역사적 상상력, 역사적 판단력으로 구분했다. 연대기 파악력은 시간상의 전후관계를 이해하는 능력, 역사적 탐구력은 역사 문제에 관해 가설을 산출하거나 해결 방안을 모색하는 정신활동을 가리킨다. 역사적 상상력은 부족한 사료의 간극을 메우고 부재증거(不在證據)를 고려하며, 사건 뒤에 숨어 있는 사람들의 사상을 상상적으로 재연하는 것, 역사적 판단력은 사료에 빠져 있거나 직접적으로 나타나 있지 않은 것을 상상적으로 사고하는 것을 말한다고 규정했다. 앞의 김한종이 제시한 역사적 사고력의 두 영역 중 역사적 탐구 기능을 연대기 파악력과 역사적 탐구력으로 나누었으며, 역사적 상상력에서 역사적 판단력을 분리한 것이다. 최상훈은 역사적 판단력이 상상력의 범주에 속한다고 볼 수도 있지만, 상상을 통한 판단뿐만 아니라 논리적 분석을 통한 판단도 존재하며, 역사적 사고력의 세부영역이 종합적으로 작용하면서 수행되는 가장 수준이 높은 능력이므로 별개의 세부영역으로 설정하는 것이 타당하다고 보았다.[27]

역사적 탐구 기능(技能, skill)이란 교육목표분류학이나 탐구학습 주창자들이 말하는 문제의 인식부터 결론의 도출까지 일련의 탐구 과정을 수행할 수 있는 구체적인 학습 능력을 뜻한다. 역사 탐구가 지칭하는 광범한 범위나 그 성격에 비춰 볼 때, 이는 역사 탐구의 성격을 그대로 반영하지 못한다. 그런 의미에서 최상훈은 탐구 기능 대신 탐구력이라는 용어를 사용한 것으로 보인다. 그렇지만 반대로 탐구를 광범한 의미로 사용할 때, 역사적 상상도 크게 보면 탐구에 해당할 수 있다. 특히 탐구라는 말을 탐구모형에서 사용하는 전통적인 탐구의 의미로 한정한다고 하더라도, 역사적 사실을 일어난 순서에 따라 생각하는 것은 역사 탐구의 기본적 방식이다. 연대기 파악력과 역사적 탐구력은 역사 탐구에서 별개로 구분할 수 있는 성격의 학습 능력은 아니다. 이런 용어상의 혼란은 '탐구'를 요소로 볼 것인지, 아니면 사고 영역으로 볼 것인지를 명확히 하지 않았기 때문이다. 요소로서 탐구를 가리킬 때는 '탐구 기능', 사고 영역을 가리킬 때는 '탐구력'이라는 용어가 더 적절할 수도 있다.

이 책의 주제인 역사적 상상력과 관련해 더 검토해야 할 것이 역사적 판단력의 문제이다. 김한종은 역사적 사고력을 역사적 탐구 기능과 역사적 상상력이라는 2개의 영역 내지 범주로 구분한 데 비해, 최상훈은 '세부영역' 또는 '하위범주'[28]라고 표현하면서, 네 가지로 구체화했다. 이 때문에 현장 적용 연구에서는 최상훈의 분류를 역사적 사고력의 요소로 삼는 경우가 많다. 그렇지만 역사적 판단력을 역사적 상상력과 분리할 것인지, 역사적 상상력으로 볼 것인지는 별도로 논의하지 않았다. 이후 김한종은 이런 경향을 반영해 역사교육 이론서에서 일단 역사적 판단력을 역사적 상상력과 분리해서 서술했다.[29] 그렇지만 이는 개론서의 성격상 자신의 주장을 담기보다는 기존 논문이나 역사수업 경향에 따른 것이었다. 사실 역사적 상상력도 역사 탐구를 기반으로 하는 것이니만큼, 일반적인 탐구에서 사용되는 논리적·합리적 사고방식을 전적으로 배제하는 배타적인 역사적 사고방식은 아니다. 그런 점에서 역사적 판단력이 역사적 상상뿐 아니라 논리적 사고까지 포함한다는 것을 근거로 역사적 상상력과 구분할 수는 없을 것이다. 이런 점을 감안해 김한종은 나중에 역사적 상상력에 대한 논문에서 최종적으로 역사적 판단력을 역사적 상상력의 한 형식으로 분류했다.[30]

한경자는 역사적 이해의 유형을 논리적 이해, 공감적 이해(sympathetic understanding), 구성적 이해(configurational mode of comprehension)로 구분했다.[31] 한경자는 논리적 이해가 역사현상을 보편법칙이나 일반 가설에 비춰 설명하거나 실증적 논리에 근거해 사실을 이해하려는 것이라고 설명한다. 두 번째 공감적 이해는 역사적 행위에 대한 이해로, 행위의 의도·동기·목적에 대한 상상적 재경험을 요구한다고 규정한다. 세 번째 구성적 이해는 시간 계기적인 흐름 속에서 조직된 역사적 진술에 대한 이해로, 사실들의 상호 관련성, 증거와의 관련성, 변화와 시간성에 대한 이해가 중심이 된다고 본다. 한경자가 말하는 논리적 이해는 과학적 역사 설명, 공감적 이해는 감정이입적 이해에 해당한다. 구성적 이해에서 말하는 진술은 내러티브를 가리키는 것으로 보인다. 한경자는 역사적 사고력 대신에 역사적 이해라는 말을 사용했다. 그러면서 "역사적 이해는 역사교육의 중요한 목적이며, 역사적 사고의 함양을 위한 중요한 도구"[32]라고 하여, 역사적 사고와 이해의 관계를 표현했다. 한경자의 연구에서는 이해를 해석학에서 말하는 이해와 같은 엄밀한 개념어로 사용하지는 않았다. 역사 이해가 역사적 사실을 밝히는 방식임을 감안할 때 실제로 일반적인 의미의 사고와 구분하기는 쉽지 않다. 한경자가 말하는 역사적 이해는 일반적인 의미의 역사적 사고에 해당한다. 그렇지만 한경자의 논문에서는 empathy를 '감정이입', sympathy를 '공감'으로 번역하면서도, 공감의 개념을 empathy로 설명하는 등 용어의 혼란이 보인다.* 또한 역사적 상상과 감정이입을 구분하면서도 그 차이가 무엇인지 제시하지 않거나, 공감이 감정이입과 같은 것이라고 말하면서도 공감은 역사적 상상과 감정이입의 두 가지

---

* 이 책의 3장에서 감정이입적 이해를 설명할 때 다시 나오겠지만, 심리학에서 말하는 '공감'은 sympathy가 아니라 역사학이나 역사교육에서 보통 '감정이입'이라고 번역하는 empathy 이다. 심리학에서는 sympathy를 '동정'이라고 한다. 동정은 이해가 아니라 정서적 상태이다. 한경자의 논문에서는 역사교육의 용례와 같이 empathy를 '감정이입', sympathy를 '공감'이라고 번역하면서도, '공감'의 개념은 심리학에서 말하는 공감, 즉 empathy의 의미로 설명했다.

특징이 있다고 하는 등 개념을 불명확하거나 일관되지 않게 사용했다.

윤종필은 영국 및 미국과 국내 연구의 검토를 바탕으로, 인식론적 입장에서 역사적 사고를 논의했다. 그는 과정신빙론(process reliabilism)*의 입장과 실용주의적 입장에서 역사적 사고의 인식론적 성격을 고찰했다. 그리고 역사적 사고 의 메타인지를 역사수업에 적용하는 방안을 사례와 함께 제시했다.[33] 윤종필은 역사적 사고가 사회적으로 성립된 구체적인 상황 속에서 수행되는 것으로 보았다. 이러한 관점에서 역사적 사고가 사고의 전체적 과정을 반성적으로 볼 수 있는 메타인지 능력과 유기적 관련성을 가진다고 말했다. 메타인시로서의 역사적 사고는 1차 사료와 선행연구의 성격 등으로 구성된다. 역사적 사고는 사고 행위를 수행하는 구체적인 사회적 맥락을 파악하면서, 그것을 통해 도출한 해석이 변화하는 양상 및 성격을 이해하는 행위이다.

역사적 상상력의 요소 중 역사교육에서 가장 활발한 논의와 연구가 진행된 것이 감정이입이다. 감정이입 활동이 포함된 역사수업 방안 연구들이 다수 발표되었다[34] 방지원은 역사적 상상력의 요소 중 하나인 감정이입을 역사교육 내용구성의 원리이자 역사학습 방법의 원리로 삼았다. 그리고 이 두 가지 측면에서 초·중·고등학교 역사교육의 내용과 학습방법의 계열화 방안을 제시했다.[35] 이는 감정이입의 이론적 논의를 현장 역사교육에 적용하려는 시도였다.

---

* 신빙론(信憑論, reliabilist epistemology)은 명제의 참뿐 아니라 이를 정당화하기 위한 과정의 신뢰성을 강조하는 인식론이다. 미국의 철학자 골드먼(Alvin Goldman)은 자기성찰(introspection), 설득력 있는 추론, 기억, 표준적 지각과 같이 신뢰성을 가진 인지과정이 올바른 믿음을 산출한다는 과정신빙성을 제시했다.

특히 대학원이나 교육대학원에서 현장 교사들에 의해 감정이입의 활동을 포함하는 수업 실천 연구가 다수 나왔다. 이러한 경향은 감정이입이 학생의 참여와 흥미를 자극할 수 있다는 인식 때문이다. 학교 현장에서 학생들이 역사를 싫어한다는 말이 나온 것은 이미 오래되었고, 현장 역사교육의 이런 현실적 문제를 돌파하는 방법의 하나로 교사들이 감정이입에 관심을 갖는 것이다. 이 때문에 감정이입적 이해의 경험이 들어가는 수업을 구상하는 교사들은 감정이입의 정서적 속성을 강조하거나 수업에 이를 적용하고자 한다. 역사적 감정이입에 대한 이론 연구들이 인지적 성격을 강조하고 있는데도 이를 부각하는 현장 연구는 오히려 찾아보기 어렵다. 또한 별다른 검토나 논의 없이 감정이입과 추체험의 개념을 혼용하는 경향도 나타난다. 이처럼 교실 역사 수업의 측면에서 역사적 감정이입에 대한 관심이 높은 데 반해, 역사적 감정이입에 대한 이론적 논의는 여전히 충분하지 않다.[36]

영국과 미국의 역사교육학에서도 1970년대 이래 역사적 사고력의 발달에 대한 연구들이 진행되었다. 이는 역사의식의 개념에 중점을 둔 독일 계통의 연구와는 대비되는 것이었다.[37] 그렇지만 영국과 미국의 역사적 사고 연구는 유럽 여러 나라의 역사교육에 영향을 주었다. 또한 역사적 사고와 역사의식이 반드시 분리되는 것은 아니었다. 역사적 사고는 역사의식과 마찬가지고 시민교육의 상황과도 관련을 가진다. 역사의식의 측면에서 많이 논의되던 공공선(common good)의 숙의를 위해서는 역사 변화와 지속의 과정을 분석하고, 사회 문제의 원인과 결과, 미래의 가능한 시나리오를 인식하고 성찰할 수 있는 능력이 필요하다. 또한 집단기억 속에 남아 있는 과거의 표상을 비판적으로 검

토할 수 있어야 한다.[38]

영국에서는 1970년대 사실 지식을 전달하는 데 초점을 맞추던 역사교육에서 학생들의 탐구를 강조하는 역사교육으로의 전환이 모색되었다. 이를 '새로운 역사(new history)'라고 한다. 새로운 역사의 '새로운'은 탐구와 구조를 중시하는 1960~1970년대 미국 신교육과정(new curriculum)의 영향을 받은 것이었다. 학교 역사교육에 '새로운 역사'를 적용하려는 대표적인 연구가 학교교육심의회(school council)가 추진한 '역사 13-16 프로젝트(school council history 13-16)'였다. 미국 신교육과정의 영향을 받았지만, 이 프로젝트는 역사적 사실과 역사 연구의 성격을 반영한 역사 탐구를 강조했다. 프로젝트에서는 한국의 고등학생에 해당하는 13~16세의 학생들을 대상으로 하는 역사교육의 개혁을 위한 대규모 연구를 시행했다.[39] 이 연구는 미국의 신교육과정과 마찬가지로 사실 지식 중심의 역사교육에서 벗어나 역사 탐구 및 이를 위한 자료의 활용을 중심으로 한 것이었다. 그렇지만 사회과 차원에서 역사 탐구가 진행된 미국과는 달리, 영국에서는 역사적 사고 및 역사 이해의 본질을 강조했다. 역사교육은 '교과의 본질(nature of subject)'을 가르쳐야 한다고 전제하고, 그 내용으로 다음과 같은 세 가지를 포함했다.

① 학생들에게 역사가의 연구방법을 소개하고, "우리는 어떻게 알게 되는가?" 하는 의문을 가지게 한다. 증거를 평가하고 사용해서 '사실'을 확실히 하고 서로 맞지 않는 '설명'을 조정한다.

② 역사학의 논리와 '변화', '발전', '원인과 결과' 같은 핵심 아이디어의 의미

를 배우게 한다.

③ 학생들에게 여러 가지 역사교육 접근법을 도입한다. 발전계열법(line of development)에 의한 역사교육 내용의 구성, 심화학습(study in depth), 현대사와 지역사의 도입 등이 그 방법으로 제안되었다.

학교교육심의회의 프로젝트에서는 역사적 사고의 본질로 역사적 상상, 감정이입과 같은 사고방식이 강조되었다. 그 영향으로 1970년대 후반 이래 역사학습에 필요한 지적 기능으로 감정이입 등 역사적 상상에 대한 관심이 높아졌으며, 이에 주목하는 연구들이 발표되었다.[40] 영국의 연구들에서는 감정이입을 역사 이해의 수단으로 여겼다. 역사적 인물의 동기와 행동을 이해해서 과거를 재구성하는 수단으로 감정이입에 주목했다. 그래서 역사적 감정이입을 증거를 사용해서 상상하거나 인지적 추론을 하고, 다른 사람의 관점을 탐구하는 수단으로 삼았다.[41] 그러나 역사 이해를 위해서는 상상력이 필요함을 주장하면서도 이를 역사 기능 중의 하나로만 제시하거나, 학생들을 대상으로 한 단편적인 실험 연구에 머물러 역사적 상상력을 체계화하지는 못했다.

1980년대 후반 시행된 '7-14학년 학생을 위한 역사 개념과 교수방법(Concepts of History and Teaching Approaches 7-14: CHATA)' 프로젝트에서는 증거, 설명(explanation), 역사적 해석(historical accounts), 원인, 감정이입과 같은 2차적 개념(second-order concepts) 또는 절차적 개념(procedural concepts)에 주목했다. 이 프로젝트에서는 7세부터 14세까지 학생들의 역사 개념이 어떤 변화를 보이는지를 조사했다. 그리고 2차적 개념을 기르는 것을 역사교육목표의 중심에 두었다. 이 프로젝트에서는 이런 2차적 개념과 중요한 역사적 토픽이나 주제를 뜻하는 실재적 내용(substantive contents)을 구분했지만, 2차적 개념을 강조하는 것이 실재적 내용에 대한 관심을 줄이는 것은 아니라고 지적했다. CHATA 프로젝트에서 이처럼 2차적 개념을 강조한 것은 국가 내러티브로서의 역사에서 학문으로서의 역사로 전환함을 의미하는 것으로 평가받았다. 2차적 개념을 가진다는 것을 곧 '역사하기(doing history)' 능력을 가지는 것으로 받아들였다. 그러면서도 2차적 개념을 가진다는 것은 겉으로 확인할 수 있는 구체적인 학습 능력을 뜻하는 기능(技能)과 혼동하지 말 것을 강조했다. 기능과는 달리 2차적 개념을 빅 아이디어(big idea)와 다중 원인에 의한 설명(multi-causal explanation)을 구성하는 능력으로 이해했다.[42]

이에 반해 미국과 캐나다에서는 인지적 수단으로서의 역사적 감정이입뿐 아니라 정서적 측면에도 관심을 가졌다. 역사적 감정이입은 어떤 상황에서 제약과 고난에 직면해 갈등하면서도 결정을 해야 하는 역사적 행위자를 이해할 뿐 아니라 그들의 상황을 현재 자신의 경험과 연결하는 행위를 역사적 감정이입으로 보았다.[43]

1990년대 들어 역사적 사고력이 역사교육의 중심 개념이 되고, 이에 대한 연구가 본격화하기 시작했다. 역사적 사고의 성격과 사고 과정, 학생의 역사적 사고능력에 대한 연구가 활발해졌다.[44] 1994년에 초안이 작성된 미국의 역사표준서(National Standards for History)는 역사적 사고를 학교 역사교육을 통해 성취해야 할 목표로 제시했다. 역사표준서는 '표준'의 개념을 역사적 사고 기능(historical thinking)과 역사적 이해(historical comprehension)로 나누어 제시했는데, 역사적 사고 기능을 다시 하위 능력으로 세분했다.[45] 미국 역사표준서가 분류한 역사적 사고는 연대기적 사고, 역사적 이해(historical comprehension), 역사적 분석과 해석, 역사적 탐구 능력(historical research capability), 역사적 쟁점 분석과 의사결정 등 다섯 가지 유형이었다. 여기에서는 특별히 역사적 상상력에 주목하고 있지 않다. 그렇지만 역사적 사고를 구체화하고, 그 요소를 제시했다는 데 의미가 있다. 이와 같은 역사적 사고의 유형화는 한국의 역사교육에도 영향을 미쳤다. 예를 들어 교과의 핵심역량을 전면에 내세운 2015개정 교육과정 시안에서는 '역사과 핵심교과역량 및 기능 요소'로 ① 역사적 이해 ② 역사적 분석과 해석 ③ 역사정보 활용 탐구 능력 및 의사소통 능력 ④ 역사적 문제 해결력과 역사의식에 기초한 의사결정 ⑤ 정체성을 제시한 바 있다.[46] 여기에서는 역사과의 핵심교과 역량이라는 표현을 사용하고 있지만, 그 성격은 역사적 사고능력을 의미하는 것이다. 최종 확정된 교육과정에서도 역사 사실 이해, 역사 자료 분석과 해석, 역사 정보 활용 및 의사소통, 역사적 판단력과 문제 해결 능력, 정체성과 상호 존중을 역사 과목의 중요한 역량으로 설정했다.[47] 용어와 역량의 내용에서 약간 변화가 있었지만 시안과 거의 비슷하다.

1990년대 이후 역사적 상상력을 주제로 한 연구서들도 간행되었다. 화이트(Hayden White)는 《메타 히스토리: 유럽의 역사적 상상력》[48]에서 19세기 유럽에서 나타난 역사학의 동향을 서술했다. 그런데 이 책의 첫 장 이론적 부분에서 화이트는 역사 연구 및 서술의 성격이 문학가들이 내러티브를 만드는 것과 같다고 주장했다. 그리고 내러티브 구성의 기준을 플롯 구성, 논증 형식, 이데올로기 관계로 설명했다.[49] 여기

에서 화이트가 '역사적 상상력'이라는 부제를 붙인 것은 19세기 역사
연구와 서술이 역사적 상상력을 기반으로 한다고 보았기 때문이다. 그
렇지만 역사 연구와 서술이 내러티브 구성과 같다는 성격을 강조해서,
역사적 상상력보다는 역사 내러티브의 성격을 탐색할 때 으레 언급하
는 책이 되었다.

이후 역사적 상상력을 역사 내러티브의 구성에 필요한 능력으로 보
는 연구들이 계속 나왔다. 페어필드는《역사적 상상력 – 해석학과 문화
적 내러티브》[50]라는 책에서, 내러티브를 구성하는 데 들어가는 사고방
식을 역사적 상상력으로 규정한다. 제목에서 보듯이 이때 내러티브는
해석학적·문화적 성격을 띤다. 페어필드는 내러티브의 사고방식인 해
석과 서술, 구성주의에 대한 이론, 내러티브적 탐구의 대상인 증거, 그
리고 의도성에 대한 논의를 바탕으로 크리스트교, 르네상스, 계몽주의
의 역사적 상상력을 역사적으로 추적했다.

미국의 역사학자로 디지털 역사와 공공역사와 대중 역사교육에 관
심을 가진 스테일리(David J. Staley)도《역사적 상상력》[51]이라는 책을 펴
내 역사적 상상력의 개념과 본질을 규명했다. 그는 이 책에서 역사적
상상력의 효과적 사용과 남용의 경계를 밝히고 있다. 이에 앞서 그는
다른 책[52]에서 역사는 과거를 밝히는 것이 아니라 미래를 탐구하는 것
이라고 주장하면서, 그 매개체로 역사적 상상력을 들었다.

이상에서 볼 수 있는 바와 같이 역사적 상상에 대한 연구는 교육보
다는 주로 철학이나 인식론적으로 접근해왔다. 물론 인식론적 접근은
역사교육의 내용을 제공하는 역사학적 성격을 기반으로 한다는 점에
서 역사적 사고의 본질을 반영한다. 이런 연구들은 주로 역사적 증거

는 불완전하며 역사는 인간의 내면을 다루는 학문이라는 점을 반복해서 강조한다. 이 때문에 역사적 상상이 역사교육에서 어떤 의미가 있으며, 역사적 상상력이 역사학습에서 무슨 역할을 하는지에 대한 탐색은 미진하다.

물론 그렇다고 해서 역사적 상상을 기반으로 하는 학습 방안 연구가 전혀 없는 것은 아니다. 특히 근래 들어 역사적 상상력이 역사교육에 주는 시사점을 밝히고, 이를 실제 역사교육에 적용하는 방안을 논의하는 연구들이 나오고 있다. 예를 들어 모리스(Ronald V. Morris)는 과거를 재연(re-eactment)하는 체험을 통해 학생들의 시민적 자질을 기르는 학습 방안을 모색했다. 교실 역사수업뿐 아니라 학교에서의 지역 학습을 통해 민주시민을 기르는 방안을 제시했다. 모리스는 재연을 상상의 대표적인 형식으로 보았다.[53]

국내와 마찬가지로 외국에서도 역사적 상상 중에서 가장 활발하게 논의된 것은 감정이입이다. 데이비스(O. L. Davis), 예거(Elizabeth A. Yeager), 포스터(Stuart J. Foster)가 공동으로 편집한 《사회과 교육에서의 역사적 감정이입과 관점 파악》은 역사적 감정이입의 이론 및 실천에 관한 여러 학자의 논문을 모은 것이다.[54] 이 책에 실린 글들은 살아 있는 역사교육을 위해서는 역사적 사실에 개인적 의미를 부여해야 한다고 하면서, 그 방법으로 상황과 관련된 지식을 사용하고 세세한 사실을 숙고하는 것이 필요하다고 강조한다. 그리고 역사학에서 감정이입의 본질이 무엇인지 탐색하고 과거를 보는 관점을 조사할 필요가 있다고 주장한다. 감정이입은 학생들로 하여금 구체적인 역사적 사실을 알게 하고, 역사 해석을 깊이 있고 풍부하게 할 수 있게 한다는 것이다.

이런 논지에서 실제 교실 수업 탐구를 바탕으로 역사적 감정이입의 성격과 역사 이해에서의 역할, 역사적 감정이입에 포함되는 사고활동을 제시한다. 제2차 세계대전 중 미국의 원자폭탄 투하와 홀로코스트에 대한 감정이입적 이해, 미국 학생과 뉴질랜드 학생의 역사 이해 양상 비교 등이 이 책이 다루는 실제 수업 사례이다. 그렇지만 이 책의 논의는 역사적 감정이입에 한정되어 있으며 역사적 상상력을 별도로 다루지는 않는다. 특별히 역사적 상상을 언급하지 않은 채 상상을 증거와 관계없는 막연한 추론을 뜻하는 정서적 관념으로 생각한다. 예컨대 포스터는 이 책의 〈역사적 감정이입의 이론과 실천〉이라는 글에서, 역사적 감정이입을 동일시(identification), 공감(sympathy), 상상(imagination)과 혼동해서는 안 되고, 역사적 감정이입에는 상상이 포함되지 않는다고 말한다. 그래서 교과서에서 제시하는 "메이플라워호에 있다고 상상하라(imagine)", "오리건 트레일(Oregon Trail)에 있다고 상상해보라" 등의 활동이 감정이입을 요구하는 과제라고 하면서도, 꼼꼼한 탐구와 증거에 대한 면밀한 조사 활동이 들어가 있지 않아서 학생들을 잘못된 역사 이해로 이끌 수 있다고 비판한다.[55] 그렇지만 역사교과서에 구체적인 자료 탐구 활동이 제시되어 있지 않더라도, 역사적 상황을 상상하는 것 자체가 증거를 토대로 하므로 교과서의 진술에 증거 조사 활동이 포함되어 있지 않다고 단정할 수는 없다. 상상 활동을 위해 어떤 자료를 활용하고, 이를 어떻게 탐구하게 할 것인가는 교실 수업에 위임했다고 볼 수도 있다.

노르웨이의 역사학자 레츠(Tyson Retz)는 역사적 감정이입의 인식론적·철학적 배경을 탐색하고, 감정이입과 역사학, 역사철학, 역사교육의 관계를 검토했다. 레츠는 심리학, 형이상학, 인식론의 관점에서 역사학의 감정이입을 논의했다. 특히 가다머와 콜링우드 등의 이론을 중심으로 감정이입을 해석학적으로 접근했다. 콜링우드의 '질문과 대답의 원리'가 가다머의 해석학에 어떤 영향을 미쳤는지 추적했고, 그 결과 재연은 개인 대 개인의 결합, 또는 사고의 교환 형식을 보여주기 때문에 감정이입이라고 할 수 있다고 주장했다. 그리고 감정이입은 역사를 증거의 한계에서 벗어나 일상적인 사람들의 경험에 더 완전하게 들어갈 수 있는 가능성을 시사했다고 평가했다. 레츠는 역사교육 학자들이 감정이입을 학교 역사교육에 어떻게 적용하려고 했는지를 영국에서의 연구를 중심으로 추적했다. 영국의 연구들은 지식의 형식으로 역사적 사고를 역사수업에서 역사적 사실을 체계적으로 분석하는 데 사용했다. 그 결과 감정이입을 역사적 사고의 특징적인 방식으로 자리매김했다고 평가했다. 레츠는 감정이입은 그것이 일어나는 맥락이 중요하며, 이런 맥락을 탐구하는 것이 감정이입을 사용하는 것이라고 지적했다. 그렇지만 감정이입을 적용하기 위해서는 교사들이 감정이입이 무엇인지 알고, 이를 활용할 방안에 익숙해져야 한다고 강조했다.[56]

레츠의 책은 감정이입을 둘러싼 여러 학문적·교육적 문제를 포괄적으로 다루었다. 역사적 사고의 전통에서 감정이입이 과거를 통찰할 수 있는 방법이라고 본다. 레츠는 학교 역사교육에 감정이입을 적용하는 데서 일어날 수 있는 문제들을 종합적으로 다루고 있다. 그렇지만 적용 방안까지 구체화하고 있지는 않다.

3. 책의 구성

역사교육에서 역사적 상상의 개념과 속성, 교육적 의미를 체계화하는 데 이 책의 목적이 있다. 이런 목적을 달성하기 위해 이 책에서는 다음과 같은 문제들을 다룬다.

첫째, 다른 학문이나 교과와 구분되는 역사의 특징적인 사고방식은 무엇인가? 역사적 사고의 중요한 방식 중 하나로 역사적 상상은 어떤 특성을 가지고 있는가?

둘째, 역사 연구와 역사교육에 나타나는 상상의 형식과 속성은 무엇인가? 이러한 역사적 상상을 어떻게 범주화할 것인가?

셋째, 역사교육에 내재되어 있는 상상의 요소는 무엇인가? 그리고 앞으로 역사교육에서 상상력을 어떻게 구조화할 것인가?

넷째, 역사적 상상력은 어떻게 발달하며 어떤 단계를 거치는가? 역사학습에서 학생들은 어떤 과정을 거쳐 상상적 이해에 도달하는가? 그리고 학생들의 역사적 상상은 어떤 유형을 보이는가?

다섯째, 역사적 상상을 기반으로 하는 역사수업을 어떻게 구성하며, 이 수업에서 학생들이 어떤 학습활동을 경험하게 할 것인가?

이러한 연구 과제를 해명하기 위해 이 책에서는 장별로 다음과 같은 내용을 검토하기로 한다.

1장에서는 역사 이해의 논리와 역사적 상상의 개념을 탐색한다. 이해는 과학과 구분되는 인간 행위에 대한 사고방식이다. 이 장에서는 인간 행위의 이해 방법을 학문적으로 정립한 것으로 평가되는 딜타이, 역사학의 고유한 사고 대상 및 사고방식을 주장함으로써 역사적 상상의 중요성에 대한 관심을 일깨운 콜링우드, 분석철학(analytical philosophy)의 입장에서 역사적 이해를 논의하면서도, 과학적 이해와는 다른 인간 행위에 대한 이해 방식을 제시하는 드레이(William Dray) 등 세 사람의 이론을 중심으로 역사 이해의 논리를 살펴보고, 이를 바탕으로 역사적 상상의 성격을 정리한다.

2장에서는 역사적 상상을 사고방식에 따라 범주화하고, 그 구조와 형식을 밝힌다. 과거 인간 행위를 이해하는 방식인 감정이입적 이해와 역사를 구성하는 구조적 상상, 그리고 역사 자료나 서술 방식을 선택하는 역사적 판단에 개입되는 상상의 성격은 무엇인지 밝힌다. 이를 바탕으로 일상생활이나 다른 학문 또는 교과의 감정이입과 비교되는 역사적 감정이입의 성격, 구조적 상상의 방법으로 보간과 자료에 대한 대안적 해석의 개념과 성격을 탐색한다. 자료의 판단과 역사서술의 형식에 어떻게 역사적 판단이 들어가는지를 구체화한다.

3장에서는 역사인식과 구성, 서술의 방식인 내러티브의 상상적 성격을 탐색한다. 내러티브는 과학적 사고와는 구분되는 특징적인 역사인식의 방식으로 일컬어진다. 이 장에서는 역사 내러티브에 내재된 상상의 성격을 검토하고 내러티브의 구성과 표현에 상상이 어떻게 작용하는지 밝힌다. 그런데 내러티브는 소설이나 영화·연극과 같은 문학이나 예술의 스토리 구성과 표현 방식이기도 하다. 그렇기에 역사 내러티브는 문학이나 예술의 내러티브와 상상적 사고를 상당 부분 공유한다. 그렇지만 문학이나 예술의 상상은 창작한 스토리를 바탕으로 사실을 구성하는 반면, 역사적 상상은 사실을 기반으로 스토리를 구성한다는 점이 다르다. 여기에서 역사적 상상과 작가적 상상의 속성 차이가 생겨난다. 이 장에서는 문학이나 예술의 내러티브를 창작하는 작가의 상상력과 역사적 상상력을 비교해서 그 유사점과 차이점을 분석함으로써 역사적 상상력의 특성을 규명한다.

4장에서는 역사학습 기능으로서 역사적 상상의 근거와 내용을 고찰한다. 이를 위해 역사교육목표 및 역사적 사고에서 역사적 상상의 요소를 분석하고, 학생들의 역사적 상상력이 어떤 단계를 거치는지 탐색한다. 역사적 능력으로서 상상력을 분석하기 위해 교육목표분류에 가장 큰 영향을 끼친 블룸(B. S. Bloom)의 교육목표분류학과, 이를 사회과에 적용한 올란니(Lisanio R. Orlandi)의 사회과 교육목표분류, 역사교육에 적용한 콜텀(J. B. Coltham)과 파인스(John Fines)의 역사교육목표를 분석한다. 또한 미국의 역사표준서에 제시된 역사적 사고의 요소에 들어가 있는 역사적 상상의 속성을 검토한다. 역사적 사고의 요소로서 역사적 상상이 어떤 학습 능력을 의미하는지 탐색한다. 역사적 상상력이 어떻게 발달하는지를 밝히는 데는 인지발달론 및 자료 해석 단계에 비춰 역사적 상상력의 발달단계를 정리한다. 우선 인지발달론의 사고발달 원리와 역사적 상상력의 관계를 살펴본 다음, 선행연구를 분석·검토해서 상상적 역사 이해의 단계를 제시하겠다. 또한 이러한 상상적 이해의 단계가 학생들의 역사적 이해에 실제로 어떻게 나타나는지를 중·고등학생을 대상으로 한 조사를 통해 확인한다.

5장에서는 역사적 상상의 사고활동을 포함하는 역사학습의 방법을 탐색한다. 역사적 상상을 경험하는 학습방법으로는 사료학습, 역할극, 시뮬레이션 게임이 있다. 역할극에서 역사적 행위를 연기하기 위해서는 감정이입적 이해가 필요하다. 사료 탐구는 구조적 상상을 통해 역사적 사실을 구성하는 것으로 이어진다. 시뮬레이션 게임에는 감정이 입적 이해와 구조적 상상이 함께 들어간다. 또한 역할극, 사료 탐구, 시뮬레이션 게임의 방법과 이런 학습활동에서 고려할 점을 살펴보고, 이를 바탕으로 수업모형을 제시한다. 아울러 이런 방법을 적용한 역사수업 사례를 예시하기로 한다.

1장

역사 이해와 역사적 상상

1. 역사적 사고의 성격

1) 인지이론과 사고

사고의 개념과 성격, 사고의 형성, 사고 발달은 심리학이나 교육학에서 오랫동안 논의되었다. '사고'가 무엇인지를 한마디로 설명할 수는 없지만, 사전에서는 '사고'를 다음과 같이 정의한다.

> **사고(thinking)**
>
> 생각하는 일, 마음먹는 일, 사유라고도 한다. 분명하게 정의를 내릴 수는 없으나 일반적으로는 어느 대상·사태 또는 그러한 것들의 측면을 지각의 작용에 직접 의존하지 않으면서도 그것과 서로 상보적 작용으로 이해하고 파악하는 활동 또는 과정을 가리킨다.[1]

이러한 정의는 워낙 포괄적이어서 학술 용어의 개념으로는 큰 의미를 부여하기 어렵다. 그래서 교육학에서는 무의식적 사고와 의식적 사고를 구분하고, 의식적 사고만을 논의의 대상으로 삼기도 한다. 때로는 사고의 일반적 정의와 구체적 정의를 구분해, 후자는 사고를 할 때 일어나는 구체적이고 의미 있는 정신작용이라고 보기도 한다. 이 경우에도 사고를 문제 해결과 비슷한 의미로 사용하기도 하고, 그렇지 않은 경우도 있다. 물론 여기에서도 '문제 해결'의 개념을 어떻게 보는지에 따라 견해가 달라진다.

사고는 지적 측면과 정의적 측면의 양면성을 가진다. 합리적인 논증 과정을 거치는 반성적 사고가 인지적 요소의 중심이라면, 사고 과제에 대한 학생들의 동기, 태도 등이 정의적 요소이다. 사고의 지적 측면과 정의적 측면이 상호작용해야 충분히 생산적인 사고를 가질 수 있다.[2]

이처럼 사고의 개념이나 범위는 보는 사람에 따라 크게 다르지만, 역사교육 연구에서는 역사적 사고의 개념을 논의할 때 이와 같은 사고의 개념을 특별히 검토하는 경우가 많지 않다. 이는 심리학이나 교육학에서 말하는 사고의 개념이 역사적 사고를 논하는 데 별로 도움이 되지 않는다고 생각하기 때문이다. 그러면서도 역사교육 논저에서 역사적 사고를 논의할 때 자주 참고하는 사고 개념은 듀이(John Dewey)의 반성적 사고(反省的 思考, reflective thinking)와 맥펙(J. E. McPeck)의 비판적 사고(critical thinking)이다.

듀이의 반성적 사고는 신중하면서 논리적으로 생각하는 정신작용이다. 무의식적으로 머릿속에서 스쳐 지나가는 생각이 아니라, 체계적이고 연속적으로 생각하며, 직접 느끼거나 지각하는 데 그치지 않고 마음속에 이미지를 형성하는 것이다. 또한 단순한 믿음이 아니라, 그 믿음이 옳은지 지속적으로 주도면밀하게 고찰하는 것이다. 듀이는 사고력의 육성을 교육의 목표로 삼아야 한다고 강조했다. 사고력을 길러야 의식적인 목적을 가지고 행동할 수 있으며, 체계적인 준비와 창의성의 발휘가 가능하고, 사건이나 현상이 가지는 의미를 풍부하게 할 수 있다고 주장했다.[3] 듀이가 강조한 사고력은 반성적으로 사고하는 능력으로, 문제 해결 능력을 뜻한다.

반성적 사고는 두 단계를 거쳐 일어난다. 첫 번째는 사고의 대상인 사물에 대해 의심하고, 주저하고, 당황하는 정신적 어려움의 단계이다. 두 번째는 그 의혹을 풀고 당혹감을 해소하기 위해 자료를 검토하고 처리하는 탐색, 수색, 탐구의 단계이다.[4] 첫 번째 단계에서는 문제를 제기하고 이를 과제화한다. 학습과제가 무엇인지를 알고, 이를 학습하기 위해서는 어떤 점을 탐색해야 하는지를 정리함으로써 과제의 성격을 명확히 하고 학습해야 할 범위를 결정하는 단계이다. 학습과제의 인식을 토대로 가설을 세운다. 두 번째 단계는 탐구를 통해 학습과제를 해결하는 과정이다. 자료를 모으고 분석해, 가설이 타당한지를 검토한다. 듀이에 따르면 교육이란 결국 학생들에게 이런 반성적 사고의 과정을 효과적으로 수행하는 능력을 길러주는 것이다.*

---

* 반성적 사고의 과정을 더 세분하면 다음과 같다(John Dewey(1933). *How We Think*, pp. 106~115).
  • 문제 인식(suggestion): 잘 모르거나 어렵다고 느끼는 상황에 부딪혔을 때 의문을 해결하겠다는 문제의식을 느끼는 단계
  • 지식화(intellectualization): 문제의 본질과 범위를 명확히 파악하는 단계
  • 가설(hypothesis): 개인의 경험과 관심을 토대로 가설을 세우고 문제 상황에 대한 분석을 시작하는 단계
  • 논증(reasoning): 가설이 논리적으로 맞는지를 검토하는 단계
  • 가설 검증(testing the hypothesis): 세심한 관찰이나 실험을 통해 가설을 검증하고 최종적인 판단을 내리는 단계

듀이는 반성적 사고를 위해서는 학습자의 태도가 매우 중요하다고 강조했다. 반성적 사고는 어떤 사고방식을 안다고 해서 저절로 할 수 있는 것이 아니라, 문제의식을 가지고 스스로 판단하고 지속적으로 생각하려는 태도를 가질 때 가능하다는 것이다.[5] 이를 위해서는 문제를 새로운 각도에서 바라보는 사고의 개방성, 어떤 대상이나 원인에 흥미를 느끼고 몰두하는 성실성, 사고의 결과에 대한 책임감 등이 필요하다.[6]

한편 맥펙은 사고를 언제나 어떤 내용과 관련된 것으로 보았다. 그리고 비판적 사고는 어떤 활동에 관여하는 데 필요한 기능을 포함하고 있으며, '반성적 회의'라는 말에 해당하는 사고의 목적과 특성을 가진다고 주장했다.[7] 듀이의 반성적 사고는 문제 해결 학습 또는 탐구 절차를 제시한 것이며, 맥펙의 주장은 사고를 내용영역과 연결짓는 영역특정 인지의 이론적 근거로 제시되었다.

2) 역사적 사고의 성격

역사적 사고는 하나의 단일한 정신작용이 아니라 복합적이고 총체적인 사고활동이다.[8] 보통 역사적 사고는 역사적 사실에 접근하는 특징적인 사고방식을 뜻하는 말로 사용된다. 이때 특징적인 사고방식이 무엇인지가 문제가 된다. 역사적 사고가 무엇인지를 보는 관점은 크게 두 가지가 있다. 하나는 일반적인 사고방식에 따라 역사적 사실을 생각하는 것을 역사적 사고로 보는 입장이고, 다른 하나는 각 교과에는 고유한 사고의 형태가 있으며 역사적 사고도 다른 교과의 사고방식과는 구별된다는 입장이다. 전자를 영역일반 인지, 후자를 영역고유 인지의 개념으로 설명하기도 한다. 전자의 입장인 사람은 교육학 일반에서 제시되는 학습목표나 교수 모델을 역사교육이나 사회과 교육에도 적용하려고 한다. 탐구모형을 사회과나 역사교육에 적용하려는 시도 등이 대표적이다. 이러한 시도는 듀이가 반성적 사고를 주장한 이래 꾸준히 이어지고 있으며, 브루너(Jerome Bruner)가 탐구학습을 강조한 이후로 더욱 활발히 전개되었다. 반면에 후자의 입장은 역사학자나 역사철학자 사이에서 자주 제기되었다. 역사적 사고의 개념을 소개할 때 자주 언급되는 것은 톨프센(Trygve R. Tholfsen)과 와인버그(Sam Wineburg)의 견해이다. 두 사람 모두 역사적 사고를 역사가가 연구를 할 때 생각하는 방식이라고 본다.[9]

톨프센은 역사적 사고의 기본적 특징을 시간개념에 둔다. 역사가는 사건을 시간의 차원 속에서 다룬다. 어떤 사건을 특정한 시간과 관련지어 고찰하며 시간의 흐름에 따라 그 사건이 어떻게 달라지는지 추적한다. 역사적 사건은 이와 같은 변화의 산물이다.[10] 그렇지만 역사적 사실이 일률적으로 변화하는 것은 아니다. 역사적 사실의 어떤 속성은 달라지지만, 어떤 속성은 이어진다. 사건의 외형적 모습은 바뀌지만 본질은 그대로인 경우도 있다. 또한 변화한다고 하더라도 변화의 방향이나 내용이 사회나 인간에 따라 다를 수도 있다. 그래서 역사가는 역사적 사건의 변화와 지속성을 탐색하고, 변화의 과정에서 어떤 사실과 다른 사실과의 관계를 분석하고 그 의미를 해석한다. 이와 같은 시간의 흐름에 따른 변화와 지속성, 그 결과로 생겨나는 다양성의 탐구는 기본적인 역사적 방법이다.[11] 톨프센은 역사학에는 고유한 사고 형식이 있으며 역사적 사고는 기본적으로 상식이나 과학과는 상반된다고 주장한다. 그에 따르면, 상식은 자기가 잘 모르는 것을 아는 것에 비춰 유사성을 추구하며, 과거를 현재에 동화시키고 현재의 경험에 의해 설명하므로 비역사적이다. 자연과학은 상식을 선호하며 포괄법칙(covering law)이나 전형적인 예를 들어 사실을 설명한다. 역사적 이해는 과거에 대해 개별적 접근을 요구한다는 점에서 이와는 근본적으로 다르다.[12]

와인버그는 역사적 사고를 텍스트를 읽는 특징적인 사고방식으로 본다. 역사적 사고는 시간 속에서 사고를 하는 것이다. 현재의 기준으로 과거를 보는 것이 아니라, 행위 당시의 관점으로 과거를 보는 것이다.[13] 이러한 행위는 자연적인 것이 아니다. 와인버그에 따르면 역사적 사고는 자연스러운 과정이나 심리적 발달 과정에서 저절로 나오는 것이 아니라 통상적으로 생각하는 것과는 다르게 생각하는 것이다.[14] 자연적인 상태에서 우리는 현재의 관점에서 과거를 사고한다. 현재의 필요에 의해 과거를 이용한다. 그렇지만 현재의 관점으로 과거를 본다면 지금 필요하지 않거나 오늘날 사회와 사고방식에 맞지 않는 과거의 영역을 역사 탐구 대상에서 배제하게 된다. 그런 과거는 겉으로는 매력적이지만, 이는 '벼룩시장'에 전시된 화려한 장신구나 겉만 번지르르한 골동품 그릇과 같은 매력에 지나지 않는다. 과거를 이런 관점으로 볼 때 미리 정한 의미에 맞춰 과거를 해석한다. 역사가 우리를 변화시키는 것이 아니라 우리가 역사를 조정한다.[15] 와인버그는 완숙한 역사적 사고를 하려면 평탄하지 않은 역사의 풍경을 항해하고 과거와 가장 가깝고 가장 먼 양극 사이에 놓인 울퉁불퉁한 지형을 가로지르는 능력을 키워야 한다고 주장했다.[16]

역사교육 연구에서는 사고보다 사고력이 주된 논의 대상이었다. 이경우 사고력은 교육의 목표로 제시되는 능력이나 기능으로 구체성을 띤다. 이에 따라 역사적 사고력의 구성요소를 제시하려는 연구들이 전개되었다. 그러나 양호환은 역사적 사고력의 구성요소를 제시하려는 연구들이 '역사적' 사고를 강조하지만 결과적으로는 '역사'보다는 '사고력'에 초점을 맞추고 있으며, '무엇이 역사적인가?'에 대한 논의를 결여하고 있다고 비판했다. 사고를 기능화함으로써 역사적으로 생각한다는 것의 본말이 뒤바뀌는 결과가 되었다는 것이다.[17] 그리고 역사적 사고력의 대안으로 역사화(historicization)를 제시했다.[18] 역사화는 역사적 행위뿐 아니라 이에 대한 기록까지도 맥락화한다. 양호환의 비판은 기존 역사적 사고력 연구의 문제점을 날카롭게 지적한 것으로, 이를 계기로 역사적 사고력 연구의 방향을 둘러싼 논의가 활성화되었다. 그렇지만 이런 비판을 그대로 받아들이기도, 반박하기도 쉽지 않다. 그것은 '역사화'라는 개념이 명확히 다가오지 않기 때문이다. '역사화', '역사 해석', '역사인식' 같은 용어의 개념 사이에 어떤 관련성과 차이가 있는지 잘 드러나지 않는다. '역사화'는 언뜻 감정이입적 이해와 텍스트 비판을 종합한 용어처럼 보인다. 그리고 '역사화'가 역사적 사고와 어떻게 구분되는지도 그리 명확하지 않다. 텍스트를 비판적으로 읽는 것은 역사가의 특징적인 사고방식이다. 와인버그의 연구에서 말하는 역사 전공자는 역사 지식이 부족하더라도 서브텍스트(subtext)를 읽을 수 있다는 조사[19]도 그런 사례이다.

'역사적 사고'가 역사 연구를 할 때 역사가가 생각하는 방식이고, '역사화'가 역사의 성격을 이해하는 것이라면, 역사적 사고력을 역사화로 대체해야 한다는 주장 대신에, 기존 연구들이 제시하는 개념이나 구성요소가 타당한지를 먼저 논의할 필요가 있다. 또한 역사적 사고력이 구체적으로 어떤 속성을 가지거나 어떤 요소로 구성되는지에 대한 논의도 여전히 계속되고 있다. 역사적 사고에 해당하는 사고방식이 무엇인지 밝히려는 연구들이 여기에 해당한다.

세이셔스(Peter Seixas)와 모턴(Tom Morton)은 역사적 사고는 역사가의 눈을 통해 과거를 보는 것으로, 증거를 해석하고 역사 이야기를 만드는 창조적 과정이라고 정의한다.[20] 그리고 역사적 사고의 여섯 가지 큰 개념(historical six big concepts)으로, 역사적 중요성, 증거, 지속성과 변화, 원인과 결과, 역사적 관점, 윤리적 차원(ethical dimension)을 제시한다. 이러한 개념을 가지고 자료에서 역사적 사실을 탐색하는 것이 역사적 사고라는 것이다. 역사가는 자료에 질문을 던지는 것에서 탐구를 시작한다. 사고의 대상에 의문을 제기하는 것은 탐구의 시작으로, 탐구방향을 이끌고 학생들로 하여금 과거에 참여하게 한다. 여섯 가지 역사적 사고 개념을 탐구하기 위해서는 다음과 같은 질문을 해야 한다.

- 역사적 중요성: 과거에 대해 배우기 위해 무엇이 중요한지를 우리는 어떻게 결정할까?
- 증거: 우리가 과거에 대해 아는 것이 무엇인지를 어떻게 알까?
- 지속성과 변화: 복잡한 역사의 흐름을 어떻게 이해할 수 있을까?
- 원인과 결과: 사건들은 왜 일어났으며, 사건들의 영향은 무엇일까?
- 역사적 관점: 우리는 과거 사람들을 어떻게 더 잘 이해할 수 있을까?
- 윤리적 차원: 역사는 우리가 현재 살아가는 데 어떤 도움을 줄 수 있을까?[21]

세이셔스와 모턴이 제시하는 여섯 가지 역사적 사고 개념은 역사가들이 어떤 기준으로 과거를 탐구하는지를 보여준다. 와인버그가 학생들의 역사적 사고를 밝히는 데 주안점을 둔 반면, 세이셔스와 모턴은 역사적 사고를 학교 역사교육에 적용할 수 있는 방안을 마련하는 데 힘을 쏟았다. 여섯 가지 개념은 그 산물이다. 역사적 사고 개념은 개인이 다양한 유형의 역사적 질문 및 내용과 씨름할 때 역사적 사고가 취할 수 있는 많은 형식을 보여주기 위해 고안된 광범한 개념적 기반을 보여준다.[22]

이들의 역사직 사고 개념은 개나다의 학교 역사교육에 적용되었다. 학교 역사교육은 이와 같은 역사적 사고 개념을 기르는 데 중점을 두어야 한다는 생각이었다. 그래서 역사수업을 통해 학생들로 하여금 여섯 가지 개념을 인식하게 하고, 학생들의 역사적 사고력을 높이기 위한 템플릿을 만들었다. 예를 들어 역사적 중요성을 인식하는 기준은 "이 사건이나 사람은 얼마나 역사적으로 중요한가?"라는 질문 아래, 변화의 정도와 쟁점의 조명으로 구성된다. 변화의 정도는 다시 "① 질: 사람들은 그 사건이나 사람에게 얼마나 깊게 영향을 받았는가?", "② 양: 얼마나 많은 사람들의 생활이 영향을 받았는가?", "③ 지속성: 그 변화는 얼마나 오랫동안 지속되었는가?"의 세 가지 하위 기준을 가진다.[23] 이와 같은 템플릿은 역사적 사고력의 요소들이 가지는 속성을 보여준다. 그래서 역사적 사고력을 기르기 위한 학습내용을 선정하는 기준을 제공한다.

역사적 사고 개념은 곧 역사적 사고의 속성이라고 할 수 있다. 레베스크(Stéphane Lévesque)는 이처럼 역사적 사고의 기본이 되는 개념을 절차적 개념이라고 불렀다. 그는 '절차적 개념'이란 용어를 사용한 것이 이 개념들 없이는 역사적 사고를 진행할 수 없기 때문이라고 밝혔다. 그리고 다음과 같이 다섯 가지 절차적 개념을 제시했다.

① 과거에 중요한 것은 무엇인가? – 역사적 중요성

② 변화한 것은 무엇이며, 그대로 남아 있는 것은 무엇인가? – 지속성과 변화

③ 사물이 더 좋아졌는가, 아니면 나빠졌는가? – 진보와 쇠퇴

④ 우리는 과거의 원자료를 어떻게 이해할까? – 증거

⑤ 서로 다른 도덕적 틀을 가진 옛날 사람을 어떻게 이해할 수 있을까? – 감정이입[24]

레베스크가 제시한 감정이입은 세이셔스와 모턴의 역사적 관점에 해당한다. 그리고 레베스크는 세이셔스와 모턴이 제시한 큰 개념 중 '윤리적 차원'을 제외하고, '원인과 결과'를 '진보와 쇠퇴'로 대체했다. '윤리적 차원'을 제외한 것은 역사적 사고를 정서보다는 인지적인 것으로 파악했으며, '원인과 결과'라는 변화의 과정을 이해하는 것 대신에 '진보와 쇠퇴'라는 변화의 결과를 판단하는 것을 역사적 사고라고 보았다고 할 수 있다.

이상에서 살펴본 여러 학자의 견해를 토대로 역사적 사고의 기본적 성격을 정리하면 대체로 다음과 같다.

첫째, 역사적 사고는 텍스트를 매개로 과거와 현재를 연결한다. 증거를 해석할 때 역사가가 사용하는 사고방식이 역사적 사고이다.

둘째, 역사적 사고는 역사적 행위에 내재되어 있는 사람들의 사고 과정과 사상을 추체험하는 것이다. 이를 이해하기 위해서는 상상이 필요하다.

셋째, 역사적 사고는 시간 속에서 지속성과 변화를 탐색한다. 이때 왜 변화가 일어났는지, 또는 사실들 간의 유사성보다는 개별성과 다양성에 더 관심을 둔다.

효과적인 역사학습을 위해서는 역사적 사고의 이러한 특성을 고려해야 한다는 주장이 일찍이 제기되었다. 버스턴(W. H. Burston)은 어떤 주세를 효과적으로 가르치기 위해서는 사건을 알기 쉬운 형태로 구성해야 할 뿐만 아니라 해당 교과에 적합한 형태로 범주화해야 한다고 주장했다. 학생들에게 학습 주제나 교과의 고유한 사고방식을 가르치지 않는다면, 학생들은 역사를 공부하더라도 일반적 사실을 아는 데 머무른다. 버스턴은 역사적 사고를 바탕으로 역사적 사실을 학습한다는 것은 예를 들면 혁명과 같은 사건을 설명하는 역사가의 특징적인 패턴을 발견하는 것이라고 말한다.[25] 역사적 사고의 대상이 다른 과학과 어떤 차이가 있는지 못지않게, 역사적 사실의 사고방식이 과학적 사고방법과는 어떻게 다른지를 아는 것도 중요하다고 할 수 있다. 학생들이 과연 역사가의 사고방식과 같이 내적으로 사고할 수 있는지는 역사교육 연구의 중요한 문제이다.[26]

근대 역사학이 과학에서 사용하는 방법을 전적으로 거부하는 것은 아니다. 역사학이 사건의 개별성, 변화와 지속성을 추적하는 학문이라고 하더라도, 그것에 접근하는 방법은 관찰, 조사, 분석, 종합 등을 토대로 한다. 20세기 들어서 나타난 새로운 역사학에서는 경제학, 심리학 등 사회과학의 방법론을 도입하는 연구가 활발했다.* 그렇다고 해서 역사와 과학의 사고방법이 본질적으로 동일한 것은 아니다. 그 차이로 흔히 지적되는 것은 역사가는 과거를 재구성할 때 그들이 연구하는 사람들이나 시대의 믿음과 가치에 의존해 판단한다는 점이다.[27] 또한 역사가는 사실들 간의 관계에서 필연성이 아니라 개연성을 찾으려고 하며, 하나의 관계가 아니라 가능한 범위 안에서 여러 가지 관계를 추론한다. 역사학의 이런 사고방식은 보통 역사적 상상이라는 말로 표현된다. 과거를 이해하기 위해 상상을 한다는 것은 겉으로 드러난 과거인의 행동뿐 아니라 그들의 생각을 이해하고 정서도 고려해야 한다는 것을 뜻한다. 물론 역사에서 상상은 증거를 토대로 하는 만큼 일상생활이나 과학에서 사용하는 상상과는 다른 개념이다. 그러나 누가 읽더라도 역사적 사실을 똑같이 생각할 만큼 자료가 역사적 사실을 확실히 알려주는 증거가 되지 않는 한, 과거 사람의 행위를 이해하는 데는 어느 정도의 추측이 불가피하다.[28] 이처럼 추론의 성격을 포함하며, 사람에 따라 역사적 사실을 달리 볼 수 있다는 것이 역사적 사고방법이 과학적 사고방법과 다른 점이다.

---

* 새로운 역사학은 문헌자료에 토대를 둔 정치사 중심에서 탈피해 사회과학의 개념과 방법을 적용한 20세기 역사학의 경향을 총칭한다. 로빈슨(James Robinson)이 사회사에 적용한 이후, 심리학, 사회학, 경제학, 정치학 등으로 확대되었다. 역사학의 이런 경향과 방법에 대해서는 다음 논저 참조. 이광주·이민호 엮음(1978), 《역사와 사회과학》, 한길사; Arthur Marwick(1970), *The Nature of History*, N.Y.: A Delta Book, pp.73~141; Theodore K. Rabb & Robert I. Rotberg eds.(1982), *The New History: The 1980s and Beyond*, N.J.: Prinston Univ. Press; George G. Iggers, 이민호·박은구 옮김(1982), 《현대사회사학의 흐름(New Directions in European Historiography)》, 전예원; George Iggers, 임상우·김기봉 옮김(1999), 《20세기 사학사(Historiography in the Twentieth Century: From Scientific Objectivity to the Postmodern Challenge)》, 푸른역사, 85~147쪽.

역사적 상상은 직관적 사고나 주관적 사고, 추론에 크게 의존한다. 와츠(D. G. Watts)에 따르면 역사적 자료는 아동의 주관적 사고 발달에 많은 도움을 주며, 주관적 사고는 그 자체로서 효과적인 역사적 사고방법이 된다. 주관적 사고는 반성적 사고를 할 수 있게 되는 7~8세 이전에도 역사학습을 가능하게 해준다는 것이다.[29] 그러나 이때 주관적 사고는 자기 마음대로 하는 개인적 생각이 아니라 사람에 따라 달리 생각한다는 의미이다. 이와 같은 주관적 사고는 직관의 성격을 가진다. 그러나 여기서 말하는 주관과 직관은 일상적으로 사용하는 의미와 다르다. 그것은 태어나면서 가지고 있었거나 일상생활에서 저절로 습득하는 것, 교과나 학문과 무관한 것이 아니다. 해당 교과에 대한 지식을 바탕으로 하는 사고이다. 학습에서 직관적 사고의 중요성을 강조한 브루너는 이를 면밀하고 명백하게 계획된 단계를 따르는 것이 아니라 문제와 관련된 포괄적 지식을 기초로 하는 사고로 규정한다. 그러나 브루너는 역사에서도 직관적 사고가 필요하다고 지적하는 데 그치고, 그 속성이 무엇인지는 별도로 설명하지는 않는다. 브루너는 직관적 사고가 가장 표면화된 분야는 수학이나 과학과 같이 연역과 귀납의 형식적인 절차가 가장 고도로 발전한 분야에 있다고 말한다.[30] 이에 비춰 브루너가 말하는 직관적 사고는 자료를 접할 때 그것이 말하는 역사적 사실의 의미가 무엇인지를 추론하는 역사의 직관적 사고와는 성격에서 차이가 있다.

이러한 역사적 상상력은 단순한 견해나 가치판단은 아니며, 상상을 하는 사람의 내면에서만 타당성을 가지는 것도 아니다. 상상의 결과가 서로 다르더라도, 다른 사람들에게 그 타당성을 인정받으면 역사적 사실이 된다. 콜링우드는 역사가의 상상이 다른 학문이나 일상생활의 상상과 기본적으로 다른 점을, 역사가의 상상은 사실을 추구한다는 데서 찾는다. 역사가는 사물이 실제로 존재하거나 일어난 그대로의 모습을 구성해야 하므로, 역사가가 그리는 과거의 이미지는 시간 및 공간 속에서 형성되어야 하고, 증거와 연관되어야 하며, 모든 역사는 역사적 사실 자체와 모순되지 않아야 한다고 지적한다.[31]

이처럼 역사적 사고는 한편으로는 과학과 마찬가지로 증거를 바탕으로 자료를 탐구하지만, 다른 한편으로는 직관과 추론에 기반한 상상을 과학보다 더 적극적으로 사용한다. 와츠가 역사적 사고를 상상 또는 직관을 토대로 한 연합적 사고(associative thinking)와 합리적 또는 논리적 사고의 혼합으로 본 것[32]은 역사적 사고의 이러한 복합적 성격을 염두에 둔 것이다.

3) 역사적 설명과 이해의 개념

이해(understanding)란 일상적으로는 사물이나 현상 및 그 속에 나타난 말이나 행동의 의미, 중요성이나 요점을 파악하는 정신적 과정을 총칭하는 용어로 사용된다. 예를 들어 듀이는 이해의 개념을 다음과 같이 설명했다.

> 다람쥐가 도망하고, 두 사람이 이야기를 하고, 화약이 폭발하는 것이 무엇을 의미하는가를 알았을 때, 우리는 이해한다고 말할 수 있다. 이해는 의미를 파악하는 것이다.[33]

사전적 정의에 따르면 지적 능력으로서의 이해력은 '개별 사실을 일반 원칙 속에 포섭하거나, 개별 사실의 전반적인 관계를 파악하는 능력', '감각을 통해 깨달은 개별 사실을 적절한 개념에 비춰 생각함으로써, 자신의 경험을 더 명료하게 만드는 능력', '개념과 범주를 명확하게 표현하고, 경험에 적용하며, 판단하고, 논리적 추론을 이끌어내는 능력'을 뜻한다.[34] 즉 지적 능력으로서의 이해력은 연구의 대상인 사물이나 행동의 의미를 파악하는 '방법을 아는(knowing how)' 능력이다. 예를 들어 시를 이해하기 위해서는 시를 쓰는 방법을 알아야 하며, 과학 실험을 이해하기 위해서는 실험 방법을 알아야 한다.[35] 그러나 이해는 광범위한 의미로 사용되기 때문에, 이해의 실제적 개념은 이해라는 말이 실제로 사용되는 맥락에 따라 달라지게 마련이다. 따라서 이해를 하는 능력은 이해해야 할 말이나 행동이 어떤 맥락에서 어떻게 사용되거나 행해졌는지를 아는 데 달려 있다.

이해의 대상은 학문의 성격에 따라 달라진다. 역사학은 과거 인간의 사회적 행위를 연구 대상으로 삼는다. 물론 자연현상도 역사 연구의 대상이 되며, 근래 인간과 자연의 상호작용을 강조하는 생태사(ecological history)에 대한 관심이 높아지고 있지만, 순수한 자연현상 자체가 아니라 그것이 인간 및 사회에 주는 영향과 그 의미를 전제로 한다. 설령 역사가 오직 인간의 행위에만 관련된 것은 아님을 인정하는 경우라도, 인간의 행위가 역사 내용의 중요한 부분을 이룬다는 점에 대해서는 모든 학자가 동의한다.[36]

여기에서 문제가 되는 것이 이해의 대상과 이해하는 방법의 관계이다. 과학철학자는 인간에 대한 이해 방법과 자연과학적 이해 방법이 본질적으로 다르지 않다고 주장한다. 예를 들어 나이젤(Ernest Nagel)은 군중에게 쫓겨 도망치는 사람이 느끼는 공포심을 이해하는 것과 철사 조각의 온도가 그것을 구성하는 분자의 운동 속도가 증가함에 따라 상승한다는 것을 이해하는 방법은 경험하거나 재창조하지 않고도 가능하다는 점에서 같다고 주장한다. 마찬가지로 정신과 의사는 자신이 정신착란을 겪지 않고도 정신병을 연구할 수 있으며, 역사가는 히틀러의 증오심을 재창조하지 않고도 그의 경력이나 그가 초래한 사회적 변화를 설명할 수 있다는 것이다.[37] 미국의 해석학자인 블레이처(Josef Bleicher)도 과학철학과 해석학적 철학이 지적 전통을 달리하면서도 탐구방법에서는 수렴한다고 지적한다. 과학은 검증의 논리에 주된 관심을 보이지만, 해석학적 철학과 마찬가지로 일어난 일을 현상학적·역사적으로 기술하는 데에도 점차 힘을 기울이게 되었다는 것이다.[38]

 그렇지만 역사학의 대상이 인간의 행위라는 데 초점을 맞추는 역사학자들은 역사적 사고의 방법이 자연과학적 이해의 방법과 다르다고 강조한다. 역사학이 인간의 행위를 다룬다고 할 때, 그것은 겉으로 드러난 행동 및 결과를 다루는 데 그치지 않고 인간의 내면, 즉 정신에 더 관심을 가진다는 의미이다. 역사가는 단순히 물리적 사실과 제도만을 연구하는 것이 아니라 내적 영역, 즉 그 안에서 생활하는 인간, 그들의 믿음·사고·의지·행위에 지속적인 관심을 쏟는다.[39] 인간의 삶은 다양한 의미를 가진다. 인간의 삶이 가지는 정신적 의미가 외적으로 표현된 것이 문화이다. 그리고 정신적이고 문화적인 인간의 삶이 전개되는 터전이 사회이며, 타인과 영향을 주고받으면서 시간의 흐름 속에서 형성되고 전개되는 인간의 공동체적인 삶이 '역사'이다.[40] 따라서 역사적 이해에서 중요한 것은 인간 활동의 내면에 대한 이해인데, 이는 자연과학적 방법만으로는 충분하지 않다. 왜냐하면 자연적 사건은 겉으로 나타난 현상을 통해 파악하므로 자연과학적 방법은 외면만을 이해하기 때문이다. 인간의 내면을 이해하기 위해서는 자연과학적 방법을 보는 고전적 시각에서는 존재하지 않는 직관과 감정이입에 의존해야 한다.[41]

해석학에서는 자연현상과 인간적 행위에 대한 이해 방식을 명확하게 구분한다. 자연과학의 방법론은 '설명(Erklärung, explanation)', 정신과학(Geisteswissenschaften)*의 방법론은 '이해(Verstehen, understanding)'이다. 자연적 현상은 설명해야 하며, 인간의 행위 및 그와 관련된 사회적 현상은 이해해야 한다. 여기에서 설명은 개별 현상을 보편적 법칙으로 환원하는 것을 의미한다. 만일 개별 현상을 자연법칙의 사례로 받아들여 범주화하고 그 원인과 결과의 연관성을 파악한다면, 그것은 설명이 된다. 반면에 이해는 모든 인과적 설명을 넘어서는 고차적인 의미 파악을 뜻한다.[42]

폰 브리크트(G. H. von Wright)는 설명과 이해를 두 가지 측면에서 구분한다. 첫 번째는 이해에 필요한 심리학적 방식이다. 모든 설명은 이해를 촉진하지만, 역사적 사고는 설명에는 드러나지 않는 심리학적 속성을 가지고 있다. 이러한 심리학적 특징은 정신적 상태, 즉 연구 대

---

* Geisteswissenschaften은 밀(J. S. Mill)이 《논리학(Logic)》에서 사용한 'moral science'를 곰페르츠(Theodor Gomperz)가 독일어로 번역한 것에서 유래한 용어이다. 좁은 의미로는 인문학(humanities), 넓은 의미로는 인문학과 일부 사회과학을 포괄한 인간과학(human science)을 뜻한다. 이를 영역(英譯)할 때는 일반적으로 human studies 또는 human sciences가 사용된다. 때로는 문화과학(culture sciences)도 같은 의미로 사용된다. 이한구(1986),〈딜타이의 역사적 사고의 분석〉,《역사주의와 역사철학》, 문학과지성사, 262쪽 참조.

상의 사상과 감정, 동기를 학자의 마음속에 어떤 형태로 감정이입하거나 재창조하는지에 달려 있다. 두 번째, 역사적 사고는 설명과 달리 의도를 내포한다는 점이다. 사람들은 행위의 목적, 신호(sign)나 상징(symbol)의 의미, 사회제도나 종교의식의 중요성을 이해한다. 역사적 사고의 이러한 의도적 또는 어의론적(語義論的, semantic) 영역이 역사적 사고방법을 둘러싼 토론에서 두드러진 역할을 한다.[43] 이에 따라 폰 브리크트는 역사적 이해를 위해서는 행위자의 의도와 당시 상황에 대한 행위자의 관점을 밝혀야 한다고 주장한다. 행위자의 의도와 그가 상황을 보는 관점을 종합하면 역사적 행위의 이유를 재구성할 수 있다는 것이다. 폰 브리크트에 따르면 이러한 역사적 이해는 실천적 추론(practical inference)에 의해 이루어진다. 실천적 추론은 동기를 가지고 행위를 설명한다. '내가 A를 행하고자 한다. 그래서 나는 A를 행한다'라는 식이다.[44] 실천적 추론은 삼단논법(syllogism)의 형식을 띠는데, 실천적 추론의 완성된 형태는 다음과 같다.

- 금후 A는 t라는 시기에 p를 일으키고자 한다.
- 금후 A는 t′라는 시기 이전에 a를 하지 않으면, t라는 시기에 p가 일어날 수 없다고 생각한다.
- 그러므로 시간에 대해 잊어버리거나 행동을 하는 데 지장이 없다면, A는 t′라는 시기가 되었다고 생각하기 이전에 a를 하기 위해 노력한다.[45]

P를 일으키려는 의도가 a라는 행위를 하게 만들었다는 논리이다. 폰 브리크트는 실천적 추론이 인과적으로 필연성을 가지기 때문에, 명제

가 참이라면 결론도 참이 된다고 말한다.[46] 리(P. J. Lee)는 이러한 실천적 추론을 하는 데는 다음 세 가지를 고려해야 한다고 지적한다.

첫째, 실천적 추론은 역사가가 오늘날 그랬을 것이라고 믿는 상황이 아니라 행위자의 관점에서 어떤 상황이었는지와 관련이 있다.

둘째, 오류와 불합리는 명확히 구분해야 하며, 불합리는 생각만큼 흔하지 않다는 주장을 심리학과 철학, 역사학자 들은 어느 정도 지지한다.

셋째, 역사가는 합리적 근거를 찾기 어려운 어떤 행위에 직면하더라도 이해하는 것을 포기하려고 하지 않는다. 사람들이 행위를 하려고 했던 순간의 관점에서 보면, 행위자가 적절한 이유 때문에 행동한다고 생각하는 것이 흔히 볼 수 있는 역사적 사고의 전제이다.[47]

역사적 이해 방식의 본질도 인간의 행위에 대한 이러한 추론과 마찬가지이다. 이에 대해 실천적 추론의 도식이 인간의 행위를 설명하기 위한 논리적 기초를 제공하지만, 이를 역사 행위에 적용하려면 그 행동이 탄탄한 논리를 가져야 하는데, 실제 역사 행위는 그렇지 않은 경우가 많다는 지적도 있다. 역사적 행위가 반드시 행위자의 의도대로 이루어지지는 않으며 불합리한 경우도 있기 때문에, 실제적 추론에 의해 모든 역사적 행위를 이해할 수는 없다는 것이다.[48] 마틴(Rex Martin)은 행위의 수단과 목적 사이의 관계에 대한 행위자의 믿음을 밝히면 역사적 행위를 충분히 이해할 수 있다는 폰 브리크트의 이론은 잘못되었다고 반박하고, 역사적 이해를 위해서는 당시의 상황을 보는 행위자의 관점 이상의 정보가 필요하다고 주장한다.[49] 마틴은 다음과 같은 예를 통해 역사적 이해의 이러한 성격을 강조한다.

어떤 원시인, '미개인' 또는 '농민'이 우연히 칼에 다리를 찔렸다. 그는 상처를 '치료'하고자 칼을 씻었다. 그러나 상처 자체는 그대로 내버려두었다. 이제 다음과 같은 (참된) 진술이 하나의 설명으로 우리에게 제시된다. 그 사람은 상처를 치료하기 원했다. 그리고 그는 칼을 깨끗이 씻는 것이 그 목적을 달성하는 수단이라고 믿었다. 이 점에 대해 우리는 그 사람이 왜 칼을 씻고 상처를 그대로 내버려두었는지 이해해야 한다. 그러나 진술된 의도와 실제 행동 사이의 관계는 전혀 명확하지 않다. 행위자의 수단과 목적이 진술되어 있다고 해서, 우리가 그의 행동을 이해할 수 있는 것은 아니다.

이해를 하는 데 발생하는 문제점을 해소하기 위해 우리는 그 이상의 정보를 찾게 된다. 우리가 다루는 사례의 경우, 다음과 같은 인류학적 구전 지식이 그 관계를 명백하게 한다.

"칼을 씻고 상처를 그대로 둠으로써 상처를 치료하고자 하는 '미개인'이나 '농민'은 어떤 명확한 사실에 주목하고 있었다. 그들은 청결을 유지하는 것이 대체로 상처 회복에 도움이 되고, 불결함은 지장을 준다는 것을 안다. 그들은 칼이 원인이고 상처가 결과라는 것을 안다. 그리고 원인을 치료하는 것이 증세를 치료하는 것보다 일반적으로 더 효율적이라는 정확한 원리를 깨닫고 있다. (…) 그들은 자신에게 더 친숙한 힘에 의존한다. 그리고 최선을 다해 치료 절차로 생각하는 주술의 절차를 밟는다. 그래서 정성껏 칼을 씻고 거기에 기름칠을 해서 광택을 유지한다."[50]

그러므로 상처를 입은 사람은 상처를 치료하기 위해 상처의 원인(칼)을 해결했다는 것이다.

이와 같은 이해는 자연과학에서와 같이 인과법칙에 의한 설명이 아니라 행위의 요점이나 의미를 사회적 상황에 비춰 이해하는 것이다. 폰 브리크트의 이론도 행위자의 관점을 이해하기 위해서는 행위자가 인식하고 있던 상황에 대한 지식이 필요하다는 점에서는 마찬가지이다. 상황에 대한 지식은 단순히 사건 자체를 아는 데 그치지 않고 하나의 상황과 다른 상황의 관계 속에서 사건을 보는 것이다. 즉 전체 맥락 속에서 그 사건의 위치를 파악해야 한다. 이를 적절히 행하려면 모든 증거를 고려해야 한다.[51] 따라서 역사적 사고는 자료에 바탕을 두게 되며, 역사적 사건이 일어난 당시 상황에 대한 지식을 필요로 한다.

이상에서 살펴본 역사 이해가 역사적 사고의 특징적인 방식이라고 할 때, 두 가지 점에서 다른 학문에서의 이해와 구별된다. 첫째는 인간의 내면을 이해의 주된 대상으로 한다는 점이고, 둘째는 역사적 자료에 대한 해석을 바탕으로 한다는 점이다.

2. 역사 이해의 논리

1) 딜타이의 정신과학적 이해

자연과학적 방법과 구별되는 역사적 사고방법의 기초를 제시한 사람은 드로이젠(J. G. Droysen)이다. 드로이젠은 사고의 대상과 본질에 따른 학문의 방법을 다음과 같이 제시했다. 첫째는 철학의 방법으로 '인식하는(erkennen)' 것이고, 둘째는 수학이나 물리학과 같은 자연과학적인 방법으로 '설명하는(erklären)' 것이고, 셋째는 역사적 사고에 근거한 방법으로 '이해하는(verstehen)' 하는 것이다.[52] 그중 명백히 대비되는 개

넘은 '설명'과 '이해'이다.

드로이젠에게 '설명'은 개별적인 현상을 보편적이고 필연적인 법칙으로 인과적으로 환원하는 것이고, '이해'는 개별적인 것을 그 특성과 의미를 토대로 파악하는 것을 뜻한다.[53] 역사는 자연과학과는 달리 인간의 정신을 다룬다. 역사의 진행에는 인간의 작용과 의지가 중요하다. 드로이젠이 보기에 역사는 인륜적(人倫的) 힘(sittlich Machte)에 의해 진행된다. 역사의 과정은 인륜 세계(sittlich Welt)가 이룩해나가는 것이고, 이 세계의 끊임없는 운동을 고찰하는 것이 역사이다. 드로이젠의 역사관에서 '인륜적 힘'은 중심 개념이자 역사인식을 가능하게 하는 근본적인 요소이다.[54] 역사란 과거의 사실 자체가 아니라 거기에 내포되어 있는 인간 정신에 대한 지식이며, 이것은 현재와도 연관되어 있어 과거와 현재의 연속성에서 그 의미를 찾는 것이다. 이를 위해서는 '연구하며, 이해해야(forschend zu verstehen)' 한다.[55] '연구하며, 이해한다'는 것은 사실적 근거, 즉 사실에 관한 연구를 기본적이고 우선적인 작업으로 삼는 것이지만, 여기에 그치지 않고 사상까지 이해해야 한다는 의미이다. 연구 대상에 대한 역사적 몰입이 역사학의 방법이라는 것이다.[56]

드로이젠은 역사가 과학이면서도 예술의 성격도 가진다고 보았다. 자연이나 사회 현상을 대상으로 하는 경험과학(empirical science)은 자료와 실제 현상의 차이를 명확히 함으로써 이를 서술하는 데 일어날 수 있는 오류를 최소화하고, 그 방법을 적용할 수 있는 범위를 탐색하는 것이 필수적이다. 그래서 본질적으로 이것이 가능한 범위에서만 올바른 결과를 제공할 수 있다. 반면 예술은 표현하고자 하는 것에 생기를 불어넣고 관객으로 하여금 이를 받아들이게 한다. 역사는 이 두 가지 성격을 동시에 가진다. 바로 이 점이 역사를 과학이나 예술과 구별할 수 있게 하며, 철학과도 다르게 한다는 것이다.[57]

딜타이는 19세기 중엽까지 개척되었던 해석학적 전통을 계승하여, 자연과학적 방법과 대비되는 인간에 관한 학문의 방법을 정립한 것으로 평가받는다. 딜타이의 이론은 인간 세계가 물리학, 화학, 생물학 같은 과학이 주제로 삼고 있는 자연 세계와는 근본적으로 다르다는 데 토대를 두고 있다. 인간은 자신이 처한 상황을 해석하고 장래의 목적과 계획에 대해 생각하며 의사소통을 한다는 점에서 자연 세계와는 크게 다르며, 이를 고려하지 않고는 인간을 연구할 수 없다는 것이다.[58] 이에 따라 딜타이는 과학을 정신과학과 자연과학으로 나눈다.

정신과학과 자연과학은 기본적으로 세 가지 측면에서 구분된다. 첫째는 주제와 내용 면의 차이로, 동어반복적이기는 하지만 자연과학은 자연현상을 취급하는 데 반해, 정신과학은 정신의 영역을 취급한다. 둘째는 경험, 지식, 지각의 양식이 서로 다르다는 점이다. 셋째는 다루는 주제에 대한 태도 및 접근법의 차이로, 정신과학은 개별화의 경향을 띠는 반면, 자연과학은 일반화의 경향을 띤다.[59] 딜타이는 두 종류의 과학을 구분하는 기초로 첫 번째 측면에 초점을 맞췄다. 두 번째 차이점도 주제와 내용의 차이에서 비롯된다. 자연과학과 정신과학이 다루는 대상의 차이는 외적 지각과 내적 지각의 차이로 귀결된다. 자연과학적 지식은 겉으로 나타나는 현상에 대한 감각적 지식이며, 정신과학적 지식은 내면적 체험에 대한 이해, 즉 인간의 심리 상태에 대한 총체적인 인식이다. 여기에는 인간에게 일어나는 모든 것, 즉 인간이 생각하고 행하는 것, 인간이 살아가는 목적, 인간 집단을 형성하는 사회의

외적 조직, 외적으로 관찰될 수 없는 인간의 감정까지 포함된다.[60]

그렇지만 정신과학과 자연과학에 대한 딜타이의 뚜렷한 구분은 주관과 대상 간의 관계에서도 찾을 수 있다. 주관과 대상 간의 근본적인 관계는 체험(Erleben), 표현(Ausdruck), 이해(Verstehen)의 관계이다. 정신과학을 탐구하는 사람은 이러한 맥락에서 해석학적으로 이해하는 것이다.[61] 딜타이는 이 과정이 체험-표현-이해의 순환구조를 이룬다고 보았다.

간단히 말해서 다른 사람의 삶을 통해서 우리 자신을 판명하는 것이 이해의 과정이다. 그리고 다른 한편으로는 우리가 겪은 삶을 다른 사람의 삶의 모든 표현 방식 속에 투사함으로써만 다른 사람을 이해할 수 있다. 그러므로 체험, 표현, 이해의 상호연관만이 인간을 정신과학의 대상이 되게 하는 고유한 방식이다. 정신과학은 체험, 표현, 이해의 이러한 상호연관에 토대를 두고 있다. 여기에서 우리는 비로소 정신과학의 영역을 결정지을 수 있는 전체적인 명확한 특징에 도달하게 된다.[62]

정신적 세계에 대한 인식은 체험, 다른 사람에 대한 역사적 사고, 사회에 대한 역사적 파악, 객관적 정신의 상호작용에서 생겨난다고 한다. 체험은 이러한 모든 것의 전제조건으로, 모든 정신적 세계에 대한 인식은 체험으로부터 나온다.[63] 체험은 삶의 부분들을 연결해서 통일성을 부여하는 것이다. 그런 통일성이 체험이다.[64] 시간 체험은 삶의 내용을 규정한다. 과거에 의해 규정된 인간은 마치 과거가 바뀔 수 있다는 듯 과거를 흔들어 깨우려고 하지만 이는 부질없는 일이다. 그렇지만

미래를 향하게 될 경우 더 자유롭다. 현실성의 범주 외에 가능성의 범주가 여기에서 생겨난다.[65]

체험이 외부로 나타난 것이 표현이다. 딜타이는 표현의 형태를 명제(Satz), 행위(Handlung), 체험표현(Erlebnisausdruck)의 세 종류로 나눈다. 명제는 개념, 판단, 추리 등으로, 이는 명제가 등장하는 체험에서 나온다. 무엇인가를 전달하려는 의도에서 행위가 비롯되는 것이 아니라, 어떤 목적과 맺는 관계에 따라 행위에 의도가 부여된다. 체험표현이나 그 원천인 삶은 이해를 위한 근거가 된다. 체험표현은 참이냐 거짓이냐 하는 판단의 대상이 아니라 진실한가 그렇지 않은가를 판별해야 하는 대상이다.[66] 이 중 딜타이가 말하는 표현의 본래적 의미는 체험표현이다. 체험표현에는 인간의 지성만이 아니라 감정과 충동, 사상과 목적, 사회 환경의 배경 등 인간의 삶 전체가 나타난다.[67]

역사적 사고는 외부로 나타난 표현을 통해 삶을 파악하는 과정이다. 따라서 우리에게 영향을 주는 삶의 표현의 변화는 새로운 이해를 촉진한다.[68] 우리는 겉으로 드러난 표현을 통해서 다른 사람의 내적 체험을 이해할 수 있다. 그러므로 체험과 역사적 사고는 상호의존 관계이다. 이해를 통해 체험의 한계를 극복할 수 있다. 다른 사람에 대한 역사적 사고를 통해 체험 내용의 모호함이 명료해지고 사물에 대한 좁은 인식에서 발생하는 오류를 바로잡게 되며, 체험 자체의 폭이 넓어지고 완성된다.[69] 우리는 다른 사람의 삶을 이해하는 가운데 우리 자신의 체험에서 이에 상응하는 것을 재발견함으로써, 다양한 인간적 삶을 추체험할 수 있다.[70] 그러므로 딜타이에게 역사적 사고란 바로 '다른 사람 속에서 나를 발견하는 과정'[71]이다. 이해는 고정된 의미가 아니라 사회적 의미를 가진다. 정신과학의 맥락에서 해석학은 정신을 대상화한다. 딜타이에게 해석학은 고정된 의미를 탐색하는 것이 아니라 사회적 표현물의 유의미한 현상을 밝히는 것이다.[72]

이러한 역사적 사고의 객관성을 보장하는 것은 무엇일까? 딜타이는 이를 객관정신(objektive Geist)에서 찾았다. 객관정신이란 개인들 사이에 존재하는 공통성이, 지각할 수 있는 세계에 객관화되어 나타나는 여러 형태를 말한다. 이는 각종 사회제도, 이념과 감정, 이상, 학문 등을 포괄한다.[73] 상호 역사적 사고는 개인들 사이에 존재하는 공통성을 확인시킨다. 개인은 공통성, 즉 유사성이나 동일성에 의해 서로 연결되어 있다. 동일성과 유사성의 관계는 인간 세계의 모든 범위에 걸쳐 있다. 이러한 공통성은 이성의 동일성, 감정적 측면의 공감, 도덕적 책무에 대한 인식에서 수반되는 권리와 의무의 상호 속박에서 나타난다.[74] 따라서 우리는 개개인을 먼저 이해하고 이를 바탕으로 객관정신의 공통성을 이해하는 것이 아니라, 우리를 둘러싸고 있는 객관정신의 공통성을 이해하고 이를 매개로 다른 인간을 이해하게 된다. 행위의 주체가 환경과의 상호작용에서 자신을 발견하는 체험이 곧 이해의 원초가 되는 것이다.[75]

이해는 다른 사람의 정신세계에 자신의 입장을 전이함으로써 이루어진다. 전이에 필요한 심리적 조건이 상상이다. 입장의 전이는 추체험으로 가능하다. 추체험이란 다른 사람의 체험을 상상적으로 다시 체험하고 재구성하는 것이다. 추체험에 의해 우리는 표현 속에 들어 있는 삶의 관계를 재생할 수 있다.[76] 정신과학은 정신적 삶과 인간 경험의 세계를 통찰하고자 한다. 감각 지각과 상상의 힘을 통해, 우리 자신에게 외적으로 주어진 것을 기초로 다른 사람에게 외적으로 나타난 것을 유추의 원리에 따라 해석함으로써 다른 사람의 체험을 추체험한다. 그러나 이 단계의 이해는 단순한 추체험이다. 이해는 다른 사람이 느끼는 것을 확인함으로써 다른 사람의 삶에 대한 인식을 높이려는 상상적 전이에서 절정에 달한다.[77] 예를 들어 역사적 발전에 대한 완전한 이해는 발전이 일어나는 시점의 역사적 과정이 상상 속에서 추체험될 때 비로소 성취될 수 있다는 것이다.[78]

딜타이가 이해 자체를 상상으로 여긴 것은 아니다. 딜타이에 따르면 이해를 '자기 자신을 과거에 두사하고 철학자의 정신이나 문화 풍조 속으로 들어갈 수 있게 하는 일종의 역사적 상상'이라고 주장하는 것은 잘못이다. 이해가 감정이입(Einfühlung), 공감(Mitfühlung), 또는 단순한 추체험을 포함할 수는 있으나 이 중 어느 하나와 동일하지는 않다. 그러나 상상이 이해를 명확히 하는 데 유용하다고 본다.[79] 상상은 우리 자신의 삶에 포함된 태도, 힘, 감정, 열정, 이념을 강화하거나 약화함으로써 다른 사람의 정신을 재창조할 수 있게 한다.[80]

역사 이해의 과정도 정신과학의 이해 과정과 마찬가지이다. 딜타이는 역사를 '정신, 언어, 법, 관습 영역' 내의 모든 것과 동일시했다. 그는 역사의 영역을 단지 정신의 영역으로 파악했으며, '정신세계'와 '역사적 세계'는 딜타이의 후기 저술에서 상호교환적으로 사용되었다.[81] 즉 정신과학의 범위는 이해의 범위이며, 이는 역사의 범위와 거의 동일시된다. 따라서 역사학의 최종 목적은 결국 정신의 탐구에 있다.[82] 역사 이해도 우리를 둘러싸고 있는 제반 현상에 대한 이해를 바탕으로 이루어진다. 역사가 만들어낸 현상들에 대한 이해는 관련된 과거의 유물을 인간의 경험과 연관하여 해석함으로써 시작된다. 이에 필요한 조건은 인간의 경험이 시간적 연속성을 가져야 하며, 인간에게는 보편적인 가치가 있어야 한다는 것이다. 따라서 우리는 관습, 습관, 정치적 상황, 종교적 절차에 대한 인식을 유물에 전이시킨다. 그러므로 역사적 분석의 과제는 시대를 지배하는 구체적인 목적, 가치, 사유 방식의 공통성에 대한 동의를 발견하는 것이다.[83] 그러나 역사에서는 동시대인의 경우처럼 언어, 습관, 일반적 시각을 공유하지 못한다. 이 때문에 과거 인물의 행위를 이해하려면 상황과 배경에 대한 지식은 물론 역사적 상상이 필요하다.[84] 실제 역사 연구에서는 이러한 과정이 자료를 지속적으로 면밀하게 수집하고 선택함으로써 이루어진다. 여기에 적용되는 상상력은 특별한 것 속에서 보편적인 것을 발견한다는 점에서 예술가의 상상과 비슷하다고 딜타이는 말했다.[85]

그러나 딜타이는 역사를 공통의 목적을 위한 인간의 공동 작용에 한정하는 것은 잘못이라고 주장했다. 역사는 개인의 생활 전체를 이해해야 한다. 개인의 존재가 그들 자신으로부터 문화 체제와 사회, 최종적으로는 전체 인류로 확대되어가는 것이 개인의 전체적 생활인데, 이러한 맥락이 사회와 역사의 본질을 이룬다.[86] 따라서 인간에 대한 역사적 탐구는 겉으로 드러난 표상(表象, Vorstellung)뿐만 아니라 정신, 공감, 정열에도 관심을 쏟게 된다.[87] 이러한 점에 비춰 보면 역사학의 목적은 한편으로는 역사적-사회적 실제 내의 개체, 개인을 파악하고, 다른 한편으로는 동형(同形, Gleichförmigkeit)을 형성하는 데 작용하는 틀을 인식하고 지속적인 발전의 목적과 법칙을 확립하는 것으로, 이는 사유를 통해서만 달성될 수 있다.[88]

딜타이는 자연과학과 구별되는 정신과학의 이해 방법을 제시했으며, 정신과학의 대표적 분야로 역사학을 들었으나, 역사학에만 적용되는 독자적인 이해의 논리를 제시한 것은 아니다. 하지만 이해에 관한 그의 이론은 관념론적 역사철학자들에게 이어지면서 다른 학문의 이해와는 근본적으로 구별되는 역사적 이해의 독자성이 강조된다.

2) 콜링우드의 재사고와 재연

역사학의 고유한 이해 방식을 제시한 사람은 콜링우드이다. 콜링우드는 역사를 일반과학과는 다른 독자적 목적과 방법을 가진 개별화된 학문(individualizing science)으로 보았다. 그는 역사의 대상을 두 가지 측면에서 과학의 대상과 구분했다. 첫째, 역사적 사실은 이미 발생하여 더는 존재하지 않으므로 지각할 수 없을 때만 역사적 사유의 대상이 된다는 점이다. 둘째, 역사가가 이해하려는 대상은 추상적이 아니라 구체적인 것, 보편적이 아니라 개별적인 것, 시공(時空)과 무관한 것이 아니라 자기 자신의 시공을 가지고 있다는 점이다.[89] 콜링우드는 역사와 일반과학을 구분하는 더 근본적인 차이를 과학은 자연계의 사건을 연구하는 데 반해, 역사적 사건은 인간의 행위라는 데 둔다. 자연계의 사건은 단지 '외면'만을 가지고 있지만, 인간의 행위는 '외면'은 물론 '내면'까지 가지고 있다. 이를 대상으로 생각하는 것이 역사적 사고이다. 역사적 사고는 알려진 것과는 별개의 사실, 즉 일반법칙이 아닌 개별 사실의 세계가 존재하며, 이러한 사실을 전부는 아니더라도 부분적으로 그리고 거의 진실에 가깝게 발견하는 것이 가능하다는 태도에서 비롯된다.

콜링우드는 역사적 사고와 과학적 사고의 방식이 다르다고 주장한다. 과학은 사건을 지각함으로써 발견하고 그것을 분류하여 다른 종류의 사건들과의 관계를 결정함으로써 원인을 찾아낸다. 반면에 역사의 과정은 단순한 사건의 과정이 아니라 행동의 과정이며, 행동의 과정은 사상(thought)*의 과정이라는 내면성을 가지고 있다. 역사에서 발견해야 하는 것은 바로 사건 속에 들어 있는 사상이다. 콜링우드에게 역사 연구방법은 내부로부터 의미를 읽는 것이다. 역사가는 역사적 지식을 획득하기 위해 자신의 정신 속에서 행위자의 역사적 지평을 재구성하고, 행위자의 경험을 재경험하며 사고 과정을 재사고해야 한다. 역사적 사건은 외부로 드러나는 '경관(景觀)'이 아니라 그 내부의 행위로, 역사 연구는 행위의 의미를 읽는 것이다.[90]

콜링우드는 과거의 사건에 들어 있는 사상을 알아내는 유일한 방법은 과거의 역사를 역사가 자신의 정신 속에 재연(再演, re-enactment)**하는 것이라고 주장했다.[91] 콜링우드가 말하는 재연은 과거 행위자의 마음을 읽는 것뿐 아니라, 이렇게 이해한 행위를 재구성하여 역사로 표현하는 것까지 포함한다. 이 경우 재연에는 행위자의 마음뿐 아니라 역사가 또는 학습자의 마음까지 들어간다. 콜링우드의 견해에 따르면

---

* 콜링우드의 thought는 '사고' 또는 '사상'으로 번역된다. '사고'는 생각의 과정, '사상'은 생각의 결과에 주안점을 둔다. 그렇지만 콜링우드는 '사고'를 뜻하는 thinking이라는 표현도 사용한다. 이 책에서는 기본적으로 thought를 '사상', thinking을 '사고'로 번역한다. 다만 필요할 경우 문맥에 따라서 '사고'라고 표현하기도 한다.

** 콜링우드의 re-enactment는 '재연' 또는 '추체험'으로 번역한다. 추체험은 사고의 과정, 재연은 사고의 결과에 중점을 둔다. 재현(再現), 재역(再役)이라는 표현을 사용하기도 한다. 그런데 콜링우드는 re-living이라는 용어도 사용한다. 또한 추체험이 사고의 과정을 중시하지만, 콜링우드의 re-enactment는 그 결과로 이해한 역사적 사실의 재구성까지 포함한다. 이 책에서는 기본적으로 '재연'이라는 용어를 쓰되, 글의 맥락에 따라 '추체험'으로 표현하기로 한다.

역사적 사고는 과거 사건에 포함되어 있는 인간의 사상을 추체험하는 것이다. 역사적 사건은 지나간 일이므로 현재의 경험과 관련지어야 존재한다. 과거의 사건은 증거를 다루는 역사가의 마음의 작용에 의해 상상력 속에서 재구성될 뿐이다.[92]

사건의 외면적 원인은 자연과학적 탐구, 즉 일반법칙으로 밝힐 수 있으나 내면은 그렇지 못하다. 인간의 행위에는 동기 또는 이유가 있게 마련이다. 따라서 동기나 이유를 모르고서는 역사 자체를 알 수 없다.[93] 역사 연구는 현존하는 사물의 상황 또는 과거에 발생했던 사건의 목적이니 상대를 고려해야 한다. 그중 역사 연구의 1차 목표는 후자이다. 그런데 인간은 어느 정도 이성에 따라 자신의 행위를 조절하므로, 인간의 행위는 목적을 가지게 된다. 그러므로 역사적 사건의 원인을 아는 것은 사건을 일으킨 목적과 계획을 아는 것으로, 역사 연구는 인간의 목적적 활동에 관한 연구이다.[94]

이러한 입장에서 콜링우드는 자연과학적 지식은 외적 현상을 파악하는 데 비해 진정한 역사적 지식은 내적 체험이라는 딜타이의 주장에 동의하면서 딜타이가 역사적 사고에 대한 연구를 한걸음 진전시켰다고 평가했다.[95] 그러나 콜링우드는 딜타이에게 삶이란 반성(反省, reflection)이나 지식과 구별되는 직접적 체험을 의미한다는 문제점이 있다고 지적했다. 콜링우드에 따르면 어떤 일을 직접 체험하는 것과 이를 이해하는 것은 별개이다. 자신이 역사가라는 사실이 역사가에 대한 지식을 가져다주지 않는 것과 마찬가지로, 카이사르나 나폴레옹이 된다고 해서 그에 대해 인식할 수 있는 것은 아니다. 카이사르의 체험을 역사가의 마음속에 재생할 때도, 역사가는 단순히 카이사르가 되는 것이 아니라 역사가로서의 자신을 인식하게 되며, 자신과 카이사르의 체험을 구별하면서 카이사르의 체험을 자신의 것으로 받아들인다. 따라서 재생(再生, re-living)을 통해 과거를 체험하는 것은 직접적인 체험이 아니라 역사가가 현재 인식하는 것, 즉 역사가의 자기인식이다. 역사가가 과거를 현재 속에서 인식한다고 할 때의 현재 역시 역사가가 직접 체험하고 있는 현재가 아니라 역사가가 인식하고 있는 현재이다. 딜타이는 심리학적 분석을 통해 과거를 체험할 수 있다고 생각했으나, 콜링우드는 심리학을 역사와는 다른 과학으로 보았으며, 딜타이는 이 때문에 결국 실증주의로 회귀했다고 비판했다.[96] 콜링우드는 심리학적 역사를 역사가 아니라 일종의 자연과학으로 보는 근거를 다음과 같이 제시한다.

> 심리학적 역사의 주된 목적은 법칙, 즉 심리학적 법칙을 확인하는 것이다. 심리학적 법칙은 사건도 아니며, 사건의 복합체(a complex of events)도 아니다. 그것은 사건들 사이의 관계를 지배하는 변하지 않는 법칙이다.[97]

그렇다면 역사 연구방법은 구체적으로 다른 과학과 어떻게 다른가? 콜링우드는 이에 대해 다음과 같은 세 가지 원리를 제시한다.

첫째, 질문과 대답의 원리로, 역사 연구는 올바른 질문과 대답에 의해 진전된다.

둘째, 모든 진정한 역사는 사상의 역사이다.

셋째, 어떤 역사적 문제도 2차적(second-order) 역사, 즉 역사적 사유의 역사이다.[98]

이 중 역사 이해의 논리와 좀더 관련이 깊은 것은 첫 번째와 두 번째 원리이다.

우선 질문과 대답의 원리를 살펴보기로 하자. 콜링우드는 역사가도 과학자와 마찬가지로 자료를 이용해 연구하며, 역사가가 이용하는 자료가 특별한 것에만 국한되지는 않는다고 본다. 다시 말해 역사가가 인간 행위의 내적 측면, 즉 이념을 다룬다고 해서 인간 행위의 내면에 관한 자료만 취급하는 것은 아니다.[99] 역사가는 지금 여기에서 접할수 있는 모든 것, 예를 들면 글이 적혀 있는 지석(誌石), 거기에 언급된 말, 건물, 지문(指紋) 등 모든 것을 증거로 사용한다. 올바른 문제의식을 가지고 접근하기만 하면 무엇이든 증거가 될 수 있다.[100] 따라서 문제의식을 가지고 자료를 대한다는 점이 역사가를 일반과학자와 구별해주는 요소가 된다. 역사가의 문제의식은 올바른 질문과 대답으로 생긴다. 여기에서 '올바르다(right)'는 말은 반드시 '참이다(true)'라는 것을 의미하지는 않는다. 질문에 대한 올바른 대답이 '거짓(false)'인 경우도 흔하다. 부주의 때문일 수도 있으며, 배리법(背理法, absordum)*을 구성하기 위해서일 수도 있으며, 사고하는 사람이 잘못된 육감을 따르는경우에도 그렇다. 올바른 대답이란 질문과 대답의 과정에 따라 연구를진행할 수 있게 해주는 대답이다.[101] 올바른 질문과 대답에 의해 역사를연구해야 하는 것은 역사 자체가 목적을 가진 행위의 이야기이기 때문이다. 역사와 거짓 역사(pseudo-history)를 구분하는 기준은 목적이 있었는지 여부이다. 현존하는 유물은 역사가가 목적을 가지고 생각하는

---

* 명제를 증명하는 방법의 하나. 어떤 명제의 부정명제가 필연적으로 모순이라는 것을 끌어냄으로써, 원래의 명제가 참이라는 것을 주장하는 방법이다. 귀류법(歸謬法)이라고도 한다.

만큼, 즉 그것이 무엇을 위해 존재했는가를 이해하는 만큼 증거가 된다.[102] 이런 의미에서 콜링우드는 증거를 '발견한다'기보다는 '창조한 다'라고 말한다.[103] 따라서 역사가는 먼저 자료를 모은 다음 그것을 해 석하는 것이 아니다. 문제의식을 가졌을 때 비로소 그와 관련된 자료 를 모으기 시작한다. 역사가가 해석할 수 있는 방법을 발견하기만 한 다면 무엇이든 역사가에게 자료가 될 수 있다.[104]

"그것이 무엇을 위해 존재하는가?"라는 목적의식으로부터 역사에 대한 콜링우드의 두 번째 원리인 '모든 역사는 사상의 역사'라는 것이 나온다. 역사의 과정은 단순한 사건의 과정이 아니라 행동의 과정이 며, 그것은 사상으로 구성되는 내면성을 가지고 있다. 역사가가 찾고 자 하는 것은 이러한 사상의 과정이다. 따라서 모든 역사는 사상의 역사 이다.[105] 콜링우드는 다음과 같은 정치사의 예를 들어 이 점을 강조했다.

정치사는 정치적 사상의 역사, 즉 정치적 이론이 아니라 정책의 결정, 그것 을 실행할 수단의 계획, 실행에 옮기려는 시도, 그에 대해 반감을 가지는 사 람들의 발견, 반대를 극복할 방법의 고안 등과 같이, 정치적 일에 종사하는 사람들의 마음을 점거하고 있는 사상이다. 역사가가 유명한 연설에 대해 어 떻게 서술하는지를 생각해보자. 역사가는 정치가의 목소리의 높고 낮음, 의 자의 딱딱함, 세 번째 줄에 앉아 있는 늙은 신사의 귀가 잘 안 들리는 것과 같은 감각적 요소에는 관심을 갖지 않는다. 역사가는 정치가가 말하는 것(즉 그의 말 속에 표현된 사상)이나 청중이 그 말을 어떻게 받아들이는가(청중의 마음속에 있는 사상과, 정치가의 사상이 청중에게 끼친 영향을 청중의 사상이 어 떻게 조절했는가)에 관심을 집중시킨다.[106]

콜링우드가 말하는 사상이란 행위자가 자신의 행동 노선을 결정할 때 실제로 고려하는 사항이다. 여기에는 그 상황의 여러 사실에 대한 행위자의 관념, 행동을 함으로써 그가 달성하고자 했던 목적, 이를 위해 채택 가능한 방법에 대한 행위자의 지식, 이러한 방법을 채택할 때 행위자가 느꼈을 법한 망설임 등 고려할 수 있는 모든 것이 포함된다. 행위자의 믿음, 목적, 원리 등에 비춰 그런 행동을 한 이유를 알 수 있다면, 역사가는 그 행위를 이해했다고 주장할 수 있다.[107]

콜링우드는 사상의 역사를 이해하기 위한 세 가지 과제를 다음과 같이 제시했다. 첫째, 과거에 무엇이 일어났는지 어떻게 알 수 있을까? 둘째, 그것이 왜 일어났는지 어떻게 알 수 있을까? 셋째, 무엇이 일어났고 왜 일어났는지 아는 것은 어떤 가치가 있을까?[108]

첫 번째 과제에 대한 콜링우드의 대답은 역사란 과거 사건의 상상적 재구성(imaginative reconstruction)이라는 것이다. 콜링우드에게 이해의 과정은 과거의 사상을 체계적으로 재구성하고 검토하는 것이다. 그런데 과거의 사상, 즉 내적인 관념에 상세한 내용을 부여하려고 노력하는 것이 상상의 행위이다. 과거의 상상적 재구성은 상상 행위의 대상이 되는 과거를 지금 여기에서 지각되는 대로 재구성하는 것을 목적으로 한다.[109] 이러한 재구성이 상상인데, 콜링우드는 이를 선험적 상상(先驗的 想像, a priori imagination)이라고 불렀다. 선험적 상상은 경험하거나 지각하지 않더라도 떠올릴 수 있는 사고이다. 주어진 증거로부터 논리적으로 연역되는 것이며, 역사적 지식의 필수조건이다.[110] 외부에서 주어진 고정된 관점에서 벗어남으로써 역사가가 직접 경험하지 않더라도 능동적으로 과거에 대한 어떤 이미지를 만드는 것이 곧 선험적 상상이다.[111] 그러나 콜링우드는 선험적 상상이라 하더라도 역사가의 상상은 다른 선험적 상상과는 차이가 있다고 여겼다. 콜링우드에 따르면 역사가의 선험적 상상은 소설과 같이 자유로우면서도 자의적이 아닌 내적 필연성에 의한 상상, 즉 예술적 상상과, 탁자의 아랫면, 깨지지 않은 알의 내부, 달의 뒷면과 같이 실제로 지각되지는 않으나 지각이 가능한 대상을 제시함으로써 지각되는 자료를 보충하고 강화하는 지각적 상상의 두 가지 기능을 가진다.[112]

과거의 사건이 왜 일어났는가? 즉 행위자의 사상이 무엇인가를 역사가가 아는 방법은 자신의 마음속에 행위자의 사상을 재사고(rethinking)하는 것뿐이다.[113] 콜링우드는 재사고의 예로 다음과 같은 사실을 제시했다.

예를 들어 역사가가 《테오도시우스 법전》을 읽고 있으며, 어떤 황제의 칙령을 앞에 놓고 있다고 가정하자. 단순히 그것을 읽고 번역할 수 있다고 해서 그 역사적 의미를 알게 되는 것은 아니다. 그 의미를 알기 위해서는 황제가 다루려고 했던 상황을 머릿속으로 그리되, 그 황제가 생각했던 것과 같이 그려야 한다. 그런 다음 황제가 처했던 상황을 자신이 처한 상황인 것처럼 받아들여 그 상황을 어떻게 다룰 것인지를 생각해야 한다. 역사가는 당시 황제가 선택할 수 있었던 방안들과, 황제가 다른 방안이 아닌 그 방안을 택한 이유를 찾아내고, 이러한 방침을 결정할 때 황제가 겪은 과정을 경험해야 한다. 따라서 역사가는 황제의 경험을 자신의 마음속에 재연하고 있는 것이다. 이렇게 함으로써 역사가는 칙령의 의미에 대해 단순한 문헌학적 인식이 아닌 역사적 인식을 할 수 있다.[114]

여기에서 볼 수 있는 바와 같이 재사고는 행위자의 사상을 재연하는 것, 즉 역사적 행위자의 머릿속에 들어가서 그들이 상황에 대처하는 방식이 올바른지를 생각하는 것을 의미한다. 콜링우드의 견해에 따르면 역사적 이해는 이러한 재연에 의해서만 가능하다. 역사적 행위자의 입장에서 과거의 상황을 보지 않는다면 진정한 역사적 이해는 이루어질 수 없다. 콜링우드가 자주 인용하는 트라팔가르 해전의 이해 사례에서도 이 점은 명확히 드러난다.

> 당신이 전쟁을 사정거리가 짧은, 앞에서 장전하는 총으로 뱃전을 무장한 범선에서 훈련받은 사람의 눈으로 보지 않으면, 당신은 해군사(海軍史)의 초보자도 될 수 없으며, 그것의 국외자에 불과하다. 당신이 잠시 동안이라도 배가 증기에 의해 움직이고, 사정거리가 긴 뒤에서 장전하는 총으로 무장된 것처럼 트라팔가르의 전술을 생각한다면, 그 순간 당신은 역사의 영역 밖에서 표류하게 될 것이다.[115]

콜링우드는 이러한 사상의 역사를 아는 것이 우리에게 주는 가치를 자기인식에서 찾는다. 콜링우드에게 역사는 죽은 과거가 아니라 현재 속에 살아 있는 것이다. 역사적 사실도 주어지는 것이 아니라 구성되는 것이며, 선택도 현재와 관련된다. 역사인식은 현재 우리 자신에 대한 인식이나 다름없다. 예를 들어 솔론의 사상을 재사고하고 재발견하는 것이 역사적 사고라면, 그것은 우리에게 편지를 쓰는 친구나 거리를 걷는 낯선 사람의 사상을 발견하는 것과 똑같은 방식이다. 10년 전에 생각했던 것이나 써놓았던 것을 다시 읽음으로써 발견할 수 있고,

5분 전에 생각했던 것과 행동한 것을 곰곰이 다시 생각함으로써 발견할 수 있는 것도 역사적 사고이다.[116] 역사가가 발견해야 하는 사상은 현재라는 맥락에 둘러싸여 있는 사상이다.[117] 그러므로 역사가의 인식은 과거의 지식도 아니며, 현재의 지식도 아니다. 현재 속의 과거 지식, 즉 과거의 경험을 현재에 재생한 것이므로 역사가 자신의 자기인식이다.[118]

3) 드레이의 합리적 이해

20세기 중엽에 이르러 인간의 행위를 분석하고 설명함으로써 역사의 과학적 성격을 명확히 규정하고, 역사적 설명의 논리를 밝히려는 움직임이 활발히 일어났다. 포퍼(K. Popper)와 헴펠(C. G. Hempel) 등의 논리실증주의자들은 역사와 과학의 방법론에 대한 구분을 부정하고, 역사적 설명에도 과학적 모델을 적용하고자 했다. 이들은 재연 내지 감정이입적 이해는 심리적 사실이며, 역사를 진정으로 이해하기 위한 방법론적 원칙은 되지 못한다고 비판했다. 이에 반해 인간의 행위에 대한 분석과 설명을 통해 역사적 행위를 이해하려고 한다는 점에서는 마찬가지이지만, 역사적 행위에 과학적 설명의 논리를 적용하는 것은 부적절하며, 역사 행위의 설명은 과학적 현상을 설명하는 것과는 달라야 한다는 반론도 제기되었다. 이러한 입장의 대표적인 학자가 드레이이다.[119]

드레이는 역사적 탐구에는 다른 학문과는 구분되는 중요한 특성이 있으므로 역사를 무조건 과학이라고 부르는 것은 잘못이라고 주장한다.[120] 드레이에 따르면 우리가 역사를 배우는 동기는 인간에 대한 호기심이다. 즉 역사 탐구는 다른 시대와 장소에 살았던 사람들의 생활을 발견하고 상상적으로 재구성하는 데 관심을 가진다.[121] 따라서 드레이의 역사관은 역사적 탐구 대상이 과거의 인간, 그것도 사회적으로 의미 있는 인간의 활동이라는 인식에서 출발한다.[122]

드레이에 따르면 역사가 사회적 의미를 갖는 인간의 활동을 탐구하는 것이라고 할 때, 역사가의 과제는 먼저 그러한 활동이 무엇인지를 밝히는 것, 즉 '사실을 확정짓는 것'이지만 이에 그치지 않고 한걸음 더 나아가 이를 이해하는 것이다.[123] 여기에서 이해는 역사적 행위자의 신념 및 목적에 비춰 그가 행한 행동이 합리적이라는 것을 알 때 가능하다. 역사가는 그의 행동이 왜 합리적이었는지를 설명해야 한다.[124]

드레이는 행위자의 행위에 대한 이해는 그 행위와 행위자의 동기나 믿음 사이의 합리적 관계를 지각하는 것에서 시작된다고 주장했다. 행위에 대한 이해는 이러한 합리적 관계를 밝혀냄으로써 달성된다.[125] 이를 위해서는 외적 행동만이 아니라 행위자의 내적 사상도 이해해야 한다. 역사가는 겉으로 나타나는 행동의 바탕에 깔려 있는 생각을 알아야 하고, 상황을 통찰해야 하고, 주인공과 자신을 동일시해야 하고, 행위자가 처한 상황에 자기 자신을 상상적으로 투사해야 한다. 즉 이해하고자 하는 인물의 희망, 공포, 계획, 욕망, 견해, 의도 등을 재생, 재연, 재사고, 재경험해야 역사적 행위를 이해할 수 있다.[126] 드레이는 버터필드(H. Butterfield)의 말을 인용해 이 점을 강조했다.

전통적 역사서술은 역사적 인물의 성격에 대해 단지 국외자가 관찰하듯이 보고하는 데 만족하지 않는다. 내면으로부터 그 인물을 보지 않으면, 배우가 자신이 맡은 배역에 대해 느끼듯이 그들에 대해 느끼지 않으면, 그들의 사상을 반복해서 생각하고 관찰자가 아닌 행위자의 위치에 서지 않으면, 이야기를 정확하게 할 수 없다고 주장되어왔다. 이러한 것이 불가능하다고 할지라도(사실 불가능하지만), 이를 단지 열망할 일로 남겨놓을 것이 아니라 어떤 경우이든 역사가는 자신을 역사적 인물의 입장에 놓아야만 하고, 그의 결정을 느껴야만 하고, 자신이 역사적 인물인 것처럼 생각해야 한다. 이러한 기술이 없으면 이야기를 정확하게 하는 것이 불가능할 뿐 아니라 재구성하는 데 의존해야 할 문헌자료를 해석하는 것도 불가능하다. 전통적 역사서술은 인간의 내면에 들어가기 위해서는 공감적 상상(sympathetic imagination)이 중요하다는 것을 강조한다.[127]

이는 인간의 행위에는 목적이 있기 때문에 가능하다. 인간은 어떤 행동을 할 때 어느 정도 의식적인 고려를 한다. 역사가가 재구성하는 것도 이러한 고려이다. 물론 행위자는 때로 충분히 고려하지 않고 행동하며, 이 경우 역사가가 재구성할 만한 고려도 없다. 그러나 이는 역사가의 주된 탐구 대상이 아니다. 역사가가 주로 탐구하는 것은 행위자가 충분한 생각 끝에 실천을 할 때 고려하는 사항이다.[128]

드레이에 따르면 인간의 행위를 이해했다고 생각할 때 역사가는 한걸음 더 나아가 이를 설명하게 된다. 드레이가 말하는 설명 중 인간 행위의 이해와 밀접한 관련이 있는 것은 합리적 설명(rational explanation)이다.*

---

* 드레이는 설명의 형식을 다음 세 가지로 나눈다. ① '왜'에 대한 설명(explaining why): 인과적 설명(causal explaining)과 합리적 설명(rational explanation). ② '어떻게'에 대한 설명(explaining how): 어떻게 가능했는가(how-possibly)에 대한 설명, 어떻게 일어났는가(how something came about)에 대한 설명. ③ '무엇'에 대한 설명(explaining what).

합리적 설명은 당시 상황에서 행위자가 믿고 있던 것과 달성하려고 했던 것에 관심을 둔다. 즉 상황에 대한 행위자의 관점 및 행위의 동기와 실제 나타난 행위 사이의 관계를 확립하려는 설명을 드레이는 합리적 설명이라고 불렀다.[129] 합리적 설명은 해석학적 개념으로는 설명보다는 이해에 해당한다. 드레이가 말하는 합리적 설명은 인간 행위의 근거를 보여준다. 합리적 설명의 목적은 인간의 행위는 어떠한 법칙에 따르기보다는 이유(reason) 때문에 행하는 것임을 보여주는 데 있다.[130] 따라서 합리적 설명은 목적적 설명, 즉 'A는 Y를 위해 x를 했다(A did x in order to Y)'의 형태를 띠게 된다.

인간의 행위에 대한 설명에서도 경험적 탐구의 측면을 무시하지는 않는다. 합리적 설명도 증거에 의거하므로 귀납적이고 경험적인 측면이 있다.[131] 그러므로 합리적 설명에서 발견하려는 행위의 이유도 일반성이나 보편성을 가지게 된다. 그러나 이는 보편법칙이 아니라 '만약 y는 A가 x를 행할 훌륭한 이유라면, y는 A와 비슷한 사람이 다른 비슷한 상황에서도 x를 행할 충분한 이유가 된다'와 같은 의미의 보편성이다. 이 일반성 내지 보편성은 법칙적 설명에서와 같이 절대적인 것이 아니다. 일반적인 경험법칙은 부정적 사례가 발견되면 수정되거나 폐기되어야 하지만 합리적 설명은 그렇지 않다. 왜냐하면 합리적 설명은 'C1, C2 … Cn과 같은 상황에 처했을 때, 해야 할 행동이 그것이다(When in a situation of type C1, C2 … Cn, thing to do is it)'라는 형식을 취하기 때문에, 일반화라기보다는 행위의 원리에 해당한다. 따라서 부정적 사례가 발견된다고 해도 원리에 부합하는 행동에 대해서는 여전히 합리적으로 설명할 수 있다.[132]

역사의 대상은 인간 행위의 내면이며, 역사적 이해는 자연과학적 방법만으로는 가능하지 않다는 주장에 비춰 보면 드레이의 이론은 콜링우드 같은 관념론자와 통하는 면이 있다. 그러나 드레이의 역사 이해 논리는 분석철학의 입장에 있기 때문에 관념론자와는 중요한 차이가 있다. 관념론자들은 역사적 이해에서 자연과학적 방법의 유용성을 부정하지만, 드레이의 경우는 그 유용성 자체를 부정하지는 않는다. 자연과학적 방법도 역사적 이해를 위해 도움이 되지만, 이는 필요조건일 뿐 충분한 역사적 이해를 위해서는 또다른 이해 방법이 필요하다는 것이다. 또한 관념론자들은 개별적인 역사 행위를 이해하려고 하는 반면, 드레이는 역사 행위의 일반적 원리를 밝히려 한다는 점에서도 차이가 있다.

이상에서 살펴본 역사적 이해의 논리에 대한 딜타이, 콜링우드, 드레이의 견해에는 많은 차이가 있다. 딜타이와 콜링우드는 역사적 이해가 자연과학적 방법으로는 가능하지 않다고 주장하지만, 드레이는 자연과학적 방법도 역사를 이해하는 데 필요하다고 인정한다. 다만 자연과학적 방법만으로는 충분한 역사적 이해에 도달할 수 없다고 주장한다. 또한 딜타이와 콜링우드는 개별적인 인간 행위를 이해하는 데 관심을 두었지만, 드레이는 인간 행위의 원리를 규명하는 데 초점을 맞췄다. 한편 딜타이는 역사를 포함한 모든 정신과학의 이해 대상과 범위를 제시하고, 이에 대한 이해가 심리학적 방법으로 가능하다고 보았으나, 콜링우드는 역사의 독자적인 이해 영역을 구축하고자 했으며, 심리학은 일종의 자연과학이므로 역사적 이해는 심리학적 방법으로는 가능하지 않다고 주장했다. 또한 딜타이는 정신과학의 이해 방법인

추체험을 역사가의 직접적 체험과 같은 성격으로 보았지만, 콜링우드
는 이를 부인했다. 그러나 이들 세 사람은 모두 과학의 통합이라는 실
증주의적 이념에 반대하면서, 다른 학문과 구분되는 역사적 이해의 논
리를 제시했다. 이들의 견해를 중심으로 역사 이해의 논리를 정리하면
다음과 같다.

첫째, 역사는 인간의 행위를 다룬다. 인간의 행위는 겉으로 드러난
행동의 결과라는 외면과, 행동의 동기나 목적·이유·상황에 대한 행위
자의 관점이라는 내면의 두 측면이 있다. 이 중 역사학이 본질적으로
나누어야 할 대상은 인간의 내면이다.*

둘째, 자연과학이 추구하는 것과 역사학이 추구하는 것은 다르다.
자연과학은 법칙적 일반화를 만들고 이를 검증하기 위해 노력하지만,
역사학은 역사적 사건을 해석하고 이해하고자 힘쓴다. 법칙적 일반화
를 만드는 것은 역사가의 주된 관심이 아니며, 사실 가능하지도 않다.

셋째, 자연과학과 역사학은 방법론에서 차이가 있다. 역사적 이해는
논리적·과학적 추론만으로는 가능하지 않으며, 자연과학적 법칙이나
일반화는 역사를 이해하는 데 별다른 역할을 하지 못하거나 중심 역할

---

* 가디너(Patrick Gardiner)는 이러한 견해를 '인간 행위의 내-외면 이론(inside-outside
theory of human action)'이라고 불렀다. 가디너는 이 이론의 특징을 다음의 세 가지로 요
약한다. ① 인간의 행위에 대한 많은 설명은 의도, 결심, 소망, 희망, 계획, 숙고 등에 관한
추론을 포함한다. ② 역사는 과거 인간 행위를 연구하는 것이므로, ①과 같은 종류의 설명
과 필연적으로 긴밀하게 관련되어 있다. ③ 이러한 설명이 언급하고 있는 의도, 사상은 인
간 행위의 원인이다. 그러나 그것은 (a) 일상적인 감각으로는 관찰할 수 없기 때문에, (b)
설명해야 할 물리적 행동의 한 부분이기 때문에, (c) 과거 경험에 의한 추론이 아니라 우리
마음속에 그것들을 재생하거나 재경험함으로써 알게 되기 때문에 특별한 원인이다. Patrick
Gardiner(1952), *The Nature of Historical Explanation*, Oxford: Oxford University
Press, pp.117~119.

을 하지 못한다. 역사적 이해를 위해서는 자료에 대한 다양한 해석, 인간 행위에 대한 재연 또는 감정이입이 필요하다. 역사적 상상은 이를 촉진한다.

3. 역사적 상상의 개념

1) 상상의 개념

상상이 무엇인지 한마디로 정의하기는 어렵다. 이는 상상이 명확한 논리성이 있거나 꼼꼼한 분석을 토대로 하기보다는 직관적인 생각을 가리키는 말로 사용되는 경우가 많기 때문이다. '상상력이란 이런 것이다'라고 단정할 경우 상상을 하는 사고행위 중에서 빠지는 것이 생기고, 상상의 개념을 너무 포괄적으로 정의해 이것저것을 모두 포함하면 구체성을 잃어 공허해 보인다.[133]

상상은 실제로 경험하지 않은 현상이나 사물을 마음속에 그리는 것이다. 마음으로 상(像, image)을 만드는 것이 상상이다. 물론 상상이 반드시 시각적 상을 그리는 데 한정되지는 않는다. 소리나 드라마의 줄거리도 상상의 대상이 될 수 있다.[134] 상상에 해당하는 영어 단어로는 image, imagine, imagination이 있다. image는 마음의 상이며, imagine은 image의 동사로, 상을 떠올리는 것이다. imagination은 이미지화하는 능력, 즉 상상력이다. 그렇기에 imagination은 마음의 작용이며, image는 그 내용이다. 상상력(imagination)의 어원인 라틴어 imaginatio는 모방 외에 기호, 상징, 조식, 흔적 등의 의미와 얽혀 있다.

imagination은 다양한 학문의 개념어이며, 상상의 작용과 상상 내용이 분리되지 않은 채 학문이나 일상에서 빈번히 사용된다.[135] 《역사적 상상력(Historical Imagination)》에서 스테일리는 상상력이 이미지를 떠올리는 것과 창조하는 것이라는 두 가지 함의를 지닌다고 말한다. 이미지를 떠올린다는 의미의 상상력은 직접 경험할 수 있지만 현재는 존재하지 않는 사물이나 현상의 정신적 이미지를 형성하는 능력이다. 그런 의미에서 이는 모방하는 능력이다. 창조적 상상력에 의한 이미지는 실재했던 것이 아니라 상상 속에서만 존재하는 것이다. 전자는 실제 사물을 마음의 눈으로 시각화하는 것이며, 후자는 존재론적인 것을 그려내는 것이다.[136] 칸트(Immanuel Kant)는 전자를 재생적 상상력(reproductive imagination), 후자를 생산적 상상력(productive imagination)이라고 말했다. 재생적 상상력은 경험적이고, 생산적 상상력은 선험적이다. 경험적 상상력은 기억을 통해 과거의 대상을 떠올리는 것이며, 선험적 상상력은 감각 자료에 통일성을 부여해 상(像)을 만들어냄으로써 지각을 가능하게 하는 의식 능력이다.[137]

사고활동으로서 상상의 역할도 이런 두 가지 측면에서 논의되었다. 첫째, 이성이나 감각경험과는 대조적으로 현실에는 존재하지 않는 것에 대한 정신적 이미지를 그리는 활동으로 보는 입장이다. 사르트르(J. P. Sartre)는 이러한 입장의 대표적인 학자로 꼽힌다. 사르트르는 상상력을 우리 자신을 실제 상황과 분리할 수 있는 능력과 동일한 것으로 보았다.[138] 둘째, 이성이나 감각경험을 뒷받침하는 것으로 보는 입장이다. 흄(David Hume)은 상상과 기억을 모두 이전에 가졌던 인상을 재생하는 것으로 본다. 사물에 대한 우리의 관념에는 기억이 강하게 작용하지만, 상상도 여기에 영향을 미친다. 그런 의미에서 우리가 현재 가지고 있는 인상은 기억과 상상의 복합 관념이다. 흄에 따르면 상상은 기억이나 감각경험의 갭이나 불연속성을 보완하고 생생하게 만들어준다.[139] 상상이 사고에 영향을 주는 두 가지 기능 중 교육적으로 더 의미가 있는 것은 후자이다. 듀이는 사고 학습에서 상상의 역할을 다음과 같이 부여했다.

> 건전한 상상은 비현실적인 것을 다루는 것이 아니라, 머릿속에 떠오른 것을 어떻게 정신적으로 구체화할 것인가의 문제를 다룬다. 건전한 상상의 작용이란 순수하게 공상적이거나 이상적인 것으로의 비약이 아니라 실제적인 것을 확대하고, 충실하게 하는 하나의 방법이다.[140]

그렇지만 '상상'이라는 말을 들을 때 사람들은 흔히 머릿속으로 생각하는 이미지를 떠올린다. 상상의 성격을 논할 때도 다른 사고활동에 비해 정의적 측면이 더 강조된다. 상상의 특성으로는 창의성, 독창성, 융통성 등이 지적된다.[141] 고정적이고 협소한 사고의 틀과 시각에서 벗어나 다양한 관점에서 사물을 보고 새롭고 색다른 것을 받아들이는 태도가 상상의 특성이라는 것이다. 상상을 하는 사고행위는 합리성에서 나오는 것만큼이나 정서로부터도 나오며, 머리에서 나오는 것만큼 가슴에서도 나온다.[142] 상상은 우리가 겪는 경험 전체에 걸쳐 보편적으로 지적인 기능을 하지만 정서와도 관련되어 있으므로, 상상력을 키우기 위해서는 지적 능력뿐만 아니라 감정(feeling)의 교육까지도 필요하다.[143]

심리학자이자 철학자로 상상의 학문적 시사점을 논한 펄롱(E. J. Furlong)은 상상을 세 유형으로 구분했다. ① 상상 속에서 하는 사고 ② 가정으로서의 상상 ③ 상상력을 가지고 하는 사고이다.[144]

①의 상상 속에서 하는 사고가 반드시 현실에서 일어날 수 없는 일을 생각하는 것을 의미하지는 않는다. 상상 속에서 하는 사고는 일어날 수 있건 없건 간에 실제로 발생하지 않은 일을 머릿속으로 생각하는 것이다. 그래서 '상상 속에서'는 두 가지 개념으로 사용된다. 첫째, '현실적으로(in reality)'와 대조되는 의미로 실제 현실에서는 일어날 수 없는 일을 상상하는 것이다. 공상이나 백일몽(day-dream)이 여기에 해당한다. 백일몽은 이미지의 연속으로, 이미지가 끊어지면 중단되는 상상의 형태이다.[145] 일상생활에서 백일몽이라는 말은 헛된 공상이나 쓸데없는 생각을 일컫는다. 그러나 심리학에서는 현실적으로 아무런 자극이 없는데도 계속되는 연상, 즉 현실과 유리된 연상을 가리킨다. 둘째, 현실에서 일어나거나 과거에 경험했지만, 사고를 하는 당시에는 지각할 수 없는 사건이나 현상, 인물을 떠올리는 것이다.

② 가정으로서의 상상은 자신이 어떤 입장이나 상황에 처해 있다고 가정하고, 그러한 입장이나 상황에서 어떤 생각 또는 행동을 할 것인지를 고려하는 것이다. 가정으로서의 상상은 가정된 상황을 묘사하거나 자신이 그 상황에 있는 것처럼 행동하는 형식을 띤다.[146] '~한 상황이었다면, ~했을 텐데'와 같은 식이다. '가정으로서의 상상'은 실제로 일어나지는 않았지만 일어날 수 있는 일을 추론하는 것이다. 추론의 대상은 과거에 일어났던 일일 수도 있고, 현재나 미래의 사실일 수도 있다. 과거를 대상으로 하는 '가정으로서의 상상'이 실제로는 일어나지

않은 사실을 떠올리는 것이라면, 현재나 미래를 대상으로 하는 '가정으로서의 상상'은 일어날 가능성이 있는 사실을 상상한다. '가정으로서의 상상'은 상상을 하는 사람의 희망이나 목적을 반영하기도 한다. 가정으로서의 상상을 위해서는 자기 자신의 시각을 바꿔야 한다. 그래야만 새로운 관점에서 이해할 수 있으며, 자신과는 다른 믿음이나 감정, 행동방식을 인식할 수 있다.[147]

'③ 상상력을 가지고' 행동한다는 것은 정해진 틀이나 관례에서 벗어난다는 것을 의미한다. 창조와 발명, 즉 이전에는 없거나 거의 없던 것에서 새로운 것을 찾아내고, 기존 자료를 달리 해석해서 새로운 구조를 만들어내는 것은 상상력을 가지고 행동하는 사람의 특성이라고할 수 있다. 상상력을 가지고 사고를 하면, 기존의 관습적인 것에서 탈피해 다른 시각으로 대상을 바라보거나 사고의 범위를 확장하게 된다. 이러한 상상력은 흔히 자료 사용의 자유가 인정되어야 나타난다.[148]

2) 역사적 상상의 성격

상상의 개념과 마찬가지로 역사적 상상의 개념에 대한 명확한 정의는 없다. 일찍이 역사교육에서 상상의 개념을 논한 리틀(Vivienne Little)은 역사적 상상이 탐구하는 과거에 대해 마음속에 이미지를 만드는 것이라고 말했다. 증거가 과거를 보여준다고 지각하는 행위 자체가 상상이라는 것이다.[149] 뤼케(Martin Lücke)와 췬도르프(Irmgard Zündorf)도 상상이 이미지를 만드는 사고행위라고 보았다. 역사적 상상은 그림과 같은 이미지를 통해 역사적 사실을 자기 것으로 만드는 사고행위이다. 그렇지만 이는 역사적 상상의 개념적 정의라기보다는, 역사적 상상이 어떤 상황에서 일어나는지를 말하는 것이다. 이야기하거나 상상하는 역사로 만드는 생산적이고 자의적인 전유 과정이 역사학습이다.[150]

반면에 페어필드는 역사적 상상력이 이미지를 생산하는 것을 넘어서 언어와 같은 정신 능력이나 그 이상의 것, 문제 제기부터 기억·선택·축약·평가·가설 설정·의심 같은 인지적 행위의 기초가 되는 포괄적인 정신활동이라고 주장했다. 그는 역사적 상상력이 우리가 과거와 접촉할 수 있게 해준다고 본다. 과거가 우리 시대와 완전히 다른 것이 아니므로 우리는 상상을 통해 과거를 우리가 충분히 접근할 수 있는 삶의 세계로 받아들일 수 있다.[151] 역사적 상상은 오늘날 우리의 눈으로 과거를 생각할 수 있게 해준다는 것이다.

역사적 상상의 개념에 대한 논의는 대부분 그 의미를 직접 제시하기보다는 다른 분야의 상상과 비교해 역사적 상상의 특성을 제시한다. '역사적 상상'이라는 말을 할 때 그 성격을 세 가지로 정리할 수 있다. 첫째, 허구가 아니라 사실적인 상상이다. 사실에 기반하기에 역사적 상상은 제한적이다. 둘째, 현재적 관점이 아니라 과거 맥락 속의 상상이다. 상상을 하는 사람은 현재의 인물이지만, 상상을 하는 방식은 과거 사람들은 어떻게 생각했을지 추론하는 것이다. 셋째, 역사 텍스트에 대한 상상이다. 사료에 나타나지 않거나 사료가 말하는 것 이외의 사실을 만들어내는 것이 아니라, 사료 내용이 직접 전달하지 않거나 명확하지 않은 의미에까지 생각을 확장하는 것이다.

스테일리는 일반적인 상상력의 두 가지 의미와 마찬가지로 역사 탐구에 작용하는 상상력도 모방으로서의 상상력과 창조적 상상력으로 나눈다. 모방으로서의 상상력은 생각을 하는 당시에는 존재하지 않지만 과거 한때 존재했던 것을 시각화하는 능력이다. 창조적 상상력은 실제 세계의 경험과는 상관없이 새로운 목표와 경험을 떠올리는 능력이다.[152] 스테일리는 근대 역사학에서 역사가들은 창조적 상상력을 사용하는 것을 꺼려왔지만, 이 두 가지 상상력은 존재론적인 것이라고 말한다. 그에 의하면 역사적 사고는 이 두 가지 상상력을 양쪽 끝으로 하는 연속체 상의 어딘가에 존재한다. 모든 역사적 사고에는 상상이 들어가며, 상상은 역사적 사고의 본질이라고 보는 것이다.[153] 그렇지만 모방적 상상력과 창조적 상상력 중 어느 하나만 역사적 상상의 본질이라고 할 수는 없다. 역사적 상상은 경험적일 수도 있고, 선험적일 수도 있다. 선험적 상상이 역사적 상상이 될 수 있는지는 상상하는 행위와 그 산물이 얼마나 설득력 있게 연결되는지에 달려 있다.

그렇기에 역사학자들은 역사 연구에서 상상이 언제 작용하며 어떻게 사용되는지를 밝힘으로써 역사적 상상의 개념과 성격을 설명한다. 오스트레일리아의 휴스-워링턴(Marnie Hughes-Warrington)은 역사적 상상력의 주요 용법을 네 가지로 정리했다. 첫째, 과거의 사건과 상황을 이해하기 위한 수단으로 간주된다. 둘째, 역사가가 증거들 간의 관계를 구축할 수 있게 한다. 셋째, 역사 저작을 구성하기 위해 비유적 언어와 문체를 사용하는 것을 의미한다. 넷째, 혁신적인 지식과 연구방법, 글쓰기의 생산과 연결된다.[154] 첫째는 역사적 사실의 이해이다. 이는 보통 자료에서 '사실'을 찾는 것이다. 둘째는 이해한 역사적 사실을 '구성'하는 것이다. 역사적 사실의 구성은 내러티브의 형식을 취한다. 셋째는 구성한 역사의 '전달'이다. 이는 글쓰기와 표현의 문제이다. 넷째는 이처럼 자료를 탐구하여 역사적 사실을 이해하는 것부터, 역사적 사실을 글쓰기로 전달하는 것까지 전 과정을 연결하는 것이다. 이 중 가장 일반적인 용법은 세 번째이지만 실제로 역사적 상상력을 이렇게 설명하는 경우는 가장 드물며, 네 번째 용법은 역사학에서 언어적 전환의 결과로 주목을 받고 있다고 설명한다.

필롱이 제시한 상상의 세 가지 유형인 ① 상상 속에서 하는 사고 ② 가정으로서의 상상 ③ 상상력을 가지고 하는 사고 중 역사적 상상과 더 관련이 깊은 것은 ② 가정으로서의 상상과 ③ 상상력을 가지고 하는 사고이다. 그렇지만 이 두 가지 상상이 배타적으로 분리되는 것은 아니다. '가정으로서의 상상'이 역사 이해로 연결되기 위해서는 상상력을 가지고 생각을 해야 하기 때문이다.[155] 또한 '상상 속에서' 하는 사고가 전적으로 역사적 상상과 무관한 것도 아니다.

①의 '상상 속에서' 하는 사고 중 현실에서 일어나지 않은 공상이나 백일몽은 역사적 상상과 관련이 없다. 그렇지만 기록에서 실제로 확인되지는 않지만 이를 토대로 일어났음직한 사실을 떠올리는 것은 흔히 찾아볼 수 있는 역사적 상상이다. 예컨대 프랑스 혁명의 전개 과정에 대한 역사 기록을 읽으면서 우리는 구체적인 상황이 서술되어 있지 않더라도 군중이 모여서 혁명을 요구하는 어떤 거리의 장면을 떠올리고는 한다.[156] 그러므로 역사적 상상과 관련 있는 '상상 속에서' 이루어지는 사고의 형태는 연출된 상상(directed imagination)이다. 연출된 상상은 자기 자신이나 다른 사람이 이끌어낸 것이다. 웅변가의 연설을 들을 때 우리는 그가 이야기하는 상황을 머릿속으로 그릴 수 있다. 이 경우 상상은 외부로부터 유도된다.[157] 반면에 역사적 이해에서 나타나는 연출된 상상은 자기 내부로부터 끌어낸 것이 보통이다. 필롱은 이러한

상상의 예를 다음과 같이 제시했다.

프랑스 혁명이라고 알려진 사건을 이해하려고 하는 역사가는 그 사건의 유형이 있다면 그것이 어떤 유형인지를 식별하기 위해 일련의 사건들을 상상 속에서 재구성한다. 이러한 상상은 한가한 공상이 아니다. 그것은 역사가의 목적에 따라 달라진다.[158]

여기에서 역사가는 자신의 상상력 속에서 사건의 유형을 판별한다. 그러나 이것은 자연적으로 일어난 것이 아니라 역사가가 스스로의 필요에 따라 끌어낸 것이다. 이처럼 자신의 지식이나 기능을 활용해 표면적으로 드러나 있지 않은 이미지를 끌어내는 것이 역사적 상상이다. 그렇기 때문에 상상의 결과로 얻게 되는 사건들의 이미지는 강렬하며, 상상이 중단된다고 해서 사라지지 않는다.

'가정으로서의 상상'은 역사적 문제의식이다. 역사가는 탐구를 할 때 자연과학자처럼 가설을 세우고 이를 입증하는 것을 목표로 하지는 않는다. 그렇지만 일정한 가정 아래 텍스트를 분석하고 해석한다. 역사 탐구에서 가정은 목적이 아니라 수단이며, 탐구의 방향을 정한다. 예컨대 흥선대원군이 추진한 개혁정책의 목적을 봉건적 사회질서의 재건으로 볼 경우, 서원 철폐는 민생 안정보다는 양반 세력의 약화를 위한 것이다. 그리고 "서원을 철폐하는 것이 어떻게 해서 양반 세력을 약화할 수 있는가?", "양반 세력을 약화하기 위한 다른 정책은 무엇인가?" 등의 질문을 던지고 그 답을 탐구하게 된다. 이처럼 가정은 역사 텍스트에 질문을 하는 것이며, 질문과 이에 대한 응답은 역사 탐구의 과정이다.

상상력은 고정된 것이 아니라 역동적이다. 역사적 상상은 사회를 어떤 틀을 통해 보는 것으로, 시대에 따라 달라진다. 예컨대 크리스트교의 관점으로 세계를 보는 사람은 지난날의 영웅이 아니라 앞으로 다가올 신의 왕국이라는 틀 속에서 사회를 바라본다. 르네상스와 계몽주의 시대에는 과학과 철학, 그리고 더 큰 문화적 맥락 속에서 세계를 바라본다. 이는 하룻밤 사이에 일어나는 변화가 아니라 이전부터 계속되던 것들과의 연속성을 바탕으로 한다. 역사를 재구성하는 것, 즉 무슨 일이 일어났고, 누가 무엇을 했으며, 누가 무엇을 썼는지를 밝히는 것은 역사적 싱싱력을 조명하는 것이다.[159]

이러한 상상력은 현재적이다. 역사적 사고는 현재의 관점에서 과거의 사실을 바라보는 현재주의(presentism)를 경계한다. 그렇지만 역사적 사고가 현재의 관점이나 필요에 의해 과거를 보는 것이 아니더라도, 역사해석에 들어가는 역사가의 관점 자체가 현재적이라고 할 수 있다.

역사적 상상력은 과거를 과거 자체로 여기는 것이 아니라 과거를 이용해서 현재를 다루고 미래를 재창조하는 것이다. 파핏(Matthew Parfitt)에 따르면 역사 텍스트를 공부하는 것은 학생들에게 대안적 미래를 상상해서 3차원적인 비판적 사고를 할 수 있게 해준다. 이런 점에서 파핏은 역사적 상상력이라는 개념이 밀스(C. Wright Mills)에게 빚을 지고 있다고 말한다.[160] 역사적 상상력의 개념은 밀스가 말하는 사회학적 상상력(sociological imagination)에서 온 것으로, 사회학적 상상력의 개념을 넓히고 읽기와 쓰기의 시간적 차원에 중점을 둔 것이 역사적 상상력이라고 보는 것이다. 사회학적 상상력을 가진 사람은 개인과 사회의 관계를 파악해서 커다란 역사적 국면이 개인의 외적 삶과 내면에 어떤 의미를 가지는지 이해할 수 있다.[161] 역사적 상상력은 역사적 사실을 사회적·시간적 맥락에서 이해한다. 인간의 내면과 다양성을 탐색한다. 자신이 살고 있는 시대 관념을 반영한다.[162] 영국의 사회학자인 기든스(Anthony Giddens)는 사회학적으로 사고하는 것, 즉 넓은 관점에서 바라보는 방법을 배우는 것은 상상력을 기르는 것을 의미한다고 하면서, 사회학적 상상력은 무엇보다 우리의 일상적 삶을 새롭게 바라볼 수 있도록 익숙한 일상적인 삶으로부터 거리를 두고 생각할 것을 요구한다고 말했다. 예를 들어 커피를 마시는 일상적 생활도 사회학적 상상력으로 보면 사회적 상호작용과 실행의 계기, 마리화나와는 달리 커피 중독의 용인, 전 세계로 뻗은 복잡한 사회적·경제적 관계의 틀, 과거의 사회적·경제적 발전이라는 다양한 의미를 내포한다는 것이다.[163]

파핏은 자신이 말하는 역사적 상상력은 가다머(Hans Georg Gadamer)의 '실질적인 역사의식(effective historical consciousness)'*의 개념과 밀접한 관련이 있다고 강조했다. '실질적인 역사의식'은 과거 사고자의 입장이 되는 것만을 의미하지 않으며, 텍스트의 관점과 우리 자신의 관점 사이에 존재하는 차이를 이용해 우리 자신의 가정을 더 잘 인식하고 그에 따라 우리 자신의 가정을 재검토하는 것, 즉 현재에 대한 비판에 참여하고 대안적 미래를 상상하는 것이다. 역사적 상상력은 자신의 지평을 확대하고 이런 변화를 글로 표현하는 글쓰기로 이어진다.[164]

---

* effective historical consciousness는 글의 맥락에 따라 '영향사적 역사의식', '효과적인 역사의식' 등으로 번역한다. 가다머의 《진리와 방법》의 한국어판에서는 '영향사적 역사의식'이라는 말을 사용한다.

역사적 상상력으로 과거의 사실을 해석할 때 현재와 과거는 그렇게 명확히 구분되지 않는다. 서양사학자인 차하순은 크로체가 말하는 '산 역사'를 위해서는 기록이나 자료를 현재적 관심과 연결시켜 공감적으로 인식해야 한다면서, 이것이 과거를 재생하고 역사에 생명을 불어넣는 일이라고 주장했다. 여기에 작용하는 것이 역사적 상상이다. 모든 진정한 역사는 역사적 상상 속에서 재생되고 경험되는 상상적 재창조이다.[165] 미국의 진보적인 역사학자인 케이(Harvey Kaye)는 역사에서 상상력은 현재가 역사이지 역사의 종말이나 비역사적인 것이 아니라는 것을 이해하는 것이라고 말했다. 상상력은 현대사의 구조·운동·가능성을 고찰하게 하며, 인간다움을 발전시키기 위해 어떻게 행동해야 할지 생각하게 해준다는 것이다.[166]

가정으로서의 상상은 역사적 증거에 외적으로 명확히 나타나 있는 것 이상의 함축된 의미를 알게 해준다. 증거가 외적으로 보여주는 관점을 증거로부터 직접 확인할 수 없는 내재적 의미로 바꿔준다.[167] 리는 역사교육도 역사의 본질에 관심을 쏟아야 함을 주장하면서, 역사에서 가정으로서의 상상에 대해 다음과 같이 말했다.

역사에서 상상의 이러한 특징은 '가정(supposal)'에 속하는 것이며, 여기에서 가정은 가설(hypotheticals)의 형태(이러이러한 경우라면, ~하다)를 취하게 된다. 이러한 종류의 상상이 필요한 한 가지 이유는 상황에 대한 사람들의 관점 및 그들의 의도와 관련되어 있다. A는 자신이 S라는 상황에 처해 있다고 믿었으며, P를 원했다고 가정하자. 그는 무엇을 하려고 했을까? A가 x를 했다고 하자. 그가 P를 원했다고 가정하면 그는 자신이 처했던 상황을 어떻다고 보았는가? A가 x를 했다고 하고, 그가 자신이 처했던 상황을 S라고 생각했다면 그는 무엇을 추구했던 것인가?[168]

자신이 역사적 행위자의 입장이라면 역사적 상황을 어떻다고 파악하고, 그에 비춰 어떤 행동을 했을지 생각하는 것이 가정으로서의 상상이다. 이렇게 볼 때 역사에서 가정으로서의 상상은 감정이입과 같은 것이라고 할 수 있다. 역사가는 자신의 것과는 다른 일련의 믿음이나 목적, 그리고 통상적이고 합리적인 관념을 받아들여 역사적 사건을 재기술한다. 이것이 곧 역사에서 가정으로서의 상상이다.[169]

'가정으로서의 상상'은 상상력을 가지고 하는 사고의 산물이다. 역사 텍스트를 새로운 가정 아래 읽는 것은 상상력을 가지고 생각해야 가능하다. 리는 가정으로서의 상상을 자신이 가지고 있는 것과는 다른 믿음과 목적을 받아들이고, 무엇이 일반적이고 합리적인가를 생각하는 것이라고 보았다. 역사를 서술할 때는 항상 이를 염두에 두어야 한다. 그러므로 가정으로서의 상상은 자신의 시각을 바꾸는 것이다.[170] 이런 상상은 역사 지식이 풍부한 역사가만이 할 수 있는 것이 아니다. 가정으로서의 상상은 특별한 능력이나 절차, 사고방식이 아니라 역사 탐구의 성취이다. 상상력이 풍부하면 역사 지식이 많은지의 여부와는 상관없이 생각할 수 있는 것이다.

③의 상상력을 가지고 하는 사고는 관습적인 것에서 탈피하는 생각을 말한다. 상상력을 가지고 역사적 사실을 생각한다면, 기존의 자료에서 새로운 것을 찾아내고 같은 자료를 보더라도 관점을 달리하거나 사고의 범위를 넓혀 새롭게 해석할 수 있다. 예컨대 고려 무신집권기

의 잦은 정권 교체와 농민 봉기는 사회적 혼란으로 해석되어왔다. 그러나 상상력을 발휘해서 이를 하층민이 상류층이 되고 심지어 최고 권력자까지 될 수 있었던 계층 이동의 활성화로 생각할 경우 그 해석은 크게 달라진다. 이런 생각은 역사 행위자가 자신의 생각이나 의지에 따라 행동한다는 것을 전제로 할 때 가능하다.[171]

상상력을 가지고 생각하는 것은 역사탐구의 한 가지 중요한 방식이다. 스탠퍼드(Michael Stanford)는 역사가가 증거를 다루는 방법을 고풍의(archaic) 방법, 실증주의적 또는 제한적 방법, 상상적 또는 확장적 방법으로 구분했다. 이 중 상상적 또는 확장적 방법은 역사적 사건을 새로운 증거에 의해 해석하거나 같은 증거를 사용하더라도 새로 해석하는 것, 관점을 달리하거나 당시 상황의 다양한 측면에 비춰 해석하는 것을 말한다. 여기에서 역사적 상상은 무엇이 일어났는가, 그리고 무엇이 일어날 수 있는가를 연상하는 것이다. 이러한 상상의 기능은 역사적 맥락에서 사건의 중요성을 판단할 수 있게 해주며, 역사가에게 더욱 창조적인 태도를 가지게 해준다.[172] 이처럼 역사가가 증거를 상상적 또는 확장적 방법으로 사용하는 것은 '상상력을 가지고(with imagination)' 역사를 탐구하는 것이라고 할 수 있다.

상상은 하나의 감각작용(sensation)으로, '실제적 감각작용'에 의해 직접 경험할 수 없는 것에 대한 사고이다. 다른 영역의 상상과 마찬가지로 역사적 상상도 감각경험을 뒷받침한다. 콜링우드는 감각작용을 '실제로 보는' 행위와 '상상하는' 행위를 포괄하는 용어로 사용한다.[173] 이런 점에서 역사적 상상은 추상적 개념이 아닌 구체적·개별적인 것을 대상으로 하는 사고이다.

역사적 상상은 감각작용이므로, 직관적 사고의 성격을 띤다. 크로체는 상상에 의해 얻은 지식을 직관적 지식, 지력에 의해 얻은 지식을 논리적 지식으로 구분하고,[174] 역사적 사고에서 직관과 상상이 같은 역할을 한다고 보았다.

직관이나 상상이 없는 개념, 이들은 사실 아무런 성과도 거둘 수 없다. 바로 이 점을 여기에서 나는 사람들이 서술하고자 하는 사건에 대한 살아 있는 경험을 강조하면서 몇 차례에 걸쳐 언급했는데, 이것은 그 경험을 직관과 상상으로 다시 해결하는 작업을 의미한다. 이러한 재구성 혹은 상상으로 이루어지는 보충이 없이는 어떠한 역사도 사고 또는 재사고될 수 없다.[175]

여기에서 크로체는 직관과 상상이 비슷한 작용을 한다고 보았다. 크로체는 후기 역사서술에서 사상이 결여된 채로 직관과 상상만으로 알수 있는 역사를 시적(詩的) 역사라고 하면서 거짓 역사로 규정했다.[176]

상상이 감각작용이며 사고를 하는 데 직관과 같은 역할을 한다고 할때, 우리는 상상이 정서나 감정의 속성을 가지고 있음을 염두에 두게된다. 그러나 역사적 상상은 본질적으로 인지적 성격을 지닌 지적 활동이다. 역사적 이해가 상황에 대한 지식을 바탕으로 하기 때문이다. 가디너는 직관이라는 용어가 역사적 상상을 나타내는 데 사용되는 경우, 직관을 다른 사람의 행동에 대해 해석하는 방식의 하나로 여기는 것이라고 말했다.[177] 역사가는 과거 행위자가 처했던 상황을 규명하지않으면 안 된다. 인간 행동에 대한 역사가의 연구는 개인 또는 집단과당시 상황을 연결하면서 그들이 실제로 그렇게 행동하게 된 이유를 이

해할 수 있도록 설명한다.[178]

상상적 이해도 상황과의 관련 속에서만 가능하다. 과거 사건을 상상에 의해 이해하는 데는 자료가 전하는 사건이 일어난 상황에 대한 지식이 필요하다. 딜타이에 따르면 행위의 주체인 인간과 환경과의 상호작용이 곧 이해의 원천이 된다. 이해는 행위자의 특성 및 능력의 파악에서 한 걸음 더 나아가 무역과 교통, 사회생활, 직업, 가족과 같이 우리를 둘러싸고 있는 것에 대한 통찰력을 가지는 것이다. 내적 맥락 속에서 이해하기 위해서는 변화하는 환경을 고려해야 한다.[179] 그렇지만 상황에 대한 지식은 역사적 상상을 촉진할 수도 있고 제약할 수도 있다. 상황에 대한 지식이 역사적 상상을 제약하는지 역사적 상상의 토대가 되는지는 지식의 범위와 성격에 달려 있다. 그 지식이 이해를 하는 데 필요한 배경지식이라면 상상의 바탕이 된다. 그러나 사고 결과를 지식화한 것이라면 오히려 상상을 제약한다. 역사 이해의 범위와 폭은 고정되어 있지 않고 상황 지식에 따라 달라진다. 역사적 이해의 지평은 기존의 이해를 바탕으로 하지만, 새로운 내용을 받아들이고 그것을 통해 확장될 수 있다. 즉 역사적 이해의 특징 중 하나는 개방성이다.[180]

상황에 대한 일반적 지식은 자료를 통해 획득할 수 있다. 역사에서 상상적 이해도 자료를 토대로 한다. 증거를 토대로 해야만 역사적 상상이 성립할 수 있다. 이 때문에 역사적 상상은 허구가 아니라 사실을 밝히는 비판적 작업이다.[181] 콜링우드에 따르면 비판적 사고는 역사인식의 필수조건이다. 과거인의 사상을 재연하는 것은 자기가 가진 지식을 바탕으로 하는 것으로, 재연을 통해서 비판하는 것이다. 따라서 '그 사상이 진실이었는가'의 결정을 다른 사람에게 떠넘긴 채 '어떤 사상이었는가'를 확인하겠다고 생각하는 것만큼 사상의 역사와 관련된 더 큰 오류는 없다.[182] 즉 재연도 사실을 밝히는 작업이라는 것이다. 이 점이 역사적 상상을 다른 학문에서의 상상과 구별해주는 가장 중요한 차이이다. 콜링우드는 역사적 상상의 특징을 소설가의 상상과 비교하면서 다음과 같이 말했다.

> 상상이라는 작업을 할 때 역사가의 작업과 소설가의 작업 자체가 다른 것은 아니다. 역사가의 상상과 소설가의 상상이 다른 점은 역사가가 만드는 상(像)은 진실이어야 한다는 점이다. 소설가는 이치에 닿는 일관성 있는 상을 구성해야 한다는 한 가지 과제만을 가지고 있다. 역사가는 소설가가 하는 일을 해야 하며, 실제 있었던 그대로의 사물의 상과 그대로의 사건의 상을 구성해야 한다.[183]

역사가의 상상은 합리적이어야 할 뿐 아니라 사실을 추구해야 하며, 이를 위한 방법은 증거를 재고려하고, 증거에 토대를 두고 반복해서 연구하는 것이다.

상상은 역사적 사실을 이해하는 하나의 방식이다. 상상을 통해 사람들은 사물이나 현상으로부터 겉으로 드러나지 않는 어떤 사실을 찾아내거나 의미를 추론하며, 감각을 통해 직접 받아들이지 못하는 어떤 것을 인식한다. 사물에 겉으로 나타나지 않은 것을 보거나, 새로운 관점에서 기존의 해석과는 다른 대안적 해석을 생각하는 것이 상상이다.[184] 따라서 역사를 상상으로 이해한다는 것은 역사적 자료에 빠져 있거나 명백히 나타나 있지 않은 사실을 추론해서 그 의미를 해석하는 것이라고 할 수 있다.

상상은 역사 자료의 본질적 성격에 비춰 역사적 사실을 이해하기 위해 필요하다. 역사 자료는 과거의 사실 중 선택된 내용만을 담고 있으며, 자연과학이나 사회과학에서와 같이 연구 과제에 대한 명확한 답을 제공하지 못하는 경우가 많다. 이 경우 역사 이해는 자료를 직접 분석하는 것만으로는 가능하지 않으며, 상상에 의해 텍스트에 내포된 의미를 해석해야 한다.

역사적 이해가 인간의 행위를 대상으로 한다는 점도 상상이 필요한 이유이다. 인간 행위의 내면은 자료에 명백히 나타나지 않는 경우가 많기 때문에 지난날 인간의 행위를 이해하기 위해서는 자료를 직접 분석하는 것만으로는 충분하지 않으며, 그 안에 깔려 있는 인간의 생각을 다각적으로 해석해야 한다. 역사 연구의 대상이 인간의 내면임을 강조하는 학자들은 어떤 특정한 이해 방식만으로는 역사적 사실을 제대로 밝힐 수 없다고 본다. 그렇지만 이들이 공통으로 제시하는 역사 이해의 주된 방식 중 하나는 재연(re-enactment)이다. 콜링우드의 역사이론에서 보듯이, 재연은 역사적 행위자가 처했던 상황 속으로 들어가서, 그들이 했던 경험이나 택했던 결정을 다시 하는 것을 의미한다. 즉 재연의 목적은 행위자의 경험을 재생하여 연구자가 재경험하는 것이다. 우리는 재연을 통해 다른 시대와 사회, 문화, 그 속에서 활동했던 인간의 행위를 이해할 수 있다.

역사적 이해의 방법으로 재연을 제시하는 사람들이 재연과 상상의 관계를 뚜렷이 밝히고 있는 것은 아니다. 그러나 이들이 말하는 재연을 위해서는 두 가지 점에서 상상이 필요하다. 첫째, 재연은 과거의 상황에 상상적으로 들어가는 행위라는 점이다. 예를 들어 드브리스(Willem A. deVries)는 재연의 필요성과 의미를 다음과 같이 지적했다.

> 역사적 사건이나 문서를 다룰 때 역사가는 그것이 가질 수 있는 모든 가능한 의미에 유념해야만 한다. 사건이나 문서에 어떤 의미를 부여할 수 있는가를 결정하려면, 자신을 상상적으로 그 상황 속에 집어넣고 현재의 사건이나 다른 역사적 사건을 이해할 수 있는 능력을 과거의 사건과 관련짓는 것 이상의 더 좋은 방법은 역사가에게 없을 것이다. 이는 확실히 재연이라고 할 만하다.[185]

둘째, 재연을 위해서는 역사적 행위자의 목적, 의도, 사상을 파악해야 한다는 점이다. 이와 같은 인간의 내면을 이해하기 위해서는 상상에 의해 자료에 드러난 사실 이상을 파악해야 한다. 따라서 재연은 본질적으로 상상의 속성을 가진다.[186]

역사적 상상은 증거를 토대로 하는 것이기 때문에, 역사를 상상적으로 이해하는 것은 신비롭거나 저절로 일어나는 사고작용이 아니며, 따라서 역사가가 준비를 해서 자료를 분석하는 과정이 필요하다.[187] 역사가가 찾는 증거의 종류와 그것을 어떻게 모을 것인가에 대해서는 차이가 있을 수 있지만, 인간의 과거에 대한 신뢰성 있는 해석을 하기 위해 남아 있는 자료를 분석한다는 점은 모든 역사적 이해에 공통적인 방법이다.[188] 따라서 역사의 상상적 이해도 이런 분석의 절차를 거치게 된다. 자료를 분석하는 능력은 재연을 위해서도 필요하다. 역사에서 재연의 대상은 보통 구체적이고 특별하며 세세한 것을 대상으로 한다. 분석 과정이 없이는 구체적이고 세세한 사건에 나타난 과거 사람의 생각을 재연할 수 없으며, 다른 문화에서 살아가는 사람들의 관점 속으로 들어갈 수 없다. 그러므로 분석 과정을 통해 세밀하고 일관성 있는 과거의 상을 형성하는 능력은 재연에 꼭 필요한 요소이다.[189]

이상에서 살펴본 바와 같이 상상적으로 역사를 이해하는 것은 증거와 관련이 없거나 증거가 말해주지 않는 사실을 추측하는 것이 아니라 오히려 증거를 토대로 가능한 사고활동이다. 제시된 증거가 명확하지 않아서 상상이 불가피할 때 증거에 함축된 의미를 알게 해주는 것이 역사적 상상이다. 따라서 역사적 상상은 연구 대상이 되는 사건이 어떠한 것이었는가를 연구하는 문제로, 활용하는 증거의 종류와 그 내용에 따라 달라진다.[190]

역사적 상상의 이런 성격은 폭넓은 역사 이해나 자유로운 상상을 제약할 수 있다. 가장 기본적인 제약은 상상을 하면서도 언제나 사실에서 벗어나지 않는지를 의식해야 한다는 점이다. 그렇게 하더라도 역사적 상상에 의해 재구성된 역사가 실제 그대로의 과거와 똑같지는 않다. 역사적 지식은 과거에 대한 지식이며, 역사가 자신과는 다른 사람 및 그들의 행동에 관한 지식이라는 이중적인 불완전함이 있다.[191]

첫째로 역사적 상상은 자기 자신이 아닌 다른 사람의 행위를 대상으로 한다. 인간이 접하는 상황은 다양하며, 같은 상황이라 하더라도 사람마다 대처하는 방식이 다르다. 이 상황은 복잡하며 여러 가지로 해석할 수 있다. 더구나 역사적 상황을 알려주는 증거에는 이를 남긴 사람들의 관점이 들어가는 경우가 많다. 증거에 나타나 있는 행위자의 관점이 실제로는 증거를 남긴 사람의 관점인 경우도 있다. 자료 내용만으로는 과거 인간의 행동에 어떤 의도와 목적이 포함되어 있는지를 알기 어려운 경우가 많으며, 그 의도와 목적이 성공했는지를 결정하는 명확한 기준도 없다.[192] 따라서 역사가는 행동을 실제로 보지 못하므로 일어났을 법한 것만을 상상한다. 합리적으로 생각할 때 일어나지 않았을 것 같은 사실을 상상하기는 어렵다. 그러나 이 점을 지나치게 강조하게 되면 역사적 상상이 일반적인 법칙을 만드는 지적 활동으로 다시 환원될 가능성도 있다.[193]

둘째로 역사적 이해는 다른 시대, 다른 인간의 가치를 이해해야 하고, 그 가치를 그들의 행위와 결부시켜야 하기 때문에, 역사적 행위를 완전히 재생하는 것은 불가능하다는 것이다. 따라서 재연은 실제 그대로(what it was really)의 과거가 아니다. 심지어 레프(Gordon Leff)는 재연 가능한 것은 사건의 외적 측면이며, 사건 자체가 아니라고까지 주장한다. 어린 시절에 대한 기억이 아무리 강렬할지라도 그것이 어린 시절 자체가 아닌 것처럼, 우리가 볼 수 있는 것이 사건의 경험 자체와 똑같은 것은 아니기 때문이다.[194] 독일의 철학자 라이덴(Wolfgan von Leyden)은 상상에 의해 재구성된 과거와 실제 과거의 차이점을 다음과 같이 지적한다.

과거의 사유 절차와 그 결론을 상상하는 것, 과거 사람들의 행동과 믿음을 상상하는 것, 과거 사람들의 가치나 감정을 상상하는 것은 사물에 대해 현실적으로 사고하고 자신의 힘으로 결론을 이끌어내는 것, 현실생활 속에서 행위를 하고 현재의 믿음을 진지하게 받아들이는 것, 친구의 가치관을 공유하거나 진실된 감정이라고 느끼는 것과는 같지 않다. 우리 모두가 알고 있듯이 색의 이미지는 색이 아니며, 소음을 상상하는 것이 소음을 듣는 것은 아니며, 치통을 상상하는 것이 고통을 느끼는 것은 아니며, 어떤 것이 도덕적으로 가치 있다고 상상하는 것이 도덕적 감정이나 의견을 소중히 여기는 것은 아니다.[195]

여기에서 역사적 상상에 의해 재구성된 과거는 실제의 과거와는 논리적으로 다르다는 라이덴의 주장은 두 가지 의미를 포함한다. 첫째, 과거에 대한 상상적 이해는 현실 사회의 이해나 공감의 방식과는 다르다. 이와 다른 견해도 있다. 콜링우드는 역사적 이해의 가치를 자기인식에서 찾으면서, 역사적 이해의 방식은 현실 사회에서의 이해 방식과 같다고 보았다.[196] 코레트(Emerich Coreth) 또한 현재의 인간에 대한 이해도 역사가가 직접 그들이 되는 것이 아니라 그의 말, 몸짓, 태도에 의존하고 있다는 점이나 시간적으로 거리가 먼 과거의 모습이 우리가 직접 만나는 사람들보다 우리에게 더 친근하고 이해하기 쉽게 나타날 수 있다는 점에서 보면, 현재의 인간에 대한 이해와 역사적 이해 사이에 본질적인 이해 구조의 차이가 있는 것은 아니라고 주장했다.[197]

둘째, 역사적 상상은 행위자의 실제 사고 절차와 같지 않다. 사고 절차는 추론, 다른 의견과의 비교, 관련된 점에 대한 강조, 내적 판단과 같은 관념의 연합으로, 개인마다 고유한 것이므로 과거 사람의 사유 절차는 충분히 재연·재구성될 수 없다. 따라서 재연된 사건과 실제의 과거 사건은 다르다는 것이다.[198] 역사적 상상은 현재 역사를 연구하거나 공부하는 사람의 사고행위이므로 과거의 행위와 같지 않다는 점은 여러 학자가 지적하는 바이다. 스토클리(David Stockley)는 '모든 역사는 상상의 역사다'라는 콜링우드의 언명과 무엇이 일어났는지 알면 그것이 왜 일어났는지 알게 된다는 그의 주장은 상상적 이해가 역사적 행위자의 정신을 꿰뚫어보고, 그에 의해 역사적 행위자의 의도 및 그 의도의 결과인 행위에 대한 직접적 지식을 획득하는 것이라는 성립할 수 없는 가정에 토대를 두고 있다고 비판했다. '재연했다'고 주장하거나 믿는 것은 시(詩)에서나 인정될 수 있는 것이지 역사의 사고방식은 아니라는 것이다.[199] 그러나 콜링우드 역시 재연된 과거를 실제의 과거 자체로 여기는 것은 아니다. 역사적 지식은 한 사람의 마음속에서 다른 사람의 마음으로 흘러 들어갈 수는 없으며, 재연된 과거는 역사가 자신이 일반적인 역사적 사고방식에 따라 자료를 해석함으로써 만들어내는 것으로 보기 때문이다.[200] 따라서 역사가가 역사적 상상에 의해 얻은 지식은 역사가의 자기인식인 동시에 상황에 대한 지식이다. 역사가가 상상에 의해 재연할 수 있는 과거는 지난날 일어난 모든 사실이거나 어떤 사실 그 자체가 아니라 역사가가 인식하고 알 수 있는 작은 세계에 대한 지식이다.[201]

이상에서 살펴보았듯이, 역사적 상상은 창조적 성격을 띤다. 역사서술은 과거 사건을 있었던 그대로 재현하는 단순한 과거의 재구성, 재생산, 모사가 아니라 상상에 의해 해석하고 표현하는 것이다. 따라서 역사적 상상이 자료에 기반하기 때문에 사실적이고 객관적인 성격을 가지지만, 역사서술은 하나의 창조라고 할 수 있다.[202] 그러나 역사적 상상에 의한 창조는 순수한 창조가 아니라는 점에서 문학이나 예술과 차이가 있다. 문학이나 예술작품을 만들어내는 것과 같은 창조의 의미가 아니라, 과거의 사건을 상상에 의해 재창조한다는 의미의 창조를 말한다. 과거 사건이나 상황을 재창조함으로써 우리는 과거 인간의 상황에 대해 통찰력을 갖게 된다. 과거 상황이나 환경을 재창조하는 것은 자기인식과 다른 사람을 감정이입적으로 이해하는 데 도움을 준다.[203]

2장

역사적 상상의 범주

1. 감정이입적 이해

1) 감정이입의 개념

감정이입(empathy)은 일상생활이나 여러 학문에서 다양한 의미로 사용된다. 타인에 대한 관용, 공감(sympathy)과 같은 태도나 성향을 나타내기도 하고, 상상력, 창조력과 유사한 정신적 능력을 가리키기도 한다. 또한 타인을 대하는 능력이나, 과학적 방법과는 대조되는 방법론적 절차나 기법 또는 과거 사람들에 대한 일련의 주장을 나타내기도 한다.[1] 감정이입은 말 그대로 풀이한다면 자기와는 다른 대상에게 자신의 감정을 옮겨 넣거나, 대상으로부터 감정을 받아들이는 것을 의미한다. 이를 통해 대상과 자신의 감정이 하나가 된다. 감정이입에 해당하는 영어 단어는 empathy이지만, 독일어 단어로는 Einfühlung과 Nacherleben이 있다. Einfühlung이 감정이 하나로 결합되는 것을 뜻한다면, Nacherleben은 다른 사람들의 생각이나 삶을 되새기는 추체험의 성격을 띤다. 감정이입의 어떤 속성에 초점을 맞추는가는 일상생활과 학문, 그리고 학문들 간에 차이가 있다.

그렇지만 Einfühlung을 정서의 상태, Nacherleben을 인지적 이해로 이분법적으로만 이해할 수 있는 것은 아니다. 후설(Edmund Husserl)은 Einfühlung이 인지적 기능을 포함하는 대상 파악의 한 방식으로, 정서적으로 감정을 함께 느끼는 공감이나 동감과는 명백히 구분되어야 한다고 본다. 후설에 따르면 Einfühlung은 인격적 주체로서의 타인을 파악하는 방식이다. 그런데 우리가 감각으로 알 수 있는 것은 타인의 신체뿐이다. 그러므로 인격은 신체에 대한 감각을 바탕으로 해야만 추론을 할 수 있다.[2] 이는 감정이입의 개념을 인지적 행위와 정서작용으로 나누더라도, 실제 사고작용에서는 이 두 가지가 배타적으로 분리되지는 않으며, 하나의 감정이입적 사고에는 인지와 정서 행위가 모두 들어감을 뜻한다. 후설은 두 개념의 차이를 Einfühlung이 지금 여기, 즉 현재에서 타인을 파악하는 것인 데 반해, Nacherleben은 시간적 경과를 전제한다는 데서 찾는다. Nacherleben의 행위는 지금 여기에서 일어나지만, 이미 과거가 되어버린 타인의 체험을 파악하는 것이라는 데 차이가 있다. 예컨대 일본군 '위안부' 할머니가 겪은 고통을 진술하는 경우, 그 진술은 현재의 행위지만 진술 내용은 과거의 체험이다.[3] 그렇다고 하더라도 감정이입을 뜻하는 독일어 두 용어에는 모두 지금 현재 행위자가 사고하는 것이며, 그 사고에는 과거 인물이건 현재 인물이건 간에 다른 사람의 인격에 대한 추론이 들어간다는 점에서는 차이가 없다. 그리고 그 추론은 감각에 의한 직접 경험이건 자료에 의한 간접경험이건 간에, 자신의 경험을 토대로 한다.

일상생활에서 사용하는 감정이입이라는 말에는 정서적 상태의 표현이라는 성격이 많이 들어가 있다. 그래서 감정이입이라는 말은 동일시(identification)나 공감과 별 구분 없이 사용되기도 한다. 그렇지만 인간의 행위를 설명할 때 감정이입은 정서뿐 아니라 인지적 이해를 포함한다. 네틀러(Gwynn Nettler)는 감정이입을 표현한다는 것은 듣는 사람이 행위의 이유를 이해할 때까지 납득할 만한 이유를 제공하는 것으로, 이 이유에는 행위자의 감정, 믿음, 의도가 혼합되어 있다고 말한다. 감정은 행위자의 정서이며, 믿음은 아이디어, 의도는 목적에 해당한다.[4] 즉 네틀러가 말하듯이 행위를 감정이입하는 것은 정서뿐 아니라 인지적 이해의 문제이다. 그렇지만 감정이입의 설명에서 행위자가 처한 상황, 행위의 의도나 목적, 이유가 행동과 반드시 일치할 필요는 없다. 동기에 의해 설명하는 것이 감정이입적 설명에 효과적이다. 동기는 목적적 행동으로, 우연하게 일어난 일을 뜻하지 않으며 반사적이거나 습관적인 행위, 드러내기 위한 행동은 동기에 의한 것이 아니다.[5]

근대 학문 중 감정이입의 개념을 가장 먼저 체계화한 미학에서는 감정이입을 감정 및 정서의 표현 수단으로 여겼다.[6] 미학에서 감정이입은 인간의 감정, 정서, 태도를 무생물에 투사함으로써 생명을 불어넣는 것을 뜻한다. 지각할 수 있는 대상과 나의 정서적 상태를 통합하는 체험이 곧 감정이입이다.[7] 따라서 미학에서 감정이입은 주로 정서개념으로 취급된다.

반면에 사회과학이나 심리학에서는 감정이입을 다른 사람이나 집단을 자기 입장에서 더 잘 이해하기 위한 수단으로 여긴다.[8] 이런 의미의 감정이입은 다른 사람의 입장에서 생각하는 능력, 다른 사람과 입장을 바꿀 수 있는 능력을 의미한다. '다른 사람의 입장에서 세계를 보는

것', '내가 다른 사람의 입장이라면 사물을 어떻게 볼 것인가를 생각하는 것'이 감정이입이다.[9]

감정이입적 이해를 강조하는 사람들은 감정이입을 인간의 행위를 이해하기 위한 총체적 또는 필수적 수단으로 여긴다. 예를 들어 딜타이가 말하는 이해란 바로 '감정이입적 공동 체험'으로 규정된 심리학적 이해를 의미한다. 다른 사람을 '다른 사람 자신으로부터', 즉 그의 독자적인 이해 세계의 배경 위에서, 그리고 그가 속한 상황과의 연관성 속에서 이해하고, 그 사람이 말로 표현한 것을 그의 사고방식과 언어 방식 속에서 해석하는 것이다.[10] 이러한 입장에 서게 되면 설사 감정이입이 유일한 이해 수단은 아니며 다른 사람의 입장이 되지 않고도 이해가 가능하다고 보는 경우라도, 진정한 역사적 이해를 위해서는 감정이입적 이해가 불가피하다. 이를테면 어떤 글을 읽을 때 저자의 사고방식과 작품 세계를 이해해야 비로소 깊이 있는 이해가 가능한 것과 마찬가지이다.[11] 감정이입을 인간에 대한 총체적 이해 수단으로 보는 경우 여기에는 인지적·정의적 요소가 모두 포함된다. 감정이입의 정의적 요소가 다른 사람의 정서적 상태를 경험하는 능력이라면, 인지적 요소는 다른 사람의 관점에서 상황을 이해하기 위해 다른 사람의 정서적 상태를 식별하고, 다른 사람의 관점을 파악하는 능력을 말한다.[12]

이러한 입장에 있는 학자들은 특히 감정이입의 전제조건으로 다른 사람을 이해하려는 태도를 강조한다. 감정이입이라고 할 때 다른 사람에 대한 동료의식, 정서의 공유, 나아가서는 다른 사람이나 집단과의 동일시라는 정서적 속성을 연상하게 되는 것이다.[13] 미드(George H. Mead)는 감정이입이란 다른 사람의 기대에 적응하고, 그것을 받아들이는 자세에서만 가능한 것으로, 다음과 같은 여러 국면을 고려할 수 있다고 했다.

- 아동에게 행동에 대해서 주의하도록 어른이 타이르는 경우에 감정이입이 요구된다.
- 언어를 통한 지적 작용은 감정이입 능력과 연결된다.
- 섬세하고 인식론적으로 구조화된 사람들은 타인에 대해서 섬세한 차이를 지각하는 위치에 있게 된다.
- 판에 박힌 대로 행동하고 관용이 없고 선입견을 가진 사람은 감정이입 능력을 갖지 못한다.[14]

이처럼 미드는 감정이입을 지적 능력과 연결시키면서도, 다른 사람을 이해하려는 태도를 감정이입의 전제조건으로 보았다. 이러한 입장에서 감정이입적 이해란 다른 사람의 행동을 기억하거나 상상해서 그들이 처했던 것과 유사한 환경에서 우리 스스로 그들의 동기나 태도를 경험하고, 그들의 행동을 해석함으로써 우리 자신과 타인을 동일시하려는 계획적인 행동이라고 할 수 있다. 이와 같이 다른 사람의 감정이나 정서를 동일시하려는 첫 번째 단계의 감정이입을 토대로, 다른 사람의 동기와 목적을 재경험함으로써 감정이입적 이해에 도달하게 된다.[15]

다른 사람의 행위에 대한 이해는 그 사람이 그러한 행동을 하게 된 '적절한 이유(good reason)'를 제공한 감정, 믿음, 의도를 복합적으로 고려함으로써 이루어진다.[16] 따라서 행동의 이유, 즉 동기를 밝히는 것이 감정이입적 이해의 가장 중요한 측면이다. 여기에서 동기는 우연한 행동, 반사적 또는 습관적 행동, 순전히 겉으로 드러내기 위한 행동이 아닌, 어떤 이유를 갖는 것이다.[17] 다른 사람의 행동을 그가 목적을 달성하는 데 적절한 수단이었다고 생각하거나, 행위자가 느끼는 것처럼 느낌으로써 이런 이해가 가능하다.[18]

이상에서 볼 수 있는 바와 같이 감정이입을 다른 사람을 이해하기 위한 총체적 내지 필수적 수단으로 여길 경우 이해와 관련된 광범한 행위가 감정이입적 이해에 포함된다. 다른 사람을 이해하고자 하는 태도, 자신을 다른 사람의 입장에 투사하는 동일시, 다른 사람의 관점에서 상황을 이해하는 능력, 다른 사람의 생각이나 감정에 공감하는 것 등이 모두 감정이입에 포함된다.

라일은 '~인 것처럼 가장하는' 사고방식을 상상의 하나로 제시했다. 이러한 사고행위는 감정이입에 해당한다. 라일이 지적했듯이 '가장하는' 사람은 실제 행위자가 자연스럽게 하는 행동에 신경쓰고 정성을 다해서 해야 한다. 예컨대 시체와 죽은 체하는 사람은 둘 다 움직이지 않지만, 죽은 체하는 사람은 살아 있을 뿐만 아니라 깨어 있어야 하고, 정신을 차리고 죽은 것처럼 보이려고 온갖 힘을 기울여야 한다.[19] 라일의 설명은 감정이입적 사고행위가 직관적 속성을 포함한다고 하지만, 즉흥적이거나 단순히 감각적인 것이 아님을 말해준다. 다른 사람의 주장을 인용한다든지 생각을 전하는 것도 마찬가지이다. 이는 다른 행위자의 생각을 재사고하거나, 그 결과로 행위를 재연하는 감정이입에 대해 고려할 점이 있음을 말해준다. 첫째, 감정이입을 위해서는 다른 사람에 대해 알아야 한다. 감정이입적 이해가 설득력을 가지려면, 그 사람의 논리나 생각뿐 아니라 습관까지도 알 필요가 있다. 둘째, 감정이입에 의해 재연된 행위가 원래 행위자의 행위와 얼마나 들어맞는지를 판단해야 한다. 라일은 이런 판단이 가능하려면 가장하는 행위의 종류, 가장하게 된 동기, 가장이 능숙했는지 미숙했는지를 가리는 기준이 있어야 한다고 말했다.[20]

2) 역사적 감정이입의 성격

역사적 감정이입의 대상은 인간의 행위이다. 여기에서 인간은 개인뿐만 아니라 집단, 인간이 만들어낸 제도나 관습 등도 포함한다. 과거 사람의 행위를 설명하려는 역사가는 자기 자신을 그 사람이 직면한 상황에 상상적으로 집어넣어야 한다. 리에 따르면 어떤 사건에 대해 다른 사람이 어떻게 반응할지를 말할 수 있으면, 즉 '상상력을 사용'하여 우리의 기존 관점 대신 다른 사람의 믿음이나 태도를 받아들이고 거기에 함축된 의미를 파악할 수 있으면, 그 사람을 이해한다고 볼 수 있다. 왜냐하면 그의 과거 경험, 믿음, 선호, 현재의 목적, 정책 등과 탐구 대상 사건에 대해 그가 어떻게 생각하는지 알고 있다고 볼 수 있기 때문이다.[21] 다른 사람의 관점을 받아들이고 거기에 함축된 의미를 파악하는 것이 감정이입적 이해의 기준으로, 이를 위해서는 상상력이 필요하다는 것이다.

역사를 이해하는 데 감정이입이 어떤 기능을 하는지에 대해서는 크게 두 가지 입장이 있다. 첫째는 사회과학에서와 마찬가지로 역사에서도 감정이입을 총체적 내지 필수적인 이해 수단으로 보는 입장이다. 시카고대학 역사학부 교수였던 고트샬크(Louis Gottschalk)는 역사학 입문서인《역사의 이해(Understanding History)》에서 자신을 다른 시대, 다른 사람의 입장에 놓고 그들의 눈과 기준, 감정으로 역사적 문헌자료, 사건, 개인을 해석하는 능력을 역사적 심성(historical mindedness)이라고 말했다. 역사적 심성은 자신의 개인적 정서보다는 자신이 연구하고 있는 인물의 언어, 이념, 흥미, 태도, 습관, 동기, 유인, 노력의 관점에서 다른 인물을 다루는 것이다.[22] 따라서 고트샬크가 말하는 역사적 심성은 곧 감정이입이라고 할 수 있다.

감정이입을 역사적 이해의 총체적 또는 필수적 수단으로 보는 경우, 역사적 이해를 위해서는 감정이입적으로 이해하려는 태도가 필요하며, 역사적 감정이입에는 동일시와 공감의 개념도 포함된다. 이러한 입장에서 셰밀트(D. Shemilt)는 감정이입적 이해의 전제를 다음과 같이 제시했다.

- 과거인의 시각은 현재인의 시각과는 다르다. 현대인의 가치, 관습, 논리, 이념에 의해 과거인의 행위와 그 의미를 파악할 수는 없다.
- 우리는 과거인과 공통적인 인간성을 가지고 있다. 우리가 현재 감정이입적으로 이해할 수 없는 어떤 가설적 '삶의 형태(form of life)'는 과거에도 존재하지 않을 것이다.
- 과거의 '삶의 형태'는 역사가 자신과 발생적으로 관련되어 있다. 어떤 문화적 전통을 가지는 사회라고 하더라도 과거의 '삶의 형태'가 발전해서 현재의 '삶의 형태'가 된다. 이 사실에 의해 역사가는 과거의 '삶의 형태'를 이해할 수 있다.
- 과거의 사람들도 합리적으로 행동한다. 개인에 대해서건 집단에 대해서

건 역사가는 합리적 행동양식 및 그것의 잠정적 의미를 확인하기 위해 노력한다. 이러한 목적의 달성에 효율적인 수단을 발견하는 데 힘쓰며, 논리적으로 타당한 철학과 목적론(theology)에 의해 이를 행하고자 한다.[23]

여기에서 셰밀트는 역사적 감정이입을 위한 태도가 무엇인지를 제시했다. 감정이입적으로 이해하려는 태도를 중시하는 경우, 동일시는 곧 감정이입적 이해의 필수조건이자 전형적인 형식이 된다. 대리체험을 통해 역사적 상황을 스스로 생각하게 되면 탐구자는 연구 대상 인물의 행위를 설명할 수 있는 기초를 마련하게 된다. 사람들은 카이사르가 됨으로써 그가 왜 루비콘강을 건넜는지를 이해하며, 시칠리아 사람들을 이해하기 위해서는 그 자신이 먼저 시칠리아 사람이 되어야 한다.[24] 즉 카이사르의 행위를 이해하기 위해서는 자신을 카이사르와 동일시해야 하고, 시칠리아 사람들을 이해하기 위해서는 시칠리아인과 동일시해야 한다.

이러한 입장에서는 동일시와 마찬가지로 공감(sympathy)도 감정이입적 이해를 위해 필요한 전제조건이 된다. 헤르더(J. G. Herder)는 과거 인간의 사상 및 행위를 알 수 있게 해주는 정신적 힘을 감정이입으로 규정하고, 감정이입을 위해서는 역사가 자신이 과거 속으로 들어가서 당시 사람들의 생각을 받아들여야 한다고 주장했다. 이를테면 어떤 민족의 성향이나 행위를 이해하기 위해서는 우선 그 민족의 정서를 공유해야 한다는 것이다.[25]

그러나 많은 역사가는 감정이입이 역사 이해에 중요하다는 것을 인정하지만 그것이 역사의 모든 영역을 이해할 수 있게 해준다든지, 역사적 이해의 총체적 수단이라고 보지는 않는다. 또한 역사적 상상과 감정이입이 동일한 것은 아니며, 감정이입을 했다고 해서 역사적 상상력의 모든 측면을 가진 것은 아니라고 주장한다. 예를 들어 레프는 역사가의 상상력을 과거의 헌장, 선언, 논쟁, 화폐를 당시 통용되었던 대로 만드는 것과 같이 증거의 의미를 부활시키는 것으로 본다. 이를 위해서는 다양한 기법이 필요한데, 이는 감정이입만으로는 해결될 수 없다. 왜냐하면 인간의 동기를 파악하는 것만으로는 행동을 하게 된 상황이 충분히 설명되지 않기 때문이다.[26] 레프는 역사의 특성으로 통찰, 직관, 상상력, 감정이입을 들었다. 이는 병렬적으로 나열된 별개의 특성은 아니고 상호연관된 것이다. 그러나 레프는 그 관계를 명확히 설명하지 않았다. 역사적 행위를 이해하기 위해서는 행위가 발생한 상황을 보는 틀이 있어야 하고, 행위자 개인의 사상이나 감정, 동기에 대한 이해가 필요하다고 말할 뿐이다. 역사적 행위와 상상은 분리할 수 없이 긴밀히 관련되어 있으며, 역사적 행위의 이해는 상황에 대한 지식을 바탕으로 해야 한다는 것이다.[27] 여기에서 감정이입은 상황에 대한 맥락적 지식을 바탕으로 역사적 행위를 상상적으로 이해하는 방식으로 파악된다. 레프는 감정이입이 역사적 이해의 특성이라고 할 때, 이는 특히 전기나 정치적 형태의 역사와 더 관련이 있다고 본다.[28] 스토클리는 역사적 감정이입에 관한 이와 같은 견해를 다음과 같이 종합했다.

① 감정이입은 다른 시대, 다른 장소에 사는 사람의 마음 속으로 들어가려는, 즉 다른 사람의 입장이 되어보려는 욕구와 같다고 여겨진다.

② 감정이입은 '인간성(humanity)을 대리 경험'하는 데 가치 있는 형태이다.

③ 감정이입은 타인의 동기 및 행위에 대한 이해와 관련된 모든 것이다.

④ 학생들이 역사적 행위자의 행위를 조망할 수 있는 상황에 대한 추론 틀 (frame of reference)을 가지고 있을 때만 성공적으로 감정이입적 재구성을 할 수 있다.[29]

일상생활이나 대화에서 감정이입이라는 말을 쓸 때는 흔히 정서적 측면을 떠올린다. 리도 이를 의식한다. 리는 감정이입이라고 할 때 동료에 대한 동정심, 공감, 심지어 나른 사람이나 집단과 자신을 동일시하는 것을 떠올리게 된다고 말한다.[30] 그러나 리가 보기에 역사적 사실을 감정이입적으로 이해하는 것은 기본적으로 정서적 상태보다는 인지적 능력이다. 리는 기존의 감정이입의 형식을 네 가지로 나누었는데, 힘(power), 성취(achievement), 과정(process), 성향(disposition)으로서의 감정이입이다.[31] 힘으로서의 감정이입은 감정이입을 증거와는 관련이 없거나, 적어도 증거에서 추론할 수 없는 어떤 종류의 특별한 능력으로 취급하는 것이다. 성취로서의 감정이입에서 감정이입은 행위자가 믿고, 가치 있다고 여기고, 느끼고, 획득하려 했던 것을 아는 것, 행위자의 믿음을 받아들이고(반드시 공유하지는 않더라도), 행위자의 정서가 미치는 영향을 고려하는 것(반드시 느끼지는 않더라도)을 의미한다. 과정으로서의 감정이입에서는 감정이입을 행위자 혹은 사회 집단이 믿었던 것이나 그 가치가 무엇인지를 아는 과정, 즉 다른 방법과 구별되는 특별한 발견 수단으로 취급한다. 성향으로서의 감정이입에서는 감정이입을 자신과는 다르거나 여러 관점을 고려하려는 성향 또는 경향

(propensity)으로 여긴다.

리에 따르면 힘으로서의 감정이입은 역사적 이해에서는 별다른 역할을 하지 못하며, 과정으로서의 감정이입은 감정이입을 증거와 관련 없는 특별한 발견 수단으로 여기기 때문에 힘으로서의 감정이입으로 환원될 가능성이 있다. 따라서 역사적 이해와 관련이 있는 것은 성취로서의 감정이입과 성향으로서의 감정이입이다. 성취로서의 감정이입은 감정이입의 인지적 측면, 성향으로서의 감정이입은 감정이입의 정서적 측면에 중점을 두는 것이라고 할 수 있다. 감정이입적으로 이해하려는 태도는 역사적 감정이입의 필요불가결한 조건이다. 역사적 감정이입을 위해서는 역사적 믿음과 목적 사이에 사람들이 파악할 수 있는 합리성이 있다는 것을 인정하는 전제가 필요한데, 이러한 전제가 성향으로서의 감정이입이다. 즉 성향으로서의 감정이입은 과거 사람들의 행위를 합리적인 것으로 보는 태도이다. 그러나 성향으로서의 감정이입이 감정이입적 이해를 위해 필요한 전제조건이지만, 그 자체가 감정이입적 역사 이해라고 할 수는 없다.[32] 따라서 역사적 이해는 본질적으로 성취로서의 감정이입이다. 역사적 이해에서 가정으로서의 상상이 감정이입이라고 할 때, 그것은 곧 성취로서의 감정이입을 의미한다.[33]

역사에서 성취로서의 감정이입은 증거에 토대를 둔 상상적 재구성에 의해 역사적 행위자가 마음속에 가지고 있던 믿음, 목적, 가치와 같은 생각의 틀을 파악함으로써 이루어진다. 여기에서 재구성은 넓은 의미로는 추론이지만 형식적으로 엄격한 추론은 아니며, 직관에 의존하기도 한다.[34] 역사적 행위자가 가지고 있던 이념의 구조를 파악하기 위해서는 위와 같은 사상적 측면뿐 아니라 감정이나 느낌까지 고려해야 한다. 왜냐하면 인간의 행위는 사상뿐만 아니라 감정에 의해서도 일어나며, 양자의 혼합에 의해서도 일어나기 때문이다. 충분한 이해를 위해서는 양자를 모두 고려할 필요가 있다. 이는 다른 사람의 감정이나 정서를 받아들인다는 정의적(情意的) 의미가 아니라 자료를 토대로 다른 사람의 감정을 상상적으로 추론하는 인지적 기능이다.[35] 리틀은 역사적 감정이입이 직관적·추론적 요소를 포함하지만, 이는 기본적으로 과거 사회의 공통적인 생활 형태나 특별한 경험, 환경에 대한 지식을 얻는 것이라고 말했다.[36] 리틀이 말하는 감정이입의 직관적·추론적 요소는 행위자나 당시 사람의 관습이나 정서를 알기 위한 배경지식이다. 배경 정보를 통해 학생들은 당시 사람들의 세계관을 파악함으로써, 그들의 행동이 무식하고 어리석거나 불합리한 것이 아니라 당시로서는 합리적이고 합당한 행동이었다고 여기게 된다.[37]

감정이입의 인지적 성격을 강조하는 사람들은 감정이입을 공감과는 다른 것으로 생각한다. 역사적 감정이입은 믿음, 가치, 목표, 목적 등에 대한 동의나 수용을 요구하지는 않는다. 공감은 일상적으로는 두 가지 의미가 있다. 첫째, 어떤 사람의 감정이나 정서를 공유하는 것이다. 둘째, 그러한 감정을 적절하다고 느끼는 것이다. 여기에서 첫 번째 의미는 감정이입의 의미와 비슷하지만, 역사에서 공감은 두 번째 의미이다.[38] 감정이입적 이해를 위해서 학생들은 현재 자신이 느끼는 것과 똑같이 과거 사람들도 느꼈을 것이라고 생각할 수도 있다. 그러나 과거 사회의 가치관과 태도는 오늘날과는 달랐으며 과거인의 시각도 여러 가지였음을 이해하고, 과거 사람들은 때로는 우리와 전혀 다르게 생각했다고 상상할 때 감정이입적 이해가 가능하다.[39] 역사적 감정이입은 자신이 공감하는 과거인의 행위뿐만 아니라 자신의 생각과는 다른 행위도 이해하는 것이다. 스토클리도 역사에서 감정이입과 공감을 혼동해서는 안 된다고 주장했다. 역사적 행위자 및 그들의 행위에 대한 감정이입적 이해는 공감을 하지 않고도 가능하며, 공감은 오히려 감정이입적 이해를 방해할 수도 있다는 것이다.[40] 그래서 리는 공감을 감정이입적 이해의 중심으로 삼는 것은 두 가지 측면에서 논리적으로 불가능하다고 지적한다. 첫째, 역사가는 자신이 동의하지 않는 믿음을 공유할 수 없으며, 역사적 행위자가 무엇을 알고 있는지를 종종 잘못 인식한다. 둘째, 역사에서는 정서도 인지를 바탕으로 한다. 예를 들어 나라의 장래를 위해 선거에서 자신이 이겨야 한다고 믿는 정치인의 평가가 잘못되었음을 지금 우리가 알고 있다면, 우리는 선거가 끝난 직후 그 정치인이 가졌던 승리감과 희망을 공유할 수 없다.[41]

역사적 감정이입의 특성을 강조하는 입장에서는 동일시를 역사적 감정이입과 구별하며, 역사적 감정이입에 필요한 요건으로 보지도 않는다. 역사적 이해의 독자성을 강조하는 대표적인 학자인 밍크(Louis Mink)는 역사적 사건의 이해가 분석적 방법이 아니라 그 사건을 말해주는 '모든 사실을 함께 살펴보고' 개괄적으로 판단함으로써 가능한데, 여기에 필요한 것이 감정이입이라고 주장한다. 그가 보기에 역사적 이해는 분석적 방법만으로는 가능하지 않기 때문에 사실을 많이 알수록 감정이입의 능력이 덜 필요한 것이 아니라, 오히려 더 필요하다. 역사적 이해에 필요한 능력은 감정이입에 의한 개괄적 판단이므로, 루비콘 강을 건넌 카이사르의 결정을 이해하려는 역사가가 반드시 카이사르가 될 필요는 없다고 밍크는 말한다.[42] 밍크의 주장에서 볼 수 있듯이 역사적 감정이입을 위해서 반드시 역사적 행위자가 될 필요는 없으며, 자료를 바탕으로 당시의 상황을 파악함으로써 역사적 행위를 이해할 수 있다는 것이 역사적 이해의 독자성을 강조하는 사람들의 입장이다.

　이처럼 역사적 감정이입을 정서의 문제가 아닌 인지적 이해의 수단으로 보는 관점에서는 '감정이입' 대신에 '관점 파악(perspective-taking)'이라는 말을 사용하기도 한다.[43] 세이셔스와 모턴은 여섯 개의 큰 역사적 사고 개념 중 하나로 '역사적 관점(historical perspective)'을 제시한다. 그리고 역사가가 역사적 관점을 다룰 때 사용하는 핵심 용어로 시대착오(anachronism), 다양한 관점(diverse perspective), 역사적 행위자(historical actor), 추론하기(making inference), 현대적 사고방식(presentism), 역사적 관점 파악(taking an historical perspective)을 설명한다.[44] 이 중 '역사적 관점 파악'은 증거와 역사적 맥락을 사용해서 역사적 행위자의 생각이나 감정을 추론하는 것으로 역사적 감정이입에 해당한다. 시대착오, 다양한 관점, 역사적 행위자, 추론하기, 현대적 사고방식도 역사적 감정이입에 필요한 사고방식이나 전제조건과 관련된 용어들이다. 그러나 '관점 파악'은 감정이입보다 광범한 의미로 받아들여지는 경우가 많으며, 일부에서는 관점 파악과 감정이입을 별개의 용어로 사용한다.[45]

　바튼(Keith Barton)과 렙스틱(Linda Levstik)은 '관점 파악' 대신에 '관점 인식(perspective recognition)'이라는 용어를 사용한다.[46] 이는 책에서 역사적 감정이입의 인지적 측면과 정서적 측면을 설명하면서, 정서적 측면인 배려(caring)와 대비되는 인지적 성격을 명확히 하려고 했기 때문으로 보인다. perspective taking이라는 말은 관점을 이해한다는 것뿐 아니라 그런 관점에 선다는 공감의 뉘앙스를 주기도 한다. 바튼과 렙스틱은 자신들이 '관점 인식'이라는 용어를 선호하는 이유는 '관점'이라는 단어 자체가 사람들의 견해는 매우 복잡하고 다양하다는 점을 직관적으로 보여주며, '관점 인식'은 '관점 파악'에 내포된 다른 사람들의 관점에 선다는 의미로 수용되는 것을 피할 수 있기 때문이라고 해명한다.[47]

이상에서 논의한 바와 같이, 역사 연구와 역사적 사실의 성격에 주목하는 경우 역사적 감정이입은 과거인의 사상과 감정, 즉 목적·믿음·의도·기질·가치관·감정 등을 파악하고 그 영향을 고려하는 것이다. 이는 행위자가 행위의 의도를 달성하기 위해 취하는 사고와 행동으로, 성취로서의 감정이입이다. 역사에서 감정이입적 이해는 기본적으로 인지적 능력이라고 할 수 있다. 역사적 감정이입을 위해서도 감정이입을 하려는 태도가 필요하며, 이는 감정이입적 이해를 위해 필수적인 전제조건이다. 그러나 그 자체가 역사적 이해는 아니다. 따라서 역사에서 감정이입적 이해는 공감이나 동일시와는 구분되어야 한다.

라일은 다른 사람의 행위를 모방하거나 상상하는 사람의 마음 상태가 다른 사람의 마음 상태와는 다름을 지적한다. 그렇지만 그 마음 상태가 다르다고 해서 다른 사람의 행위를 상상할 수 없다는 의미는 아니다. 감정이입을 하는 사람이 반드시 그 대상자와 자신을 동일시할 필요는 없다는 것이다. 라일이 직접 역사적 감정이입을 지목하지는 않았지만, 그가 말하는 감정이입의 성격은 역사적 사고에도 해당한다. 역사에서 감정이입은 지난날 인간의 생각을 추론하거나 행위를 재연한다. 감정이입을 한다는 것 자체가 역사적 사실을 상상 속에서 추체

험하거나 재창조하는 것을 의미한다.[48]

리는 역사적 상상이 '~이라면'과 같다고 이야기한다. 이는 감정이입적 이해를 말한다. 역사에서 감정이입은 행위자가 어떤 동기에서 그런 행동을 했는지 추론하는 것이다. 그 추론이 오류인지 아닌지를 판단하기는 어려우며, 대부분의 추론은 합리적이다. 추론이 타당하지 않은 경우는 추론 자체 때문이 아니라 전제조건을 잘못 설정했기 때문이라는 것이 리의 생각이다.

리틀도 감정이입의 어원이나 사전적 정의, 일반적 용례가 다른 사람의 마음속에 자신을 투사하는 것, 다른 사람의 감정 속에 들어가는 것, 다른 사람의 감정을 공유하는 것이어서 정서적 개념으로 사용되어왔다고 인정한다. 그렇지만 감정이입의 이런 개념을 역사적 감정이입에 그대로 적용하는 것은 역사 이해와 심리적 절차를 혼용해서 혼란을 불러일으켰다고 주장한다. 과거를 상상적으로 이해하려면 행위자의 사상뿐 아니라 느낌도 고려해야 하지만, 역사적 상상은 기본적으로 자료를 통해서만 가능하므로, 행위자의 정서도 자료 내용을 바탕으로 추론해야 한다. 그런 의미에서 리틀은 정서로서의 감정이입은 역사가가 역사적 사실을 발견하는 데 폐기한 방법이며, 역사에서의 감정이입은 독자로 하여금 무엇이 일어났으며, 일어난 일이 어떤 것과 같은지 숙고하거나 알 수 있도록 과거를 충실히 재구성하는 것이라고 말한다.[49] 리 또한 역사적 행위를 이해하려는 태도는 필요하지만, 그것이 이해 자체는 아니라고 지적했다. 이처럼 역사적 감정이입은 기본적으로 인지적 성격의 이해 행위라는 견해는 미국이나 유럽은 물론 한국의 역사교육에서도 널리 받아들여졌다.

3) 역사적 감정이입을 둘러싼 쟁점

역사교육 연구에서 감정이입에 대한 논의가 활성화되고 역사수업에 감정이입 활동이 도입된 이후, 역사적 감정이입은 인지적 속성의 역사 이해 방식임이 강조되었다. 그렇지만 추체험이나 감정이입이 들어가는 교과서의 학습활동이나 교사들의 수업사례에서는 인지적 이해뿐 아니라 정서적 성격이 가미되는 경우가 많았다. 이런 수업이나 활동이 인기를 끈 이유도 감정이입의 정서적 속성이 학생들의 흥미를 이끌어낸다고 생각하기 때문이다. 교과서나 수업사례에서 흔히 찾아볼 수 있는 '선사시대 사람이 되어 일기 쓰기', '신라 말 사회개혁을 위한 시무책 쓰기'와 같은 글쓰기를 생각해보자. 학생들은 당시 상황을 분석해 글에 들어갈 적절한 내용을 탐색하지만, 자신의 정서 표현을 넣기도 한다. 이러한 정서 표현이 학생들의 흥미를 자극해 수업으로 끌어들인다.

근래에는 수업 실천뿐 아니라 이론적으로도 역사적 감정이입의 정서적 성격 논의가 활발해지고 있다. 바튼과 렙스틱의 역사적 감정이입 논의가 대표적이다. 앞서 보았듯이 이들은 역사적 감정이입이 관점 인식과 배려의 두 가지 측면을 가지고 있다고 보았다. 전자는 역사적 감정이입의 인지적 측면이고, 후자는 정서적 측면이다. 관점 인식은 다음과 같은 다섯 가지 속성을 가진다.

① 다름의 지각: 다른 사람의 생각이나 믿음이 우리와는 다를 수 있다.
② 정상성의 공유: 과거의 사람들도 우리와 같은 인간이며, 그들의 행동은 무지하거나 어리석거나, 망상이 아니다.
③ 역사적 맥락화: 과거의 관점을 재구성하는 데는 역사적 맥락에 대한 지

식이 필요하다.

④ 역사적 관점의 다양성: 모든 사람이 당시의 보편적 생각과 믿음을 지지
하는 것은 아니다.

⑤ 현재의 맥락화: 우리 자신을 포함하는 오늘날의 관점은 역사적 맥락에
의존한다.[50]

바튼과 렙스틱은 배려의 정서에는 ① 역사에 대한 관심(caring about)
② 역사적 사실에 대한 관심(caring that) ③ 과거 사람들을 돕고 싶어하
는 마음(caring for) ④ 실천을 지향하는 열망(caring to)이 들어간다고 보
았다. '역사에 대한 관심'은 과거의 어떤 사실과 주제에 흥미와 친밀감
을 느끼고 알고 싶어하는 마음이다. '역사적 사실에 대한 관심'은 지난
날의 사람이나 일어난 일에 정서적으로 공감하는 것이다. '과거 사람들
을 돕고 싶어하는 마음'을 가지면 역사학습의 결과로 역사적 행위에 공
감하고 행위자를 돕고자 한다. 그 대상은 주로 약자이다. '실천을 지향
하는 열망'은 학습한 것을 현재 문제를 해결하는 데 적용하려는 것이다.
학습자 자신이 생각하는 문제 해결이나 사회의 방향을 목표로 한다.[51]

이들의 견해는 역사적 감정이입을 연구하는 학자들에게 상당한 영
향을 미쳤다. 기존의 역사적 감정이입 논의가 인지적 성격에 집중되었
던 만큼, 특히 역사적 감정이입의 정서적 측면에 대한 관심이 증대되
었다. 역사적 감정이입의 정서적 측면에 관심을 가지는 학자들은 바튼
과 렙스틱의 제안에서 한 걸음 더 나아가 감정이입에서 개인의 경험과
이야기, 사진이나 사물 등 나와의 구체적 관계 짓기를 통해 탐구하고
상상하기를 권장했다. 사고와 정서적 관계는 학생들에게 역사 이해의

비계(scaffolding)를 제공해서, 관점 인식과 정서적 관여 중 어느 편을 더 중시하거나 덜 중시하게 된다.[52]

국내의 연구에서도 바튼과 렙스틱의 견해를 소개하면서 역사적 감정이입에는 인지적 측면과 정서적 측면이 있음을 상기시키고, 이를 반영한 수업 방안을 제시하기도 했다.[53] 역사적 감정이입의 인지적 성격을 이론적 근거로 하면서도, 실제 수업에서는 정서활동이 들어가는 경우도 있다. 교사들의 수업 실천 사례에서 감정이입의 정서적 측면이 들어가면 학생들의 흥미나 관심을 높일 것으로 기대했기 때문인데, 역사적 감정이입의 정서적 속성에 대한 이론을 토대로 한 것은 아니었다. 역사적 감정이입의 정서적 측면에 대한 이론적 논의를 수업 실천에 어떻게 연결할 것인가 하는 연구는 아직까지 진전되고 있지 않다.

감정이입의 정서적 측면에 관심이 높아지게 된 배경에는 크게 두 가지가 있다. 첫째는 실천의 문제이다. 실천적 행동이 어디에서 나오는지는 논란거리이다. 사물이나 현상에 대한 철저하면서도 비판적 인식이 실천 행위를 이끈다는 주장은 인식의 실천성 논리로 자주 제기되었다. 그렇지만 근래에는 사건이나 현상에 대한 철저한 비판적 인식이 있더라도 그것이 반드시 실천으로 이어지지는 않는다는 주장이 나왔다. 실천은 오히려 정서에서 나온다고 보기도 한다. 예컨대 동정은 사람들의 실천적 행동을 유도할 수 있다는 것이다. 심리학에서 sympathy를 '동정'이라고 번역할 때, 이는 다른 사람의 생각에 동의한다는 의미가 아니다. 동의하지 않더라도 동정하는 마음을 가지는 것이다. 바튼과 렙스틱이 말하는 배려도 이런 의미의 동정에 해당한다. 이 견해 자체의 타당성 여부를 떠나서 역사적 감정이입이 이해의 대상이 되는 행동을 한 사람을 도와주어야 한다는 의미인가 하는 논란이 따른다. 이는 행위의 이해와는 다른 문제일 수 있다.

역사적 감정이입의 정서적 측면에 주목한다고 하더라도, 기본 성격이 정서라든지 정서가 주가 되고 인지적 이해가 부차적이라고 주장하는 것은 아니다. 역사적 감정이입에는 인지적 성격뿐 아니라 정서적 성격도 포함되어 있다는 주장이다. 이에 따라 역사를 감정이입으로 이해한다는 것에는 인지와 정서의 이중 영역이 존재하는 것으로 인식하는 경향이 나타났다. 이러한 감정이입의 이중 영역은 다음의 세 가지 사고활동을 포함하는 것으로 정리된다.

- 역사적 맥락화: 탐구하고 있는 시대의 사회적·정치적·문화적 규범의 깊이 있는 이해를 포함하는 차이에 대한 시간 감각과, 역사적 상황 및 동시에 일어나는 다른 관련 사건에 이르는 역사적 사건에 대한 지식.
- 관점 파악: 다른 사람이 문제의 상황을 어떻게 생각했는지 이해하기 위해 다른 사람의 이전 경험이나 원칙, 입장, 태도 및 신념을 이해하는 것.
- 정서적 연결: 자신의 유사하지만 다른 경험에 비춰 생각해보는 것을 토대로 역사적 인물의 생활 경험, 상황, 행동이 그들의 정서적 반응에 어떤 영향을 받았을지 고려하는 것.[54]

이 중 역사적 맥락화와 관점 취하기는 인지적 이해에 필요한 사고활동이며, 정서적 연결은 역사적 감정이입의 정서적 측면을 말하는 것이다. 캐나다에서 역사적 감정이입에 대한 연구를 토대로 칸(Sara Karn)은 역사적 감정이입의 인지적-정의적 이론이 ① 증거와 맥락화 ② 정보를 갖춘 역사적 상상 ③ 역사적 관점 ④ 윤리적 판단 ⑤ 배려 등 다섯 가지 요소를 포함한다고 말했다.[55] 칸이 말하는 역사적 감정이입의 요소 중 증거와 맥락화, 정보를 갖춘 역사적 상상, 역사적 관점이 인지적 이해에 필요한 요소라면, 윤리적 판단과 배려는 정서 요인이 된다.

단순히 본다면, 인지적 영역의 사고활동이 정서적 영역의 사고활동보다 많다는 점에서 역사적 감정이입은 여전히 인지적 이해에 비중을 둔다고 할 수 있다. 그렇지만 역사적 감정이입의 인지와 정서적 성격을 보는 관점은 감정이입의 목적을 어디에 두는가에 따라 달라진다. 감정이입을 역사 이해의 수단으로 삼으면서 역사적 사고가 다른 학문이나 교과의 사고와는 다름을 밝히려는 사람들은 역사 행위가 어떻게 해서 일어났는지를 밝히는 데 역사적 감정이입의 초점을 맞춘다. 반면에 지난날 역사 이해의 사회적 실천성에 관심을 쏟는 사람들은 감정이입의 정서적 측면에 주목한다. 역사 행위의 이해는, 학습자가 그 이해를 내면화해 사회적 실천으로 이어져야 한다고 생각하기 때문이다.

역사적 감정이입이 인지적 이해뿐 아니라 정서적 공감 내지 동정의 성격을 포함하고 있다고 하더라도, 이는 역사적 행위자를 이해하는 것이다. 공감이나 동정의 주체는 역사적 행위자가 아니라 이해를 하는 역사가나 학습자이다. 그러니까 과거 행위자를 이해하는 것과는 다르다. 감정이입에 의해 역사를 이해하려는 사람은 가급적 행위자의 내면을 이해하고자 한다. 그렇지만 공감이나 동정은 현재의 이해이다.

역사적 감정이입 이론을 둘러싼 또다른 쟁점이 있다. 감정이입이 역사 이해의 수단이 될 수 있는가 하는 근본적 문제 제기이다. 일부 학자들은 역사를 감정이입적으로 이해하는 것이 불가능하다고 주장한다.

역사적 행위자의 생각을 이해하려고 하더라도 결국 그 이해는 이해 당사자의 생각이라는 것이다. 사실 이런 주장은 이전에도 쉽게 찾아볼 수 있었다. 그렇지만 여기에서 더 나아가 역사 자료는 과거에 일어난 기록이 아니라 저자에 의해 만들어진 텍스트임을 강조한다. 감정이입을 통해 역사를 이해하려면, 이해의 매개체가 있어야 하는데, 그런 것은 존재하지 않는다는 것이다. 이런 주장은 텍스트론을 기반으로 하는 포스트모던적 관점에서 찾아볼 수 있다. 감정이입적 역사 이해의 기본 성격은 맥락적 이해이다. 우리는 역사적 맥락을 기록과 같은 자료를 통해 알게 된다. 그런데 자료는 저자가 만든 텍스트이므로 맥락, 즉 콘텍스트를 알 수 있는 자료는 존재하지 않는다는 것이다.

이런 주장을 하는 대표적인 포스트모던 역사학자가 젠킨스(Keith Jenkins)이다. 젠킨스는 감정이입에 의한 역사 이해가 불가능하다고 하면서, 그 원인을 철학적 문제와 실천적 문제로 나누어 설명한다. 철학적 문제는 감정이입이 본질적으로 가능하지 않다는 것으로, 다른 사람의 마음속으로 들어가는 것은 불가능하며, 모든 의사소통은 번역 행위라는 주장이다. 실천적 문제는 감정이입을 통해 역사를 이해하려고 하더라도 과거 행위자의 생각을 실제로 이해할 수는 없다는 것이다. 젠킨스는 그 이유를 두 가지로 제시한다. 첫째, 역사가 자신이 온갖 인식론, 방법론, 이데올로기적 가정 속에서 연구하기 때문에 이런 요인들을 배제하고 '과거를 과거답게' 만들 수 없다. 둘째, 역사적 인물에게 직접 감정이입할 수 없기 때문이다. 예컨대 대학 강의 시간에 역사적 인물에게 감정이입을 한다고 하지만 실제로 감정이입하는 것은 교수의 마음이며, 콘텍스트 안에서 역사 행위를 본다고 하지만 수업이라는

경험의 콘텍스트 안에서 보는 것이다.[56]

그렇지만 이런 비판이 역사 이해에서 감정이입의 역할에 부합하는 것인지는 의문이다. 감정이입은 증거가 없어서 명확히 입증할 수 없는 특별한 사실을 정당화하는 데 사용된다고 사람들은 흔히 말한다. 그러나 증거가 없는 것이 아니라 증거를 기반으로 결론을 입증할 만큼 충분한 서술이 없을 때 사용하는 것이다.[57] 감정이입은 개괄적 판단을 얻기 위한 노력이지 사실의 확인이 아니다.[58]

2. 구조적 상상

1) 역사적 구조의 개념

구조(structure)란 일반적으로 사물이나 사건, 현상을 구성하는 각 부분이나 요소의 상호관계 및 이에 의해 결정되는 전체의 특성이나 성격을 의미한다.[59] 예를 들어 사회체제의 구조는 '경제체제' 및 '정치체제'라는 개념의 상호관계, '경제체제'라는 개념의 구조는 이를 구성하는 '화폐'나 '소비' 같은 개념의 상호관계에 의해 정해진다.[60] 따라서 구조를 이해한다는 것은 주어진 자료를 통해 연구 주제를 구성하는 각 요소나 부분의 관계를 파악하고, 그 주제의 성격을 보여주는 모델이나 상(像)을 만드는 것이라고 할 수 있다. 이처럼 이미지를 구성하는 데는 상상이 들어간다.

사물이나 현상의 구조는 그것이 어떻게 만들어졌는가에 따라 두 종류로 나눌 수 있다. 첫째는 그 사물이나 현상이 본래부터 가지고 있는 구조이고, 둘째는 사람들에 의해 부여되는 구조이다. 전자는 사물이나 현상을 구성하는 요소들 사이에 내재하는 관계나 패턴을 의미한다. 예를 들어 색맹검사에서 파란색 바탕 위에 찍힌 녹색 점의 형태를 찾아냄으로써 숫자를 식별하는 것, 동물과 사람 조상 사이의 신체적 기능이나 발생적 관계를 밝혀내는 것, 직각 삼각형에서 세 변의 길이 사이의 관계를 발견하는 것은 사물이나 현상이 본래 가진 구조를 이해하는 것이다. 반면에 후자는 사물이나 현상을 분류하거나 종합하고, 거기에 패턴이나 성격을 부여하는 것이다. 하늘에 떠 있는 별들을 황소자리, 큰곰자리 등으로 분류하는 것, 어떤 종족의 친족관계를 밝히는 것, 주식시장의 기능과 특성을 알아내는 것은 이러한 예에 해당한다. 따라서 사물이나 현상이 본래 가지고 있는 구조는 발견하는 것이고, 거기에 부여되는 구조는 만들어내는 것이다.[61]

잘 알려져 있다시피 브루너는 학문의 구조를 중요시했다. 브루너의 탐구학습에서 탐구의 방법이 발견법이라면, 탐구 내용은 지식의 구조이다. 지식의 구조를 교과에 적용하는 사람들은 그 이유를 단순히 내용과 방법의 문제가 아닌 교과관의 변환으로 설명한다. 지식의 구조는 다음 세 가지 측면에서 교과관에 영향을 미친다.

① 한 특정한 사태에서 학생이 배우는 내용은 그 자체로서 독립된 것이 아니라, 그 지식 내의 다른 내용들과 구조적인 관련을 맺고 있다.
② 한 특정한 시점에서 학습활동은 학습자가 교과내용을 내면화하는 과정으로 파악된다.
③ 일련의 발달 계열을 두고 생각할 때, 학습은 특정한 교육내용에 들어 있

는 구조적인 관련성이 점차 구체화되는 과정이다.[62]

   브루너가 탐구를 통해 발견해야 한다고 말한 지식의 구조는 학습자가 부여하는 것이 아니라 학문의 본질에서 비롯되는 것이지만, 그 학문의 구조 자체도 학자들이 부여한 것이다.

   20세기 후반 들어 역사학에서 인문학적 역사와 내러티브 연구에 대한 논의가 다시 활성화되었으며, 미시사적 접근도 관심을 끌었다. 역사 텍스트를 저자의 관점과 해석의 산물로 보거나 심지어 창작물로 간주하는 포스트모던 역사학에서는 역사의 구조 자체를 부정한다. 그렇지만 역사학의 이런 경향이 역사를 구성하는 데 상상이 들어감을 부정하는 것은 아니다. 미시사라고 하더라도 내러티브 구조가 없는 것은 아니다. 예컨대 생애사는 사람의 삶의 과정을 어떤 구조로 이해하는가에 따라 진술의 내용이 달라진다. 이는 어떤 역사적 사건의 완전한 성격을 결정하기보다는, 그 사건을 정확히 구성하고 적절히 표현하는 데 필요하기 때문이다.[63] 우리는 역사적 사실을 당시 사회구조에 비춰 이해한다. 흔히 학교 역사교육이 학생들에게 개별적인 사실을 기억시키는 데 힘쓰기보다는 역사적 사실을 사회구조 속에서 파악하게 하라고 말한다. 사회구조는 어떤 시대, 어떤 사회의 밑바탕에 있는 관습이나 문화, 사고방식을 말한다. 고려 전기를 문벌귀족 중심의 사회라고 한다든지, 조선을 성리학적 이념 사회라고 하는 것이 사회구조이다. 여기에서 보듯이 역사적 이해를 위해서도 구조의 파악은 중요하다. 구조를 파악하게 되면 사건을 일으킨 요인들의 상호관계뿐만 아니라 사건 전체와 각 요인들 사이의 관련성을 알 수 있으며, 이를 쉽게 연구할 수 있다. 또한 사건이나 현상에 대해 더 조직적으로 사고할 수 있으며, 광범한 정보를 체계적으로 구성 또는 재구성할 수 있다.[64]

역사가는 역사적 사건을 이해하는 데 어떤 특정한 법칙에 의존하지 않으며, 기존에 알고 있는 지식을 활용하지만, 그 틀 속에서만 이해하려고 하지 않는다. 역사가는 자신이 이용할 수 있는 자료의 해석을 토대로 역사적 구조를 파악한다. 따라서 역사적 이해와 관련이 있는 것은 역사적 사건이 본래부터 가지고 있는 구조가 아니라 역사가에 의해 부여되는 구조이다. 조선 후기 실학에 대한 이해를 예로 들어보자.

역사가들은 조선 후기에 나타난 일련의 사회개혁론과 그 사상을 다른 학문이나 사상과 구별해 실학이라고 부르고, 그 성격을 규정한다. 또한 실학자를 학문적 계통이나 사상, 주장에 따라 일정한 계파로 분류하고, 각 계파의 관계, 그들의 공통점과 차이점을 논한다. 그러나 실학의 개념과 성격이 무엇이며, 그 계파를 어떻게 나눌 수 있는가에 대한 역사가의 견해는 매우 다양하다. 실학을 수신제가치국평천하(修身齊家治國平天下)의 '경세치용(經世致用)의 학(學)'으로 규정하기도 하고, 실용과 실천을 중시하는 '수기치인(修己治人)의 학'으로 보기도 하며, 근대 지향적이고 민족적인 성격을 지닌 '개신유학(改新儒學)'이라고 말하기도 한다. 또한 실학자를 경세치용학파, 이용후생학파(利用厚生學派), 실사구시학파(實事求是學派)로 분류하기도 하고, 성호학파(星湖學派)와 북학파(北學派)로 분류하기도 하고, 중농학파와 중상학파로 분류하기도 하고, 백과전서파, 역사지리학파, 어학파(語學派)로 분류하기도 한다.[65] 이러한 차이는 실학을 이해할 때 역사가에 따라 관심이나 이용하는 자료가 다르거나 같은 자료에 대해서도 해석을 달리하기 때문이다. 역사가들은 실학에 관한 각종 자료를 해석해 실학이라는 역사적 사건에 구조를 부여한다.

스탠퍼드는 역사적 사실을 이해하기 위해서 구조를 부여하는 것이 필요한 이유를 다음과 같이 지적한다.

- 어떤 형태의 지식이든 그것을 이해하기 위해서는 어떤 종류의 구조가 필요하다.
- 학문으로서의 역사는 주로 명제적 지식(propositional knowledge)으로 구성되어 있는데, 거기에는 언어와 사회를 비롯한 복잡한 구조가 내포되어 있다.
- 역사적 사고는 수학에서와 같이 선험적 판단이나, 자연계의 역사에서와 같이 경험적 관찰에 의존하지 않는다. 자연과학에서의 판단은 관찰이나 실험, 이론에 의존하나, 역사학에서는 학문의 본질상 관찰이나 실험이 불가능하다.[66]

이상의 논의에서 알 수 있듯이, 역사적 사건의 구조를 이해하기 위해서는 자료에 대한 해석을 통해 역사적 사건을 구성하는 요소들의 상호관계를 파악함으로써 사건을 재구성하고 그 성격을 인식해야 한다.

역사적 재구성은 두 가지 형태를 띠게 된다. 첫째는, 증거의 직접적 내용으로부터 과거에 대한 지식을 얻고, 구조를 부여하는 논리적 재구성이다. 논리적 재구성은 활용할 수 있는 증거에 토대를 둔 정합성(整合性, coherence)의 원리에 따라 이루어진다.[67] 둘째는, 증거에 확연하게 드러나지 않은 것에 대한 상상적 재구성이다. 논리적 재구성에 의한 역사 이해는 사회과학에서 구조를 이해하는 방식과 큰 차이가 없다. 그러나 역사에서 사용되는 자료의 내용은 보통 역사를 구성하기에는 완전하지 못하거나 이야기의 연결이 끊어지는 부분이 있다. 자료 자체가 남아 있지 않을 수도 있으며, 일부만 남아 있는 경우도 많다. 과학자는 종종 실험을 통해 자료를 만들 수 있으나 역사가는 그럴 수 없다. 이 경우 역사가는 상상으로 증거의 공백을 메울 수밖에 없다.[68]

역사가는 자료에 나타나 있는 역사적 행위를 통해 그 행위에 영향을 준 요소를 상상적으로 재구성하기도 한다. 스탠퍼드는 역사적 행위의 구조를 구성하는 여섯 가지 요소를 일어난 사건과 장소, 증거, 역사가의 사고 구조, 책을 비롯한 전달 매체, 대중의 정신, 그리고 행위로 규정하고 과거에 일어난 일이 역사적 행위로 구조화되는 과정과 그 관계를 그림 2-1과 같이 제시했다.

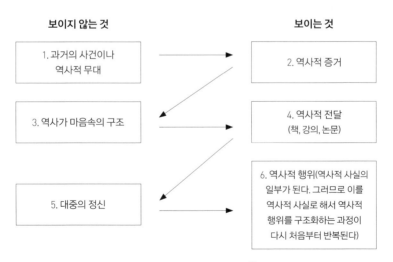

그림 2-1 역사적 행위의 구조[69]

여기에서 보이는 것은 활용할 수 있는 자료이며, 보이지 않는 것은 자료를 토대로 상상적으로 이해해야 하는 것이다. 역사적 행위의 요소를 이해한다는 것은 보이는 것을 통해 보이지 않는 것을 재구성하는 것이라고 할 수 있다.

이와 같이 자료에 직접 나타나 있지 않은 역사적 사건을 구성하는 여러 요소 사이의 관계를 상상해서 이해함으로써 역사적 사건의 구조를 파악하는 것이 구조적 상상이다. 구조적 상상은 구조를 만들고, 이를 통해 역사를 이해하는 것이다. 구조를 만드는 것은 그 자체를 창조하는 것일 수도 있고, 기존에 존재하는 구조를 완성하거나 변형하는 데 필요한 내용을 상상으로 채워 넣는 것일 수도 있다.

예를 들면 철학자의 추상적 보편성에서 벗어나 역사가의 독자적 방법론으로 상상력의 논리를 주장한 비코(G. Vico)에 따르면 인지한다는 것은 사물의 제 요소의 결부를 의미한다. 요소들 간의 연관으로서 구조를 자각하는 것은 상상력에 의해 이루어진다는 것이다.[70] 그런데 비코는 인간은 신이 만든 것을 알 수 없으며 인간이 만든 것만을 이해할 수 있다고 지적한다. 요소들의 관계로 형성되는 구조는 원래부터 존재하는 것이 아니라 인간이 만든 것이다. 이런 원리는 다음과 같은 세 가지 가정을 전제한다. ① 문화적 산물은 인간의식의 창조물이다. ② 과거의 인간 정신은 현재의 인간 정신과 같은 방식으로 작용한다. ③ 인간은 자연현상에 대해 불가능한 방식으로 인간적 현상을 이해할 수 있다. 각각의 시대에는 그 시대 문화가 가지고 있는 합리성이 있다. 이를 인정하고 역사적 사실이 일어났을 당시의 제도나 가치관에서 보아야 역사적 사건을 이해할 수 있다. 현재 사람이 원시인을 이해하려면 원시인의 세계 속에 감정이입적으로 들어가야 한다는 것이다.[71] 인문 사회 현상의 구조는 인간이 구조적 상상을 통해서 만든 것이고, 이의 바탕이 되는 것이 감정이입적 이해라는 것이 비코의 주장이다.

2) 보간

구조를 상상한다는 것은 과거를 만들어내는 일종의 창조적 행위이다. 그렇지만 과거를 만들어낸다는 것이 전혀 알려지지 않았던 역사적 사실을 찾아서 여기에 구조를 부여한다는 의미는 아니다. 대부분의 경우 적건 많건 간에 기존에 어느 정도 알려져 있던 역사적 사실을 새롭게 구조화하는 것이다. 즉 구조적 상상은 역사의 재창조이다. 상상에 의해 역사를 재창조한다는 의미는 발생한 사건뿐만 아니라 기록에는 직접 나타나 있지 않으나 증거로부터 추론할 수 있는 일어났을 법한 사건을 재생하는 것이다.[72] 옥스퍼드대학의 근대사 교수인 트레버-로퍼(H. R. Trevor-Roper)는 역사학부 졸업생을 대상으로 한 유명한 강연에서, 역사를 살아 있는 학문으로 연구하기 위해서는 자료에 직접 나타나 있지 않은 잃어버린 사건(lost moments)을 상상을 통해 복원해야 한다고 말했다.

사실과 원인을 혼동하는 것, 역사가는 관심을 '일어난 것'에만 한정함으로써 모든 것을 설명할 수 있다고 가정하는 것은 잘못이다. (…) 확실히 알 수 없는 잃어버린 과거 사건을 복원하고 잠시 동안이라도 기정사실(fait accompli)이 폐쇄한 연구 기회를 다시 열어놓기 위해서는 상상의 노력이 필요하다. 그러나 이러한 노력은 역사를 단지 편리한 도식이 아닌 현실로 보기 위해서 필요하다.[73]

여기에서 일어났을 법한 사건을 자료에 직접 나타나 있지 않다고 해서 무시할 것이 아니라 상상을 통해 되살려야 한다고 주장하는 것은, 역사적 인물의 동기를 설명하는 데 이들 사건이 유용하기 때문이다. 엘턴은 이러한 사건을 복원하기 위해서는 현존하지는 않으나 존재했음이 틀림없는 자료에도 의존해야 한다고 말한다.

특히 남아 있는 자료가 거의 없는 시대를 연구하기 위해서 학생들은 현존하는 자료뿐만 아니라 현존하지는 않으나 존재했음이 틀림없는 자료(텍스트의 공백, 썼다고 알려졌으나 남아 있지 않은 책, 남아 있지 않으나 알려진 행정 절차에 의해 틀림없이 만들어진 그밖의 자료)에도 의존한다. 역사서술은 학습과 상상을 포함한다. 양자는 무엇이 존재했는가를 알게 하며, 남아 있지 않은 자료에 들어 있을 복잡한 일을 이해하게 한다.[74]

이와 같은 구조적 상상은 증거가 어떤 사건이나 현상을 완전하게 설명하지 못할 때 그 부족한 부분을 메우는 것이다. 이러한 기능은 단순 사실은 역사 구성의 단위로서, 그 사이사이에 간격을 메우는 또다른 사실들이 있다는 것을 전제로 한다.[75] 이와 같이 증거의 간격을 메우는 기능을 보통 보간(補間, interpolation) 또는 삽입(extrapolation)*이라고 한

---

* interpolation은 보간, 삽입, 내삽(內揷), 추론 등으로, extrapolation은 추론, 삽입, 외삽(外揷), 부연 등으로 번역된다. interpolation과 extrapolation을 대비되는 용어로 사용할 때는 내삽과 외삽이 적절할 것이다. 그러나 역사에서 두 용어는 때로 특별한 구분 없이 사용되거나, 하나가 다른 하나를 포함하는 용어로 사용되기도 한다. 내삽과 외삽은 조어(造語)의 느낌이 강하고, 추론이라고 하면 inference와 혼동되니, 이 책에서는 기본적으로 interpolation을 '보간', extrapolation을 '삽입'으로 부르기로 한다.

다. 아벨(Theodore Abel)은 이해의 본질을 보간으로 본다. 예를 들어 갑자기 기온이 떨어져 이웃 사람이 자리에서 일어나 불을 붙이는 모습을 보면 우리는 그가 추워서 방을 따뜻하게 하려는 것이라고 자연스럽게 생각하게 되는데, 이는 눈으로 보지 않은 행위의 원인을 추론함으로써 스토리를 완성하는 보간이다. 이러한 보간이 이해라는 것이다. 아벨은 이러한 보간이 인과적 설명과 논리적으로 구분되는 특별한 방법은 아니라고 말한다.[76]

이처럼 구조적 상상의 중요한 형식이 보간이다. 주제를 정했다고 하더라도 자료의 내용만으로 스토리를 완성할 수 있는 것은 아니다. 애초에 사료는 내러티브의 스토리를 제공하기 위한 것이 아니다. 그러기에 자료에서 확인할 수 있는 사실만으로는 스토리 전개를 할 수 없는 경우가 발생한다. 이때 역사가는 상상으로 스토리의 줄거리를 완성한다. 이처럼 자료에 빠진 부분을 상상을 통해 메워 넣는 것이 보간이다.

보간이라는 말 자체가 과학과 역사에서 다른 의미로 쓰이는 것은 아니다. 예컨대 블룸의 교육목표분류학에서는 인지적 영역인 이해력의 한 요소로 보간을 제시한다. 과학에서 보간은 하나만 성립한다. 반면에 역사는 주제가 무엇인가에 따라 보간을 통해 복원한 역사적 사실이 달라지며, 설령 같은 주제라 하더라도 여러 가지일 수 있다.

콜링우드는 구성적 역사를 전거로부터 가져온 서술 사이에 전거에 내포되어 있는 다른 서술을 삽입시키는 것이라고 말했다. 콜링우드에 따르면 보간에는 두 가지 중요한 특성이 있다. 첫째, 보간은 결코 자의적이거나 단순한 환상이 아닌 필연적인 것이며, 둘째, 보간에 의해 추론되는 것은 본질적으로 상상된 어떤 것이라는 점이다.[77] 콜링우드는 역사적 자료에 대한 역사가의 보간을 보거나 듣거나 느낄 수 있는 자료에 상상적으로 보간하는 지각적 상상과 같은 종류의 행위로 본다. 역사적 상상은 지각할 수 없는 과거를 대상으로 하므로 역사적 자료에 대한 보간은 지각이 배제된 상상을 통한 사유라는 점에서 지각적 상상과는 차이가 있다. 그러나 지각적 상상과 보간은 필연적으로 존재했으나 자료에는 표면적으로 나타나지 않는 사실을 추론함으로써 자료의 공백을 메운다는 점에서 본질적으로 같은 행위이다. 다음과 같은 콜링우드의 예시는 지각적 상상의 이런 성격을 잘 보여준다.

창문 밖을 내다볼 때, 바로 내 앞에 있는 세로 창살 좌우의 풀을 보게 된다. 그러나 세로 창살이 시야를 가리는 곳에서도 풀이 자라고 있음을 상상할 수 있다. 또한 잔디의 그 부분에 잔디 깎는 기계가 있다고 상상할 수도 있다.[78]

여기에서 창살에 가려진 곳에 있는 풀은 볼 수 없다. 그러나 그곳에는 당연히 풀이 있으며, 눈으로 본 것과 같이 풀이 있다고 생각한다. 이것이 지각적 상상이다. 역사를 구성하기 위한 보간도 역사적 자료에서 직접 경험할 수는 없으나 실제로 경험한 것처럼 상상하는 것이다. 창밖을 바라보는 사람은 창살로 가려진 곳에서 풀이 자라는 모습을 이전에 보았을 수 있다. 그렇지만 굳이 이전의 경험을 떠올리지 않더라도 그렇게 생각한다. 즉 창살이 시야를 가리는 곳에도 풀이 있다고 상상하는 것은 경험의 여부와는 관련이 없다. 이는 선험적 상상이다. 그런 의미에서 콜링우드는 역사적 자료에 대한 보간을 선험적 상상으로 보았다. 콜링우드는 이러한 보간의 예를 다음과 같이 제시했다.

전거는 우리에게 카이사르가 어떤 날 로마에 있었고 그후 어느 날 갈리아에 있었다는 것을 말해준다. 전거는 그가 한 지역에서 다른 지역으로 여행했다는 것에 대해서는 아무런 언급도 하고 있지 않다. 그러나 우리는 카이사르가 로마에서 갈리아로 이동했다고 조금도 거리낌 없이 설명한다.[79]

카이사르가 어느 날 로마에 있었다는 기록이 있고 그후 갈리아에 있었다는 기록이 있다면, 이동 기록이 없다고 하더라도 우리는 그가 로마에서 갈리아로 이동했다고 상상한다는 것이다. 이것이 보간이다. 이런 추론은 누구도 문제를 제기하지 않는 것으로, 별도로 입증할 필요가 없다. 바다에서 배를 보고 몇 분 후에 다른 곳에 있는 것을 보면 순차적으로 배가 옮겨간 위치를 상상할 수 있다.[80] 그런 점에서 선험적 상상이다. 여기에서 콜링우드가 말하는 상상은 선험적이면서 구조적인 것으로, 자료에 대한 해석을 포함하고 있다. 이러한 상상은 증거가 말해주는 직접적 내용 이상의 어떤 의미를 포함하고 있다고 해석될 때 채택된다.[81] 역사가는 전거의 내용 중 중요하다고 생각하는 것을 선택할 뿐만 아니라, 비판적 또는 구조적 방법으로 전거의 서술 내용을 뛰어넘어 그 안에 함축된 의미를 보간하게 된다.[82]

보간은 이야기에 연속성을 부여할 뿐만 아니라 해석에 도달하고, 증거에 내재되어 있는 의미를 파악하는 데도 도움을 준다.[83] 엘턴은 역사적 상상의 이런 기능을 다음과 같은 예를 들어 설명한다.

문제는 공백이 있는 일련의 사건을 설명할 필요가 있을 때 가장 흔히 발생한다. 예를 들어 우리는 16세기 동안 영국 추밀원의 구성, 진행 방식, 정부 내의 실질적 지위가 변화했다는 것을 의심할 여지 없이 안다. 추밀원 의원의 수는 어떤 사람들, 즉 이제까지는 그 구성원이었지만 이후에는 추밀원 의원이 아니라 일반 의원으로 기록된 사람들을 제외하더라도 어떤 시점에서는 줄어들었다고 확실히 말할 수 있다. 이러한 변화가 언제 일어났는지는 알 수 없다. 변화를 알려주는 어떠한 법령도 없다. 그 과정에 대해서는 두 가지 설명이 가능하다. 역사가는 그러한 변화가 우리가 모르는 어떤 특별한 이유로 일어났다고 말할 수 있다. 또는 재조직된 단체가 다른 단체로부터 점진적 또는 단계적으로 발달한 것이라고 말할 수도 있다. 둘 중 선택되는 것은 보통 후자이다. 왜냐하면 역사가는 불확실한 사실에 직면하게 되면 알고 있는 사실에 더욱 의존하고 잘못될 위험을 무릅쓰고 해석을 하지 않도록 훈련을 받았으므로, 보통 점진적 변천이라는 안전해 보이는 애매한 해석을 더 좋아할 것이기 때문이다. 그러나 가능성이라는 기준을 적용해보라. 그러면 무엇이 일어날 것인가? 추밀원 의원 중 일부만이 이제까지는 알려지지 않았던 직책인 일반 의원으로 점차 바뀐다는 상황을 상상할 수 있을까? (…) 간단히 말해서 일반적인 설명인 후자는 단순히 대답의 회피, 즉 무지를 덮으려는 애매한 시도가 아닐까? 그 일이 어떻게 해서 일어났는가를 상상적으로 재구성함으로써 믿을 수 없게 된 것이 아닐까? 기존 경험을 되돌아보고 좀더 생각해보면 그 사건이 일반적으로 사용되는 방식에 따라서 일어날 수가 없었음을 알 수 있다.[84]

여기에서 엘턴은 기존의 역사적 지식을 토대로 자료에 빠져 있는 부분을 메우고, 역사적 사실에 대해 상상적 추론을 하고 있다. 케임브리지대학의 고대사가인 핀리(M. I. Finley)는 삽입의 예로 다음과 같은 역사적 사실에 대한 이해를 들었다.

우리는 서기전 6세기 초 아티카에서 심각한 식량 위기가 있었으며, 솔론이
이를 해결하지 못한 반면, 서기전 5세기에는 소농계급이 많았는데 그들은
부유하지는 않았을지라도 적어도 상대적으로 안정되어 있었다는 것을 안다.
그러므로 몇몇 역사가들은 참주 페이시스트라토스가 상당한 땅을 재분배했
을 것이라고 추론한다.[85]

역사가들은 서기전 6세기 초 아테네의 농업 상황과 서기전 5세기의
상황, 솔론의 개혁, 그리고 페이시스트라토스의 개혁 방향 등 기존에
알려진 역사적 사실을 토대로 페이시스트라토스가 토지를 재분배했
을 것이라는 자료에 없는 사실을 끼워넣어 스토리를 완성한다. 역사가
는 알려진 사실을 토대로 증거에 빠져 있는 역사적 사실을 상상적으로
추론한다는 것이다. 따라서 삽입이란 곧 증거들이 서로 모순되지 않기
위해서, 명시적 증거와 명시적이지는 않지만 틀림없이 일어난 일(what
must-have-been) 사이의 간극을 메우는 데 필요한 사고 절차이다.[86] 또
한 삽입은 주어진 상황이 장차 어떻게 전개될지 예상하는 능력을 포함
한다.[87] 이는 언뜻 보기에는 새로운 사건에 역사가가 기존의 원리나 일
반화를 적용하는 것과 유사해 보인다. 그러나 원리나 일반화의 적용은
사건을 법칙적 틀에 맞춰 해석하는 것인 데 비해, 삽입은 사실 자체를
밝히는 것이라는 점에서 차이가 있다. 이렇게 볼 때 이 글에서 말하는
역사가의 추론은 상상적 이해로, 보간과 같은 성격의 사고행위이다.

이상에서 살펴본 바와 같이 구조적 상상이 자료에 명확히 나타나 있

지 않은 역사적 사건을 구성하는 제 요소들 사이의 관계를 상상적으로 추론하는 것이라고 할 때 보간은 구조적 상상의 주요 형식이다.

역사적 감정이입이 행위자의 사고를 재사고하고 행위를 재연함으로써 역사적 사실을 이해하는 것이고, 구조적 상상이 이러한 이해를 바탕으로 역사 내러티브를 구성하는 것이지만, 감정이입과 구조적 상상은 언제나 분리되어 나타나거나 어느 한쪽 방향으로만 작용하지는 않는다. 역사적 사고행위 중의 하나로 재연(re-enactment)을 생각해보자. 캐나다의 레미스코(Lynn S. Lemisco)는 학생들이 재연과 보간을 하는 데 도움을 줄 수 있는 발문을 제시한다. 예컨대 "문서를 읽으면서 마음속에 어떤 상(像)이나 이미지가 형성되나요?", "저자가 누락한 것 중 합리적으로 상상할 수 있는 것이 무엇일까요?" 같은 질문이 여기에 해당한다.[88] 학생들은 재연한 것을 바탕으로 역사적 사실의 상을 형성한다. 그리고 이 상에 맞춰 역사적 사실을 재연한다. 저자가 누락한 것을 합리적으로 상상하는 보간은 이런 재연의 방법이다. 재연과 보간은 같은 성격의 사고행위이다. 재연은 보통 지난날의 행위를 다시 해보는 추체험이다. 보간은 상상적 추론을 통해 역사의 구조를 완성하는 것이다. 재연과 보간은 추체험을 통해 감정이입적으로 역사를 이해하는 것이다. 이러한 이해를 토대로 역사 내러티브를 구성하는 것이 구조적 상상이다. 그렇지만 이렇게 구성된 내러티브는 이후 역사 해석의 틀이 되어 역사적 사실의 이해에 작용한다. 이런 이해의 절차에는 보간도 포함된다. 이 점에서 보간과 감정이입적 이해는 상호작용을 하며, 재연과 보간을 유도하는 발문을 구태여 구분할 필요는 없다.

3) 자료의 대안적 해석

상상을 통한 역사의 재창조에는 같은 자료를 다루더라도 새롭게 해석하는 사고활동도 포함된다. 동일한 증거를 종전과는 달리 해석하거나, 새로운 관점에서 해석하는 능력은 역사에서 상상적 이해의 중요한 기능이다.[89] 구조적 상상은 역사 해석을 달리할 때도 나타난다. 해석을 달리하면 역사 구조도 달라진다. 예를 들어 고려시대 향·소·부곡민을 천민으로 여겼을 때와 양인으로 여겼을 때* 이들을 서술하는 내러티브 구조는 다를 것이다. 전자의 경우는 신분제의 구조 속에서 이들의 사회적 지위를 보는 반면, 후자의 경우는 지역의 문제로 여기게 된다. 향·소·부곡민에 대한 새로운 자료가 발굴된 경우가 아니라면 이러한 해석의 변화는 고려 사회의 신분과 지역을 보는 틀이 달라졌기 때문이라고 할 수 있다. 시대나 사회의 구조를 보는 틀의 변화에 따라 역사 해석이 달라진다는 점에서 이는 구조적 상상에 해당한다.

리는 상상의 과제가 우리의 시각을 바꾸는 것이라고 말했다. 그러면 모든 것이 달라 보이고 이해할 수 있다는 것이다.[90] 어떤 역사적 사실을 전하는 동일한 자료를 접하더라도 해석을 달리하는 경우를 종종 찾아볼 수 있다. 고려 태조의 대거란 정책을 예로 들어보자. 잘 알려진 대로 고려 태조는 거란을 배척하는 정책을 취했다. 거란이 사신을 파견하여

---

* 1996년 간행된 제6차 교육과정 《국사》 교과서까지는 향·소·부곡민은 천민으로 분류되었다. 그렇지만 2002년 간행된 제7차 교육과정 《국사》 교과서부터는 이런 표현이 사라졌다. 이들이 사는 고을이 다른 지역보다 천시를 받았으며, 국가에 져야 하는 부담도 컸던 지역으로 인식된다. 이는 향·소·부곡민이 신분상으로는 양인이지만 여기에 사는 사람들은 다른 지역 사람들에 비해 사회적으로 차별을 받는 사람이라는 연구 결과를 바탕으로 한 것이다. 그렇지만 교과서는 학설상의 논란을 감안해 그 성격을 명시하지는 않고 있다.

낙타 50필을 보냈으나, 태조는 이를 거부하고 사신 30인을 섬에 유배하고 낙타는 만부교 아래 매어 두어 모두 굶겨 죽였다. 거란이 발해와 지속적으로 화목하게 지내다가 갑자기 이를 어기고 군사를 일으켜 멸망시켰으니 무도하고 친선관계를 맺을 이웃으로 삼을 수 없다는 이유였다.[91] 그렇지만 역사학자들은 고려 태조의 거란 배척 정책을 기록에 나타난 이런 이유만으로 해석하지 않는다. 아래 서술을 예로 들어보자.

태조의 유교시책은 대외관계에 있어서도 즉위 후에 곧 오월(吳越)의 문사(文士)인 추언규와 박암 등의 내투(來投)나 양·당·진(晉)과의 견사통호(遣使通好) 및 3성6부제를 비롯한 중국의 인물과 제도를 수용하는 등 대중우호(對中友好)에서 표시된 반면 거란에 대한 경계는 철저하여 14년에 서경에 행차할 때에는 소과주진성외(所過州鎭成外)의 축관(築館)을 명하면서 하조(下詔)하되 "북번인(北蕃人)은 인면수심(人面獸心)이므로 배고프면 오고 배부르면 떠나며 이(利)를 보면 염치를 잃는다. 이제 비록 복사(服事)하더라도 향배가 무상할 것이니 소과주진에서는 성 밖에 축관하여 이를 대하라" 한 것이나 거란의 사자를 해도(海島)에 유배하고 마필을 아사케 한 것 등으로 보아 그는 화이를 준별(峻別)하는 유교적 문화관을 분명히 했던 것이다. 이로 보면 태조의 유교적 시책은 고려사의 평처럼 '용현량 중유도(用賢良 重儒道)' 한 것이라고 할 수 있다.[92]

많은 연구들은 고려 태조의 거란 배척을 정치적·군사적으로 해석해 고려의 북진과 거란의 팽창 정책과의 대립, 또는 고려 태조가 여러 세력을 통합하기 위해 발해 유민을 받아들이고 발해를 멸망시킨 거란을 배척한 것으로 이해한다. 이에 반해 이 글에서는 문화적·사상적 측면에서 해석해 화이사상에서 나온 것으로 이해하고 있다. 이 글에서는 거란 배척을 정치적·군사적 입장에서 해석하는 연구들에 대해서는 언급하지 않음으로써, 다른 연구의 결과를 부정하고 있지는 않다. 그러나 거란 배척이라는 역사적 사건에 화이사상이라는 성격, 즉 또 하나의 구조를 부여했다. 이처럼 새로운 관점에서 역사적 구조를 파악하는 데는 상상이 필요한데, 이러한 상상이 역사의 재창조라는 구조적 상상의 한 가지 기능이다.

3. 역사적 판단

1) 역사적 판단의 개념

'판단(judgement)'은 일상에서 널리 사용되는 말이지만, 그 의미는 불명확하다. 일상생활에서 판단이라는 말의 뜻을 명확히 규정하고 사용하는 경우는 많지 않다. 그러기에 판단은 포괄적인 의미를 가진다. 그렇지만 판단은 학문적으로 주요한 개념이다. 심리학에서는 판단을 행동의 과정을 선택하는 결정으로 본다.[93] 영국의 교육심리학자로 인지심리학의 발달단계를 교과에 적용하는 연구를 한 필(E. A. Peel)은 판단은 사고의 형태로, 어떤 문제에 부딪히거나 질문을 받았을 때 그 해결책이나 답을 이전에 배운 적이 없어서 즉석에서 답을 찾아야 할 때 필요한 사고라고 본다. 최종적인 하나의 정확한 답이 아니라 가능성 있는 대답이나, 여러 종류의 다양한 기준을 충족할 수 있는 광범한 응답이

판단이라는 것이다.[94]

《판단력 비판》에서 칸트가 말하는 판단력은 특수한 것(직관이나 개념)을 보편적인 것(개념, 규칙 또는 법칙)에 포섭하는 것으로, 규정적이거나 반성적일 수 있다.[95] 특수한 것을 보편적인 것으로 수렴하는 것이 규정적 판단력이며, 주어진 특수한 것에서 보편적인 것을 찾으려고 하는 것이 반성적 판단력이다.[96] 가다머는 판단력을 올바르게 분류하는 능력, 배워서 알고 있는 것을 올바르게 적용하는 능력으로 보았다.[97]

'역사적 판단'이라는 말도 마찬가지이다. 역사적 판단은 역사적 상상의 영역에서 가장 추상적이면서도 포괄적인 개념이다. 그렇기 때문에 '원인과 결과', '변화와 지속성', '시대' 같은 개념과는 달리, '역사적 판단'은 역사교육의 핵심 개념으로 제시되지 않으며, 역사적 판단에 대한 정의를 시도하지도 않는다. 이보다는 역사교육에서도 도덕적 판단이나 가치판단과 같이 어떤 지향성을 가지고, 그런 방향에 부합하는지 아닌지를 따지곤 한다. 역사학은 사실을 보편적 법칙으로 묶으려고 하지 않는다. 그렇지만 역사를 공부하는 사람은 어떤 사실을 이해할 때 다른 사실들과의 공통점을 찾고 일반화하려는 경향이 있다. 이에 비춰 사실을 해석하기도 한다. 역사 이해나 해석의 이런 방식은 칸트가 말하는 판단에 해당한다.

이병련은 독일의 역사교육을 소개하면서, 판단능력을 상황판단과 가치판단의 두 영역으로 나누었다. 상황판단은 행위자를 묘사하고 설명하며 행위의 역사적 의미를 밝힌다. 판단의 기준은 행위가 일어난 당시의 신념이나 가치이다. 이에 반해 가치판단은 현재를 기준으로 과거 행위의 가치를 평가한다. 그러니까 행위자의 판단기준과는 차이가

있을 수도 있다. 또한 상황판단의 기준이 사회적인 데 반해, 가치판단의 기준은 개인적이다.[98]

판단은 선택을 하는 것이다. 선택을 하려면 기준이 있어야 한다. 그래서 우리는 '~ 판단'이라고 해서 '판단' 자체보다는 관계적 개념으로 사용하는 경우가 많다. '도덕적 판단'이라고 하면 도덕성을 기준으로 판단한다는 것이다. 그렇지만 어떤 행위가 도덕적인지 아닌지를 판단하려면, 도덕성 여부를 가리는 기준이 필요하다. '도덕적'이 무엇인지에 대한 학자들의 견해는 다양하며, 그것이 도덕철학의 주요 과제일 것이다. 역사적 판단은 '역사적'인지 아닌지를 기준으로 선택을 한다. 다른 분야도 마찬가지이겠지만, 특히 '역사적'인지 아닌지를 판단하는 기준은 다양하다. 우리는 이를 앞의 역사적 사고 논의에서도 본 바가 있다. 역사적 사고방식을 어떤 역사적 사실에 적용해서 선택을 하는 것이 역사적 판단이다.

선택은 객관적이 아니다. 선택 기준이 다를 수도 있고, 설사 그 기준이 같다고 하더라도 이를 적용한 선택은 사람에 따라 다르다. 아렌트(Hanna Arendt)는 이러한 선택을 취향으로 본다. 취향에 따른 선택은 입증 가능한 사실이나 논쟁을 통해 입증된 진리에 따르지 않는다. 그래서 취향은 자의적이고 주관적이라고 받아들인다. 그렇지만 이와 같은 취향 판단이 자기 멋대로 생각해서 임의로 선택하는 것은 아니다. 취향은 다른 판단과 마찬가지로 상식에 의존한다. 그런데 상식이란 사회구성원이 공유하고 공통적으로 받아들이는 것이다. 그래서 취향 판단은 사회구성원에게 공통적인 어떤 것에 영향을 받는다. 이 점이 취향 판단을 단순한 개인적 선택이 아닌 사회적 성격을 가진 행동이 되게 한다.[99] 역사적 판단도 이처럼 상식을 기준으로 하는 취향 선택의 성격을 가진다. 예를 들어 《오륜행실도》와 같이 유교 윤리를 기준으로 조선시대 일어났던 사건 중에서 선택을 한다고 하자. 유교 윤리가 무엇인지를 말해주는 유교 경전은 모든 유학자들이 공유하지만, 이들이 유교 윤리를 지킨 모범적 행위의 사례를 담은 책을 쓸 때 모두 같은 사건을 선택하는 것은 아니다. 그렇다고 해서 이 선택이 자의적이 될 수는 없다. 적어도 유교 윤리에 충실한 행위였는지에 대한 판단의 공통성은 존재한다. 아렌트는 인본주의(humanism)가 로마적인 기원을 가진다고 보면서, 그 기준에 따른 취향을 진정으로 아름다운 것에 인간성을 부여하고 문화를 창조하는 정치적 능력으로 규정한다.[100]

역사적 판단의 특징은 그 개념이 포괄적이면서 추상적이라는 데 있다. 영국의 역사학자인 고먼(Jonathan L. Gorman)이 쓴 책 《역사적 판단》[101]은 역사학의 학문적 성격, 역사 자료의 본질, 철학 이론 등 역사 연구 및 서술에 관련된 일련의 이론을 포괄한다. 이 책에서 고먼은 역사가는 진실을 밝히는 것, 도덕적 판단, 사실의 종합 등 서로 관련된 일련의 문제들을 규범으로 삼으며, 그것이 역사적 판단이라고 본다. 이 책은 다음과 같은 장으로 구성되어 있다.

1장 논거
2장 학문의 철학
3장 역사학의 역사서술
4장 실용주의적 포스트모더니즘
5장 판단의 수용

'역사적 판단'이라는 제목을 붙이고 있지만, 장의 구성이 주는 전반적인 느낌은 역사학의 역사와 그 속에서 역사학의 성격을 규명하는 내용이다. 1장은 이 책의 주장을 요약한 것으로, 역사학의 역사 속에서 그 학문적 성격을 밝히고 있다. 그렇기에 이 책에서 말하는 역사적 판단의 이론적 논의는 마지막 5장에 담겨 있다. 5장에서는 역사적 세계를 사실적·도덕적 이해 속에서 서술한다. 역사적 판단은 개별 사실을 어떻게 종합해서 구성하고, 이에 맞춰 어떤 사실을 선택하고 배제할 것인가, 그 한계는 무엇인가를 이해하는 것이라고 말한다.[102] 고먼은 콜링우드의 견해를 받아들여 역사적 선택은 우리가 텍스트를 접했을 때 던지는 질문에 달려 있다고 본다. 역사적 선택은 역사적 사실이 일어났던 당시 우리의 일상생활에 필요한 믿음이나 태도의 기초가 되는 신념이나 가정을 반영한다. 이러한 신념이나 가정은 당시로서는 의심을 품지 않으며, 다른 대안도 고려하지 않는 것으로 '절대 전제(absolute presupposition)'이다.[103] 그렇지만 앞의 1장 2절에서 보았듯이 콜링우드에게 질문은 역사적 판단만의 문제가 아니라 역사 탐구의 출발이다. 질문을 던진다는 것만으로 역사적 판단력과 역사적 능력을 뜻하는 다른 개념을 구분할 수 있는 것이 아니다. 가다머에 따르면 해석은 의문을 제기하는 것이다. 텍스트가 해석의 대상이 된다는 것은 텍스트에 의문을 제기하는 것이지만, 이는 곧 해당 텍스트가 해석을 하는 사람에게 질문을 던지는 것이라고 했다. 텍스트를 이해한다는 것은 그 질문을 이해한다는 뜻이다.[104] 질문을 던지는 것은 해석 행위 전반의 문제인 것이다. 그러므로 질문을 하는 능력이 역사적 판단력에 한정된 문제는 아니다. 따라서 역사적 판단력의 의미를 제한할 필요가 있다.

최상훈은 역사적 판단력을 역사적 상상력과 별개로 구분한다. 상상을 통한 판단뿐 아니라 논리적 분석을 통한 판단도 존재한다는 것이 근거이다.[105] 최상훈이 말하는 역사적 판단력은 탐구나 역사하기의 결과를 종합해서 역사적 사실을 평가하는 것이다. 이런 점에서 최상훈은 역사적 판단력을 메타인지로 보았다. 이에 따르면 역사적 판단력은 역사 연구와 학습의 시작부터 과정을 거쳐 결론을 도출하고 역사 이해에 도달할 때까지 올바른 방향을 유지하는 역할을 한다. 그러면서 역사적 판단력을 역사적 사고력의 비판적이고 평가적인 측면이라고 했다.[106] 여기에서 비판은 자료의 텍스트적 성격을 밝히는 비판적 읽기의 비판보다는 역사적 사실의 평가에 따른 비판으로 보인다.

이처럼 판단이 추상적이면서 포괄적인 의미로 사용되기 때문에 역사교육에서 판단이라는 말을 사용하더라도 별다른 의미를 두지 않는 경우가 많다. 예를 들어 중요한 역사를 판단한다고 할 때,[107] '판단'이라는 말을 평가나 선택이라는 말로 대체해도 별로 문제가 되지 않는다. 여기에서 판단은 평가를 해서 이를 바탕으로 선택하는 사고행위를 가리킨다.

그렇지만 이렇게 볼 때, 역사적 판단력을 구태여 역사적 상상력과 별개의 영역으로 구분할 필요가 있는지 의문이다. 판단을 하는 데는 당연히 논리적 분석을 해야 하는 경우가 있다. 그런 이유로 역사적 판단력을 별개의 사고 영역으로 구분하는 것에 대해서는 두 가지를 감안할 필요가 있다. 첫째는 판단이라는 말 자체가 너무 광범해서, 그 속성을 한마디로 규정하기 어렵다는 점이다. 역사적 판단도 마찬가지이다. 따라서 그냥 '역사적 판단'이라고 하기보다는, 이때 역사적 판단이

'무엇'에 대한 것인지를 전제할 필요가 있다. 둘째는 역사적 판단뿐 아니라 모든 역사적 상상은 증거 분석을 토대로 한다는 점에서 탐구에서 말하는 분석적 성격을 포함한다. 그렇지만 사고의 본질이 무엇인가를 기준으로 삼아 상상과 탐구를 구분할 수 있다. 기후 현상을 분석하는 것과 《삼국사기》를 분석하는 것은 분석 행위를 한다는 점에서 외적으로 비슷해 보일 수 있다. 그렇지만 내적 사고작용이 구체적으로 같은 것은 아니다. 기후 현상을 분석하는 사람은 가급적 많은 사례나 때로는 정해진 범위의 사례를 수집해서 기온이나 강수량의 최고치와 최저치를 찾고, 평균치를 산정한다. 변동성을 파악하기 위해 편차를 측정하기도 한다. 그렇지만 《삼국사기》를 분석하는 사람은 기록된 사실들 간의 인과관계를 탐색하고, 어떤 사건이 사회와 인간에게 미친 영향을 추론한다.

와츠는 사고 발달을 반성적 사고와 연합적 사고(associative thinking)로 나누어 설명한다. 연합은 상상과 직관, 창조성에 속하는 요소이다. 와츠에 따르면, 아동이나 청소년의 인지과정은 이미지와 개념의 자율적인 연합의 속성을 가진다. 이는 논리적 사고 또는 합리적 사고를 덜 사용하는 다른 계통의 것이다. 니컬스(W. H. Nicholls)는 와츠가 말하는 연합적 사고가 상상에 의해 시간을 거슬러 올라가는 역사가의 방식에 부합한다고 주장한다.[108] 그는 역사교육이 과거 인간의 경험을 상상적으로 재구성함으로써 학습자의 의식을 확장한다고 보았다. 이는 개인의 상상, 감정이입적 재구성을 의미한다. 니컬스는 와츠의 모델이 피아제의 인지발달 도식보다 역사적 사고 발달을 더 잘 설명한다고 평가했다.[109]

와츠는 지적 사고가 사고의 합리적 요소와 연합적 요소의 혼합 상태라고 주장했다.[110] 효율적인 지적 사고를 위해서는 논리적이거나 합리적인 사고뿐 아니라 상상이 필요하다는 것이다. 역사적 판단은 이 두 가지가 통합된 가장 높은 수준의 사고이다. 와츠에 따르면 역사적 판단은 지각적 기능, 구체적 상황에 대한 숙지, 합리적 사고와 연합적 사고, 심상(心像, imagery)의 사용, 추측이나 육감, 일어날 수 있는 일을 추리하는 능력을 포함하는 종합적인 역사적 사고능력이다.[111] 이렇게 볼 때 와츠가 말하는 역사적 판단력은 어떤 특정 기능이나 능력보다도 종합적인 능력이라고 보아야 할 것이다.

이처럼 판단 개념이 포괄적이고 모호하기 때문에, 역사적 상상의 성격을 내포한 역사적 판단의 범주를 제한할 필요가 있다. 역사적 사고에 나타나는 몇 가지 중요한 판단을 생각해보자. 이것이 역사적 판단의 범주에 해당하는 사고행위라고 할 수 있다.

① 자료 선택: 어떤 역사적 사실과 관련된 여러 자료들이 존재하는 경우가 많다. 역사가는 역사적 사실을 탐구하는데 이 중 어떤 자료가 중요한지를 판단한다. 특히 자료의 내용이 엇갈릴 경우 판단은 더욱 중요하다. 물론 이는 사료 비판의 문제이다. 특정 자료가 신뢰성이 떨어질 때, 선택은 판단보다는 분석의 문제일 수 있다. 그렇지만 자료의 내용이 해석에 따라 서로 다를 때, 역사 연구에 어떤 자료를 쓸 것인지 선택하는 데는 판단이 들어간다. 외형적으로 서로 맞지 않는 자료 내용을 종합해 해석하기도 한다. 어떤 자료를 선택하고 어떤 자료를 버릴 것인지, 아니면 이를 통합적으로 해석할 것인지를 선택하는 데는 판단이 필요하다.

② 인과적 판단: 역사적 인과관계는 필연적이 아니라 개연적이다. 개연적 관계이므로 하나의 역사적 사실은 여러 원인이 복합적으로 작용한 결과이다. 그렇지만 이런 원인의 비중이 똑같은 것은 아니다. 그렇기 때문에 여러 원인 중 어떤 것이 더 중요하거나 참 원인인지를 판단해야 한다. 개연성을 가진 원인 중 선택을 하는 것이므로, 이는 분석적 탐구가 아니라 상상적 추론이다. 선택의 타당성은 논리적으로 입증하기는 어려우며, 어느 편이 설득력을 가지는가에 달려 있다. 역사적 인과관계는 개연적이므로 하나의 원인이 여러 결과를 가져올 수도 있다. 인과관계를 탐구하는 것은 분석적이지만, 개연성 있는 서술 중 어느 편이 더 신빙성이 있고 확실한지를 선택하는 것은 판단이다.[112]

③ 역사 전달: 자신이 이해한 역사를 다른 사람에게 어떻게 전할 것인가의 문제이다. 역사 전달에 들어가는 판단은 내러티브 서술에서 발생하는 문제와 성격이 비슷하다. 내러티브가 크게 인식과 서술의 문제라고 할 때, 내러티브적 서술을 하는 데는 상상이 개재된다.[113] 어떤 형식의 표현 수단을 사용할 것인가, 어떤 구조로 구성할 것인가, 어떤 수사를 활용할 것인가를 선택해야 한다.

이 중 인과적 판단은 역사교육에서 보통 원인 선별의 문제로 다루어져 왔다. 또한 구조적 상상과 중복되기도 한다. 그래서 역사적 판단력의 요소 중 자료 선택과 역사 전달의 문제를 더 구체적으로 살펴보도록 하자.

2) 탐구 자료의 선택

역사 탐구는 상상의 성격이 있지만, 자료로부터 역사적 사실을 밝히려는 역사가의 행위를 상상이라고 말하는 경우는 별로 없다. 역사는 실제 일어난 일이라는 사실적인 성격을 가지고 있고, 자료는 이를 뒷받침하는 것이라고 여기기 때문이다. 자료 탐구는 역사 연구의 기본이다. 자료의 내용을 분석하고 해석해서 거기에 의미를 부여한 것이 역사적 사실이다. 이때 분석은 과학의 탐구와 같은 성격을 띠며, 해석에는 상상이 들어가지만, 상상의 성격을 가졌는지 아닌지를 구분하기보다는 그냥 해석이라고만 하는 경우가 대부분이다.

그런데 역사가는 자료를 분석하고 해석하기에 앞서, 어떤 자료를 대상으로 할지 선택한다. 하나의 역사적 사실을 전하는 복수의 자료가 있을 경우, 그중 어떤 자료를 더 믿을 수 있으며, 어떤 자료를 토대로 사실을 구성할 것인지를 판단한다. 어떤 자료가 더 가치 있는지 판단하는 것은 사료 비판의 한 부분이다. 사료의 신뢰성을 따져서 그 중요성을 가리는 것이다. 와인버그가 역사적 사고의 한 과정으로 말하는 '출처 확인'도 여기에 해당한다. 사료 비판은 상상보다는 지식을 기반으로 사료의 출처나 신뢰성을 따지는 것으로 인식된다. 그럼에도 자료의 선택을 역사적 판단이라고 말하는 데는 두 가지 이유가 있다.

첫째, 사료 비판 자체가 역사적 상상의 성격을 갖기 때문이다. 물론 사료 비판 중 진위 여부를 따지는 외적 비판은 과학적 방법을 사용하는 경우가 많으며, 심지어 과학기술을 활용하기도 한다. 그렇지만 신뢰성을 평가하는 내적 비판의 경우는 자료에 나타난 역사적 사실을 설명하고 의미를 부여하는 데 상상이 필요하다.

둘째, 사료 비판에서 따지는 신뢰성은 고정적이다. 누가 평가하는가에 따라, 혹은 어떤 주제를 탐구하는가에 따라 달라지지 않는다. 그렇지만 선택하는 자료의 가치는 절대적인 것이 아니라 탐구의 주제나 목적에 따라 달라진다. 자료를 탐구하면서 우리는 같은 역사적 사실을 다룬 복수의 자료가 있으면 그중 어느 편에 더 비중을 둔다. 그렇지만 같은 자료라고 하더라도 내용이 서로 다르면 이 중 더 의미 있는 내용을 선택한다. 이는 지식만으로 해결할 수 없으며 상상적 추론을 요구한다.

사료 비판의 과정인 줄처 확인은 탐구자료가 얼마나 신뢰성이 있는지 따지는 것이다. 이에 반해 자료 선택은 같은 주제나 사실의 전거에 해당하는 여러 자료 중 신뢰성이 있거나 가치가 큰 자료를 선택하는 것이다. 예를 들어 백제의 건국설화를 생각해보자. 《삼국사기》에는 두 가지 백제 건국설화가 실려 있다. 백제의 첫 번째 왕인 온조를 중심으로 하는 설화와 온조의 형인 비류를 중심으로 하는 설화이다. 온조설화에서는 온조를 백제의 시조로 보지만, 비류설화에서는 비류가 백제를 세웠다고 말한다. 《삼국사기》 자체가 온조설화를 중심에 놓고 비류설화는 이설(異說)로 여겨 주석으로 처리한 데다, 본기에 백제의 첫 번째 왕을 온조로 기록하고 있다. 모든 한국사 개설서나 교과서는 온조설화를 백제의 건국설화로 소개한다. 그렇지만 비류가 세운 백제가 해상왕국으로 번성했다는 이른바 비류백제설의 신빙성과는 별개로 온조 중심의 설화에 의문을 품고 비류설화를 재해석하려는 경향도 있다.[114] 물론 이런 연구들은 다른 기록들과 비교하면서 논거를 펼친다는 점에서 상상적 추론과는 거리가 있어 보인다. 그렇지만 이러한 비교의 결과로 비류설화를 재해석한 것이 아니라, 비류설화가 의미 있다는 판단 아래 이를 뒷받침하기 위한 기록들을 비교·검토하는 것이다. 비류설화가 의미 있다고 추론하는 것은 역사적 상상이 들어간 판단이다.

　어떤 자료의 중요성 평가도 자료 선택을 판단하는 데 영향을 준다. 고려에 사신으로 왔던 송나라의 서긍이 남긴 《고려도경》은 오랫동안 고려에 대한 송나라의 인식과 같은 특정 영역에서만 연구 자료로 활용되었다. 그렇지만 근래 생활사나 사회문화사에 대한 관심이 높아지면서 그 중요성이 재평가되어 고려 사회나 고려인의 생활, 고려청자와 같은 문화사 연구에 널리 활용되고 있다. 이에 따라 교과서에도 학습 자료로 《고려도경》의 내용이 실리고 있다. 《고려도경》이 고려사 연구의 중요 사료가 되지 못했던 것은 사료로서의 신뢰성에 대한 의문 때문이었다. 서긍은 불과 한 달 남짓 고려에 머물면서 몇 차례 고려 사회와 고려인의 일상생활을 본 경험만으로 이 책을 썼기 때문이다. 그동안 《고려도경》 내용의 신뢰성에 대한 평가가 크게 달라진 것은 아니었다. 그런데도 이 책을 고려 사회를 연구하는 자료로 활용하게 된 것은 역사연구 경향의 변화에 따라 사료적 가치에 대한 평가가 달라졌기 때문이다. 《고려도경》은 《고려사》나 《고려사절요》에서는 찾아볼 수 없는 고려 사회의 구체적인 모습이나 고려인의 일상적 삶을 서술하고 있다. 고려인의 관념이나 문화를 볼 수 있는 내용도 들어가 있다. 자료의 신뢰성에 대한 의문과 자료 내용의 신선함 사이에서 탐구자료로 《고려도경》을 사용할 것인지를 선택하는 것은 연구자의 판단에 달려 있다. 《묵재일기》, 《미암일기》, 《쇄미록》, 《노상추일기》 등 조선시대의 개인일기, 재판기록이나 분재기와 같은 조선시대 고문서, 여성 독립운동가의 회고록이나 독립운동가 수형록 등과 같이 근래 관심을 모으는 사료를 탐구자료로 선택하는 것도 마찬가지이다. 역사 연구의 타당성을 위해 자료의 두 가지 속성 사이에서 적절한 선택을 하는 것이 역사적 판단이다.

3) 서술 형식과 표현 방법 채택

역사서술이나 그 내용의 표현은 독자에게 큰 영향을 미친다. 역사수업에서 교사가 학생들의 역사적 사고를 촉진하거나 역사적 사건에 대한 새로운 인식을 심어주려는 목적으로 학습내용을 비슷하게 구성하더라도, 이를 어떻게 전달하는가에 따라 학생들이 받아들이는 정도에는 큰 차이가 있다. 영화 〈황산벌〉은 삼국통일 전쟁을 새롭게 해석한 영화로 높은 평가를 받았다. 영화로서도 높은 평가를 받았지만, 삼국통일 전쟁을 보는 새로운 관점으로 역사학에서도 자주 언급된다. 교사들도 〈황산벌〉을 수업 자료로 자주 활용한다.[115] 교사들이 영화 〈황산벌〉을 역사수업 자료로 자주 활용하는 것은 민중의 관점에서 삼국통일 전쟁을 바라보고, 하층민의 삶을 묘사하는 대신 상류층의 위선을 보여주었기 때문이다.

사실 이런 관점으로 역사를 보는 글이나 작품이 없는 것은 아니다. 그런데도 유독 〈황산벌〉을 자료로 활용하는 것은 이런 관점을 전달하는 표현 방식 때문이다. 〈황산벌〉과 그 뒤를 이은 영화 〈평양성〉에서는 '거시기'라는 이름으로 민중을 표현한다. 정식 이름조차 갖지 못한 존재라는 의미가 있다. 그리고 욕 싸움이라는 형태로 민중의 삶과 전쟁이 민중에게 주는 의미를 전달한다. 같은 내용이라 하더라도 '욕'이라는 표현 형식은 작가의 역사의식을 관객에게 효과적으로 전달한다. '욕'은 민중의 언어이며, 생각과 표현을 달리하는 것이 아니라 자신의 생각을 솔직하게 그대로 표현한다는 점에서 민중을 상징한다. 영화 평론의 관점에서는 〈황산벌〉과 〈평양성〉의 문제의식을 지배층의 권위를 '격하'시켜 하부세계로 끌어내림으로써 세계를 전복하는 것이라고 해석한다. 그리고 ① 언어적 카니발리즘: 욕설, 희화화와 농담 ② 웃음을 유발하는 노래의 삽입 ③ 암호와 언어유희 ④ 우연적 해피엔딩 ⑤ 〈평양성〉에서 드러나는 로맨틱 코미디 요소라는 적절한 표현법으로 이런 문제의식을 잘 드러냈다고 평가한다.[116] 이 중 ①, ②, ③은 역사 해석을 전달하는 문제이다. 〈황산벌〉을 수업 자료로 선택하는 큰 이유는 해석뿐 아니라 이를 전달하는 표현이 학생들에게 효과적이기 때문이다. 이처럼 자신의 역사인식을 어떻게 표현하고 전달할지를 선택하는 것이 역사적 판단이다.

역사가의 과제는 과거의 사건이나 상황을 밝히는 데 그치지 않는다. 자신의 연구 결과를 다른 사람에게 알리는 것도 역사가의 과제이다.[117] 역사가는 증거의 충실한 취급 및 정당한 평가와 연구 결과의 효율적 전달이라는 이중의 과제를 가지고 있다고 월시(W. H. Walsh)는 말한다. 두 가지 과제를 동시에 달성하기는 어렵기 때문에 역사가는 전자에 치중하는 경향이 있으며, 특히 학술지에 글을 쓰거나 전공 논문을 계획할 때는 서술 문제를 경시하는 경향이 있지만, 일반사(general history)에는 서술 문제가 중요하며, 이는 전공 분야의 연구를 위해서도 필요하다는 것이다.[118] 트리벨리언(G. M. Trevelyan)도 동료 학자를 위한 서술과는 달리 일반 독자를 위한 서술에서는 어떻게 서술하느냐가 중요하다고 강조한다. 대중을 상대로 서술할 때는 명확하면서도 흥미를 끌 수 있어야 한다. 이것이 좋은 역사서술을 위한 두 가지 기준이라고 월시는 말한다.[119]

일반적으로 역사서술은 다른 분야의 서술보다 어렵다는 인식이 있다. 과학적 탐구 결과의 서술뿐만 아니라 문학적 분석이나 철학적 주장을 서술하는 것보다 어렵다.[120] 역사서술의 어려움은 역사적 지식의 특성과 서술의 본질적 문제점 때문에 발생한다. 역사가는 서술의 대상인 사회 및 인간과 관련된 행위나 제도의 의미를 이해해야 한다. 이에 대한 이해는 과학에서 다루는 사물에 대한 이해보다 명확하지 않으며, 증거에 의해 검토된 후에야 가능하다.[121] 많은 역사적 사건은 동시 또는 비슷한 시기에 발생하며, 상호 연관을 맺으면서 전개된다. 그러나 대부분의 역사서술은 어떤 사건의 발달 과정을 시간 순으로 묘사한다. 여기에서 사건의 발생과 서술 순서가 다른 경우가 생긴다. 더구나 상호 영향을 끼치는 역사적 사건이나 인물, 그 영향을 파악한다고 하더라도 이러한 이해를 다른 사람에게 전하기는 어렵다.[122] 스탠퍼드는 이처럼 역사적 사실과 역사서술을 연결하는 것을 역사적 판단으로 본다.

"강의 근원은 어귀보다 높은 지역에 있다." "강은 낮은 곳으로 흐른다." 이 두 가지 서술은 동어반복이 아니다. 한 가지 서술로부터 다른 하나를 연역할 수는 없다. 두 가지가 같은 사실을 말해준다는 것을 알려면 사물의 세계에 익숙해야 한다. 첫 번째 문장에는 강이 어귀로부터 근원으로 흐르지 않는다는 것을 나타내주는 어떤 것도 없다. 두 문장을 연결해주는 것은 판단이다.[123]

"강의 근원은 어귀보다 높은 지역에 있다"라는 문장으로부터 "강은 낮은 곳으로 흐른다"라는 사실을 알게 해주는 것이 판단이라는 것이다. 그러나 이러한 판단은 위의 서술 내용만으로는 가능하지 않다. 이러한 경우는 많은 역사적 자료에서 나타난다. 역사가의 글을 읽는 독자는 거기에 나타난 내용만으로 역사가가 전하고자 하는 의미를 생생하게 파악하기 어려운 경우가 많다. 역사서술에는 작가의 역사인식이 들어가 있다. 그렇지만 역사가는 내용이 사실이라는 메시지를 전하는 데 중점을 두기 때문에, 자신이 꾸민 표현을 겉으로 드러내려고 하지 않는다. 그래서 역사가가 자신의 역사인식을 글에 어떻게 반영할지 선택하는 데는 상상이 필요하며, 독자가 이를 읽어내기 위해서도 상상적 통찰이 요구된다. 상상적 통찰은 세세한 부분을 보는 눈, 기분이나 기질, 분위기를 깨닫는 힘, 미지의 것에 대한 생각 같은 문학적 재능을 필요로 한다.[124] 그러므로 역사서술도 독자의 상상적 통찰에 도움이 되도록 해야 한다. 역사가는 자신이 서술하는 역사 세계를 독자가 효율적으로 이해하고 생생하게 느끼게 하기 위해 독자로 하여금 직접적으로 경험을 하는 것과 같은 느낌을 주어야 하는데, 이러한 역사서술이 상상적 서술이다.[125] 따라서 역사를 상상적으로 서술하는 것은 역사가에게 필요한 중요한 능력이다. 역사서술에는 으레 상상력을 발휘할 수 있는 지적 능력이 포함된다는 주장이 있을 정도이다.[126]

콜링우드도 역사적 상상은 역사를 구성하는 모든 작업을 수행하는 것으로 그 주된 역할은 구조적 상상이지만, 역사서술을 감동적이고 생생하게 만들기 위해서도 역사적 상상이 필요하다고 하면서 이를 역사적 상상이 가지는 수식적(ornamental) 역할이라고 말했다.[127] 콜링우드는 역사서술에서 상상의 이러한 역할을 예술적 상상과 성격이 같다고 보았다. 역사서술을 위한 역사가의 선택과 작품을 표현하기 위한 예술가의 선택은 모두 그것을 선택해야만 하는 필연성이 있다고 생각하기 때문이다. 콜링우드는 역사가의 작업과 풍경화가의 작업을 다음과 같이 비교한다.

역사적 사유의 자율성은 가장 단순하게는 선택의 작업에서 볼 수 있다. 상식적 이론에 따라 연구를 하고 발견한 것을 정확히 재생하려는 역사가는 자연을 모사해야 한다는 예술 이론에 따라 작업을 하는 풍경화가와 유사하다. 풍경화가는 사물의 실제 형태나 색을 자신의 색조로 재생산하고 상상할 수도 있다. 그러나 아무리 충실히 그렇게 하려고 해도, 그는 항상 선택하고, 단순화하고, 도식화하며, 중요하지 않다고 생각하는 것은 생략하며, 본질적이라고 생각하는 것은 그려 넣는다. 그림에 무엇이 들어가는가에 책임이 있는 것은 자연이 아니라 예술가이다. 마찬가지로 아무리 서투른 역사가라도 전거를 단순히 모사하려고 하지는 않는다. 자기 자신을 전혀 개입시키지 않으려고 해도(이는 실제로는 전혀 가능하지 않다) 어떤 이유로든 그의 작업에서 사용할 필요가 없거나 사용할 수 없다고 결정한 것은 언제나 배제한다. 그러므로 연구가 어떻게 진행되는가에 책임이 있는 것은 전거가 아니라 역사가 자신이다. 그 문제에 관해서는 자신이 주인이다. 그의 사유는 그만큼 자율적이다.[128]

풍경화가는 자연을 어떻게 표현할 것인가를 상상한다. 마찬가지로 역사가는 전거에 나타난 역사적 사실을 어떻게 전할 것인가를 상상한다. 그런 의미에서 콜링우드는 역사가의 상상이 풍경화가의 상상과 별 차이가 없다고 본 것이다.

　예술적 활동은 '기존에 만들어진 언어'를 사용하는 것이 아니라 스스로 활동을 통해 언어를 '창조하는' 것이다.[129] 즉 예술적 활동은 하나의 창조 과정이므로 예술에서의 상상적 표현은 상투적이 아니라 독창적이어야 한다. 터크먼(Barbara W. Tuchman)은 창조적 과정을 세 부분으로 구분한다. 첫째는 진실을 지각하고 그것을 제시함으로써 전달하는 특별한 시각, 둘째는 작가의 언어, 화가의 물감, 조각가의 흙과 돌, 작곡가의 음악 노트에 표현된 음향과 같은 매개 수단, 셋째는 설계 또는 구조이다.[130] 이 중 역사의 상상적 서술에 해당하는 것은 표현의 매개 수단이라고 할 수 있다. 역사를 상상적으로 서술한다는 것은 사실을 올바로 전달하면서도 설득력 있고, 독자의 감성을 자극할 수 있도록 서술하는 것이다. 이를 위해 어떤 매개 수단을 사용할 것인가가 역사적 상상의 과제라고 할 수 있다.

　역사에서 표현의 매개 수단은 언어이다. 따라서 역사서술에서는 어떤 언어를 사용할 것인가를 판단해야 한다. 역사서술은 허구(fiction)는 아니지만, 통계를 그대로 옮기는 것이 아닌 상상적 문체가 필요하다.[131] 라일은 상상력이 있는 역사서술과 그렇지 않은 역사서술을 전기작가가 워털루 전쟁을 서술하는 것에 비춰 설명한다. 워털루 전쟁이 얼마나 오랫동안 계속되었는가, 군수품이 얼마나 소비되었는가, 사상자가 얼마나 발생했는가를 서술하려고 하는 것은 상상력이 있는 작가나 없는 작가나 마찬가지이다. 그러나 상상력이 없는 작가는 비가 얼마나 오랫동안 내렸는가를 기상학적 용어로 서술하는 데 비해, 상상력이 있는 작가는 병사들이 얼마나 많이 물에 젖었는가를 서술한다는 것이다. 전자는 우리가 알 필요가 있는 것을 단순히 전달하는 데 그치지만, 후자는 생생하게 전달한다. 따라서 역사에서 상상력을 가지고 서술한다는 것은 추상적 방법이 아닌 구체적인 방법으로 서술하는 것, 통계적 방법이 아닌 역사적 행위자의 사고방식으로 서술하는 것이다.[132]

　　역사책을 쓰는 사람은 책의 내용을 통해 자신의 역사인식을 어떻게 독자들에게 효과적으로 전달할지를 고민한다. 표현이나 수사뿐 아니라 글의 구성 방식에도 신경을 쓴다. 이는 하나의 판단이다. 예컨대 근래 역사교과서 서술에서 자주 찾아볼 수 있는 사료 내용의 전달 방식을 생각해보자. 교과서 집필자들은 학생들에게 사료 내용을 직접 접하게 함으로써 학생의 역사 이해를 돕고 스스로 사고할 수 있게 한다. 그런데 같은 사료 내용을 교과서에 싣더라도 전달 형식은 다를 수 있다. 교과서가 사료 내용을 전달하는 방식은 크게 세 가지이다. 첫째, 사료 해석 결과를 본문에 녹여서 서술하는 방식, 둘째, 본문 중간에 사료 내용을 직접 서술하는 방식, 셋째, 본문과는 별개로 자료의 형식으로 사료를 제시하는 방식이다.[133] 자신의 역사 해석을 학생들에게 효과적으로 전달하기 위해 이 중 어떤 형식으로 내용을 구성할지 선택하는 데 필요한 것이 역사적 상상이다.

3장

역사 내러티브와 역사적 상상

1. 역사 내러티브의 개념과 상상

1) 내러티브의 개념과 역사 내러티브

내러티브는 일정한 시공간 안에서 인과관계로 이어지는 연속성을 가진 사건들을 가리킨다.[1] 일정한 줄거리가 있는 말이나 글을 뜻하는 스토리와는 구분되지만, 혼용해서 사용하기도 한다. narrative를 '서사'라고 번역하기도 하지만, 근래에는 '내러티브'로 사용하는 경우가 많다. 내러티브는 서술 방식뿐 아니라 사물이나 현상을 인식하고 탐구하는 방식을 내포한다. 흔히 내러티브는 과학과 대비되는 인문학의 인식과 탐구방법으로 지목된다. 브루너는 학문의 탐구방식을 패러다임 양식과 내러티브 양식으로 구분한다.[2] 패러다임(paradigm)은 쿤(Thomas Kuhn)이 과학혁명을 설명하기 위해 도입한 개념으로, 한 시대 사람들의 사고를 지배하고 그 테두리를 규정하는 인식 체계나 이론적 틀을 말한다. 브루너는 패러다임적 사고양식은 이론과 분석, 논리적 증거, 추론된 가설에 의한 경험적 발견에 적용하는 것으로 일반적 원인을 규명하는 데 초점을 맞춘다고 말했다. 패러다임적 사고양식은 설명에 이용되며 범주화나 개념화의 기초가 되는데, 형식적이거나 수학적인 체계의 서술에 사용한다. 반면에 내러티브적 사고양식은 행위에 들어 있는 인간의 의도에 관심을 가지며, 행위가 일어난 맥락에 비춰 설명을 모색한다. 내러티브적 사고양식은 주로 인간의 의도와 행동이나 그 과정을 묘사하는 것으로 나타나는데, 역사 이야기나 드라마 서술에 적용할 수 있다.

내러티브는 스토리 내용과 이를 전개하는 방식인 플롯으로 구성되는 하나의 담론이다. 구조주의 문학이론가들은 narrative, story, discourse를 명확히 구분한다. 그뷔드뮌스도티르(Sigrun Gudmundsdottir)는 내러티브에는 스토리와 담론(discourse)이 있다고 말한다. 스토리는 내러티브의 내용을 구성하는 사건, 인물, 환경을 포함하며, 담론은 스토리를 말하고, 표현하고, 제시하거나 내레이션하는 것이다. 그 최종 산물인 내러티브는 조직화된 텍스트로, 시작과 중간, 끝이 있다.[3]

내러티브에는 이야기를 하나의 중심으로 모으는 스토리 구조가 들어가 있다. 그런데 역사적 사실을 단일한 이야기로 모으는 데는 필연적으로 해석이 들어간다. 개별적인 사실들을 연결해 스토리를 만들기 위해서는 이를 연결하는 관계가 필요하다. 이런 관계는 하나의 사실과 다른 하나의 사실마다 개별적으로 설정하는 것이 아니라 일련의 구조속에 사실을 이치에 맞게 정렬하는 것이다. 이것이 내러티브의 주제이며, 이에 따라 사실을 연결해 배열한 것이 스토리 구조이다. 이를 위해서는 어떤 사실은 포함하고, 어떤 사실은 배제한다.[4]

내러티브의 전개는 기본적으로 시간 순서에 따른다. 개별적인 역사적 사실을 일어난 순서로 조직해 그 내용을 단일하고 조리 있는 스토리로 만든 것이 좁은 의미의 내러티브이다.[5] 플롯은 시작과 중간, 그리고 끝이 있다. 이야기의 구성과 전개하는 방식에는 내레이터의 관점이 개입된다. 그래서 내러티브는 하나의 해석이다. 내러티브적 해석은 우리가 살아가는 사회의 문화적 망에 의해 매개된다. 내러티브는 자기 자신, 타인, 세계와의 관계를 매개로 구성된다. 따라서 내러티브적 해석은 회고가 아니라 사물을 경험하는 방식이다. 내러티브에 담긴 삶은 '어떻게 존재하는가'의 문제가 아니라 '어떻게 해석하고, 재해석하고, 이야기하고, 다시 밀하는가'의 문제이다. 이처럼 내러티브는 문화적 성격을 가지므로 변화하고, 도전을 받고, 변형된다.[6] 그래서 내러티브적 해석은 재현이 아니라 생산적이고 수행적이다. 경험과 사건에 의미를 부여하는 사회적 행위이다.[7]

역사적 의미는 줄거리를 구성하는 역사적 사건의 내러티브 조직에서 비롯된다. 내러티브 조직은 사건의 연속적인 흐름을 구성하는 인과적 설명과 동기 및 의도의 이해를 포함하는 내러티브 역량에 의존한다.[8] 브루너는 내러티브를 구성하는 데 필요한 다음과 같은 아홉 가지 보편적 문제를 제시한다.[9]

① 의미가 부여되는 시간의 구조: 내러티브는 시계나 메트로놈이 아니라 결정적이고 중요한 사건의 전개에 의해 시간을 구분한다.

② 특유한 개별적 특수성: 내러티브는 불변의 원리가 아니라 개별적인 특수한 것을 다룬다.

③ 행위의 이유(reason): 행위는 신념과 바람, 이론, 가치 또는 다른 의도적

인 상태에 의해 일어난다.

④ 해석학적 구성: 내러티브는 하나의 단순하고 유일한 해석이 아니라 복합적이고 대안적인 의미를 상정한다.

⑤ 함축된 정전성(正典性, canocity): 내러티브는 정통적 규범이나 정전에서 벗어나 예상과는 다르게 전개되어야 한다.

⑥ 지시 대상의 애매성: 내러티브는 가리키는 대상이 애매해서 어떤 질문이라도 가능하다.

⑦ 문제 사건의 중심성: 논의하고 해석할 가치가 있는 내러티브의 중심에는 문제 상황이 자리한다.

⑧ 고유의 교섭 가능성: 내러티브의 스토리는 본질적으로 논쟁적 교섭이나 협상 가능성이 있다.

⑨ 내러티브의 역사적 확장 가능성: 내러티브는 계속 확장되면서 역사를 구성한다.

브루너가 제시한 내러티브의 실제적인 문제들은 사실을 이해해서 내러티브를 구성하고 이를 표현하는데 제기되는 문제들을 포괄적으로 보여준다. 내러티브의 실제는 상황의 이해 및 이에 접근하는 인식의 문제, 이해한 것을 종합해서 구성하고 표현하는 전반적인 과정이다. 이런 성격을 잘 보여주는 것이 역사 내러티브이다.

역사 내러티브는 읽는 사람에게 지식을 제공한다. 그런데 여기에는 내레이터가 생각하는 역사적 사실에 대한 관점과 해석, 즉 독자가 가졌으면 하는 역사인식이 들어가 있다. 잭슨(Phillip W. Jackson)은 이를 '내러티브의 인식론적 기능(epistemological function)'이라고 한다. 그에 따르면 내러티브가 어떤 사회에서 널리 알려진 이야기라면, 독자들은 이를 통해 일련의 지식을 공유함으로써 공동체의 일부가 된다.[10] 사람들은 역사에서 공동체의 구성원으로서 공유해야 할 지식을 찾기 때문이다. 예를 들어 한국 사회에서 안중근의 활동은 물론 그의 얼굴을 아는 것은 역사 리터러시(historical literacy)이다. 그렇지 못할 경우 대한민국 국민으로서의 정체성을 가지지 못한 것으로 평가된다.* 교과서 서술이나 수업에서는 조선의 건국 정책부터 성종 때 《경국대전》의 완성까지를 유교적 통치체제의 확립 과정으로 다룬다. 이는 역사를 공부한 사람들의 정체성이다. 외적으로 볼 때 전자는 단순한 지식이고, 후자는 해석이다. 그렇지만 전자에도 '역사를 아는 한국인이라면 적어도 이 정도는 알아야 한다'는 가치관이 포함되어 있다는 점에서 하나의 역사인식이 내포되었다고 할 수 있다.

역사를 탐구하는 사람은 스토리 구조에 맞게 어떤 사실은 선택하고 어떤 사실은 제외한다. 이는 학교 역사이건 공공역사이건 설화와 같은 역사 이야기이건 간에 마찬가지이다. 개별 사실들의 시간적 배열도 대체로 이 구조 안에서 이루어진다. 2장에서 사례로 들었던 조선 후기 실학을 다시 생각해보자. 한국사 교과서나 개설서들은 실학의 경향을 농업 중심 개혁론과 상공업 진흥론, 경세치용과 이용후생학파, 그리고 이와는 별도로 국학이나 실사구시적 학문으로 구분하고, 대체로 이 순서대로 서술한다. 중·고등학교 단계에서는 농업 중심 개혁을 주장한

---

* 한 걸그룹이 예능 프로그램에서 안중근의 얼굴을 못 알아보는 바람에 역사의식이 없다는 대중의 거센 비판을 받고 무지는 잘못이라고 사과한 일은 이를 잘 보여준다(YTN(2016. 5. 13.), 〈안중근 보고 '긴또깡?' … 역사인식 부족 죄송〉).

인물로 유형원·이익·정약용, 상공업 진흥을 주장한 인물로는 박지원과 박제가, 실사구시적 연구를 한 인물로는 홍대용·이규경·최한기 등이 자주 언급된다. 각각의 학파와 이들의 사회개혁론은 하나의 내러티브 구조를 가진다. 예컨대 이익의 한전론은 유형원의 균전론을 이어서 그 문제점을 보완하는 방식으로 제안된 것이며, 정약용의 여전론은 이익의 한전론을 바탕으로 하되 정약용 자신이 생각하는 이상적인 방안을 추가한 것이다. 그리고 정약용은 자신이 주장한 여전론이 현실성이 떨어져 실천 가능성이 없다고 생각하자 이를 수정한 정전론을 내세운다. 즉 농업 중심 개혁론자들이 내세우는 토지개혁론은 유형원의 균전론, 이익의 한전론, 정약용의 여전론과 정전론이라는 줄거리를 가진 하나의 내러티브이다. 이 내러티브에서 상공업 진흥론자로 분류되는 이익의 한전론은 토지개혁론임에도 불구하고 배제된다.

이런 구조에서 전문 역사학자가 아닌 역사를 공부하는 일반인은 내러티브의 특징인 시간적 배열에도 혼란을 느낀다. 독자들은 유형원-이익-정약용의 활동이라는 시간적 순서를 이해한다. 그렇지만 상공업 진흥론자인 박지원과 박제가, 실사구시학파로 분류되는 홍대용이 정약용보다 먼저 활동한 인물이라는 인식을 갖는 데는 혼란을 가져온다. 홍대용은 박지원보다 몇 년 일찍 태어나서 비슷한 시기에 활동했으며, 박제가보다는 먼저 활동했던 인물이다.

이런 문제들은 역사 내러티브에서 스토리 구조를 어떤 범주로 할 것인가를 고민하게 한다. 조선 후기 실학의 스토리 구조를 실학 전체를 범주로 할 것인지, 이제까지와 같이 농업 중심 개혁, 상공업 진흥, 실사구시로 할 것인지에 따라 내러티브는 달라지고, 역사를 공부하는 사람들의 이해에도 영향을 준다. 실학의 사회개혁론을 농업 중심 개혁, 상공업 진흥, 실사구시론으로 나누는 것은 자신이 접한 역사적 사실의 경험에 강력한 내러티브 구조를 부여한 것이다. 그리고 이 구조에 맞춰 이야기에 들어갈 역사적 사실을 선택하거나 배제한 것이다. 정약용의 상공업에 대한 견해가 관심에서 배제되거나, 반대로 토지개혁론을 제시한 박지원이 농업 중심 개혁론에서 언급되지 않은 것은 이런 현상을 반영한다.

이처럼 내러티브의 범주나 스토리 구조에 따라 학습내용의 이해는 영향을 받는다. 내러티브는 자신이 경험한 것을 도식으로 통합함으로써 새로운 의미를 발견할 수 있게 한다. 대부분의 경우 변형은 불완전한 경험을 완전하고 강력한 이야기로 발전시킨다. 이야기의 방향과 목적, 초점을 정한 다음, 이에 따라 들어갈 내용을 선택하거나 배제하고, 변형하고, 그 의미를 해석한다. 그래서 경험은 내러티브를 통해 교수내용지식(pedagogical content knowledge)으로 바뀌게 된다.[11] 예컨대 실제 수업 사례에서 교사는 김대성 설화를 신라의 불교문화와 사상이 아니라 민중의 삶을 보여주는 내러티브에 포함한다. 이는 역사적 사실에 대한 교사의 역사관이나 역사교육관, 당시 신라 사회에 대한 인식과 관점이 들어간 교수내용지식이다.[12]

내러티브는 어떤 주제를 가진 스토리 구조 안에 역사적 사실들을 집어넣는다. 이때 주제를 설정하고 스토리 구조를 구성하는 방식에 일정한 틀이 있는 것은 아니며, 역사가가 되는 과정에서 이를 배우지도 않는다. 이는 역사 내러티브를 구성하는 역사가나 그밖의 텍스트 저자들이 상상한 것이다. 역사 내러티브가 실제 사건을 어떻게 구성하는지는 진실인지 거짓인지가 아니라 실제로 존재했는지 여부의 문제이며, 사건의 질서가 아니라 담론의 질서이다.[13] 여기에 작용하는 것이 역사적 상상이다.

2) 역사 내러티브의 상상적 성격

역사 지식은 내러티브의 인식론적 성격이 두드러진다. 상상은 역사 이해의 고리이다. 역사 개념은 내러티브적 추론에 토대를 두지만, 그 결과로 가지게 된 개념은 지속된다. 학습자는 이런 개념의 틀 안에서 새로 접하는 역사적 사실을 이해하고자 한다. 새로운 상상은 이전 상상에 의한 개념을 정교화한다.[14]

역사적 상상은 내러티브적 해석의 과정을 통해 형성되며 항상 역사적 차원을 가진다. 내러티브적 상상은 우리가 어디에서 왔으며, 어디로 가고 있는지에 대한 인식, 역사적 과정에 의해 형성된 가능성의 공간으로서 우리의 역사적 세계에 대한 인식과 밀접하게 연결되어 있다. 이러한 역사인식에 내러티브적 해석이 어떤 작용을 했는지, 내러티브적 실천의 행위자로서 우리가 역사를 구성하는 데 어떻게 참여하는지에 대한 감각을 기름으로써, 내러티브가 역사적 상상력에 어떻게 기여하는지 분석할 수 있다.[15]

내러티브를 구성하려면 역사 이해가 필요하다. 이해한 역사적 사실을 구성하는 형식이 내러티브이다. 이 과정에서 역사 내러티브에는 세 단계에 걸쳐 상상이 작용한다.

① 내러티브의 주제: 스토리 구조를 결정

② 인과관계: 스토리를 연결. 역사 내러티브의 스토리는 인과관계를 가짐. 인과관계는 개연성. 개연성은 상상으로 연결

③ 구성한 내러티브를 전달: 어떤 서사 형식으로, 어떤 수사 표현을 통해 전달할지에는 상상이 작용

이처럼 내러티브를 구성하는 데 작용하는 상상을 구조적 상상이라고 할 수 있다. 우리는 사료 내용을 바탕으로 내러티브를 구성한다. 그렇지만 사료의 내용이 내러티브의 주제 자체를 제시하는 것은 아니다. 사료가 밀해주는 사실들 간의 관계를 설정하고, 이를 연결하는 것은 사실 자체가 아니라 상상력의 산물이다.[16] 사료 내용을 바탕으로 내러티브의 주제를 정하고 이에 맞춰 역사적 사실의 줄거리를 만드는 것은 역사가이다. 이 과정은 작가가 주제를 정하고, 스토리 구조를 결정한 다음 서술하는 과정과 비슷하다. 그렇지만 작가가 서술하는 내러티브는 작품 안에서만 설득력 있는 스토리를 가지는 데 비해, 역사 내러티브는 개연성이 있어야 한다. 내러티브를 구성하는 것은 역사적 사실을 보는 역사가의 상(像)을 만드는 행위이다. 역사가는 해석과 내러티브적 구성을 통해 증거로 하여금 말을 하게 한다. 예를 들어 14~16세기 유럽의 문화적 경향을 르네상스라는 주제 아래 하나의 내러티브로 구성하는 것이 구조적 상상이다.[17]

구조적 상상은 앞에서 말한 '상상력을 가지고' 하는 행위이다. 브루너는 상상력이 있으면 좋은 스토리, 매력적인 드라마, 믿을 만한 역사 이야기를 만들 수 있다고 말한다. 이렇게 만든 이야기는 인간의 의도, 행동, 변화와 그 과정에 주목한 결과이며, 영구적이 아니라 일시적이

어서 매개 변수에 따라 달라진다.[18] 역사가는 자신의 상상적 구성물이 '사실'이며, 자신이 만든 내러티브 구조가 역사적 사실들 간의 실제 관계라고 주장한다. 이것이 허구적 상상과 다른 점이다. 그렇지만 내러티브가 타당한지는 명확히 입증할 수 없다. 타당성 여부는 내러티브가 진실인지 아닌지보다는 구조가 설득력이 있는지를 따진다.

구조적 상상의 대표적 형식은 내러티브 주제를 설정하고, 이에 맞춰 역사적 사실을 선정해 이 주제 아래 묶어서 스토리 구조를 만드는 것이다. 내러티브 주제는 역사적 명칭으로 나타난다. 역사적 명칭은 사실이 존재했던 당시의 명칭일 수도 있고 이후에 생겨나기도 하지만, 역사가들이 부여한 것이 많다. 예를 들어 '신라의 삼국통일'은 신라가 당과 손을 잡고 백제와 고구려를 무너뜨린 다음 당과의 전쟁을 통해 서경 이남의 땅을 차지했던 당시의 용어는 아니었다. 이후 신문왕은 당에 보낸 외교문서에서 이 사건에 '일통삼한(一統三韓)'이라는 의미를 부여했다. 역사를 기록하고 연구하는 사람들은 이를 '삼국통일'로 규정하고, 일련의 역사적 사실을 묶어서 삼국통일의 과정을 구성했다. '삼국통일'이라는 주제를 설정하고, 개별적인 일련의 사실들을 연결해 스토리를 만드는 역사 탐구 행위에는 상상이 들어간다. 그렇지만 이를 삼국통일로 보지 않거나 '삼국통일'이라는 명칭을 사용하더라도 그 의미나 평가가 다를 수 있듯이, 역사적 사건의 구성에 작용하는 상상의 결과는 동일하지 않다. 지난날 일어났던 일들은 상상력에 따라 다양한 내러티브 주제로 구성된다. 이것이 구조적 상상의 특성이다.

내러티브를 구성한다는 것은 행위의 개방성과 행위 순간의 예측 불가능성을 가시화하는 것이다. 그런 점에서 내러티브 구성은 해석학적 상상의 성격을 띤다.[19] 해석학은 사실에 의미를 부여하는 학문이다. 역사적 사실을 어떤 주제로 묶는다는 것은 사실에 공동의 의미를 부여하는 것이다. 해석을 하는 사람은 텍스트에 의문을 제기한다. 그리고 텍스트를 해석해 의문을 해결하고자 한다. 텍스트 해석을 통해 자신이 제기한 문제를 이해하는 것이 텍스트의 대답이다. 그렇지만 텍스트에 대한 문제 제기는 텍스트가 답할 수 있는 범위에 한정된다. 이는 자신의 해석에 근거가 있어야 하기 때문이다.[20] 이런 대화의 과정이 역사해석이다.

3) 작가적 상상과 역사적 상상

내러티브 형식을 취하는 전형적인 분야가 문학과 예술이다. 그렇기에 문학이나 연극 및 영화에는 상상력이 들어간다. 역사적 상상은 문학이나 예술의 상상과 비교된다. 화이트는 역사가 문학과 마찬가지로 내러티브의 성격을 띤다고 말한다. 화이트가 역사를 문학의 내러티브와 같다고 보는 근거는 두 가지이다. 첫째, 역사 내러티브와 허구적 내러티브는 모두 동일한 유형의 내러티브 구조를 가진다는 것이다. 둘째, 역사를 쓴다는 것은 글쓰기이고 역사가의 연구는 문학적 창작물이라는 점이다.[21]

이 때문에 역사서술에서 상상은 역사소설에서 볼 수 있는 소설가의 상상과 비교되기도 한다. 역사는 사실을 다루는 것이고 소설은 가공의 것이라는 이분법은 여기에서 별로 유용하지 않다. 역사소설을 쓰는 소설가는 서술이 가능한 역사적 사실을 검토한 후, 그러한 검토를 토대로 이야기를 구성한다. 훌륭한 역사소설을 쓰기 위해 소설가는 역사적 사실에 대한 검토에 덧붙여 인간의 의도나 동기에 접근할 수 있는 직 관력을 가져야 한다.[22] 역사서술에서 상상은 증거 및 확립된 역사적 사 실에 의해 제약을 받지만, 이야기 전개에 논리적 일관성이 있어야 하 며 인간사에서 있을 수 있는 가능성을 고려해야 한다. 인간사에서 일 어날 법한 일을 집어넣음으로써 역사소설가는 독자의 정서적 반응을 불러일으켜야 한다. 이것이 바로 역사소설의 요체이다. 이와 같은 역 사소설가의 행위는 역사서술의 상상과 같다는 것이다.[23]

패스모어(John Passmore)는 문학과 역사에 필요한 사고방식이 같다 고 본다. 문학과 역사에는 똑같이 비판적 상상이 들어간다. 역사가의 상상력이 과학자와 마찬가지로 제한적이라고 하더라도, 역사가는 소설 작가와 비슷한 비판 형식을 요청받고, 부분적이라도 소설 작가와 목적 을 공유한다고 본다.[24] 역사 내러티브와 소설의 내러티브는 사실을 반 영하지만 추론이 들어간다. 여기에 영향을 미치는 것이 상상력이다. 상 상력은 '역사의 허구화'와 '소설의 역사화'에 모두 중요한 역할을 한다.[25]

페어필드는 예술가나 소설가의 상상과 역사가의 상상은 같은 성격이 라고 생각한다. 역사가는 사실을 전해주는 사료를 기반으로 상상을 한 다. 역사가의 작업은 발견과 발명 사이의 중간 어딘가에 있다. 예술가 나 소설가는 역사가의 상상과 같이 사실에 기반을 두지는 않지만, 그렇 다고 무에서 유를 지어내는 것은 아니다. '자료와 증거'에 의존하는 것 은 아니지만, 다른 어떤 것에 의존한다. 이는 진리대응론(correspondence theory of truth)으로 포착할 수 없는 상상력이 작용하는 것이다. 미리 구 상된 의제에 따르는 것이 아니라 필요에 따라 구상되는 것이다.[26]

페어필드는 역사가와 소설가 또는 극작가의 상상을 비슷하게 만드는 중심 역할을 내러티브에서 찾는다. 역사가와 소설가들이 이해하고 구성하는 공통적인 방식이 내러티브라는 것이다. 좋은 내러티브는 어떤 이야기를 담는가보다는 이야기를 어떻게 짜임새 있게 구성하느냐에 달려 있다. 좋은 소설이나 연극의 조건은 내용이 얼마나 재미있거나 의미 있는가뿐 아니라 처음부터 끝까지 복잡한 상황을 잘 정리해서 전개하는가에 달려 있다. 아무리 재미있거나 의미가 있더라도 서로 관련이 없는 에피소드를 포함한 것이라면 좋은 소설이나 연극이 될 수 없으며, 처음부터 끝까지 복잡한 상황을 잘 정돈해 전개해야 좋은 소설이나 연극이 될 수 있다. 마찬가지로 좋은 역사도 플롯이나 주제에서 일정한 통일성이 있어야 한다고 본다.[27] 이렇게 할 수 있게 해주는 것이 역사적 상상력이다.

콜링우드는 역사적 상상력은 선험적이지만 소설가의 상상력은 경험적이라고 주장했다. 그렇지만 콜링우드의 역사이론에 대한 여러 편의 논문을 쓴 김현식은 소설가도 내적 필연성에 따라 진행되는 이야기를 상상하려고 노력하며, 구성이 탁월한 이야기일수록 사건이 다른 방향으로 진행될 수 없다고 느낀다는 점에서, 소설가의 상상력도 역사가와 마찬가지로 선험적이라고 주장했다.[28] 스토리의 전개를 위한 역사가의 상상력과 소설가의 상상력은 차이가 없다는 것이다. 스토리 전개의 필연성은 그 작품에 한정된다. 물론 소설에서 여러 전제조건을 모두 해결하기 위해서는 그런 결과가 나올 수밖에 없다. 내적 필연성을 가지는 것이다. 그러나 그런 전제조건은 현실이 아니라 해당 작품에서 성립한다. 따라서 필연성은 현실 사회가 아니라 해당 작품에 한정된다. 다른 작품에는 또다른 상상이 필요하다. 그래서 역사적 상상이 어떤 작품에서 필연적인 사고의 산물이라고 하더라도 일반화될 수는 없다.

비교문학가인 메레토야(Hanna Meretoja)는 내러티브가 역사적 상상을 이끌어내는 것은 일상경험이 역사적이기 때문이라고 말한다. 일상경험은 역사적으로 형성되는 것이며, 경험은 우리가 현재와 미래를 상상하는 방식을 형성하고 일상경험 자체가 역사적으로, 역사의 내용을 구성하기 때문이라는 것이다.[29] 일상경험의 이런 특성을 받아들일 경우, 문학의 내러티브가 역사적 상상으로 이어지는 세 가지 방식을 인지할 수 있다고 한다. 첫째, 경험이 내러티브를 어떤 방향으로 유도하는지 분석할 수 있다. 문학의 내러티브는 가능성의 공간으로, 그 속에 내재된 사회적·개인적 경험이 어떻게 형성되었는지를 성찰하는 것은 상상력을 자극할 수 있다. 둘째, 과거를 현재의 관점으로 해석해서 미래의 새로운 가능성과 시각을 열어준다. 문학 내러티브는 문화적 전통 속에서 우리가 누구인가라는 질문을 제기하게 한다. 셋째, 문학의 내러티브는 역사가 어떻게 사람들의 일상적인 활동과 그밖의 것들로 구성되는지를 알게 함으로써 우리의 역사적 상상에 기여할 수 있다.[30]

현재의 관점에서 상상을 할 때, 사료로 확인할 수 없는 허구라는 점을 비판받을 수도 있다. 그렇지만 상상은 역사 내러티브와 역사적 사실을 연결하는 고리이며, 나아가 역사적 사실을 밝히는 단서가 될 수 있다. 사료를 중시하는 역사가라고 해서 역사적 상상의 이런 역할을 무조건 부정하지는 않는다. 예를 들어 한국사학자인 강만길은 박경리의 소설《토지》와 한국근대사의 관련성을 검토하면서 상상력이 들어간 역사문학은 허구가 허용되기 때문에 오히려 역사학보다 더 진실에 접근할 수도 있다고 다음과 같이 지적한다.

그뿐만 아니라 한걸음 더 나아가서 전체적인 진실을 효과적으로 표현하기 위해 원용하는 '허구' 때문에 문학은 오히려 역사학이 도달하지 못하는 역사적 진실에 더욱 다가갈 수 있는 경우도 있음을 알아야 할 것 같다. (…) 사료에 철저히 얽매이게 마련인 역사학은 사료의 구속력 때문에 역사적 진실에 접근하지 못하는 경우가 많다. 사료라는 것은 역사가가 역사적 진실, 역사적 현재성에 도달할 수 있는 유일한 길인 동시에 한편으로는 그것들에의 접근을 방해하는 장애물이기도 하다. 역사가가 사료 없이 직관력과 상상력만으로 어느 진실에 접근할 수 있었다 해도 역사학적 방법론으로는 그것의 논증이 불가능한 것이다.[31]

상상력이 사료의 부족으로 인한 역사학의 한계를 보완할 수 있다는 것이다. 작가는 직관력과 상상력으로 역사학이 찾아낸 진실 이상의 역사적 진실을 찾아낼 수 있다.[32] 물론 이런 현상 자체가 역사가의 상상력이 문학가의 상상력보다 뒤떨어짐을 의미하지는 않는다. 다만 역사가는 문학가와 같은 상상적 추론을 하더라도 이를 역사적 사실로 제시할 수는 없다. 어쩌면 이 점이 역사적 상상력과 문학적 상상력의 진정한 차이일지도 모른다.

역사가와 작가는 다 같이 독자를 의식한다. 이는 작가로 하여금 상상력을 마음껏 발휘할 수 없게 한다. 자기 마음대로 상상하는 것이 아니라 독자가 받아들일 수 있는 범위 안에서 상상해야 하기 때문이다. 그런데 작가는 독자가 받아들이는 범위 안에서 상상을 확장하는 데 비해, 역사는 이미 상상한 것에 독자의 허용이라는 기준을 새롭게 적용해서 상상의 범위를 축소한다. 가다머는 그런 점에서 예술가의 상상과 창작은 자유로운 임의성에서 나오는 것이 아니라고 지적한다. 예술가의 내면을 단순히 표현하는 것도 아니라고 한다. 예술가는 수용할 준비가 되어 있는 사람에게 말을 걸며, 예술가 자신에게 효과를 약속한다는 것이다.[33]

2. 내러티브적 구성을 위한 상상

역사가는 자신이 이해한 역사적 사실을 하나의 내러티브로 구성한다. 흩어져 있는 역사적 사실을 모으고 서로 연결해서 이야기로 만든다. 역사 내러티브를 구성한다는 것은 사실들 간의 관계를 하나의 단일한 전체로 구체화하는 것이다. 하나의 텍스트는 사실들 간의 관계를 어떻게 설정하라고 지시하지 않는다. 정해진 스토리 구조가 없기 때문에 내러티브를 전개하는 스토리 구조는 역사적 사실을 역사가가 상상에 의해 구성한 것이다.[34] 그렇지만 역사가는 자신이 상상적으로 구성한 사실들 간의 관계를 '진실'이라고 주장한다. 내러티브 구조는 자신이 만들어낸 것이 아니라 실제로 존재했던 사실들 간의 관계를 밝힌 것이라는 주장이다. 이 점이 역사적 상상력과 허구적 상상력의 차이이다.[35] 그렇지만 내러티브의 타당성 여부를 명확히 입증할 수는 없다. 내러티브가 사실인가는 진실보다는 구조가 얼마나 설득력이 있는지에 따라 결정되는 경우가 많다. 상상력은 역사학을 풍요롭게 만드는 원동력으로, 시대를 재구성할 수 있게 하고 사료에서 부족한 부분을 메워주는 역할을 한다고 할 때[36] 상상은 이처럼 내러티브의 구조를 설득력 있게 만드는 역할을 한다.

내러티브적 역사는 상상이 만든 틀 속에 역사적 사실을 집어넣는다. 그렇지만 그렇게 만들어진 내러티브의 틀은 상상을 제약한다. 내러티브적 역사는 다른 역사를 기반으로 하는 것도 아니며, 다른 이야기로 대체할 수도 없다. 상상으로 만들어진 내러티브가 하나의 이야기로 자리를 잡으면, 다른 상상적 이야기와는 상충한다.[37] 역사 개념은 내러티브적 추론에 토대를 두지만, 그렇게 해서 가지게 된 개념은 지속된다. 학습자는 이런 개념의 틀 안에서 새로 접하는 역사적 사실을 이해하고자 한다. 새로운 상상은 이전 상상에 의한 개념을 정교화한다.[38]

역사 내러티브의 구조는 이야기의 주제로, 스토리 내용과 전개를 좌우한다. 예컨대 사극으로 잘 알려진 조선 후기 숙종 때의 장희빈과 인현왕후의 이야기는 '선한 인현왕후 대 악한 장희빈', '두 여인을 앞세운 서인과 남인의 대립', '신분의 한계를 극복하려는 옥정(장희빈)의 출세욕', '숙종과 여인들의 사랑 이야기' 등 다양한 주제로 스토리를 구성할 수 있다. '서인과 남인의 대립을 이용한 숙종의 왕권 강화책'으로 보는 견해도 있다.

어떤 주제로 구성하는가에 따라 스토리에 들어가는 사실의 선택과 비중, 이야기 내용과 전개 방식이 달라진다. 예를 들어 조선 초의 정치적 변화를 하나의 내러티브로 구성한다고 생각해보자. 이를 '유교이념에 따라 통치체제를 정비하다'[39]라는 주제로 구성할 수도 있고, '정치운영의 변화'[40]라는 주제로 구성할 수도 있다. 이 중 무엇을 주제로 정할지 선택하는 것이 역사적 상상이다. 주제 설정에 따라 스토리 구조가 달라지며, 이에 포함되는 사실에도 차이가 있다. 현재 한국사 교과서들이 다루는 역사적 사실은 비슷하지만, 그래도 어느 주제를 택하는 가에 따라서 차이가 나타난다. 사대부 간의 갈등이라든지, 왕권과 신권의 대립, 육조 직계제와 의정부 서사제, 세조에 의한 단종 폐위 및 통치는 정치운영의 변화에서 더 중요한 사실이 된다. 이에 반해 양전사업과 호패제, 집현전,《경국대전》등은 유교이념에 따른 통치체제 정비에서 더 중요하다. 만약 조선 전기 정치변화를 '왕권과 신권의 대립과 조화'로 볼 경우 왕자의 난은 중요한 사건이 되지만, '유교적 사회체제의 확립'으로 볼 경우 왕자의 난은 중요성이 현저히 떨어진다. 물론 실제 역사서술에서는 두 가지 주제를 병렬적으로 제시하거나, 유교적 사회체제의 확립을 주제로 하더라도 왕자의 난을 포함할 수 있다.* 그렇지만 이런 서술은 중요한 사실을 망라하는 관례적인 것으로, 내러티브의 응집성을 떨어뜨린다. 내러티브의 응집성은 역사의 변화가 단선적이 아니며, 그 안에는 복잡한 요인이 개재된다는 것을 무시할 우려가 있다.⁴¹ 그런 점에서 조선 초의 정치 변화를 유교적 통치이념의 확립으로 보더라도 왕자의 난을 포함하는 것은 역사 변화에 작용하는 복합적 요인을 이해하게 할 수 있다. 그러나 역사 내러티브의 스토리 구조가 응집성이 있으면 역사 공부를 단순한 사실 지식이나 서로 연관성 없는 사실들의 연보적인 흐름으로 이해하는 것에서 벗어날 수 있다. 이렇게 주제에 따라 선정한 역사적 사실을 엮어서 스토리를 구성하는 데도 상

---

* 2020년에 간행된 검정《고등학교 한국사》교과서들은 주제를 유교적 통치이념의 확립으로 하고, 일부 교과서는 왕권과 신권의 대립을 함께 언급하고 있다. 왕자의 난은 나오지 않는다. 그렇지만 이는 내러티브의 응집성보다는 고등학교 한국사 내용을 근현대사 중심으로 구성하다 보니 조선시대 서술 분량이 줄어들었기 때문이라고 생각된다.

상이 필요하다. 마틴은 일련의 사실들이 주어졌을 때, 자연스럽게 이야기를 구성하는 능력이 역사를 이해하는 능력이라고 말했다.[42]

역사 지식이 풍부하지 않더라도 주어진 텍스트에서 주제를 선정하고 이에 맞춰 스토리 구조를 만들 수 있다. 실제로 고등학생을 대상으로 한 수업에서 학생들은 《선조실록》과 《선조수정실록》, 《난중일기》, 《징비록》 같은 사료에서 얻은 지식과 출처 확인을 기반으로 임진왜란에 대한 주제를 선택하고 이에 맞는 내용을 선정해 스토리 구조를 만들 수 있었다. 학생들은 같은 자료를 읽었지만, 각자의 관심사에 따라 주제를 설정했다.[43]

파편화된 과거의 사실을 연결해서 하나의 이야기로 만들어내는 것이 상상력이다. 보간은 역사 내러티브를 완성하는 데 필수적이다. 사료는 그 안에 기록된 모든 사실을 모아서 합쳐놓더라도 스토리를 구성하기에는 빠진 부분이 생긴다. 이 부분을 찾아내서 연결하는 것이 보간이다. 문학에서는 이런 부분이 존재하지 않는다. 문학은 애초 스토리 전개에 필요한 기본 사실을 작가가 만들어내기 때문이다. 그렇지만 과거에 일어난 일을 소재로 하는 역사는 그렇지 않다. 실제 과거에도 스토리를 이어주는 일이 일어났다. 그렇지만 기록에서는 그중 어떤 부분이 누락된 경우가 많다. 상상을 통해 이를 찾아내는 것이 역사학이다. 차하순은 잃어버리거나 사라진 사실을 찾아 보완하는 추리를 문학적 상상력과 구분되는 역사적 상상력이라고 본다.[44]

우리는 직접 경험하지 않더라도 전거에 빠진 것을 상상할 수 있다. 이러한 상상은 선험적인 것이다. 우리는 의식하지 않더라도 실제로 접하는 역사서술에서 선험적 상상을 통해 역사를 내러티브로 이해하는 경우가 많다. 흔히 볼 수 있는 조선 후기 홍경래의 난에 대한 교과서 서술을 보자.

수탈에 시달리는 농민뿐만 아니라 재산이 있어도 사회적으로 대우받지 못하는 대상인이나 부농, 정치권력에서 배제된 양반, 잔반 등도 세도정치에 대한 불만이 깊었다. 특히, 평안도 지역 주민은 과거 급제와 승진에서 다른 지역보다 심한 차별을 받았다. 세도정치 시기에 이 지역에 대한 차별과 수탈이 더욱 심해지자 주민의 반발심도 더 커지게 되었다.

홍경래는 평안도 지역의 상인과 유력 계층, 무반 출신, 광산 노동자들을 모아 난을 일으켰다. (1811)[45]

글에는 서술되어 있지 않지만, 이 글을 읽는 사람은 대부분 홍경래가 난을 일으키면서 농민, 상인, 권력의 자리에 오르지 못한 양반들을 위한 구호나 정책을 내걸었을 것이라고 상상한다. 불만을 가진 사람들을 난에 동참하도록 끌어들이기 위한 전략이다. 구태여 이와 같은 일을 경험하지 않았더라도, 이런 생각은 자연스럽고 합리적이다. 보간을 통해 스토리를 완성하는 것이다. 역사수업에서는 이러한 보간을 학습활동으로 연결할 수 있다. "홍경래가 어떤 정책을 내세웠을지 추론해 보자"라는 과제를 제시하고, 학생들에게 이를 상상하게 하는 것이다.

내러티브를 구성하는 또다른 방법은 자료에 대한 새로운 해석이다. 같은 자료를 전거로 삼더라도 다르게 해석하면 내러티브는 바뀌게 된다. 예를 들어 앞에서 사례로 들었던 고려의 향·부곡·소민을 천민 집단거주 지역으로 해석하면 이는 고려 신분제에 대한 내러티브에 포함된다. 반면에 지역 차별로 해석하면, 이는 고려의 지방행정 정책을 주제로 하는 내러티브에 포함된다. 새로운 사료가 발굴되면 해석은 달라진다. 그렇지만 실제로 새로운 사료가 발견될 가능성은 많지 않다. 이때 과거에 새로운 활력을 불어넣어 과거를 풍부하게 하는 것이 상상력이다.[46] 상상력을 발휘하면 사료에 새로운 질문을 던지고 그 내용을 새로운 관점으로 읽을 수 있다. 역사적 상상은 과거의 맥락에서 상상하는 것이지만, 새로운 해석은 역사가의 관점이다. 가정으로서의 상상은 과거의 사실과 어긋나지 말아야 하지만, 현재적 관점이다.[47] 따라서 역사적 상상에서 과거의 맥락이 현재적 관점과 반드시 구분되는 것은 아니다. 역사적 상상은 과거의 맥락을 현재적 관점과 일치시키는 것이 아니라 두 가지를 조합하는 것이다.

앞에서 나온 브루너가 지적한 실제 내러티브에서 일어나는 문제들은 내러티브를 구성하는 데 상상력이 필요함을 포괄적으로 보여준다. '③ 행위의 이유(reason)'에서 행위는 역사적 감정이입의 대상이다. '④ 해석학적 구성'에서 내러티브가 대안적 해석을 염두에 둔다는 것은 구조적 상상의 한 형식이다. '⑤ 함축된 정전성(正典性, canocity)'에서 내러티브가 틀에 박힌 줄거리에서 벗어나기 위해서는 작가의 상상력이 필요하다. '⑦ 문제 사건의 중심성'에서 내러티브 중심에 위치하는 문제 상황을 파악하려면 맥락에 대한 이해가 필요하다. 이처럼 내러티브는 하나의 사건에 대해 서로 다르지만 각각 타당한 해석을 할 수 있다. 내러티브 작가는 독자나 관객의 '의식을 높이기 위해' 동일한 주제에 대한 대립되는 견해를 제시하는 '대조(contrast)'를 활용하기도 한다.[48]

3. 내러티브 표현을 위한 역사적 상상

역사서술도 소설과 마찬가지로 독자를 대상으로 한다. 역사가는 자신이 탐구한 역사적 사실을 서술을 통해 독자에게 전달한다. 이때 역사가는 자신의 서술을 독자가 진실이라고 받아들일 수 있도록 설득력 있게 표현하고자 한다. 이미미는 담론으로서의 내러티브와 사고방식으로서의 내러티브를 구분한다. 담론으로서의 내러티브는 역사 논문이나 책, 교과서와 같은 문자 텍스트나 교사의 발화로 구현되며, 사고방식으로서의 내러티브 연구는 역사를 이해할 때 이루어지는 사고에 중점을 두는 것이다.[49] 이때 사고방식으로서의 내러티브가 외적으로 표현되는 것이 담론으로서의 내러티브이다.

트리벨리언은 훌륭한 역사가란 증거를 광범위하게 지적으로 다루면서도, 이를 따뜻한 인간적 동정심을 가지고 최고의 상상적 힘과 결합하는 사람이라고 말했다. 여기에서 최고의 상상력을 소유하는 것은 뛰어난 소설가에게서 나타나는 자질이다.[50] 즉 훌륭한 소설가가 되는 데 필요한 자질인 상상은 훌륭한 역사서술을 위해서도 필요한 자질이라는 것이다. 트리벨리언이 말하는 훌륭한 역사가에게 필요한 소설가의 상상력이란, 과거의 상을 재구성하는 데 사용하는 상상력이 아니라, 이야기를 표현하는 데 사용하는 상상력이라고 하겠다. 역사소설가가 재구성하는 과거의 상은 사실을 바탕으로 하더라도 응집성 있는 스토리 전개를 위주로 하는 만큼 허구가 들어가는 경우가 많다. 역사가의 상상력은 소설가의 허구에 들어가는 상상력과는 거리가 멀다. 역사가가 역사서술에서 발휘해야 하는 소설가의 상상력은 스토리를 만들어내는 능력보다는 다양하고 창의적인 표현을 통해 자신의 생각을 생생하게 전달하는 능력이다.

역사 내러티브의 표현 방식은 문학적 상상과 비슷한 상상에 의해 선택된다. 화이트는 역사 내러티브를 문학적 인공물로 본다. 그리고 역사가는 자신이 생각하는 역사적 의미를 전달하기 위해 스토리 구성에서 비유법을 사용한다고 말한다.[51] 《메타역사: 19세기 유럽의 역사적 상상력》이라는 책의 제목에서 짐작할 수 있듯이, 내러티브의 논증 방법이나 이데올로기뿐 아니라 이런 수사적 표현도 역사적 상상의 산물로 여긴다. 화이트는 내러티브의 설명 전략에는 형식이 있는데, 이는 비유법과 일치한다고 말한다. 화이트가 말하는 네 가지 비유법은 은유, 환유, 제유, 아이러니이다.[52] 역사 내러티브를 서술하기 위해 어떤 수사 방식을 사용할지를 선택하는 것이 상상이라는 것이다. 그렇지만 역사서술에서 사용하는 상상이 이처럼 수사의 문제만은 아니다. 저자의 역사 해석을 효과적으로 전달하기 위해 내용을 어떻게 구성할지를 선택하는 것도 상상이다.

일반적인 역사서술에서 화이트가 말하는 다양한 비유법을 그대로 찾아보기는 힘들다. 그렇지만 역사책이나 논문의 경우에도 상징과 은유가 들어가는 표현을 통해 서술하기도 한다. 이런 변화에 상대적으로 소극적인 교과서 서술에서도 읽기 자료 등에서 이런 현상을 찾아볼 수 있다. 예컨대 한 교과서[53]의 읽기 자료에서는 '한국의 독립을 위해 싸운 푸른 눈의 이방인, 베델과 헐버트'(134쪽), '연해주 독립운동의 대부, 최재형(1860~1920)', '무장 독립운동의 전설, 홍범도(1868~1943)'와 같은 제목을 붙인다. 여기에서는 '이방인', '대부', '전설'과 같은 은유를 사용하고 있다.

근대 역사가들은 자신들의 역사 이해를 가급적 '객관적' 문체로 서술하고자 했다. 상상이 들어가거나 수사적 표현을 사용하면 역사의 객관성을 해칠 수 있다고 우려했기 때문이다. 그렇지만 역사의 인문학적 성격이 강조되고, 비판적 읽기와 쓰기가 활성화되면서 역사적 상상에 의한 표현은 역사의 진실을 생생하게 전달하는 열쇠가 된다는 견해도 나오고 있다. 내러티브가 엄밀한 의미의 역사서술이라고 주장하는 토폴스키(Jeretz Topolsky)는 역사 내러티브를 표현 방식에 따라 세 가지 층위로 나눈다. 첫째는 표면적이거나 정보를 제공하는 층위, 둘째는 설득력이 있거나 수사적인 층위, 셋째는 이론적-이념적이거나 통제하는(조정하는) 층위이다. 그가 보기에 수사적 구조와 표현은 역사 내러티브의 일반적인 한 층위이다.[54]

작가의 상상력이 역사의식을 잃지 않은 채 '무거운' 역사적 주제를 흥미 있고 생생하게 표현했다고 평가받는 하나의 사례를 들어보자. 대표적인 장편 서사시로 손꼽히는 신동엽의 〈금강〉은 동학농민혁명의 전개 과정을 이야기하듯이 서술한다.[55] 〈금강〉에서 동학농민혁명의 전개 과정은 하나의 내러티브이다. 〈금강〉에는 다양한 은유와 서사적 표현이 나온다. '하늘', '파도', '바람', '새벽'과 같은 시어들을 적절히 사용하여 농민의 분노와 희망을 표현한다. 그리고 동학농민혁명이 1919년의 3·1운동, 1960년 4·19혁명의 정신으로 계승되었다고 해석한다. 〈금강〉에는 실존 인물인 전봉준과 허구 인물인 신하늬가 주인공으로 등장한다. 그리고 전봉준과 신하늬의 만남을 동학농민혁명의 발발로 설정한다. 독자는 신하늬가 농민의 표현임을 어렵지 않게 짐작할 수 있다. 농민의 고통과 분노, 바람이 몰락한 양반 출신인 전봉준이라는 영웅을 만나서 동학농민혁명이라는 거대한 '물결'로 나타난 것으로 표현하고 있다. 물론 전봉준 외에 김개남이나 손화중 같은 다른 주요 지도자들도 등장한다. 그렇지만 〈금강〉은 다양한 수사적 표현과 가상 인물의 설정에도 불구하고 동학농민혁명의 전개 과정을 어느 역사책 못지않게 충실하게 내러티브로 노래한다. 더구나 신동엽은 시에서 외부의 화자가 하는 말과 역사적 사실을 구분하는 형식을 취함으로써 자신의 생각이 들어간 서술의 주체를 밝힌다.[56] '저자가 드러나는 서술'이라고 할 수 있다. 독자적인 내용 전개 방식, 다양한 표현을 사용한 시어, 그리고 가상 인물의 등장에 이르기까지 〈금강〉에는 저자의 많은 상상력이 들어가 있다. 그럼에도 평론가뿐 아니라 역사가들도 〈금강〉이 동학농민혁명을 비역사적인 내러티브로 서술했다고 평하지는 않는다. 이때 신동엽의 문학적 상상력은 내러티브를 통해 역사적 사실을 더욱 생생하게 전달하는 역할을 함으로써, 결과적으로 역사적 상상력이 추구하는 것과 본질적인 차이가 없다.

학생의 역사 이해에 비중을 두는 역사수업에서는 역사학자가 자신이 연구한 내용을 서술할 때보다 역사 표현에 더 관심을 쏟는다. 교과서는 다양한 표현 형식을 사용해서 저자가 이해한 역사적 사실을 전달한다. 예컨대 신라 말의 사회문제에 대한 교과서 서술을 생각해보자. 그 내용은 교과서마다 대동소이하다. 교과서는 학생들에게 이를 전달하기 위해 본문뿐 아니라 자료와 활동을 활용한다. 다수의 교과서는 자료를 제시해서 학생들에게 탐구하게 한다.[57] 그렇지만 이를 더 생생하고 효과적으로 이해시키기 위해 서로 다른 표현 형식을 사용한다.

신라 귀족 출신으로 당나라에 건너가 장수로 활약한 설계두와 다른 귀족의 대화 형식으로 전달하는 교과서도 있고,[58] 오늘날 방송에서 흔히 찾아볼 수 있는 국정토론회 형식을 취하기도 한다.[59] 이런 전달 방식은 일종의 표현 형식이다. 물론 표현 형식이 서술 내용과 별개는 아니다. 교과서 저자들은 서술하고자 하는 역사적 사실과 그에 대한 인식에 적절한 표현 형식을 선택한다. 그리고 그 형식이 역사라는 과목에 적절한지도 고려한다. 사료 탐구는 역사 연구의 기본이다. 설계두의 대화는 역사가 인간의 상황 판단과 그에 따른 의지 및 행위의 결과이며, 국정토론회라는 형식은 이 문제가 사회적 쟁점이 되었던 것으로 토론이라는 형식이 적절하다고 판단했기 때문이다. 그렇지만 표현 형식을 선택하는 데 정해진 틀은 없다. 그런 점에서 어떤 형식으로 표현하는가는 역사적 상상의 한 가지 방식이다.

교과서나 역사수업에서는 학생 스스로 자신의 이해를 적절한 형식으로 표현하게 한다. 교과서의 학습활동뿐 아니라 수행평가로도 자주 시행되는 글쓰기 활동이 여기에 해당한다. 예컨대 역사수업에서는 '선사시대 사람이 되어 하루 생활을 일기로 써보자'라는 식의 활동을 쉽게 찾아볼 수 있다. 이 활동에서 학생들은 구석기시대나 신석기시대, 청동기시대 중 하나를 택해서 가상 일기를 쓴다. 일기에서는 가상의 상황을 설정하고 가상 인물을 등장시켜 그 인물이 겪은 일과 느낌을 서술한다. 물론 그 내용은 선택한 시대와 맞아야 한다. 수행평가의 채점 기준에서도 보통 이 점이 중요한 준거가 된다. 그렇지만 가상 상황과 인물, 겪은 일은 학습자의 상상력에 의한 것이고, 그 인물의 생각이나 느낌도 실제로는 학습자가 하는 것이다.

내러티브 표현을 위한 상상은 표현 형식뿐 아니라 구체적인 수사에도 작용한다. 같은 내용도 어떤 말로 표현하는가에 따라서 학습자의 이해는 달라진다. 토폴스키는 역사 내러티브가 사용하는 수사적 구조를 풍자, 변명, 칭찬, 긍정, 불만, 중립적 경향의 여섯 가지로 구분한다. 이런 수사적 표현은 학교 수업 차원에서 사용하는 텍스트나 말과 관련된 구체적인 문제만은 아니다. 사회 상황의 인식을 표현한 것이다.[60]

역사적 사실이라 하더라도 수사적 표현을 달리하고 내용에 적절한 표현을 사용하면 학생들의 호기심을 자극하고, 전달 내용을 효과적으로 이해하게 할 수 있다. 교과서는 대체로 설명식의 문체로 내용을 전달한다. 이 때문에 교과서 서술에는 개념어나 역사 용어가 적지 않게 들어간다. 이는 학생들로 하여금 역사를 이해하기 어렵게 하고, 역사적 사실에 친숙함을 느끼지 못하게 한다. 반면에 적절한 수사적 표현을 사용하면 학생의 역사 이해는 촉진된다. 실제로 설명식으로 된 교과서의 서술(고구려의 성장, 고려와 거란의 전쟁, 훈민정음 창제, 실학의 사회개혁론)을 저자를 드러내어 독자와 소통할 수 있도록 내러티브식으로 바꾼 결과 학생들의 역사 이해가 촉진되었다는 연구가 있다.[61]

수사적 표현의 하나인 정서 표현도 학생의 흥미를 자극하고 역사 이해를 촉진할 수 있다. 정서는 역사 내러티브에 들어 있는 사회문화적 배경과 인간의 행위를 이해하는 효과적인 표현 수단이 될 수 있다. 역사 교과서의 내러티브에서 정서 표현을 읽어냄으로써 학생들은 역사적 상상력을 발휘해 과거의 삶에 접근할 수 있다.[62] 이는 정서가 들어가는 내러티브가 정보를 기억 가능한 형식으로 전달하는 데 효과적인 전달 장치이며, 독자가 역사적 사건과 인물의 정서를 인식하게 함으로써 역사 행위의 상상적 이해를 촉진할 수 있음을 말해준다.

또다른 연구 결과 평가, 강조, 확신, 추측 같은 수사적 표현을 사용하면 독자의 흥미를 자극하고 저자와 독자 사이의 소통을 원활히 하며, 나아가 비판적 읽기를 촉진한다.[63] "갑신정변 때 소수의 개화 지식인들은 급진적인 방식으로 성급하게 개혁을 추진하였다. 이들은 일본에 지나치게 의존하고 토지개혁을 추진하지 않는 등 민중의 지지를 이끌어내지 못하였다."[64] 이 문장에서 '급진적인', '성급하게', '지나치게'와 같은 단어들은 갑신정변을 일으킨 개화 지식인들이 체계적인 준비 없이 너무 급하게 정변을 서둘렀다는 인식을 강화한다. 그러면서 만약 이들이 철저한 준비를 해서 정변을 일으켰다면 그 결과는 어떻게 달라졌을지, 그리고 한국근대사에 어떤 영향을 미쳤을지를 상상하게 한다.

특히 수집, 인과, 비교 대조, 문제 해결과 같은 텍스트 구조에 따라 수사적 표현을 적절히 사용하면 역사 이해에 효과적이다.[65] 이러한 텍스트 구조 중 어느 것이 내러티브에 해당하는지는 단정적으로 말할 수 없다. 동일한 텍스트 구조도 어떤 수사적 표현을 사용하는가에 따라 내러티브 서술이 될 수도 있고 아닐 수도 있다. 예컨대 수집관계나 인과관계에서 역사적 사건이나 사실의 전개 과정을 서술하는 데 확신이나 추측의 표현을 사용할 때 내러티브 서술이 될 가능성이 많아 보인다. 그렇지만 역사서술에서 어떤 수사적 표현을 사용해야 하는지 정해져 있는 것은 아니다. 역사서술을 하면서 어떤 수사적 표현이 적절한지 결정하는 것은 작가의 상상력에 달려 있다. 이 상상은 탐구 결과로 밝혀진 사실을 기반으로 한다는 점에서 역사적 상상이다.

4장

역사적 상상력과 역사학습

1. 학습 기능으로서의 역사적 상상력

1) 역사적 상상력의 교육적 유용성

교육에서 상상의 중요한 기능은 사고의 폭을 넓히고 다양한 시각을 제공하는 데 있다. 사고 교육을 강조하는 대표적 학자인 듀이는 상상력이 없는 학생은 사고의 폭이 너무 제한적이고 협소해서, 다른 사람의 사고 결과를 그대로 받아들이게 된다고 지적했다.[1] 역사적 상상도 사고의 폭을 확대해 역사의 본질을 깨닫게 하는 데 도움을 준다. 역사 해석에는 다양한 관점이 들어갈 수 있으며, 하나의 해석이 존재하지 않을 수도 있다. 역사 해석은 잠정적이어서 수시로 수정되기도 한다. 또한 단순 사실에 매우 가깝거나, 상당히 자유로운 의견일 수도 있다.[2] 역사 해석은 절대적이거나 고정적이지 않으며 관점에 따라 달라질 수 있음을 깨닫게 하는 것은 역사적 사고의 중요한 교육적 기능이다. 역사적 상상은 자료 및 거기에 나타난 과거인의 행위를 다양한 관점에서 융통성 있게 접근하고 해석할 수 있게 함으로써, 역사적 사고의 본질을 인식하는 데 도움을 준다. 학생들로 하여금 기존 견해나 해석을 달리 생각하게 하는 것이 역사적 상상의 기능이다.[3]

상상은 개인의 감성을 자극함으로써 경험을 생생하게 해준다. 흄은 상상에 의해 형성되고 자극된 정서는 오래 지속된다고 말했다.[4] 밀(J. S. Mill) 또한 상상적 감정의 육성이 필요하다고 강조했다. 생생한 관념에 의해 얻은 상상적 감정은 쉽게 소멸되거나 사라지지 않으며, 이러한 상상은 특정 경험에만 한정적으로 작용하는 것이 아니라 인간의 정서를 광범위하게 일깨우는 역할을 한다는 것이다.[5] 커메이저(H. S. Commager)는 "상상력이 부족하면 훌륭한 사실 편집자, 분석가, 과거라는 미로의 안전한 안내자가 될 수는 있으나, 과거를 재창조하거나 독자의 핏줄을 순환하는 피나 머릿속에서 서로 뒤엉켜 작용하는 아이디어를 제공할 수는 없다"[6]라고 말했다. 역사적 상상은 자료에 생명과 활력을 불어넣는다. 상상력을 가지고 역사적 자료를 대할 때 학생들은 역사책에 나오는 것과 같은 인물이 실제 존재할 수 있으며, 서술된 결론에 우리 자신이 겪는 것과 같은 공포, 희망, 불확실성, 용기가 포함되어 있다는 것을 깨닫게 된다. 역사적 상상은 '역사의 앙상한 뼈대에 생명을 불어넣고 활력을 주는' 역할을 한다.[7]

상상은 이해할 수 없는 것에 대한 통찰을 가능하게 하는 일종의 지적 용기로 평가되기도 한다. 이제까지 접하지 못했던 것이나 알지 못했던 것을 올바로 이해하기 위해서는 신중함, 성실함, 인내도 중요하지만 이것만으로는 불충분하며 창조적 상상이 필요하다.[8] 역사는 학생들의 지적 호기심을 자극할 수 있는 다양한 학습 분야를 제공한다. 그러나 역사가 제공하는 학습 분야는 학생들이 경험하지 못한 생소한 주제인 경우가 많다. 이러한 주제를 접했을 때 학생들은 이해에 어려움을 느껴 학습에 대한 호기심을 잃어버리거나, 때로는 자기중심적인 이해를 하게 된다. 역사적 상상은 주제에 대한 학생들의 관심을 증진시켜 학습에 능동적으로 참여하고 효율적으로 역사를 이해하는 데 도움을 준다. 역사수업은 학생들의 능동적 참여를 촉진하고 과거에 대한 감각을 발달시키는 방향으로 전개되어야 하며, 학습 주제도 가능하면 학생들의 역사적 상상을 자극할 수 있는 것이 좋다.[9] 슬레이터(John Slater)는 어떤 종류의 태도나 역사적 감각을 획득하는 것이 역사학습의 목적이 되어야 한다고 하면서 역사적 감각을 기르기 위해서는 다른 사람이 처한 상황이나 그의 관점에 대한 상상이 필요하다고 말한다.[10]

상상은 탐구법 또는 발견법의 단점을 보완하는 역할을 한다. 역사 연구에서 발견법의 주된 특징인 분석적 방법을 지나치게 강조하면 역사적 변화를 이해하지 못한 채 역사적 사실을 개별적으로 파악하기 쉽다. 역사를 정태적으로 보게 되면, 변화를 일어나게 한 시대적·사회적 배경을 간과할 우려가 있다.[11] 이러한 변화를 일으킬 수 있는 잠재적 요인을 식별할 수 있게 해주는 것이 역사적 상상이다.[12] 또한 탐구는 어떤 일이 일어났는지를 가능한 범위에서 충분하고 정확하게 알게 한다. 그러나 과거의 사실을 재생 또는 재연하거나 과거가 무엇인지 어떤 방법으로 경험하거나 되살리는 데는 효과적이지 않다.[13] 상상은 역사학습에서 탐구법의 이런 문제점을 보완하여 역사적 사실을 다양한 관점으로 볼 수 있게 한다.

브루너도 발견법의 원리만을 너무 고집하면 직관적 사고를 분석적 사고로 만들 염려가 있다고 지적하면서 직관적 사고의 중요성을 강조했다. 특히 역사가가 어떤 역사적 사실이 중요한지 선택하는 데는 직관이 필요하다고 보았다. 브루너가 보기에 역사가는 어떤 시대와 사회에서 일어난 모든 일이 아니라 역사적 추론에 도움이 되는 사실을 알아내고 기록하고자 한다. 그밖의 다른 어떤 일이 일어났는지를 올바르게 추측할 때 연결 지어 생각할 수 있는 그런 사실을 기록해서 전하고자 한다는 것이다.[14] 브루너는 직관적 사고를 '면밀하고 명백하게 계획된 단계에 따라 전개되는 것이 아니라 포괄적 지식을 기초로 하여 전개되는 사고'로 규정한다. 이렇게 볼 때 역사에서 직관적 사고는 선행 개념이나 지식을 토대로 이해의 범위를 확대한다는 점에서 상상적 이해라고 할 수 있다.

많은 학자들은 역사 이해에서 상상이 중요한 이유를 역사의 인문학적 성격에서 찾는다. 예를 들어 트레버-로퍼는 역사서술 및 연구에서 상상은 항상 필요하며, 상상의 중요성을 인정하고 그것을 인식하는 것은 인문학으로서 역사학의 지위를 유지하고 역사적 사실을 생생하게 만드는 데 필수적이라고 여겼다.[15] 포털(Christopher Portal) 역시 커리큘럼에 상상적·미적·직관적 이해를 어떻게 포함할 것인가의 문제는 예능 과목만이 아니라 인문학의 일반적 관심이라고 말하면서, 이러한 이해의 측면을 인지적 목표에 효율적으로 통합하는 데 가장 적합한 교과가 역사라고 주장했다. 상상적 이해의 측면을 가졌다는 것이 역사를 자연과학이나 사회과학과 구분해주는 특징이라고 본 것이다.[16] 차하순도 역사는 사실나열적인 사실 기억을 넘어서 창의적 사고와 철저한 이해력을 요구하는 지식 분야라고 말했다. 즉 논리적 사고와 철학적 분석뿐만 아니라 상상력을 요구하는 학문이 역사라는 것이다.[17] 이광주 또한 역사 세계의 심층과 전체상을 규명하기 위해서는 어느 학문보다도 문학과의 유사성을 자각해 상상력의 샘을 파내어야 한다고 말했다.[18]

상상적 이해가 역사적 사고의 주요한 방식이기 때문에 상상은 역사교육의 전반적인 목적을 달성하기 위해서도 필요하다. 역사교육의 목적으로 역사적 상상 또는 감정이입을 강조한 영국 학교 교육심의회 역사분과(School Council History 13-16 Project. 이하 'SCH 13-16'으로 표기)에서는 학교 역사교육의 필요성으로 다음의 다섯 가지를 제시했다.

① 학생들이 자신이 살고 있는 세계에 대해 이해할 수 있게 해준다.
② 다른 시대, 다른 장소에 사는 사람들에 대한 학습을 통해 경험을 넓힘으로써 정체성을 찾게 한다.
③ 인간사에서 변화와 지속성의 과정을 이해할 수 있게 해준다.
④ 여가 생활에서 흥미를 얻을 수 있게 해준다.
⑤ 인간이 처한 입장에 대해 비판적으로 사고하고 판단하는 능력을 발달시킨다.[19]

이 중 특히 역사적 상상을 필요로 하는 것은 ②와 ⑤의 목적이다. 학생들은 다른 사람의 경험을 통해 정체성을 확립한다. 역사는 다른 교과에서는 얻을 수 없는 인간상을 제공해서, 학생들로 하여금 자신의 경험을 과거 사람들이 실제 상황에서 행하고 말한 것과 연관 지을 수 있게 함으로써 자신을 발견하는 기회를 갖게 해준다. 여기에서 다른 사람의 마음속에 상상적으로 들어가는 감정이입이 정체성이라는 역사

교육의 목적을 달성하는 데 필요하다.[20]

이와 같이 감정이입은 효율적인 역사학습을 위해 필요한 지적 기능이다. 포털은 역사학습을 위해 필요한 역사적 능력 중에서도 감정이입을 특히 중요한 것으로 보았다. 그에 의하면 학교에서 접하는 대부분의 토픽 및 과제에 적용할 수 있는 가장 명확한 형태의 상상이 감정이입이다.[21] 따라서 역사학습도 학생들의 감정이입적 이해 능력을 기르는데 관심을 쏟아야 한다. 애슈비(Asalyn Ashby)와 리는 교과로서 역사의 가장 중요한 과제는 학생들로 하여금 감정이입적 성향을 가지게 하고, 감정이입적으로 이해할 수 있는 능력을 효과적으로 기르는 것이라고 주장했다.[22] SCH 13-16도 과거를 재사고하고 재연하며 어떤 과거 상황과 관련된 사람들과 감정이입하려는 노력은 역사교육에 포함해야 할 역사의 본질적 측면이라고 지적했다.[23]

캐나다의 칸은 많은 선행연구를 종합해서 역사적 감정이입이 학생들의 탐구 및 역사적 사고능력을 기르고, 맥락을 고려하고, 증거를 분석하고, 원인과 결과를 파악하고, 추론을 하고, 현재의 관점으로 과거를 보지 않게 하고, 판단을 할 수 있게 한다고 정리한다. 이와 같은 학습 기능을 가지고 있기 때문에 역사적 감정이입은 캐나다 전역의 역사 및 사회과 교육과정에서 다양한 방식으로 채택되어온 세이셔스 및 모턴의 여섯 가지 사고 개념과 밀접하게 일치한다는 것이다.[24]

SCH 13-16에서 제시한 역사교육의 목표 중 하나인 비판적 사고 및 판단력 육성에서, 비판적 사고는 인간의 행동을 기록하고 있는 증거에 대해 문제를 제기하고 평가하거나 증거와 해석을 구분하는 것인 데 비해, 판단은 결정적인 하나의 답을 찾기보다는 오히려 다양한 반응이

가능할 때마다 일어나는 사고의 형태를 가리킨다.[25] 이러한 의미의 판단을 하는 데는 역사적 상상력이 필요하다. 역사가는 자료를 꼼꼼히 검토해서 결론을 내리지만, 이 결론이 명확히 옳다는 확신이 들지 않는다면 증거를 그것이 생겨난 상황과 연관시켜 다시 검토한다. 증거가 말해주는 사실을 여러 가지로 해석할 수 있을 때, 역사적 사실을 판단하는 데는 상상이 들어간다. 역사수업에서 학생들은 이러한 상상의 경험을 할 필요가 있다.[26]

역사적 상상은 학생들로 하여금 역사적 사실의 성격과 역사이해의 본질을 인식하게 한다. 에이들럿은 역사적 일반화를 논증할 수 있는 것이라기보다는 제안의 성격을 띤 하나의 견해라는 의미로 사용하면서, 이를 위해서는 외적 사실보다는 상상력에 의존해야 한다고 주장했다. 여기에서 상상력에 의존한다는 것은 증거를 무시해도 된다는 의미가 아니다. 적절하게 증명하기 어렵거나 결정적인 입증이 불가능한 경우, 과거에 대한 이해의 핵심은 문서에 대한 외형적 연구가 아니라 상상 또는 역사가의 시각에 달려 있다는 의미이다.[27] 이는 역사의 본질에 비춰 역사적 사실을 이해하기 위해서는 역사적 상상력이 필요하다는 것을 말해준다.

2) 역사교육목표로서의 역사적 상상력

교육 목표는 학습을 통해 학생들이 습득하는 교육내용*과 학습활동으

---

* 여기에서 말하는 교육내용은 지식 내용과 지적 과정을 모두 포함한다. 교육과정 이론가인 타바(Hilda Taba)는 교육내용이 ① 검토해야 할 아이디어와 개념의 범위 ② 해석 및 일반화의 방법, 논리적 과정, 적용, 태도 및 감수성에 의해서 그 범위가 결정된다고 생각했는데,

로 구성된다. 교육 목표를 체계적으로 분류하여 제시한 것이 교육목표 분류학이다. 교육목표분류학에서 교육내용이란 '특정한 교과나 그 내용 지식'이 아니라 교과를 배운 결과로 학생들에게서 일어나는 '행동, 사고, 감정'을 의미한다.[28] 교육목표분류학에서는 흔히 교육내용을 크게 지식, 지적 기능, 가치 및 태도로 구분한다. 사고력은 이 중 지적 기능에 해당하는 것으로 받아들여졌다.

교육 목표의 분류에 가장 큰 영향을 준 것은 블룸과 그의 동료들이 제시한 교육목표분류학이다. 블룸의 교육목표분류는 일반적인 교육목표를 진술한 것이며, 쉽게 명세화되지 않는 교육 목표를 등한시하고 있다.[29] 따라서 역사적 사고에 대해서는 따로 언급하지 않는다. 그런데도 블룸의 교육목표분류학은 역사교육에도 커다란 영향을 미쳤다. 역사교육에서도 사고 기능을 기르는 것이 중요하다는 것을 일깨우고 역사적 사고의 요소들이 무엇인지 생각하게 하는 계기가 되었다.[30] 블룸은 교육 목표를 인지적 영역(cognitive domain)과 정의적 영역(affective domain)으로 나누었다. 지식과 지적 기능은 인지적 영역에 해당한다. 블룸의 교육목표분류학에서 인지적 영역은 크게 지식, 이해(comprehension), 적용, 분석, 종합, 평가로 나뉜다. 블룸이 제시하는 교육목표의 내용에 비춰 상상과 관련된 것은 이해(2.0)이다. 이해는 다시 번역(translation), 해석(interpretation), 삽입(extrapolation)으로 나뉜다. 이 중 삽입은 역사적 상상의 보간에 견줄 만하다.

---

①이 지식 내용이라면 ②는 지적 과정이라고 할 수 있다. Hilda Taba(1962), *Curriculum Development*, New York: Harcourt, Brace & World, Inc., pp.187~189 참조.

블룸은 삽입을 '의사소통 자료에 서술된 경향, 추세 또는 조건들을 해득하고 이에 입각해서 추정하거나 예언하는 것'[31]으로 규정했다. 이는 자료 제작자가 설정한 제한을 넘어서 자료를 확장하고 해석할 수 있어야 하며, 거기에 표현된 생각을 원래의 자료에는 분명히 표현되어 있지 않은 사건이나 문제에도 적용할 수 있는 능력을 의미한다.[32] 블룸은 삽입에 해당하는 목표로 다음과 같은 예를 들었다.

① 나타난 진술을 기반으로 직접 삽입하여 작품의 결론을 내리는 능력
② 결론을 내리고 그것을 효과적으로 진술하는 능력(자료의 한계를 인식하고, 정확하게 추리하며, 성립될 수 있는 가설을 형성하는 능력)
③ 경향의 계속을 예언하는 기능
④ 자료에서 빠진 부분을 보간하는 기능
⑤ 자료에 기술된 일련의 행동 결과를 추정하거나 예언하는 기능
⑥ 부정확한 예언을 하게 할 요인을 민감하게 깨닫는 능력
⑦ 비교적 가능하리라고 생각되는 귀결과 가능성이 아주 많은 귀결을 구별하는 능력
⑧ 귀결의 예언과 가치판단을 구분하는 능력[33]

블룸이 말하는 삽입은 광범한 이해 기능을 포함하고 있다. 그러나 ①, ③~⑤에서 알 수 있듯이 삽입은 일반적으로 자료에 명백히 나타나 있지 않은 내용을 기존의 자료에 나타나 있는 것을 토대로 미루어 짐작하는 것으로, 외견상 역사의 구조적 상상과 유사한 지적 기능이라고 할 수 있다. 블룸은 삽입이 논의하고 있는 것에 대한 판단을 포함한

다고 말했다. 그리고 ④에서 사용한 용어인 보간(interpolation)을 삽입 (extrapolation)의 한 형태라고 덧붙였다.* 어떤 사실을 전달하기 위해 제시한 자료의 연속성에서 빠진 부분에 대해 판단하는 것은 삽입의 일반적 의미인 자료를 넘어서는 판단과 유사하다는 것이다.[34] 블룸의 교육목표분류에서 삽입은 이해의 하위 영역으로, 번역 및 해석을 토대로 하는 가장 높은 수준의 이해력이다. 이와 같이 삽입을 이해력으로 보는 것은 역사적 상상을 역사적 이해 능력으로 보는 역사학자들의 견해와 외견상 비슷해 보인다. 그렇지만 역사적 사고로서의 삽입과 다른 학문 분야의 삽입 사이에는 성격이 아니라 사고방식에서 차이가 있다. 이미 알고 있는 데이터를 토대로 관찰할 수 없는 사잇값이나 예측값을 구하는 보간법(補間法, interpolation), 보외법(補外法, extrapolation)은 자연과학이나 통계를 이용한 사회과학 연구에서 흔히 사용하는 방법이다. 그렇지만 역사는 가능성을 추론한다는 점에서 차이가 있다. ①, ③, ⑤의 경우 과학에서는 구성하는 것이 아니라 예측한다. 그렇지만 범교과적인 목표를 진술하는 블룸은 이를 구분하지 않았다. 블룸은 사례를 특성화할 때 보편성을 판단하는 것과 보편성을 기술할 때 사례에 관해 판단하는 것의 성격이 같다고 보았다.

　그러나 블룸에게 이해는 지식-이해-적용-분석-종합-평가라는 위

---

* 블룸의 《교육목표분류학(Taxonomy of Educational Objectives)》 한국어판에서는 extrapolation을 '추론', interpolation을 '보간'으로 번역했다. 그렇지만 extrapolation 과 interpolation은 같은 성격의 사고활동이며, '추론'은 inference나 reasoning과 같은 이 책의 다른 용어와 혼란을 불러일으킨다. 다만 블룸의 책에서는 interpolation이나 extrapolation과 같은 사고를 대표하는 용어로 extrapolation을 사용하고 있으므로, 여기서는 extrapolation을 '삽입', interpolation을 '보간'으로 표기하기로 한다.

계를 이루는 인지적 영역의 한 단계이며, 이해는 지적 기능 중 가장 낮은 수준의 목표이다. 따라서 삽입은 지적 기능 전체에서 낮은 단계로, 더 높은 지적 기능을 위한 토대일 뿐이다. 이는 보간을 구조적 상상으로 역사서 이해의 특징적 방식으로 보는 역사가의 입장과는 다르다.

그렇지만 무엇보다도 문제가 되는 것은 교육목표분류학이 제시하는 삽입과 역사적 상상의 한 형식인 보간의 성격이다. 역사적 상상의 보간은 자료에 빠져 있는 부분을 상상력을 통해 채워서 스토리를 완성하거나 의미를 부여하는 것이다. 반면에 교육목표분류학의 삽입은 자료 내용 간의 관계를 밝혀 결론을 이끌어내고 이를 다른 사례에 적용하는 것이다. 앤더슨(Lorin W. Anderson) 등은 블룸의 《교육목표분류학》 개정판에서 보간과 삽입을 예측, 결론 등과 함께 추론(inferring)으로 분류한다. 그런 의미에서 삽입은 분석 및 적용과 관련이 있다. 이는 일련의 사례에서 특정한 패턴을 발견하는 기능이다. 그래서 그 특징을 부호화하고 관계를 밝혀서 결론을 이끌어낸다든지, 다른 사례에 적용하고, 패턴을 활용해 새로운 사례를 창안하는 것이다.[35]

교육목표분류학을 적용한 교과 연구에서도 삽입을 제시한다. 그렇지만 이는 교육목표분류학을 토대로 하는 것이므로 역사적 상상의 보간과 성격이 같지 않다. 이러한 차이는 기본적으로 블룸의 목표분류가 행동의 종류에 바탕을 두고 진술된 것으로, 학습자의 행동이 실제로 적용되는 학습 내용에는 관심을 두지 않았기 때문이라고 할 수 있다.[36] 또한 인지적 영역을 정의적 영역 및 심리운동적 영역과 인위적으로 구분함으로써 모든 인지기능을 포괄적으로 제시하지 못한 데서 오는 것이기도 하다.[37] 사고 기능 중에서는 인지적 측면과 정의적 측면이 동시에 있는 경우도 있는데, 이를 인위적으로 구분하게 되면 어느 한 측면을 전적으로 무시하여 포괄적인 속성을 포함하지 못한 채 누락시킬 수 있다. 또한 위계화가 곤란하거나 인지기능이라 하더라도 정의적 요소를 포함하는 경우, 인지적 영역에서 아예 제외될 가능성이 높다. 역사적 상상 중 감정이입은 기본적으로는 인지기능이지만 감정이입적으로 이해하려는 태도가 필요하며, 다른 교과에서는 주로 감정이입의 정의적 측면을 강조하지만 인지적 성격에 관심을 쏟기도 한다. 따라서 블룸의 교육목표분류학에서는 감정이입을 인지적 영역에 포함시킬 수 없었으며, 정의적 영역에서도 독립적 요소로 다루지 않았을 것이다. 이로 인해 블룸의 교육 목표에 의거할 경우 기본적인 인지기능에 집중한 나머지 역사적 상상과 같은 성격의 인지적 요소는 무시할 가능성이 존재한다는 비판이 제기된다.[38]

'삽입'과 같이 하나의 영역으로 독립되어 있지는 않지만, 블룸의 교육목표분류학에서는 판단력을 목표의 하나로 제시한다. 블룸은 판단을 평가의 의미로 사용한다. 인지적 영역의 가장 높은 수준인 평가력(6.0)을 '내적 증거에 의한 판단'과 '외적 증거에 의한 판단'으로 구분한다. 내적 증거에 의한 판단은 논리적 정확성, 일관성, 그밖의 내적 준거에 의한 의사전달 자료를 평가하는 것이며, 외적 증거에 의한 판단은 선정된 준거나 기억된 준거에 의거해 자료를 평가하는 것이다.[39] 그렇지만 평가력의 개념 정의에서 보듯이, 블룸이 말하는 판단은 논리적으로 타당성이 있거나 외적 증거로 명확히 입증할 수 있어야 한다. 그런 점에서 상상력과는 거리가 있다.

블룸은 교육 목표가 교과내용과 학생 행동으로 구성된다고 하면서도, 그의 교육목표분류학에서는 내용 영역을 고려하지 않았다. 블룸이 나중에 편집한 책에서는 이러한 문제점을 어느 정도 보완했다. 이 책에서는 블룸이 분류한 행동 목표를 각 교과에 적용할 수 있는 형태로 재구성하고 교과 영역의 내용을 구분한 후, 특정 내용에 대해서 어떤 행동 목표가 적합한지를 제시했다. 그중 올란디의 사회과의 행동적 목표분류와 역사 내용은 표 4-1과 같다.[40]

올란디의 사회과 교육목표분류는 사회과 교육의 목표를 블룸의 교육목표분류에 맞춰 체계화한 것으로, 블룸의 행동적 교육 목표의 인지적 영역과 정의적 영역을 시식과 이해, 인지기능, 태도, 가치로 세분하고 있다. 앞의 블룸의 구분에서 이해에 속하는 행동은 여기에서는 〈인지적 행동-기능〉에 해당한다. 또한 올란디는 사회과의 내용을 분류해 이를 행동적 영역과 연계하고 있다. 즉 각각의 행동은 모든 내용에 전부 나타나는 것이 아니라 내용에 따라서 나타나는 행동, 나타날 가능성이 별로 없는 행동, 나타나지 않는 행동으로 구분된다.[41] 예를 들어 상상(4.3)에는 G~Q 행동은 나타나지만, D의 행동은 나타날 가능성이 별로 없으며, A~C, E, F의 행동은 나타나지 않는다. 또한 타인의 행동에 대한 인간적 전망(M)은 시대의 분석(2.0)~역사적 문제와 해석(6.0)에는 나타나는 행동이지만, 역사적 초점(1.0)의 내용에는 나타나지 않는 행동이다.[42]

올란디의 사회과 목표분류에서는 상상을 역사가의 탐구방법 중 하나로 제시하고 있다. 증거, 입증, 간학문적 기여가 인근 과목에 내용을 제공하는 사회과학 탐구의 방법이라면, 상상은 역사 탐구의 방법이라고 할 수 있다. 가능성(probability)은 구분하기가 좀 애매한데, 이것이

표 4-1 올란디의 사회과 교육목표분류

행동

인지적 행동-지식과 이해

- 지식

  A. 사실

- 지식과 이해

  B. 개념

  C. 일반화

  D. 구조와 모형

인지적 행동-기능

- 탐구

  E. 정보의 출처

  F. 도표 자료 및 상징 자료의

  해석

- 비판적 사고

  G. 중심 문제 및 기본 가정의

  확인

  H. 자료의 평가 및 확실한 결

  론의 도입

  I. 합리적 가설의 설정

- 민주적 집단 참여

  J. 공식적 절차

정의적 행동-태도

  K. 비공식적 절차

- 바람직한 지적 행동

L. 인간 행동에 대한 과학적

접근

M. 타인의 행동에 대한 인간

적 전망

- 바람직한 사회적 행동

  N. 자각과 흥미

  O 책임감의 수용

  P. 참여

정의적 행동-가치

- 바람직한 민주적 행동

  Q. 기본적인 민주적 가치

역사(내용)

1.0 역사적 초점

1.1 위치

1.2 학습 수준

2.0 시대의 분석

2.1 시대

2.2 계열

2.3 지속성과 변화

2.4 관계

3.0 주제

3.1 정치적 주제

3.2 사회적 주제

3.3 경제적 주제

확률적 가능성의 탐구라면 사회과학에서 널리 사용되지만, 개연성을 토대로 추론하는 것이라면 사회과학적 탐구보다는 역사 탐구방법에 해당한다. 올란디는 상상에 대해 다음과 같이 말했다.

> 역사가는 그의 작업에 창조적 상상을 도입해야 한다. 역사가는 다른 사람이 조사한 증거를 새롭게 볼 수 있어야만 하고 참신한 해석을 이끌어낼 수 있어야 한다. 독창성이 있는 해석은 역사적 통찰의 열쇠이다.[43]

증거를 상상적으로 해석하고 그 결과를 입증하려면 가능성을 성실하고 과학적으로 전망해야 한다. 증거가 정확할 수도 있고, 이를 자료로 어떤 결론을 유도할 수도 있다. 그러나 어떤 한 가지 결론을 절대적으로 확신할 수는 없다.[44] 여기에서 상상을 역사학습의 결과 획득해야 할 사고 기능의 하나로 분류하고, 이를 자료에 대한 상상적 해석 능력으로 보는 것은 역사적 이해의 성격에도 부합한다. 그러나 올란디는 상상을 자료의 상상적 해석에만 국한해 역사적 사건의 구조적 파악으로까지 연결하지는 않았다. 이는 기본적으로 앞에서 살펴본 블룸의 모델에 토대를 둔 분류이기 때문이다.

올란디는 역사적 상상의 또다른 중요한 요소인 감정이입을 '타인의 행동에 대한 인간적 전망(M)' 속에 포함시켰다.

타인의 행동에 대한 인간적 전망은 두 가지 기본 속성, 즉 감정이입과 관용 (tolerance)을 포함한다. 여기에서 감정이입은 다른 사람의 경험과 유사한 감정적 경험을 할 수 있는 능력이다. 사람들은 그 경험이 타인의 입장에서는 어떠했는지를 느낀다. (…) 감정이입적 관점은 종종 사회과 학습 과정의 필수적 부분이다. 왜냐하면 다른 사람, 때로는 전혀 상이한 사람들의 감정에 비견될 만한 감정을 갖게 되면 광범한 사람들, 문화, 관념에 대해 관용을 갖고 그것을 받아들이기 시작하기 때문이다.[45]

올란디는 감정이입을 사회과의 중요한 기능으로 인식하면서도, 이를 독자적 목표로 제시하지 않았다. 그 까닭은 기본적으로 올란디가 분류한 행동 목표가 사회과의 목표라는 데 기인한다. 올란디의 입장에서 역사는 사회과의 한 과목이다. 내용상의 차이는 있을지언정 학습의 결과로 나타나는 학생의 행동은 역사를 포함한 모든 사회과 과목에 해당한다. 이 경우 감정이입은 사회과 학습에서 나타나는 공통적인 행동 방식이므로, 올란디는 감정이입을 사회과에서 중시되는 바람직한 가치관, 태도에 초점을 맞춰 정의적 영역으로 구분했다. 따라서 올란디의 목표분류에서는 역사교육에서와는 달리 증거에 바탕을 둔 감정이입에는 별다른 관심을 갖지 않는다. 이 때문에 블룸의 모형보다는 구체적이며 역사에서 목표로 삼아야 할 내용의 요소를 제시하고 있기는 하지만, 올란디의 모형 역시 역사보다는 사회학 등 다른 사회과 교과에 적합하다는 지적이 있다.[46]

블룸의 교육목표분류를 구체적으로 역사교육에 적용한 것으로는 콜텀과 파인스의 역사교육목표분류를 들 수 있다.[47] 콜텀과 파인스는 교육 목표가 '학습자가 학습 결과로 행할 수 있는 것', '학습자의 행동을 보고 목표가 성공적으로 달성되었는지를 관찰자(교사)가 판단할 수 있는 것'으로 기술되어야 하며, '학습자가 목표를 달성하려면 어떤 교육적 경험이 필요한지를 나타내야 한다'라고 규정하고,[48] 역사교육의 목표를 표 4-2와 같이 분류했다.

표 4-2 콜텀과 파인스의 역사교육목표분류

A. 역사학습에 대한 태도
  1. 관심 2. 반응 3. 상상(imagining)
B. 학문의 본질
  1. 정보의 본질
    (a) 1차 사료 (b) 2차 사료
  2. 조직 절차
  3. 결과
C. 기능 및 능력
  1. 어휘 획득 2. 참조 기능 3. 기억 4. 이해 5. 번역 6. 분석
  7. 삽입 8. 종합 9. 판단 및 평가 10. 전달 기능
D. 학습의 교육적 결과
  1. 통찰 2. 지식의 가치 3. 합리적 판단

콜텀과 파인스는 A와 D를 정의적 영역, B와 C를 인지적 영역으로 구분했다. 다만 D는 역사학습의 결과로 학생들에게 나타난 변화를 의미한다는 점에서 앞의 A, B, C를 통합한 것이다. 콜텀과 파인스의 역사교육목표분류는 역사 이외의 다른 교과에도 그대로 적용될 수 있다고 지적되기도 한다.[49] 그러나 역사교육의 목표를 독립적으로 분석하여 분류하고 있기 때문에, 역사교과와 관련된 상상적 이해의 요소를 좀더 구체적으로 검토할 수 있다. 콜텀과 파인스의 분류에서 상상적 이해와 관련되는 것은 상상(A3), 삽입(C7), 통찰(D1)이다.

A의 역사학습에 대한 태도는 역사를 공부하려는 능동적인 자세를 뜻한다. 따라서 상상(A3)이란 자신의 의지에 따라 능동적으로 상상하는 것을 의미한다.[50] 콜텀과 파인스는 '상상'의 의미에 대해 다음과 같이 말했다.

가장 간단한 형태의 상상력(imagination)을 위해서는 마음속에 (시각적이건 언어적이건 간에) 상(image)을 형성하는 것이 필요하지만, 역사적 상상력에는 보통 이것뿐만 아니라 그 이상의 어떤 것이 필요하다. 여기에서 공감과 감정이입이라는 말이 유용하다. 공감이란 '다른 사람의 감정 또는 마음속으로 들어가는 힘'으로 정의할 수 있으며, 감정이입이란 '다른 사람의 개성(personality)으로 들어가거나' '다른 사람의 경험을 상상적으로 경험하는 힘'으로 정의할 수 있다. 인간과 그들의 많은 행위를 연구하는 것이 외면에 대한 지식 이상의 어떤 것을 요구한다면, 여기에서 필요한 것이 공감적, 감정이입적 행위이다.[51]

이런 내용에서 알 수 있듯이 콜텀과 파인스가 말하는 역사적 상상력
이란 감정이입과 공감을 의미한다. 콜텀과 파인스는 '상상'의 영역에
해당하는 목표의 사례를 다음과 같이 진술했다.

- 어떤 역사적 사건에 개인적으로 참여한다는 표시로 그 사건을 기술한다.
- 그 라운드에서 등장인물이 묘사되는 시대에 관한 이야기를 구성한다.
- 특정 시대에 들어맞는 행동을 하거나 생각을 가진 사람들을 당시의 건물
  에 살게 한다.
- 인간의 경험과 역사적 증거에 따라 감정이나 행동을 극의 형태로 표현
  한다.
- 학습 대상 인물이 당시 부딪혔던 문제에 대해 어떤 관점을 가지고 있었는
  가를 밝히기 위해 그 인물과 자신을 동일시한다.[52]

콜텀과 파인스는 이러한 감정이입과 공감을 역사적 사건에 능동적
으로 참여하는 정서적 행위로 구분했다. 반응(A2)은 관심(A1)의 결과
이다. 그러나 상상이 관심 및 반응의 결과는 아니다. 즉 이 세 가지 행
동이 위계관계를 이루는 것은 아니다.[53] 콜텀과 파인스의 목표분류에
서 상상은 imagination이 아니라 imagining이다. imagining은 일반
적으로 상을 떠올리는 행위를 의미한다. 그래서 정의적 영역으로 분류
했을 것이다. 그렇지만 imagining의 사례에서는 상상할 수 있는 능력
을 뜻하는 imagination을 혼용하고 있다. 이러한 점은 블룸의 교육목
표분류학을 역사교육에 기계적으로 적용하려는 데서 나왔다고 할 수
있다.

다음으로 삽입(C7)에 대해 살펴보자. 콜텀과 파인스는 삽입을 '검토 중인 증거에 토대를 두고 있지만 겉으로는 드러나지 않은 어떤 아이디 어를 파악하기 위해 이미 알고 있는 것을 사용하는 인지적 활동'으로 규정했다. 삽입은 이해(comprehension)보다 더 적극적이고 대담한 정 신적 행동으로 상상이 가미되어 있으며, 공상 또는 역사적 자료를 다 룰 때 가능성을 염두에 두지 않은 상상적 비약이나 단순한 희망 사항 과 같은 자기중심적 사고와는 구분되는 사고활동으로 보았다.[54] 이렇게 볼 때 콜텀과 파인스가 말하는 삽입은 블룸이 분류한 교육 목표 가운 데 삽입(2.30)으로부터 나온 것임을 알 수 있다. 콜텀과 파인스가 제시 한 삽입의 예는 다음과 같다.

- 하나의 증거를 검토한 후 가능한 추론을 제시한다.
- 증거에 빠져 있는 간극을 메우기 위해 가능한 가정을 제시한다.
- 합리적인 가설의 틀을 세울 수 있다.[55]

이러한 삽입은 역사적 상상의 보간이나 대안적 해석과 같은 성격의 사고활동이라고 할 수 있다. 블룸의 교육목표분류학에 기반을 두고 있 기는 하지만 이를 역사교육에 적용한 것이므로, 콜텀과 파인스의 삽입 은 역사적 상상의 성격을 반영한다. 그렇지만 콜텀과 파인스는 삽입을 위의 서술 이상으로 구체적으로 설명하지는 않는다. 그렇기에 역사의 상상적 이해 속성을 가지면서도 다른 속성도 뒤섞어 설명한다. 그렇지 만 역사적 증거의 본질에 비춰 볼 때 증거의 간격을 메우는 기능은 콜 텀과 파인스가 기술한 것보다 훨씬 뚜렷한 역사적 상상의 특징이다.[56]

통찰(D1)은 '인류와 관련 있는 어떤 상황에 직면했을 때 그것을 조사하고 이해하려는 의지를 갖고 하는 행위'를 의미한다. 콜텀과 파인스는 통찰을 단순히 의지를 갖고 하는 행위 자체가 아니라, 그 의지에 따라 인간의 상황을 이해하는 능력을 의미한다는 점에서 상상(A3)과 구분한다. 하지만 통찰력은 '상상'과 이를 적용하여 인간 행동의 여러 사례를 이해하는 것 사이의 상호작용의 결과로 획득하는 것이다. 따라서 '상상'에 제시된 목표를 거듭해서 성취하면 상상은 통찰로 발전한다.[57] 콜텀과 파인스는 통찰의 예로 다음과 같은 목표를 제시했다.

- 우리의 문화에서는 정상적인 것으로 받아들여지지 않는 지난날의 행동에 대해 공감적으로 논평한다.
- 우리와 다른 믿음, 문화, 의견, 세대를 가진 사람들이 제시한 이념을 받아들인다.
- 그러한 이념을 냉철하게 조사한다.
- 변화를 정상적이고 지속적인 인간 상황의 한 부분으로 인정한다.[58]

이렇게 볼 때 콜텀과 파인스가 제시한 통찰의 사례는 대체로 감정이입적 이해라고 할 수 있다. 즉 감정이입적 이해를 역사학습의 목표로 제시했을 때 그 목표를 달성한 학습자가 보여주는 행동이 통찰이다. 콜텀과 파인스가 말하는 상상(imagining)은 감정이입을 하려는 태도, 통찰은 감정이입적 태도를 가지고 역사를 이해하는 것이다. 그렇지만 여기에서 제시한 사례는 감정이입적 역사 이해의 자세로, 리가 말하는 '성향으로서의 감정이입'과 같은 뉘앙스를 준다. 실제로 이해할 수 있는 능력인 상상력(imagination)을 의미하는 것인지는 명확하지 않다.

콜텀과 파인스는 〈학습의 교육적 결과〉에 해당하는 목표 중 하나로 합리적 판단(reasoned judgement)을 들면서, 그 예를 다음과 같이 제시했다.

- 복잡한 당시 상황을 인식한다.
- 보도자료(예를 들면 신문, TV 프로그램)에 들어 있는 왜곡을 확인한다.
- 보고된 증거에 존재하는 간극을 확인한다.
- 토론에서 정서적 어휘보다 합리적 근거를 사용한다.
- 당시 상황에 대해 신중히 판단한다.
- 일상적 상황에서 활용 가능한 증거와 관련이 있거나 이에 반하지 않는 행동을 한다.[59]

여기에서 보듯이, 합리적 판단은 해석이 사실인지 아닌지, 왜곡의 여부가 없는지를 당시의 상황 인식을 토대로 검토하는 것이다. 증거가 빠뜨린 것을 확인하는 것도 합리적 판단의 목표 중 하나이다. 상황 인식은 배경지식이라고 할 수 있지만, 왜곡 확인은 상상보다는 지식에 해당한다. 증거에 존재하는 간극을 확인하는 것은 언뜻 보간에 해당하는 것처럼 보이지만, 여기에서는 보도에서 의도적으로 뺀 것이 무엇인지를 확인하는 작업으로, 사료 비판이나 비판적 읽기에 해당한다. 역사적 판단은 해석이 정확한지 엉터리인지를 따지는 것이 아니라, 역사적 사실의 서술이나 설명의 타당성을 평가하는 것이다. 이러한 평가는 사람에 따라 다를 수 있다는 점에서 상상의 성격이 들어가는 사고행위가 된다. 그렇지만 콜텀과 파인스가 말하는 합리적 판단은 역사적 사실과 상황 지식을 토대로 텍스트가 왜곡되었는지 여부를 따지는 것이라는 점에서 해석의 확장이라는 상상적 성격보다는 여러 해석 중 어느 편이 타당한지를 따지는 수렴적이고 분석적인 성격이 강하다.

이상 검토한 바와 같이 콜텀과 파인스의 목표분류에서 역사적 상상의 요소에 속하는 것으로는 상상, 삽입, 통찰이 있다. 그러나 콜텀과 파인스가 말하는 상상은 실제로는 감정이입을 의미하며, 통찰도 여기에 포함된다. 콜텀과 파인스는 상상과 통찰을 정의적 태도, 삽입을 인지적 능력으로 분류했다. 따라서 콜텀과 파인스의 역사교육목표에 나타난 상상적 이해의 요소는 인지적 기능으로 분류되는 삽입과 정의적 영역으로 분류되는 감정이입이라고 할 수 있다.

역사교육목표분류에 나타난 상상적 이해에 대한 콜텀과 파인스의 견해에는 몇 가지 문제가 있다. 가장 큰 문제점은 역사교과의 목표를 단순히 인지적 영역과 정의적 영역으로 분류했다는 데서 비롯된다. 블룸식의 교육목표분류학에 따라 역사교육의 목표를 분류할 경우, 모든 역사교육목표는 인지적 영역과 정의적 영역 둘 중의 하나에 포함되어야 한다. 콜텀과 파인스가 말하는 상상(A3)과 통찰(D1)은 감정이입이다. 그런데 사회과 등 다른 교과에서는 일반적으로 감정이입의 정의적 측면을 강조한다. 따라서 콜텀과 파인스도 상상과 통찰의 정서적 측면이나 사고 성향 등에 주목한 것으로 보인다. 이 때문에 콜텀과 파인스의 분류는 역사적 감정이입의 인지적 특성을 제대로 반영하지 못하고 있다. 역사적 감정이입을 위해서도 성향이나 태도는 중요하다. 그러나 3장에서 보았듯이 역사적 감정이입은 기본적으로 인지적 능력이다. 역사적 감정이입의 태도나 정서적 측면에 주목한 콜텀과 파인스의 분류는 다음과 같은 자신들의 설명과도 모순된다.

> 여기에서 검토되는 행동들(상상의 예로 제시된 행동들 - 인용자)은 역사 자료를 점점 더 많이 접할 수 있는가(B), 이 자료들을 다룰 때 몇몇 형태의 능력(C)을 가지고 있는가에 달려 있다. 또한 성공적인 상상은 장차 상상을 하려는 동기를 부여할 뿐만 아니라, 이를 더욱 촉진한다.[60]

(B)와 (C)는 인지적 영역에 속하는 목표이다. 따라서 콜텀과 파인스도 역사적 감정이입이 지적 능력임을 염두에 두고 있다. 콜텀과 파인스는 인지적 영역과 정의적 영역의 상호작용을 강조함으로써 이러한 문제를 해결하고자 했다. 그러나 역사교육의 목표를 단순히 두 영역으로만 분류했기 때문에, 그들의 목표분류에서 정의적 영역과 지적 영역의 상호작용은 실제로는 별다른 역할을 하지 못한다.[61]

콜텀과 파인스의 목표분류가 유용하다는 것을 인정하고 그에 따라 역사학습의 목표를 설정한 이후의 연구들도 상상을 감정이입과 같은 의미로 파악하면서도, 태도 및 인지, 즉 정의적 목표 및 인지적 목표로 규정하고 있다. 예를 들어 로버츠(Martin Roberts)는 영국의 중등학교 4~5학년(14~15세)에서 역사를 선택한 학생들을 대상으로 한 역사학습의 목표로 ① 역사적 상상 ② 정치적·사회적 문제의 역사적 기원 ③ 변화의 개념 ④ 인과관계의 개념 ⑤ 이해(comprehension) ⑥ 분석 등 여섯 가지를 설정했다.[62] 이 중 ①과 ②는 정의적 및 인지적 측면, ③~⑥은 인지적 측면에 속한다. 감정이입이 인지기능을 기르고 정서와 태도를 가지는 데 필요하다고 본 것이다.

역사적 감정이입을 정서적 성격을 중심으로 파악함으로써, 콜텀과 파인스는 감정이입, 공감, 몰입(involvement), 동일시(identification)라는 말을 혼용하고 있다. 즉 상상이라는 말을 감정이입이나 공감의 의미로 사용하지만, 목표 진술의 예에서는 '감정이입한다'거나 '공감한다'는 말이 없으며, '몰입한다', '동일시한다'라는 용어만을 쓰고 있다. 이는 콜텀과 파인스가 감정이입의 정의적 측면에 관심을 갖고 역사학습에 대한 능동적 태도를 강조했기 때문이다. 과거 인물과 자신을 동일시하고, 과거의 상황에 몰입하려는 태도는 역사적 감정이입을 위해 필요한 조건이다. 하지만 역사를 상상적으로 이해하기 위해서는 여기에만 머물러서는 안 된다. 또한 공감이 역사 이해에 반드시 요구되지는 않으며, 콜텀과 파인스가 규정한 공감의 개념도 애매하다. 앞에서 살펴본 바와 같이 콜텀과 파인스는 공감을 '다른 사람의 감정 또는 마음 속으로 들어가는 힘'으로, 감정이입을 '다른 사람의 개성 속으로 들어가는 힘' 또는 '다른 사람의 경험을 상상적으로 경험하는 힘'으로 구분한다. 하지만, 양자의 구분은 명확하지 않으며, 둘 다 감정이입의 개념으로 사용된다. 콜텀과 파인스가 말하는 감정이입은 대체로 감정이입의 인지적 측면, 공감은 감정이입의 정의적 측면에 초점을 맞춘 정의라고 할 수 있다. 더구나 동일시나 몰입은 행위자가 역사적 상황을 폭넓은 시각으로 보지 못하게 함으로써 역사적 감정이입에 오히려 방해가 될 수도 있다.[63]

또 하나는 상상, 즉 감정이입이 포괄하는 범주의 적합성 문제이다. 콜텀과 파인스는 역사적 이해와 감정이입을 별개로 구분하고 있다. 역사적 상상이 자료를 바탕으로 어떤 상황에 처한 사람들의 시각과 의도를 파악하는 것이라면, 이는 자료의 설명 또는 해석과 밀접한 관련이 있다.[64] 그런데 콜텀과 파인스는 설명과 해석을 〈학문의 본질〉 중 결과 (B3)를 전달하는 형식으로 여겨 상상과 분리했으며 이해와도 별개로 취급했다. 이는 콜텀과 파인스의 목표분류가 학습의 결과만을 다룸으로써 학습 과정에서 나타나는 역사의 창조적 측면, 즉 상상적 이해를 무시했기 때문이라고 할 수 있다.[65]

콜텀과 파인스는 번역(C5)을 제외한 이해(C4)~판단 및 평가(C9)를 일련의 탐구 과정으로 보았다.[66] 그러나 삽입을 이해보다 한 단계 높은 역사적 기능으로 보는 견해는 문제가 있다. 역사에서 삽입은 이해와 분리되어 나타나지 않는다. 콜텀과 파인스가 삽입과 구분하는, 자료를 다룰 때의 상상적 도약과 같은 자기중심적 이해는 역사적 이해와는 관련이 없다. 즉 역사를 상상적으로 이해한다고 할 때, 자료에 토대를 둔 상상적 이해와 자료와는 상관없는 상상적 이해를 구분하는 것은 별 의미가 없다. 따라서 삽입은 실제로는 상상적 이해에 해당하는 목표라고 할 수 있다.[67]

이상의 검토를 통해 보았듯이, 교육목표분류학의 상상 요소에는 구조적 상상과 감정이입적 이해의 요소가 모두 포함되어 있다. 구조적 상상에 해당하는 목표로 제시된 것은 주로 삽입이다. 블룸의 교육목표분류학의 삽입(2.3)과 콜텀과 파인스의 역사교육목표 중 삽입(C7)은 이에 해당한다. 삽입과 더불어 올란디의 사회과 교육목표분류 중 역사 탐구방법으로 제시된 상상(4.3)도 자료의 상상적 해석 능력을 의미하는 것임에 비춰 보면 구조적 상상이라고 할 수 있다. 감정이입적 이해는 여러 가지 개념으로 제시되고 있다. 올란디가 타인의 행동에 대한 인간적 전망(M) 중의 하나로 제시한 감정이입이나, 콜텀과 파인스가 말하는 상상(A3), 통찰(D1)은 감정이입적 이해에 해당하는 목표이다.

그러나 교육목표분류학은 역사학습에 요구되는 역사적 상상의 속성을 적절하게 반영하고 있지 못하다. 교육목표분류학은 특정 교과의 지적 능력이나 기능을 전제로 하지 않는다. 올란디의 사회과 목표분류나 콜텀과 파인스의 역사교육목표분류도 블룸의 교육목표분류를 토대로 한 것이기 때문에 이런 문제점이 여전하다. 심지어 블룸의 교육목표분류학에 나타나는 지적 기능들은 탐구 또는 비판적 사고 기능을 파악하는 데 그치고 있어서 역사적 사고의 성격을 충분히 반영하지 못한다.

상상력은 역사적 사고력의 한 요소로 역사교육과정에서 교육 목표나 성취 목표로 제시된다. 1994년 초안이 발표된 미국의 역사표준서(National Standards for History)는 역사교육의 성취 기준을 역사적 사고 기능과 역사적 이해의 두 영역으로 구분하여 제시했다. 여기에서 역사적 사고 기능은 목표, 역사적 이해는 내용이라고 할 수 있다. 역사적 사고 기능은 '표준 1. 연대기적 사고', '표준 2. 역사적 이해', '표준 3. 역사적 분석과 해석', '표준 4. 역사 탐구(historical research)', '표준 5. 역사적 쟁점과 의사결정'으로 구성되어 있다. 이 다섯 가지 사고 기능은 역사 탐구의 전반적인 기능을 제시한 것으로, 역사적 상상력에 특별히 초점을 맞춘 요소는 없다. 다만 '표준 2. 역사적 이해'에서 "역사적 이야기를 상상력을 동원하여 읽는다"(C)라고 해서 텍스트를 읽는 데 상상력을 사용하는 것을 하나의 목표로 제시했다. 그밖에 '표준 3. 역사적 분석과 해석'의 "역사적 필연성의 주장을 반박한다"(f), "가설로서의 역사적 해석을 지지한다"(h), "과거의 영향에 대한 가설을 세운다"(j), '표준 4. 역사적 탐구'의 "이용할 수 있는 자료에 담겨 있는 허점을 확인하고, 시간과 장소를 관련지어 올바른 지식과 시각을 가지며, 이를 통해 정상적인 역사적 해석을 한다"(e)에서 역사 탐구가 과학적이고 논리적인 성격 외에도 상상적 이해의 성격이 있음을 의식하고 있다.

2. 인지발달론과 역사적 상상력

아동의 사고 발달이 어떤 과정을 통해 일어나며 어떤 단계를 거치는지 밝히는 데 가장 큰 영향을 끼친 것은 피아제(Jean Piaget)의 인지발달론이다. 피아제 이론에 입각해 특정 교과에서 아동의 사고 발달 원리가 무엇이며, 그것이 피아제의 사고발달단계에 어느 정도 부합하는가에 대한 연구가 활발히 전개되었다. 그렇지만 피아제의 인지발달론은 귀납적·가설-연역적 사고에 초점을 맞춘 것으로, 상상을 독립적인 사고 영역이나 요소로 다루지는 않는다. 피아제 이론은 형식논리적인 과학적 사고에 집중한 나머지 무의식적·상상적 사고를 무시한다.[68] 예를 들어 상상적 사고의 속성이라고 할 수 있는 창의적 능력은 유전되거나 학습되는 것이 아니라고 하면서, 지적 능력의 발달 자체를 하나의 창조 행위로 보고 있다. 발달 과정에서 각 단계는 이전의 것과는 총체적으로 다른 새로운 것을 만들어낸다는 것이다.[69] 피아제에 따르면 아동은 문제를 해결하기 위해 지능을 사용하며, 경험을 활용한다. 이런 일에 익숙해지면 일반적인 환경에서는 나오기 어려운 창의적 사고를 하게 된다.[70] 창의적 능력을 별도의 학습이 아니라 지적 발달의 결과로 자연스럽게 획득하는 능력으로 보는 것이다. 따라서 쓸데없는 공상이 아닌 교육적으로 의미가 있는 상상적 사고는 추상적인 가설-연역적 사고를 할 수 있는 형식적 조작기인 청년기에 들어서야 가능하게 된다.

피아제는 청년기의 사고의 특징 중 하나는 실재보다 가능성에 더 중점을 두고 생각하는 것이라고 주장했다. 청년기에 들어서면 상황에 내재된 가능성을 생각하고 자료의 다양한 해석이 가능하며, 또 이미 실제로 발생한 것은 수많은 가능성 가운데 하나라고 여기게 된다.[71] 피아제는 이러한 사고능력을 형식적 조작, 즉 가설-연역적으로 사고하는 능력으로 보았다. 따라서 피아제에게 창의적 능력은 일반적인 지적 능력, 즉 조작적 지능의 한 부분이다.[72]

피아제의 이론을 역사적 사고에 적용한 연구에서도 이러한 점은 그대로 드러난다. 피아제의 인지발달론을 토대로 역사적 사고에 관한 연구의 이론적 틀을 세운 것으로 평가받는 필은 기술(記述, description)과 설명(explanation)의 개념을 사용해 사고를 구분한다. 기술은 현상의 각 부분을 서로 관련짓는 것만을 필요로 하지만, 설명은 현상을 앞서 경험한 현상이나 일반화, 독립적으로 형성된 개념과 관련지어 언급하는 것을 포함한다.[73] 필은 기술과 설명을 다음과 같은 사례를 통해 구분했다.

예를 들어 한 무리의 사람들이 작은 조각의 종이와 금속을 교환하더니, 그후 그들 중의 한 사람이 받은 물건을 다른 사람에게 주는 것을 어떤 관찰자가 보았다면, 그 관찰자는 이윽고 그러한 양도를 금속 조각과의 교환과 관련지음으로써 이 사회에서의 상품의 이전을 정확히 예상할 수 있을 것이다. 그러나 화폐, 매매 등의 개념을 알지 못하면 우리는 무슨 일이 일어나고 있는지를 설명하는 그의 주장을 부정하게 될 것이다.[74]

여기에서 상품의 이전을 설명하기 위해 화폐의 개념을 사용하는 것이 설명이라면, 관찰한 금속과 종이만을 가지고 현상을 파악하는 것은 기술이다. 이렇게 볼 때 기술적 사고는 피아제가 말하는 구체적 조작, 설명적 사고는 형식적 조작에 해당한다. 구체적 사고는 직접적으로 활용할 수 있는 정보만을 토대로 귀납적으로 추리하는 것인 데 반해, 형식적 사고는 구체적 정보만이 아니라 활용할 수 있는 증거도 고려해 가능성을 검토하며, 명제와 가설을 사용하는 가설–연역적 추리가 가능한 단계이다.[75]

위의 인용문에서 볼 수 있는 바와 같이 아동이 어떤 사물이나 환경을 접했을 때 자료에 나타난 내용에만 의존하는 '내용지배(content-dominated) 사고'가 기술적 사고, 사건이나 현상의 각 부분과 관련된 상상력과 독자적 아이디어의 영감을 필요로 하는 '가능성 적용(possibility-invoked) 사고'가 설명적 사고이다.[76] 내용지배 사고에서는 자료에 나타나 있는 내용 안에서 연구 문제를 각 부분들과 연관지어 생각하는 반면, 가능성 적용 사고에서는 현상이나 사건을 외부 개념, 광범한 원인 및 일반화와 연관짓는다. 필은 높은 수준의 사고의 특징은 직접 관찰하거나 경험할 수 있는 것을 넘어서 일어날 수 있거나 가설적으로 추론할 수 있는 가능성까지 생각하는 것이라고 하면서, 이러한 사고는 생각하는 사람의 경험 및 통찰로부터 생겨난다고 주장했다. 그는 높은 수준의 사고에서 나타나는 이러한 특징을 상상에 의해 나타나는 사고 요소라고 말한다. 그리고 이와 같은 사고가 피아제가 말하는 형식적 조작에 해당한다고 보았다. 형식적 조작이란 일반화, 개념, 유추, 인과 관계 및 그러한 우연의 형태로 나타나는 가능성을 상상할 수 있는 사고라는 의미이다.[77] 즉 높은 수준의 사고를 위해서는 상상이 필요하다는 것이다. 필은 판단을 위해서도 상상이 필요함을 다음과 같이 지적했다.

> 판단은 사고의 한 가지 형태이다. 그래서 이제까지 배운 것으로는 적절한 대답을 할 수 없는 상황에 직면했을 때마다 판단을 하게 된다. 그러나 또한 판단은 하나의 최종적인 정확한 답이 아니라 서로 다른 많은 기준을 만족시키는 답의 스펙트럼이 있는 상황에 적용된다.[78]

이와 같이 피아제의 인지발달론을 역사적 사고에 적용한 필 역시 사고를 위해서는 상상이 필요하다는 것을 인정하면서도, 상상을 독자적인 사고방식으로 여기지는 않았다. 상상은 역사적 사고 과정의 한 부분으로, 기존에 경험하거나 학습한 것을 새로운 사태에 적용하는 것이다. 그렇기에 가설-연역적으로 사고하는 능력을 기르면 상상력도 저절로 육성된다고 보았다. 필은 설명적 사고를 하는 사람이 문제 해결에 도달하는 지적 측면을 다음과 같이 제시했다.

① 여러 가지 가능한 설명을 상상한다.

② 학습하고 있는 문제들을 설명하기 위해 그중 하나 이상을 선택한다.

③ 원하지 않는 대안들을 체계적으로 배제한다.

④ 학습하고 있는 문제에 관한 자료와 관련지어 가설로부터 연역 또는 추론을 한다.[79]

　'상상'이라는 말을 쓰고 있지만, 이는 가설-연역적 사고의 과정이다. 필은 상상을 자신이 이전에 경험한 현상 또는 기존에 가지고 있던 개념을 이용하거나, 가설로부터 연역하는 것으로 보았다. 따라서 높은 수준의 사고를 위해서는 상상이 필요하다는 것은 가설-연역적 사고가 필요하다는 의미이다. 상상의 개념을 이렇게 사용하는 것은 역사적 사고를 자연과학적 사고와 같은 것으로 생각하기 때문이다. 따라서 필은 역사에서의 상상적 사고를 행위자의 내적 관점이나 의도가 아닌 일반화나 원인의 적용으로 설명했다.[80] 그래서 필에게 상상으로 추론한 것에 대한 선택은 논리적 성격을 가진다.

　피아제와 필의 인지발달론을 역사적 사고 발달에 적용한 실험 연구에서도 이러한 점은 그대로 나타난다. 피아제의 인지발달론에 토대를 두고 학생들의 역사적 사고능력을 알아보기 위한 일련의 조사 연구[81]를 실시한 할람(R. N. Hallam)은 역사적 자료에 대해 형식적 조작을 할 수 있느냐를 판별하는 기준으로 자료에 대해 '모든 가능한 설명을 상상하고 어느 것이 사실인지를 발견할 수 있는 능력', '가설을 세우고, 이것을 자료에 의해 확인하거나 취소할 수 있는 능력'을 들었다.[82] 역사적 자료에 대한 상상적 사고에는 기존에 알고 있는 역사적 사실이나 개념이 활용된다고 본 것이다. 피아제의 인지발달단계에 입각해 아동의 역사 용어의 의미를 이해하는 능력을 조사한 드실바(W. A. deSilva) 도 역사적 이해에 포함되는 요소에 가능성 있는 대안이나 상반되는 해 결책을 제시하는 능력을 포함시켰다. 이는 의미상으로 볼 때 역사적 상상의 요소이다. 그러나 드실바는 이를 자료에서 하나 이상의 요인을 고려하는 종합적 탐색이 시작되는 논리적 가능성의 단계로 구분한다. 드실바는 역사적 사고 단계를 ① 논리적으로 제한된 반응 ② 상황적 개념화 ③ 논리적 가능성 ④ 연역적 개념화로 나눈다.[83] 드실바가 말하 는 대안을 고려하는 능력이란 자료를 통해 직접 알 수 없는 요소들에 대한 상상적 추론이 아니라 자료에 나타난 두 가시 이상의 요인을 동 시에 고려하는 논리적 능력을 의미한다.

이상에서 알 수 있는 바와 같이 피아제의 인지발달론에 토대를 둔 역사적 사고 연구에서는 역사적 사실의 가능한 대안 탐색, 자료의 다 양한 해석 등 상상의 속성을 가진 요소를 포함시키고 있지만, 자료를 여러 측면에서 해석할 수 있는 능력, 명제로부터 가설을 세우는 가설- 연역적 사고능력에 한정하고 있다.

인지발달의 측면에서 역사적 상상을 다루는 두 번째 입장은 상상을 논리적 또는 합리적 사고방식과 관련이 있는 것으로 보면서도, 이를 과학적 사고방식과는 별개의 교육적 능력으로 구분하는 견해이다. 이 런 견해를 가진 학자들은 일반적으로 사용되는 지적 능력의 개념이 창 조적 사고나 상상을 충분히 설명해주지 못한다고 주장한다.[84] 지적 능 력을 모든 과제를 해결하는 데 사용할 수 있는 한 가지 단일한 사고능 력이 아니라, 어떤 특별한 상황의 과제에 효율적으로 적용할 수 있는 사고 요소들의 묶음이나 혼합으로 여기기 때문이다.[85]

이들은 상상과 과학적 사고를 두 가지 점에서 구분한다. 첫째, 과학적 사고는 감정에 자극을 주지 않는 반면, 상상은 감정을 일깨우는 힘을 가지고 있다. 둘째, 과학적 사고는 사건을 관찰함으로써 타당성 여부를 판별할 수 있지만, 상상은 관찰할 수 없는 사건에 대한 사고이다.[86] 감정에 자극을 주는 것이 상상적 사고라는 것은 상황을 상상 속에서 재구성할 수 있게 해준다는 의미이다. 여기에는 다른 사람의 관점에서 상황을 보고, 관련된 다른 사람의 감정 속으로 들어가고, 앞으로의 상황을 더 확실히 하는 것 등이 포함된다.[87] 이러한 상상의 형태로는 다음과 같은 것을 들 수 있다.

- 현재 나타난 상황에 만족하지 못할 때 다른 상황에 관심을 돌리는 것
- 실제 상황을 상상적으로 재구조화하거나 재해석하는 것
- 다른 사람의 관점에서 상상적으로 통찰하는 것
- 계획의 결과를 예상하고 그것을 수정하는 것[88]

이 같은 견해에 따르면 논리성을 추구하는 과학적 사고와 상상적 사고는 서로 관련이 있지만 각각 별개의 발달 과정을 겪는다. 따라서 과학적 사고가 발달한다고 해서 상상적 사고가 소멸되거나 과학적 사고가 상상적 사고를 흡수하는 것은 아니다. 역사적 이해는 논리적·합리적 사고뿐만 아니라 과거에 대한 상상이나 감각적 경험을 통해 발달한다.[89]

이런 입장에서 역사적 사고 발달을 체계화한 것이 와츠의 사고발달론이다. 와츠는 피아제 및 피아제 계통의 인지발달론을 로크(John Locke)의 경험론 철학의 전통으로 파악하여 경험주의적 진보주의

(empirical progressivism)로 규정하고, 이들의 사고발달론을 비판하는 데서 출발한다. 와츠는 피아제가 사고를 너무 과논리적(過論理的, over-logical), 과합리적(過合理的, over-rational)으로 규정함으로써 그밖의 인지 과정을 무시했다고 비판한다.[90] 피아제와 같은 경험주의적 진보주의자들이 제시한 사고 과정은 인지적 능력을 발달시키는 방법 중 하나로, 수학이나 물리학 같은 자연과학에는 적합하지만 역사나 그밖의 인문학에는 적합하지 않다고 말한다.[91] 아동은 역사에 대해서 매우 논리적으로 사고하지는 않으며, 심지어 합리적으로 사고하지 않는 경우도 있고, 상상적·직관적·구체적으로 사고할 수도 있다는 것이다.[92]

와츠는 합리적 또는 논리적 사고와 구분되는 이러한 사고를 연합적 사고로 규정했다. 피아제 계통의 학자들은 아동의 이러한 사고 경향을 '사실적 사고(realistic thinking)'와 대조적인 개념으로 '자의적 사고(autistic thinking)'*라고 부른다. 반면에 와츠는 이러한 용어에 담긴 편견을 배제하기 위해 '합리적 사고'와 '연합적 사고'라는 용어를 사용했다. 그러나 다른 학자들의 견해를 참고하는 부분에서는 '자의적 사고'라는 용어를 그대로 쓰고 있다. '합리적 사고'는 '논리적 사고' 또는 '조작적 사고', '연합적 사고'는 '자의적 사고'의 성격을 가진다. 와츠가 말하는 연합은 '관념(idea)의 연합'을 의미한다. 즉 연합에 속하는 사고 요소는

---

* 사회학이나 심리학에서는 autistic thinking을 '자폐적 사고'로 표현한다. 자폐적 사고는 실제와는 거리가 먼 매우 주관적이고 개인주의적인 자기중심적 사고를 가리킨다. 이는 좌절감을 느끼게 하는 상황으로부터 자아를 보호하려는 소망에서 비롯된다. 와츠가 autistic thinking을 사회학이나 심리학의 자폐적 사고 개념을 준용한 것인지는 불명확하다. 또한 발달 장애를 의미하는 '자폐'라는 말의 어감을 고려할 때, '자폐적 사고'라는 말은 이 책의 맥락에서는 적절하지 않다고 판단하여 '자의적 사고'라는 용어를 사용한다.

상상, 직관, 창의성이다.[93] 와츠는 연합적 사고를 논리적 사고와 더불어 지적 사고를 구성하는 역사의 두 가지 영역으로 취급했다.

와츠는 이제까지 논리적 사고와 연합적 사고의 관계를 다루는 데는 두 가지 입장이 있다고 지적하고 이들을 모두 비판했다. 첫째는 경험주의적 진보주의의 입장에 있는 발달 도식으로 사고의 발달을 감각운동적 사고(sensori-motor thinking: 조정과 활동에 의한 사고) → 직관적 사고(intuitive thinking: 예를 들면 연상, 7~8세까지) → 구체적 사고(concrete thinking: 사물에 대한 합리적 사고, 11~12세까지) → 형식적 사고(formal thinking: 추상적 사고) → 지적 능력(intelligence: 효과적인 추상적 사고)으로 보는 입장이다. 이 입장에서는 직관적 사고를 인지발달에 따라 극복되어야 하는 것으로 본다.[94] 이러한 발달 단계는 논리적 사고를 강조하는 피아제 계통 학자들의 견해를 반영한 것이다. 이들은 상상이나 공상은 전(前) 합리적 단계의 초보적 사고로 조작적 사고가 발달함에 따라 조작적 사고로 대체되며, 아동의 정의적 측면이나 미적 감각을 발달시키는 데는 필수적이지만, 지적 능력을 발달시키는 데는 유용하지 않다고 여겼다.[95] 와츠는 이에 대해 다섯 가지 이유를 들어 비판했다.

첫째, 연합적 사고는 초보적이 아닌 2차적 단계, 즉 2차적 지각(second perception) 또는 2차적 학습(second-order learning)의 하나이다.

둘째, 심상(imagery)은 아동에게 그 이상 발달할 수 있는 단서를 제공해준다.

셋째, 직관적 단계는 비합리적인 활동만 하는 정적 단계가 아니라 조작적 사고를 위한 준비 단계이다.

넷째, 합리적 사고는 7~8세에 연합적 사고를 소멸시키지 않는다.

몇몇 인지적 기능 분야에서는 합리적 사고가 연합적 사고를 대체하지만, 다른 기능에서는 그것과 융합되며 자의적 사고를 보충하거나 하위 동반자로 남기도 한다.

다섯째, 합리적 사고가 단계별로 발달하는 것과 마찬가지로 연합적 사고도 발달한다.[96]

두 번째 입장은 논리적 사고와 연합적 사고를 서로 관련이 없는 별개의 것, 즉 상상적인 것과 실제적인 것으로 구분하는 것이다. 이 입장에 따르면 사람의 사고는 상상적이면서 실제적이기는 어렵다. 사람은 예술가나 과학자 둘 중의 하나가 되어야 한나는 의미를 내포하고 있다.[97]

와츠는 이 두 가지 입장을 비판하면서 지적 사고는 합리적 요소와 연합적 요소가 혼합된 결과라고 주장하고, 양자를 조합한 모델을 그림 4-1과 같이 제시했다.

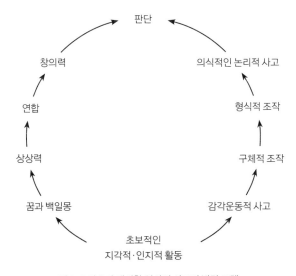

그림 4-1 와츠가 제시한 역사적 사고의 발달 모델

와츠의 사고 발달 모델은 연합적 사고와 논리적 사고라는 역사적 사고의 두 측면을 종합해 양자의 상호작용을 제시한 것이다. 그림 4-1에서 왼쪽은 연합적 사고, 오른쪽은 논리적 사고의 발달 과정을 나타낸다. 논리적 사고가 과학적 사고의 속성이라면, 연합적 사고는 상상적 사고의 속성이라고 할 수 있다. 와츠는 연합적 사고의 각 단계별 특징을 명확히 제시하지는 않는다. 다만 창의력은 연합적 사고의 산물을 효율적으로 사용하는 능력으로, 역사적 자료의 본질상 역사 연구는 자료를 분석하는 과정에서 이미지와 연합을 사용하게 함으로써 창의력을 길러준다고 했다.[98] 와츠는 이러한 연합적 사고의 발달 단계를 연령별로 좀더 구체적으로 다음과 같이 제시했다.

- 2~4세: 놀이, 장난감, 옛날이야기 등을 통한 연합적 사고
- 4~6세: 그림 책, 만화, TV 등을 통한 연합적 사고
- 8세 이후: 조용히 독서, 상상적 세계에 들어가기 시작. 미술, 드라마, 시, 창의적 서술 등에서 연합적 사고가 발달
- 11~12세: 연합적 사고와 합리적 사고의 혼합 분야에서 강한 상상, 반대 의견 등을 제시[99]

논리적 사고와 연합적 사고는 모두 아동의 초보적인 활동에서 시작해 각각의 발달 과정을 거쳐 판단으로 종합된다. 와츠는 지적 능력을 가진 성인의 판단에 포함되는 요소를 다음과 같이 제시했다.

- 준학문적(sub-academic) 수준의 광범한 특정 지식

- 개성, 관용, 인간관계 등을 포함하는 정의적 영역에 속하는 기능
- 결정적 증거가 부족한 곳에서 결론에 도달하고 판단을 하며, 상황의 가능성을 알고, 육감 및 직관을 사용할 수 있는 능력
- 신체적 과제를 성취할 수 있는 능력과 같은 운동 요소, 그것의 효용성을 그럴듯하게 평가하고, 그것을 사용하는 데 부수되는 신체적 문제와 관련된 능력
- 지각적·공간적 기능, 훌륭한 관찰력, 형태·크기·시간 및 거리·사물들 사이의 관계·상황에 대처하는 신체적 능력의 사전 인식
- 구체적 상황에서 논리적으로 사고할 수 있는 실제적 능력[100]

즉 판단력이란 인지적·정의적·심리운동적(신체적) 영역을 종합한 사고능력이라고 할 수 있다. 역사적 판단 역시 지각적 기능, 구체적 상황에 대한 숙지, 합리적 사고와 연합적 사고, 심상의 사용, 추측이나 육감, 있을 수 있는 일을 추리하는 능력 등을 포함하는 종합적인 사고능력이다.[101] 그러나 역사적 사고에서 심리운동적 영역은 별다른 의미를 가지고 있지 않다. 따라서 역사적 판단은 인지적·정의적 능력을 종합한 것이라고 할 수 있다.

와츠는 사고 발달에서 정서의 역할 또한 강조했다. 와츠에 따르면 연합적 사고는 간접적 지각으로부터 형성되고, 잠재의식적으로 간직되고, 연합적으로 분류되고, 언어에 의해 의식 속에 응결되고, 때로는 아동의 정의적 동기와 연결된다. 이러한 요소들은 지속적으로 상호작용을 하며, 상상은 그 상호작용의 결과이다. 이 관계를 보면 그림 4-2와 같다.

그림 4-2 연합적 사고에 영향을 주는 여러 요소들 사이의 상호작용[102]

　그림 4-2에서 보듯이 와츠는 기존의 인지발달론과는 달리 언어 외에 정서도 고려하고 있다. 그러나 연합적 사고의 형성에 영향을 주는 정서가 일반적인 의미의 가치나 태도는 아니다. 그것은 자료에 의해 제약을 받는 인지적·정의적 요소이다.

　와츠는 역사적 사고의 성격을 결정하는 세 가지 구성요소로 일반적 지적 능력, 역사적 지적 능력, 역사적 직관력을 들었다. 일반적 지적 능력은 다른 지적 활동에도 똑같이 적용될 수 있는 분석·종합 같은 인지 기능으로 구성되며, 역사적 지적 능력은 역사 자료를 지속적으로 접하고 그 성격을 인식함으로써 발달하는 시간 감각·창의력과 같은 인지 기능을 포함한다. 역사적 직관력은 역사적 자료나 연합의 맥락 속에서만 충분히 발달하고 활용할 수 있는 인지적·정의적 기능을 의미한다.[103] 따라서 와츠가 말하는 역사의 성격을 부여해주는 요소 중 역사적 상상과 관련이 있는 것은 역사적 지적 능력에 속하는 창의력과, 역사적 직관력이라고 할 수 있다.

　와츠가 연합적 사고의 요소로 제시한 꿈, 백일몽, 상상, 연합, 창의력은 심리학이나 일상생활에서 상상의 요소로 취급되는 것들이다. 그렇다고 이런 연합적 사고의 요소들이 역사적 상상은 아니다. 그러나 이러한 요소들은 역사적 사고에는 과학적 사고와 대비되는 또다른 측면, 즉 상상적 측면이 있음을 반영하고 있다. 와츠의 모델은 이 두 측면의 요소 모두가 역사적 사고의 발달에 중요한 역할을 한다는 것을 지적함으로써 역사적 사고에서 상상의 중요성을 명확히 했으며, 역사적 사고의 상상적 측면을 연합적 사고라는 개념으로 체계화했다. 또한 과학적 사고와 연합적 사고의 요소들은 별개의 단계를 거쳐 발달하지만, 사고의 이 두 가지 속성을 통합한 것이 판단이라고 함으로써 역사적 사고의 요소와 단계를 구체적으로 밝혔다는 점에서 의미가 있다.

와츠의 사고발달론은 관념론자들의 역사적 관점을 수용하고 있다고 할 수 있다. 와츠는 역사학의 대상을 인간 및 인간의 과거 행위, 특정한 구체적인 사건, 변화에 대한 것, 시간에 대한 것으로 보았다. 이러한 주제들은 관념론자들이 역사학의 연구 대상으로 지적하는 것들이다.[104] 관념론자들은 역사가는 증거를 토대로 연구하지만, 연구 결과는 자연과학과 같이 누구나 인정할 수 있을 만큼 객관적이거나 과학적, 또는 완전히 합리적인 것은 아니며, 반대로 역사가는 상상을 사용하지만 이 상상은 연구와 증거에 의해 통제된다고 보았다. 이는 과학적 성격과 상상적 성격이라는 역사 연구의 양면성을 반영한 것이다. 와츠가 역사적 사고는 논리적 사고와 연합적 사고의 상호작용이라고 말할 때, 논리적 사고는 역사적 사고의 과학적 성격, 연합적 사고는 상상적 성격을 의미하는 것이다. 따라서 와츠의 역사적 사고 이론은 관념론자들의 관점과 통한다고 할 수 있다.[105]

이러한 와츠의 사고발달론은 비고츠키(L. S. Vygotsky) 이론의 영향을 받았다. 비고츠키의 사고발달론에서도 사고 발달은 전조작적 사고에서 조작적 사고로, 자의적 사고에서 과학적 사고로 발달한다고 본다.*
그러나 비고츠키의 사고발달론은 몇 가지 점에서 피아제 이론과는 중
요한 차이가 있다. 비고츠키는 개념 형성을 모든 기본적인 지적 기능
이 관여하는 복잡한 행위의 산물로 보았다. 사고를 하는 데는 연합, 관
심, 심상, 추론, 결정 경향 등이 모두 사용된다.[106] 이에 따라 비고츠키
는 조작적 사고 이외의 사고를 피아제보다 훨씬 중시했다. 비고츠키
는 자의적 사고를 피아제와 같이 실제적 사고와 대립되는 것이 아니
라 그 결과로 보았다. 즉 자의적 사고는 개념적 사고로, 사고 기능이
분화·양극화된 결과라는 것이다.[107] 아울러 비고츠키는 조작적 사고
의 전 단계에 나타나는 전조작적 사고의 역할도 중시했다. 이 단계에
서 나타나는 의개념(擬槪念, pseudo-concept)은 복합적 사고와 개념적 사
고를 연결해주는 역할을 하는데, 아동이 조작의 본질을 명확히 깨닫기

---

* 비고츠키의 사고발달단계를 개략적으로 보면 다음과 같다(L. S. Vygotsky, Eugenia
  Hauman and Gertrude Vakarm trans.(1962), *Thought and Language*, Cambridge,
  Massachusetts : The M. I. T. Press, pp.59~69).
  1. 혼합적 사고(thinking in syncretism)
     ① 시행착오
     ② 시각적 분야의 혼합적 사고
     ③ ①과 ②의 과정을 통해 형성된 여러 군(群, groups)에서 취한 요소로 구성되는 보다
       복잡한 혼합적 사고
  2. 복합적 사고(thinking in complexes): 복합적 사고에는 다섯 가지 유형이 있다. 이 유형
     은 위계관계는 아니다.
     ① 연합적 복합(associative complex)
     ② 수집적 복합(collective complex)
     ③ 연쇄적 복합(chain complex)
     ④ 확산적 복합(diffuse complex)
     ⑤ 의개념 복합(pseudo-concept complex)
  3. 개념적 사고(conceptual thinking)

이전에 이미 개념을 조작하고 개념적 사고를 할 수 있게 해준다는 것이다.[108] 이러한 관점에서 비고츠키는 의개념적 사고가 언제나 조작적 사고로 대체되거나 사라지는 것은 아니라고 본다. 자의적 사고는 아동의 사고에만 국한되지 않으며, 성인의 일상생활도 자주 의개념적 사고에 의존한다.[109]

비고츠키가 말하는 자의적 사고와 의개념적 사고는 와츠가 말하는 연합적 사고에 해당한다. 따라서 와츠는 비고츠키의 이론을 지지하면서 연합적 사고와 합리적 사고는 상호작용을 하며, 합리적 사고를 하게 되더라도 연합적 사고는 여전히 존속한다고 본 것이다.

와츠의 사고 이론은 역사학습의 내용이나 방법에서 역사적 상상의 발달단계를 고려해야 한다는 점을 시사한다. 와츠는 연합적 사고가 역사학습에 주는 시사점을 다음과 같이 제시했다.

첫째, 연합적 사고는 7~8세에 조작적 합리적 사고가 나타나기 전에 역사학습을 시작할 수 있게 해준다. 이야기, 동화, 책 등은 이 단계에서 사용할 수 있는 필수적인 자료이다.

둘째, 역사적 자료는 아동의 연합적 사고 발달에 많은 기여를 한다. 연합적 사고는 그 자체로서 효과적인 사고의 방법이며, 합리적 사고를 하는 데 필요한 바탕이다.

셋째, 연합적으로 배운 학생들은 훌륭한 역사가가 될 수 있다.

넷째, 역사는 과거의 인간 상황에 대한 문제 해결 전략을 제시하는 데 연합적 사고와 합리적 사고를 훌륭하게 결합시키는 교과이다. 따라서 현재의 인간 상황에 대해서도 유사한 전략을 세울 수 있는 모델이나 도식을 제공한다.[110]

역사적 사고를 이렇게 보면서 와츠는 널리 사용되는 듀이의 반성적 사고 모델이나 블룸의 교육목표분류학은 역사에 적합하지 않다고 주장했다. 와츠에 따르면 역사는 숙고(speculation), 조종된 상상(directed imagination), 대리적 삶(vicarious living)의 형태로 더 잘 표현되며, 문제 해결보다 문제 제기와 더 관련이 있기 때문에 듀이의 문제 해결 모델은 역사에는 부적합하다.[111] 블룸의 교육목표분류 또한 모든 교과에 공통적인 사고 절차의 위계성을 다루고 있지만, 이를 역사에 적용한다는 것은 역사를 다른 교과와 마찬가지로 인지적 발달에 기여하는 자료군으로 여기는 것이므로 역사에는 적합하지 않다고 보았다.[112] 이는 블룸의 교육목표분류가 사고의 논리성과 합리성에 초점을 맞춰 연합적 사고, 즉 사고의 상상적 측면을 소홀히 취급했다는 문제점을 지적한 것이라고 하겠다. 따라서 와츠는 올바른 역사 이해를 위해서는 음악, 미술과 같은 표현 예술에서 두드러지는 연합적 사고와 논리-수학적 추리를 기반으로 하는 합리적 사고를 종합한 연합 합리적 사고(AR-thinking)를 발달시켜야 한다고 주장했다.[113]

이상에서 살펴본 바와 같이 와츠가 주장한 연합적 사고 이론은 역사적 상상이 역사적 사고의 중요한 한 측면이며, 과학적·조작적 사고와 마찬가지로 독자적인 발달단계가 있다는 점을 체계적으로 제시했다는 점에서 의의가 있다. 이와 더불어 역사적 상상은 학습에 의해 발달할 수 있으며, 역사학습에서 상상적 사고를 고려해야 함을 밝혔다고 할 수 있다.

그러나 와츠의 연합적 사고 이론을 역사교육과 역사적 사고에 그대로 적용하기에는 여러 가지 문제점이 있다. 우선 연합적 사고도 합리적 사고와 마찬가지로 발달한다고 했지만 발달단계를 명확히 밝히지 못했다는 점을 들 수 있다. 꿈과 백일몽 → 상상 → 연합 → 창의력이라는 발달단계를 제시하고 있지만 각 단계의 성격과 차이가 무엇인지를 명확히 하지 않았다. 더구나 와츠가 사용하는 용어의 개념도 명확하지 않은 경우가 많다. 위의 단계를 포괄하는 연합적 사고의 연합이라는 용어와 연합적 사고 발달의 세 번째 단계에 해당하는 연합이라는 용어의 차이 또는 관계에 대해서도 언급하지 않았다.[114] 상상의 개념도 전반적으로 모호하며, 연합적 사고 발달의 두 번째 단계인 상상이 어떤 속성의 사고인지 제시하지 않았다. 논리적 사고와 합리적 사고를 동일시하여, 상상을 이와 대비되는 사고방식으로 규정한 것도 역사적 사고에는 적합하지 않다. 논리적 사고와 합리적 사고는 모두 과학적 사고 방식이기는 하지만, 논리적 사고와 달리 합리적 사고는 역사적 상상에서도 흔히 나타난다. 역사의 구조적 상상에서 개연성을 추론하는 것은 합리적 사고에 기반하며, 역사적 감정이입은 과거 사람이 합리적으로 행동했다는 전제 아래 그들의 행동을 합리적으로 이해하는 것이다. 또한 와츠는 연합적 사고가 학습에 의해 발달 가능한 것이라고 여겼으나 이를 발달시키는 방법이나 자신이 제시한 모델을 적용한 역사교육 방안을 별도로 제안하지는 않았다. 기껏해야 역사적 자료가 이에 크게 기여한다는 일반론적인 언급에 머물렀다.

역사적 사고의 발달에 대한 또다른 연구로는 영역고유 인지(domain-specific cognition)의 입장에서 역사적 사고를 규명하려는 입장을 들 수 있다. 이 입장의 학자들은 일반적인 사고능력이 모든 교과에 적용될 수 있다는 주장을 비판하면서, 각 교과는 특수한 내용으로 구성되어 있기 때문에 다른 인식론적 배경에 기초하고 있으며 적용되는 논리도 다르다고 주장한다. 따라서 이들의 입장에서는 교수 방법 또는 수업 전략 역시 교과에 따라 달라져야 한다.[115] 이들은 사고방법 못지않게 사고의 대상을 중시하며, 교과의 내용에 따라 사고방식이나 성격이 달라진다고 본다. 예를 들어 특정 교과의 영역에 대한 학습을 통해 사고력을 육성해야 한다고 강조하는 대표적 학자인 맥펙은 사고의 성격을 다음과 같이 설명했다.

> 사고는 항상 X에 관해 생각하는 것이며, X는 결코 '일반적인 모든 것'일 수 없고 항상 특수한 어떤 것이어야 한다는 개연적 진리의 문제이다. 따라서 '내가 학생들에게 사고하기를 가르친다'라는 주장은 나쁘게 말하면 거짓이고, 좋게 말하면 사고를 잘못 이해하고 있는 것이다.
> 따라서 사고는 어떤 X와 논리적으로 연관되어 있다. 그러한 근본적인 문제는 쉽게 수긍이 가기 때문에, 비판적 사고는 커리큘럼 과목 속에 구체화되었어야 했고, 그것에 관해 가르치는 것이 그 자체의 전문 지식 분야가 되었어야 했다는 것은 놀랄 만한 일이 아니다.[116]

드라이버(R. Driver) 또한 서로 다른 자료나 문제 상황을 파악하기 위해서는 "내용과는 별개의 보편적 구조를 가진 사고의 추구보다는 주어진 과제의 맥락 내에서 특별한 사고를 평가할 필요가 있다"라고 말했다.[117] 영역고유 인지이론에 따르면 학습은 영역별로 고유한 성격을 가진 문제들을 자기 나름의 특성을 가진 학습자가 공부하는 것이기 때문에 학습 주제나 학습자의 개념은 사고에 직접적인 영향을 끼친다.

즉 학습과 사고에서는 공부하는 주제의 내용 및 학습자의 선개념이나 선행지식이 중요한 역할을 한다. 인지발달은 교과의 고유한 개념들을 습득하고 이러한 개념들을 통합하는 것이다.[118]

이 입장에 따르면 교과교육은 해당 교과에 적합한 주제 및 그에 근거한 특별한 사고방식을 학생들에게 가르쳐야 한다. 그렇지 않으면 교과를 학습하는 데 필요한 사고능력을 갖지 못하거나, 아니면 단순히 사실만을 전달하는 데 머무르게 된다.[119] 이에 따라 영역고유 인지의 입장에 서 있는 학자들은 교과 영역에 적합한 인지구조를 설정하는 데 중점을 두는 새로운 학습모델을 제시하기 위해 노력했다.

영역고유 인지이론의 관점으로 보면 교과에 적합한 사고능력을 키우기 위해서는 그 교과의 중심 개념이나 학습과제와 관련된 내용 지식을 알아야 한다. 성숙한 역사적 사고를 하기 위해서는 시간개념과 배경지식이 필수적이다.[120] 또한 역사적 증거와 과학적 증거의 성격, 역사가의 문제의식과 과학자의 문제의식은 다르다. 과학자는 사물의 물리적 현상을 대상으로 일반적 법칙을 발견하려고 하는 반면, 역사가는 특정 시간 및 특정 사건을 대상으로 행위의 이유를 찾기 때문이다.[121] 교과내용은 서로 다르기 때문에 사고방법도 다르므로, 역사적 사고는 독자적 성격을 가진다는 견해에서는 다른 교과와 구별되는 역사적 사고방식이 무엇인가 하는 것이 문제로 대두된다. 피셔(D. H. Fischer)는 역사적 사고의 논리는 특별한 것으로부터 일반적인 것으로 나아가는 귀납적 추리도, 일반적인 것으로부터 특별한 것으로 나아가는 연역적 추리도 아니며, 특정한 질문에 인증적(引證的, adductive)인 대답을 하는 인증적 추리(adductive reasoning)라고 주장했다.[122] 피셔는 추리의 세 가지 방식인 연역, 귀납, 가추(假推, 가설적 추론, abduction*)에서 역사적 사고의 성격을 이끌어낸다. 연역은 '가설로부터 필연적으로 유도되는 추리', 귀납은 '이론에 대한 실험적 검증', 가추는 '설명적 가설을 만들어 가는 과정'이다. 피셔는 인증을 가추와 귀납의 조합으로 보았다.[123] 인증적 사고(adductive thinking)는 자료를 토대로 전제조건을 추론하되, 거기에 모순이 없는지를 자료에 비춰 확인하는 사고방식이다.

피아제 이론을 역사교육에 적용하는 것의 문제점을 지적하면서 학생들이 가지고 있는 역사적 사고의 본질을 규명하기 위해 일련의 연구를 진행한 부스(M. B. Booth)도 피셔와 마찬가지로 역사적 사고의 성격은 연역적인 것도 귀납적인 것도 아니라고 주장했다. 부스에 따르면 역사적 탐구는 엄격한 논리보다도 상식적 판단에 훨씬 더 크게 의존한다는 점에서 연역이 아니며, 증거의 외면에 나타나 있는 사실에 대한 탐구만이 아니라 역사적 행위에 깔려 있는 사고방식 및 역사적 사실의 의미를 추출하는 것이라는 점에서 귀납도 아니다.[124] 이에 따라 부스는 피셔가 사용한 개념을 받아들여 역사의 독특한 사고방식을 인증적 사고로 규정하고, 인증적 사고는 잃어버린 세계에 대해 상상적으로 가장 신뢰성 있게 해석해서 다시 찾아내는 것이라고 설명했다.[125] 여기에서 잃어버린 세계를 상상적으로 재창조하는 것은 피셔가 말하는 가추, 가장 신뢰성 있게 해석하는 것은 귀납에 해당한다. 역사적 사고의 특징은 과학에서 사용하는 귀납적 방식과 자료에 나타나는 내용

---

* abduction은 가설적 추론(추리), 줄여서 가추, 귀추(歸推), 외전(外轉) 등으로 번역한다. 결과로부터 전제조건이나 원인을 추론하는 방식이다. 여기에서는 철학에서 주로 사용하는 용어인 '가추'로 표기한다.

의 상상적 재창조라는 상상적 이해를 조합하여 사용하는 것이라고 할 수 있다. 부스가 말하는 잃어버린 세계를 재창조한다는 것은 자료에 빠진 역사적 사실을 찾는다는 점에서 구조적 상상의 성격을 가진다. 명시되지 않은 역사적 행위자의 내면을 밝히는 것이라는 점에서 역사적 감정이입의 속성도 가진다. 스토클리는 인증적 사고의 개념이 맥락적 지식의 틀을 토대로 만들어지는 감정이입적 재구성과 유사하다고 말했다.[126]

부스는 인증적이라는 말을 관련 사건을 어떤 공통된 중심, 즉 콜링우드가 말하는 역사적 사고의 특징인 선험적 틀과 명백히 관련이 있는 상상적 망(imaginative web) 속에 모아야 한다는 의미로 받아들인다.[127] 따라서 인증적 사고를 역사적 사고의 특성으로 보는 것은 관념론의 입장에서 역사를 이해하고 있는 것이다. 이러한 측면에서 보면 역사적 사고의 고유한 방식으로 인증적 사고를 주장하는 견해는 앞에서 살펴본 와츠의 역사적 사고에 대한 견해와도 통한다고 할 수 있다. 부스도 와츠의 말을 빌려 과거에 대한 신뢰성 있는 해석은 숙고, 조종된 상상, 대리적 삶의 형태로 볼 수 있다고 말했다.[128] 그러나 와츠가 말하는 연합적 사고는 논리적 사고와 상호 관련이 있지만 별개의 발달 과정을 가지고 있으며, 그것이 판단으로 종합되는 데 비해, 부스의 인증적 사고는 기본적으로 양자의 조합이라는 점에서 차이가 있다.

역사의 본질을 인증적 사고로 보는 사람들은 아동의 역사적 사고능력도 인증적 사고에 의해 분석되어야 한다고 주장한다. 이들은 피아제의 인지발달론이 역사적 사고의 극히 일부분에만 관심을 쏟고 있기 때문에 이에 근거해 아동의 역사적 사고력을 분석하는 것은 한계가 있으며 제한적이라고 비판한다. 이들에 따르면 아동의 역사적 사고 발달에 관심을 가질 때 가장 먼저 교과의 특별한 본질과, 그에 적합한 교수 학습방법, 즉 교과의 구조를 결정해야 하며, 다음으로 학생들이 그러한 행위를 얼마나 깊이 그리고 어떤 방법으로 탐구할 수 있느냐를 확정지어야 한다.[129] 따라서 역사적 사고의 발달에 대한 연구에서 밝혀야 할 것은 아동의 인증적 능력이다. 부스는 실험연구를 통해 인증적 사고에 의한 역사 이해 능력을 획득할 수 있는 시기는 14~16세의 중등학교 학생 단계라고 밝혔다.[130]

3. 역사적 상상력의 발달

1) 감정이입적 이해의 단계

역사적 감정이입에 대한 연구들도 역사적 자료에 대한 학생들의 이해 능력에 관심을 쏟고 있다. 역사적 감정이입을 연구한 사람들은 그 주된 목적이 학생들의 역사적 이해 능력을 발달시키는 것이라고 주장했다. 이들은 초등학생도 역사적 감정이입에 몰입함으로써 역사 이해 능력을 높일 수 있다고 본다.[131] 역사적 감정이입에 대한 연구는 학생들이 과거 인간의 행위를 어떻게 이해하는지 밝히는 데 중점을 둔다. 리는 감정이입적 이해 단계를 구분하는 하나의 기준을 제시했다. 리는 역사 이해에서는 인간의 동기와 의도를 파악하는 것이 중요하며, 이는 공적 증거에 대한 해석이라고 규정했다. 여기에서 역사 이해란 바로 감정이입적 이해라고 할 수 있다. 리는 학생들의 감정이입적 이해를 4단계,

여섯 가지 유형으로 구분했다.

[단계 1]

유형 1: 행위를 이해할 수 없는 것으로 취급한다. 행위자의 의도나 상황을 조리 있게 파악하지 못하며, 명백한 증거와 직접적으로 모순되게 이해한다.

[단계 2]

유형 2: 행위를 행위자의 의도 및 상황과 관련지어 설명한다. 상황에 대한 행위자의 관점과 역사가의 관점을 구분하지 못하며, 관습적 요인 또는 고정 관념에 의해 행위나 상황을 설명한다. 증거를 적절히 해석하지 못한다.

유형 3: 유형 2에서 도달한 이해의 내적 모순과 행위자의 행위 중 어떤 것을 문제로 삼아야 하는지를 깨달음으로써 행위를 다시 이해하지 못하게 된다. 상황에 대한 역사가의 관점과 행위자의 관점을 식별하지 못한다.

[단계 3]

유형 4: 행위를 행위자의 특별한 의도 및 상황에 대한 그의 관점으로 설명한다. 행위자의 의도를 이해하며, 그 이해가 적절할 수도 있다. 상황에 대한 행위자의 관점과 역사가의 관점을 구분한다. 그러나 국지적 맥락에서만 가능하며, 광범한 맥락에서 이해하지는 못한다.

유형 5: 유형 4의 이해가 광범한 맥락에서는 적합하지 않다는 것을 깨달음으로써 행위를 다시 이해하지 못한다. 이에 대한 대안적인 행위 과정을 제시하거나 광범한 맥락을 언급할 수 있지만 고려해야 할 여러 요인을 적절히 조화시키지 못한다.

[단계 4]

유형 6: 상황에 대한 역사가의 관점 차이를 지적함으로써 행위를 설명하고, 광범한 맥락에서 행위를 파악한다. 행위자의 의도를 이해하고, 상황에 대한 폭넓은 시각을 가진다. 모순처럼 보이는 행위의 여러 측면을 효율적으로 통합하며, 행위의 적절성을 여러 특성에 의해 판단한다.[132]

여기에서 유형 3은 [단계 2]에서 [단계 3]으로, 유형 5는 [단계 3]에서 [단계 4]로 넘어가는 이행 단계에 해당한다고 할 수 있다. 따라서 유형 1, 유형 2, 유형 4, 유형 6이 각 단계를 구분하는 이해의 특징이라고 하겠다. 리의 감정이입적 이해 단계에서 인지갈등과 갈등의 해소는 사고 발달의 과정이다. 학습자는 사고 발달에 따라 인지 갈등을 겪게 되고, 이 갈등을 해소함으로써 사고가 한 단계 높아진다. 이는 문제의식을 가지고 자료에 질문을 던져야 역사적 사고를 촉진할 수 있다는 생각에 따른 것이다.

리가 분류한 이와 같은 감정이입적 이해의 단계는 이후 연구에서 수용되어 실제 실험연구에 적용되었다. 셰밀트는 학생들이 감정이입적으로 혼란을 느낄 수 있는 문제와, 현재 사람들의 행위와는 대조적인 과거인의 행위에 대한 학생들의 이해 수준을 조사했다. 전자의 방법으로 셰밀트는 13세기 영국인들은 왕이 환자에게 손을 대면 피부병인 연주창이 낫는다고 믿었다는 사실을 학생들에게 알려주고, 참회왕 에드워드(Edward the Confessor)가 환자를 치료하는 모습을 그린 그림 4-3을 보여준 뒤 "왜 병이 치료되지 않았음에도 불구하고 그들은 치료되었다고 믿었을까?"라는 질문을 던졌다.

그림 4-3 침회왕 에드워드가 환자를 치료하는 모습

세밀트가 학생들의 이해를 분석하는 기준으로 삼은 것은 다음과 같다.

[단계 1]

역사적 지식과 감정이입적 이해를 타당하게 적용하지 못한다. 동어반복적인 설명을 하거나, 기껏해야 판에 박힌 설명이나 상식적인 설명, 역사주의적인 설명을 하는 데 그친다.

예: 그들은 아둔하고 어리석어서 / 우리만큼 발달하지 못해서 / 원시시대에 살아서 발달이 뒤떨어지고 미신을 믿었으므로.

[단계 2]

타당한 역사적 분석을 한다. 그러나 '외면으로부터'의 분석에 머물며, 감정 이입적 이해에 이르지는 못한다. 감정이입적 설명 대신 조건적 설명을 한다.

예: 르네상스 이전의 종교 시대에 살았으므로 초자연적인 치료의 힘을 믿었다.

[단계 3]

과거 인간의 행위를 '내면으로부터' 설명한다. 그러나 단지 일상적 감정이입 (everyday empathy)에 머문다. 당시 사람들이 왜 에드워드 왕의 치료를 합리적으로 여겼는지를 보여주려고는 한다. 그러나 20세기적 세계관 내의 재구성으로, 현대인과는 다른 삶의 형태나 사고방식을 재창조하려고 하지는 않는다.

예: 믿음은 플라세보(placebo) 효과나 자연적 치유처럼 때로는 치료의 효과를 발휘한다. / 종교나 왕정의 효율적인 선전이었다. / 사람들은 항상 기적적 치료에 대한 이야기를 들어왔다. / 사람들은 달리 의지할 것이 없었으므로 자포자기의 심정이었고 잃어버릴 것은 아무것도 없었다.

[단계 4]

진정한 역사적 감정이입을 한다. 왕의 치료에 대한 믿음이 왜 중세인의 생각에서는 합리적이었는가를 보여주고자 한다. 20세기의 선입견에서 벗어나 현대와는 다른 세계관을 재창조하려고 진정으로 시도한다.

예: 병은 죄의 대가이며, 치료는 용서를 상징한다. 그러므로 환자는 용서를 받아야만 했고, 왕의 주위를 도는 것을 고해성사로 여겼을 것이다. / 왕은 단지 신의 목적을 위한 도구이다. 이 도구는 '깨끗하다.' 그리고 신의 은총을 받고 있는 상태에 있다.[133]

현대인의 행위와는 대비되는 과거인의 행위에 대한 학생들의 이해 능력을 조사하는 데는 다음과 같은 질문이 사용되었다. "19세기 초 사람들은 기차 여행이 마차 여행보다 두 배나 빠르다는 생각을 바보 같다고 여겼다. 우리는 콩코드 여객기가 기존의 여객기보다 두 배나 빠르다는 것을 당연하게 받아들인다. 그런데 왜 당시 사람들은 기차 여행이 마차 여행보다 두 배나 빠르다는 생각을 바보 같다고 여겼을까?" 학생들의 답변을 분류하는 데 적용한 기준은 다음과 같다.

[단계 1] 특별한 일련의 상황을 재창조
기차가 도입되는 상황을 콩코드가 날기 시작한 상황과 비교할 수 없다고 주장하거나 콩코드에 대해서는 아예 언급하지 않는다. 당시 사람들이 어떻게 이런 믿음을 가지게 되었는지 설명하려고 하지 않는다.

[단계 2] 상황의 감정이입적 재구성
초기의 기차를 타는 것이 어떠했는지를 재구성하려고 한다. 콩코드와의 대조가 은연중 나타난다. "뛰어 타고 내리는 습관 때문에 두 배나 빠른 기차는 위험했다. 불타는 석탄 때문에 기차는 위험했다…" 등의 대답은 그러한 예이다. 터널, 높은 사고율, 마차에 타듯이 기차 지붕에 탄 사람들의 죽음 등을 언급하기도 한다.

[단계 3] 관점의 감정이입적 재구성
과거 사람의 관점을 재창조하고 설명한다. 1825년에 살았던 보통 사람의 눈으로 사물을 보려고 한다. "오늘날의 사람들은 빨리 달리는 데 익숙해져 있으나 1825년의 사람들은 그렇지 않았다. 수천 년 동안 달리는 말이나 바람에 의해 움직이는 배보다 빠른 것은 아무것도 없었다. 그런데 기차가 발명되고 훨씬 빨리 달리자 사람들은 무슨 일이 일어나지는 않을지 걱정했다. 혹시

블랙홀 때문에 우주선이 빛보다 빨리 빨려 들어가지 않을까, 우주 비행사는 조금은 걱정했을 것이다." 이러한 응답은 사실성은 부족하지만 역사 감각은 탁월하다. '우주비행사'에 대한 부적절한 언급을 통해 증기기관차와 오늘날의 유사점을 찾으려고 한다.

[단계 4] 시대의 감정이입적 재구성
19세기 초의 생활 및 사고방식의 광범한 맥락 위에서 철도를 위치 지으려고 한다. 19세기적 상상으로 증기기관이 준 영향을 파악하려고 한다.[134]

셰밀트의 조사 연구는 제시된 상황이 학생들에게 당혹감을 일으킬 수 있는 갈등 상황이라는 점에서 의미가 있다. 갈등 상황을 제시함으로써 학생들의 감정이입적 이해를 촉진할 수 있다. 감정이입적 딜레마를 경험할 수 있는 문제는 학생들에게 과거인의 행위를 그들의 동기에 비춰 이해할 수 있도록 개방적인 시각을 갖게 한다. 현대인의 행위와 대조되는 과거인의 행위에 대한 연구는 여러 가지 다른 역사적 상황에도 적용하거나 직접적으로 비교할 수 있는 결과를 제공한다.[135]
샌섬(Chris Sansom)은 감정이입적 이해를 인간의 동기를 해석함으로써 과거를 설명하는 것으로 보고, 학생의 이해 수준을 다음과 같이 구분했다. 여기에서 이해 수준은 정신적 발달보다는 역동적인 사고 과정을 뜻한다.

[단계 1] 예비수준: 과거에 대한 건방진 듯한 태도
과거인은 어리석고, 우리보다 앞서 살았고, 발달하지 못했기 때문에 그렇게

행동했다.

[단계 2] 기초적 근거: 일반화된 동기

행위의 동기를 인식하지만 애매하게 인식하거나, 일반화 또는 정형화(定型化)된 방식으로 이해한다. '그의 성격 때문에', '종교 때문에' 등.

[단계 3] 최소능력: 특정화된 동기

행위의 특정한 동기를 인식한다. 그러나 20세기의 관점에 입각해서 인식한다.

[단계 4] 심화학습: 역사적으로 적절한 동기

역사적으로 적절한 동기를 재구성할 필요가 있음을 안다. '당시, 그 상황에 있었다면 나의 감정은 어떻게 달랐을까?'

[단계 5] 상급 능력: 증거로부터 심성을 인식하는 것의 어려움을 깨달음

그 세계의 동기, 감정 등의 인식을 위해서 다른 세계의 자료를 사용하는 것이 어려움을 안다.[136]

애슈비와 리도 과거 인간의 행위에 대한 이해의 수준을 이와 비슷하게 구분했다.

[단계 1] 결함 있는 과거(the 'devi' past)

과거의 행위와 제도 등을 이해할 수 없는 것으로 본다. 과거 사람들은 '더 홀

류한' 행위의 과정을 채택하지 못했기 때문에 중요한 측면에서 정신적으로 결함이 있다고 여긴다. 과거인의 행위를 불합리한 것으로 생각한다.

[단계 2] 일반화된 정형(定型, generalized stereotype)
행위, 제도 등을 사람들의 의도, 상황, 가치, 목적을 관습적이거나 정형화된 해석을 통해 이해한다.

[단계 3] 일상적 감정이입(everyday empathy)
행위, 제도 등을 특정한 상황에 대한 증거에 기반해 이해한다. 그러나 그 상황을 현대적 의미로 파악한다. 우리가 지금 그것을 보는 방식과 당대인이 그것을 보았던 방식, 행위자가 알았던 것과 지금 우리가 아는 것을 구분하지 않는다.

[단계 4] 제한적인 역사적 감정이입(restricted historical empathy)
행위, 제도 등을 특정한 상황에 대한 증거를 기반으로 인식한다. 과거인의 믿음, 목적, 가치가 우리와는 다르다고 받아들인다. 그러나 좁은 맥락 속에서만 가능하며, 역사적 행위의 이해 전반에 이런 생각을 적용하지 못한다.

[단계 5] 맥락적인 역사적 감정이입(contextual historical empathy)
광범한 맥락 속에서 이해나 설명을 하려고 한다. 정보나 증거가 충분하지 않으면 상상적으로 추론한다. 현재와 당시 상황의 차이가 중요하다는 것을 인식하고 자신의 관점을 바꾸려고 노력한다.[137]

영국 남부 지역 시험위원회(Southern Regional Examinations Board. 이하 SREB로 표기)도 감정이입적 이해의 단계에 대한 이런 견해를 정리하여 평가 기준으로 삼았다. 평가 기준이므로 감정이입을 하려고 하지 않는 사고방식을 제외하고, 감정이입적으로 이해하려는 학생들에게서 나타나는 사고 단계만을 대상으로 했다. SREB가 구분한 단계는 다음과 같다.

① 일상적 감정이입(everyday empathy)
② 정형화된 역사적 감정이입(stereotype historical empathy)
③ 식별력 있는 역사적 감성이입(differentiated historical empathy)
④ 정형화된 관념을 상황에 맞춰 바꾸고, 과거 사회 여러 세계관의 서로 다른 특성을 구분할 수 있는 능력[138]

④는 ③의 결과로, 과거인이 왜 오늘날의 사람들과 다르게 생각하고 느꼈는지를 아는 것만이 아니라 그들 자신의 시대에도 때때로 서로 다르게 사고하고 느꼈는가에 대해 결론을 내리거나 설명을 할 수 있는 단계이다.[139] 이러한 단계는 애슈비와 리가 정리한 감정이입적 이해의 단계와 거의 유사하다. 여기에서 정형적인 역사적 감정이입은 애슈비와 리의 정형적 감정이입뿐만 아니라 제한적인 역사적 감정이입의 일부 요소까지 포함한다. 애슈비와 리가 구분한 정형적인 감정이입은 증거의 뒷받침을 받지 않는 정형화된 역할이나 전통적 분류에 토대를 둔 판에 박힌 투사(投射, routine projection)이다.[140] 반면에 SREB의 정형화된 역사적 감정이입은 단지 과거인의 세계관이나 감정은 동일하다고 생각하는 것으로, 증거와 무관할 수도 있으나 증거 중의 어떤 한 가지

측면에만 집중하는 것일 수도 있다. 역사를 학습한 학생들에게도 정형적인 역사적 감정이입은 흔히 나타난다.[141]

애슈비와 리, SREB의 연구 결과는 감정이입적 이해의 단계에 대한 그동안의 연구들을 종합해 제시한 것이라고 할 수 있다. 이 때문에 학생들의 역사적 감정이입 발달을 조사하는 연구의 분석 기준으로 널리 사용되었다. 예를 들어 2014년 핀란드에서 실시한 핀란드 내전에 대한 학생들의 역사적 감정이입 조사에서는 애슈비와 리가 제시한 단계를 그대로 이용하고 있다.[142] 여기에서 말하는 감정이입적 이해의 단계는 피아제와 같은 발달론자들이 말하는 단계(stage)의 개념과 다르다.* 애슈비와 리는 높은 수준의 이해는 낮은 수준의 이해를 포섭하거나 대체하지만 각 단계는 발달적 위계관계가 아니라 감정이입적 이해를 하는 논리적 순서를 뜻한다고 지적한다. 학생들의 감정이입적 이해 수준은 익숙한 내용일수록 높게 나타나며, 이질적 제도나 낯선 행위를 다루는 과정을 거치면 높아질 수 있다.[143]

2) 구조적 상상의 단계

학생들의 역사적 이해 능력에 대한 많은 연구는 역사적 자료의 탐구

---

* 피아제가 말하는 단계는 아동 발달의 연속적 시기를 뜻한다. 따라서 단계는 인지발달의 수준에 의해 결정된다. 피아제는 단계의 특징을 다음과 같이 불변적 계열, 기본 구조, 계속적인 통합의 세 가지로 요약하고 있다. 첫째, 활동의 불변적 계열이 있어야 한다. 활동이 나타나는 순서는 모든 아동에게 동일하다. 둘째, 각 단계의 특징은 아동의 표면적 행동을 결정해주는 하나의 핵심적 체제, 즉 기본 구조에 의해 정해진다. 셋째, 각 구조는 다음에 오는 구조를 위한 길을 예비한다(Ginsburg and Opper, 김억환 옮김(1984), 《피아제 지적발달론》, 218쪽).

능력, 즉 역사적 자료를 해석하고 이해하는 능력을 규명하고 조사하는 데 초점을 맞췄다. 역사적 자료를 다루는 능력은 자료의 본질과 자료에 들어 있는 제반 요인을 얼마나 충분히 고려해 거기에 포함된 의미를 해석하는 능력이다. 역사가는 사료를 해석해서 역사적 사건에 구조를 부여하므로, 역사적 구조의 파악은 사료를 다루는 능력을 바탕으로 한다. 따라서 사료 해석 능력은 구조적 상상력을 결정짓는 척도가 된다. 사료 해석 단계의 기준을 제시한 선구적 연구로는 디킨슨, 가드, 리 (A. K. Dickinson, A. Gard, and P. J. Lee)의 공동 연구를 들 수 있다. 이들은 학생들이 사료를 해석하는 방식에 따라 역사 이해의 단계를 다음과 같이 구분했다.[*]

[단계 1] 역사적 자료를 과거의 상(像)으로 여기는 단계
잠재적 증거를 과거에 접근할 수 있는 창구나 과거의 직접적 관찰에 활용할 수 있는 것으로 여긴다. 증거의 개념을 가지거나 성격을 염두에 두기 이전 단계이다.

[단계 2] 역사적 자료를 과거에 대한 예시로 여기는 단계
잠재적 증거를 어떤 역사적 주장이나 해석을 예증하는 데 사용한다. 그러나 사실이나 해석을 잠재적 증거로부터 끌어내지는 않는다. 역사가의 주장은

---

[*] 이러한 조사 연구들은 학생의 역사적 이해의 발달을 수준(level), 국면(phase), 단계(stage) 등으로 분류하고 있으며, 수준이나 단계를 다시 범주(category)로 세분하는 경우도 있다. 앞으로의 논의에서 보겠지만 이러한 구분에서 수준, 국면 등은 모두 역사적 이해의 단계를 가리키며, 범주는 각 단계에서 나타나는 이해의 유형을 의미한다.

증거에 의존한다는 것에 대해 최소한의 이해를 한다. 전문적 역사가의 복잡한 해석 행위에 이르는 연속선상의 출발점이다.

[단계 3] 역사적 자료를 특별한 추론을 위한 증거로 사용하는 단계
어떤 것이 증거이며, 그것이 어떻게 증거가 될 수 있는지를 안다. 증거는 맥락과 상호의존적이라는 것을 알며, 양자를 함께 학습한다. 증거에 대한 광범한 질문을 던지며, 이를 위해 적절한 증거를 선택하지만 한정적으로만 가능하다.

[단계 4] 역사적 자료를 해석 및 역사를 위한 증거로 사용하는 단계
[단계 3]과 본질적으로 같지만 한정된 주장을 다루는 것이 아니라 역사의 틀 안에서 증거를 공적 형태의 지식으로 복합적으로 해석하는 데 사용한다.[144]

여기에서 제시된 단계는 역사적 자료를 이해하는 수준보다는 학생들이 자료를 해석하는 단계이다. 또한 각 단계의 구분은 실험연구나 조사연구의 결과가 아니라, 실험연구를 위한 가설의 성격을 띠는 개념적 범주(conceptual category)이다.

이들에 따르면 역사학습에서 자료를 사용하는 목적은 학생들이 [단계 3]의 능력에 효율적으로 도달하게 하려는 것이다. 그러나 학생들이 [단계 3]에 도달하기 위해서는 원자료만을 이용해서 학습하는 것으로는 충분하지 않으며, 역사적 맥락도 학습해야 한다. 따라서 역사 내용을 학습하는 것과 탐구 양식으로서의 역사적 방법을 학습하는 것을 이분법적으로 보는 것은 잘못이다.[145] 자료를 역사적 사실 자체로 인식하거나 주장을 예증하는 데 사용하는 [단계 1], [단계 2]에서는 자료의

상상적 이해가 가능하지 않다. 자료의 상상적 이해는 자료를 추론의 도구로 이용하는 [단계 3]에 이르러 나타난다.

이들이 제시한 자료 해석 단계의 기준은 이후의 연구에 널리 활용되었으며, 이들의 견해는 이런 연구들에 의해 지지를 받았다. SCH 13-16은 역사적 자료를 탐구하는 수업과 전통적인 강의 위주의 수업을 받은 학생들 사이에는 역사적 사고력의 수준에서 차이가 나타남을 확인했다. 이 중 학생들이 역사적 자료를 이해하는 데 사용하는 개념적 틀을 분석하는 데 적용한 기준을 이 연구팀의 평가위원인 셰밀트는 다음과 같이 제시했다.

[단계 1] 과거에 대한 지식을 당연한 것으로 받아들인다.
증거와 지식을 같은 것으로, 역사가를 기억력이 뛰어난 사람으로 생각한다.
증거(evidence)와 정보(information)를 구분하지 못한다.

[단계 2] 증거를 과거에 대한 의심할 여지가 없는 정보로 여긴다.
역사적 사실은 논의의 여지가 있다는 것을 깨닫는다. 기록과 유물, 사건이나 상황의 보고에 사용되는 자료(옛 기록, 등록부, 인명록 등)와 입증된 사건이나 상황을 구성하는 데 사용하는 자료(의회 조례, 민요, 광고 등)를 구분하지 못한다.

[단계 3] 증거를 과거를 추론하는 기초로 여긴다.
증거와 정보의 개념을 식별한다. 역사적 탐구는 사실 발굴을 위해 기록을 찾는 것 이상의 작업이라는 것을 안다. 증거에 대해 엄격하고 기계적으로 접근한다. 시뮬레이션과 같은 방법으로 역사적 탐구를 실행한다.

[단계 4] 증거의 역사성을 인식한다.

서술된 역사를 과거 사건의 재구성으로 여긴다. 이는 현대인이 지각하지 못하고 어쩌면 이해하지 못할 수도 있는 관련성, 연속성, 도덕성, 동기를 볼 수 있게 한다. 맥락적 지식의 사용에 대해서는 한정적으로 인식한다.[146]

셰밀트는 SCH 13-16 프로젝트의 연구 결과가 디킨슨, 가드, 리가 제시한 것과 비슷하다고 하면서 그 결과를 두 가지로 정리했다.

첫째, 역사적 추리(historical reasoning)와 역사적 탐구(historical inquiry) 사이의 구분은 불필요하고 정당한 근거가 없다.

둘째, 역사적 이해 없이 지식을 기억하고 언어적 능력을 증진시키는 것의 효용성에는 의문의 여지가 있다.[147]

학생들이 얼마나 많은 요인이나 배경지식을 동시에 고려할 수 있느냐에 따라 역사적 이해의 단계를 구분한 것으로는 니콜(Jon Nichol)의 연구를 들 수 있다. 니콜은 아동에게 노르만 시대에 관한 개괄적 내용을 담은 자료를 제시해 읽게 한 후, 헤이스팅스 전투* 상황을 그린 벽걸이 그림인 바이외 태피스트리(Bayeux Tapestry)(그림 4-4)를 제시하고 해럴드 왕이 어떻게 죽었는지를 생각해보게 했다. 아울러 학생들에게 대부분의 역사가는 해럴드 왕이 화살에 맞아 죽었다고 믿고 있음을 알리고 다음과 같은 점에 유의하게 했다.

---

* 헤이스팅스는 잉글랜드 동남부 서식스주의 항구 도시이다. 1066년 노르망디 공(公)이었던 정복왕 윌리엄 1세가 이곳에서 앵글로색슨 군대를 격파했다. 그 결과 앵글로색슨 왕조가 밀려나고 노르만 왕조가 들어섰다. 바이외 태피스트리는 이 전투를 그림으로 묘사한 자수 작품이다. 너비 50cm, 길이 68.38m에 이르는 거대한 작품으로, 9개의 천을 이어서 만들었다.

그림 4-4 헤이스팅스 전투를 묘사한 벽걸이 그림

　첫째, 해럴드는 '해럴드(HAROLD)'라는 단어 바로 아래의 사람이라고 생각하는가, 또는 '죽었다(INTERFECTVS EST)'라는 단어 아래의 땅에 쓰러져 있는 사람이라고 생각하는가?

　둘째, 이 작품은 바이외 태피스트리의 일부이다. 이 그림은 해럴드가 눈에 화살을 맞았을 것이라는 사실을 말해주는 유일한 증거이다.

　셋째, 역사가는 바느질하는 여인이 헤이스팅스 전투 약 20년 후에 아마도 영국에서 이 태피스트리를 짰을 것이라고 여긴다.[148]

　니콜이 위 질문에 대한 학생들의 대답을 분석하는 데 사용한 역사적 사고 단계는 다음과 같다.

　A. 주어진 증거의 한 부분과 연결된 결론
　　예: 화살이 해럴드의 눈을 맞혔다.
　B. 주어진 증거의 두 부분과 연결된 결론
　　예: 해럴드는 눈에 화살을 맞은 사람일 수도 있고, 말 탄 사람에게 베어져 쓰러진 사람일 수도 있다.

C. 주어진 증거의 세 부분과 연결된 결론

D. 외부의 일반적 지식과 연결된 결론

　　예: 그림은 전투를 보여준다.

E. D 및 외부의 일반적 역사적 지식과 연결된 결론

　　예: 그림은 기사들이 갑옷을 입고 도끼와 넓은 칼을 사용했음을 보여준다.

F. 복잡한 역사적 지식과 연결된 결론

　　예: 그림은 헤이스팅스 전투를 보여준다. 해럴드 왕은 스탬퍼드 다리 전
　　투 때부터 친위대원과 함께 행군을 했다. 그리고 노르망디 공 윌리엄의
　　침략군과 맞닥뜨렸다.

G. 복잡한 역사적 지식 및 증거에 대한 의문과 연결된 결론

　　예: 그림은 바이외 태피스트리에 묘사된 것이다. 이 작품은 전쟁 20년 후
　　의 것이므로 그 정확성에 대해서는 논란이 있다. 그림은 왕을 둘러싸 보
　　호벽을 이루는 전형적인 색슨족의 전투 대형을 보여준다. 눈에 화살을
　　맞은 보호벽 안의 인물은 아마도 친위대원일 것이다. 반면 쓰러지고 있
　　는 중앙부의 기사가 해럴드로 보인다.

H. 자료에 대한 상세한 지식과 연결된 결론

　　예: 윌리엄은 해럴드가 어떻게 죽었는지 언급하고 있지는 않지만, 바이
　　외 태피스트리에 묘사된 장면은 전투에 대한 푸아티에의 기욤의 해석에
　　토대를 두고 있다.[149]

여기에서 니콜이 구분한 역사적 사고는 크게 두 단계로 나뉜다. A～
C는 자료에 나타난 요인을 동시에 얼마나 많이 고려할 수 있는가에 따
른 구분이고, D～H는 자료에 나타난 내용 이상의 역사적 지식을 얼마

나 다양하고 정밀하게 활용하여 역사적 자료를 해석할 수 있는가에 따른 구분이다. 후자를 위해서는 역사적 상상력이 필요하다. 자료에 포함된 요소를 많이 고려하면 할수록, 배경지식을 많이 알면 알수록 역사적 이해의 수준은 높아지고 상상적 이해도 가능해진다.

부스는 19세기 후반에서 20세기 사이에 활동했던 12명의 주요 인물 및 사건의 사진이나 그림 및 유명 연설과 문서에서 뽑은 12개의 짧은 인용문을 제시하고 분류하게 한 다음, 인터뷰를 통해 학생들의 역사적 사고의 본질 및 구조를 조사했다. 부스는 학생들의 반응을 두 단계로 구분했다. 첫 번째 단계는 자료의 직접적 내용에 토대를 두고 분류하는 유형이다. 이 단계에서는 자료에 명백히 나타난 내용을 토대로 분류하며, 분류 결과를 기술(記述)한다. 두 번째 단계는 더 대담하고 창조적이면서도 면밀한 상상적 사고를 사용하는 분류이다. 이 단계에서는 자료를 종합하고 분석하며, 여러 가지 항목(item)을 근거로 분류한다. 또한 직접 관찰할 수 있는 특징이 아니라 추론된 특성이나 아이디어에 근거해 분류한다. 자료를 외형이 아닌 내면으로부터 관찰하며 잠재적 또는 내재적 의미를 깨닫는다. 부스는 두 번째 단계의 사고가 창조적·인증적인 역사적 사고의 주요 특징이라고 했다.[150]

이상에서 살펴본 여러 연구의 결과를 종합하면 학생들이 사료를 해석하는 과정은 다음과 같은 단계로 구분할 수 있다.

첫 번째, 사료 자체를 역사적 사실로 여기는 단계이다. 이 단계에서는 사료에 나타난 내용 그대로 역사를 이해한다.

두 번째, 사료를 역사 이해의 증거로 사용하되, 사료에 명확히 나타나 있는 내용에만 관심을 쏟는 단계이다. 이 단계는 다시 내용 중의 한

가지 요소에만 관심을 쏟는 단계와 두 가지 이상의 요소를 동시에 고려하는 단계로 구분할 수 있다.

세 번째, 사료를 종합하여 분석하고 해석하는 단계이다. 이 단계에서는 사료에 외형적으로 나타나 있지는 않으나 거기에 내포된 의미를 고려하며, 자신의 역사적 개념이나 지식을 토대로 사료를 해석한다. 사료에 대한 상상적 해석도 이 단계에서 이루어진다.

3) 역사적 판단력의 신장

일상에서 판단이라는 말이 명료한 의미 규정 없이 광범위하게 사용되고 역사적 판단의 의미가 불명확하기 때문에, 역사적 판단력의 단계를 구분하는 연구는 별로 없다. 다만 역사적 사고력의 발달단계에서 역사적 판단력의 위상을 제시하기도 한다.

앞서 말한 대로 와츠는 역사적 판단력이 역사적 사고력의 가장 높은 단계로, 독립적 발달단계를 거친 논리적 사고와 연합적 사고가 통합되어 형성되는 것으로 보았다. 최상훈은 역사적 판단력을 역사적 사고력의 하위요소라고 하면서도, 이를 가장 높은 수준의 사고력으로 규정했다. 그리고 판단 능력은 역사교육의 궁극적 목적이 될 수 있다고 보았다.[151] 독일에서도 역사적 판단 능력, 그중에서도 가치판단 능력을 가장 높은 수준의 역사적 사고능력으로 본다. 그리고 역사적 판단에 도달하려면 다원적 관점의 관찰이 필요함을 강조한다.[152] 정선영은 국내외 역사교육 학자들의 역사적 사고에 대한 견해를 검토하고 이를 기반으로 역사적 판단력이 통찰력과 함께 역사적 사고력의 최종 목적이라고 주장했다.[153] 역사적 판단력을 위계화해서 제시한 유일한 연구로 최상훈의 연구가 있다. 최상훈은 역사적 판단력은 가치판단뿐 아니라 사료 선택에 관한 판단, 연구방법에 관한 판단 등 다양한 판단을 포함한다고 하면서 이를 반영해 역사적 판단력의 수준을 다음과 같이 구분했다.[154]

[수준 1]
역사와 관련된 자료 자체를 역사적 사실로 인정한다. (자의적인 판단을 하는 단계)

[수준 2]
1차 사료와 2차 사료의 차별성을 인식하지만 신뢰도가 같은 것으로 파악한다. (사료의 신뢰성을 정확하게 판단하지 못하고 현재의 관점에서 과거 사건이나 행위를 판단하는 단계)

[수준 3]
1차 사료와 2차 사료에서 추출되는 정보 및 그 신뢰도의 차이를 인식한다. (사료의 가치를 판단할 수 있으며, 과거의 사건이나 행위를 판단하는 단계)

[수준 4]
1차 사료와 2차 사료에서 추출되는 정보 및 그 신뢰도의 차이를 인식한다. (사료가 만들어진 역사적 상황을 고려하고, 과거 상황에 존재했던 가치 및 태도에 반영된 다양한 조건을 감안하여 과거 사건이나 행위를 판단하는 단계)

[수준 5]
다양한 사료 중에서 신빙성을 판단하여 부적절한 자료를 제거하고 필요한 증

거를 역사적 맥락에서 활용한다. (사료 비판을 수행하고 역사적 사건이나 행위의 의미와 중요성에 관해 시대상황을 고려하여 맥락적으로 판단하는 단계)

최상훈이 제시한 역사적 판단력의 수준은 사료 선택과 활용에 한정되어 있다. 역사적 판단에는 가치판단이나 연구방법의 판단 등 다양한 판단이 포함되어 있다고 했지만, 이를 종합하거나 아우르는 판단력은 아닌 셈이다. 역사적 판단력의 수준을 이에 한정할 경우, 상상적 해석의 단계와 구분하기 어렵다. 또한 실제 판단의 기준은 1차 사료와 2차 사료의 개념에 대한 지식이나 사료의 신뢰성을 파악하는 사료 비판 능력에 해당하는 것인데, 역사적 판단력의 상상적 속성을 제대로 반영하고 있지 않다.

역사적 판단력이 종합적인 능력이라면, 이를 구성하는 각각의 개별 능력이 발달함에 따라 역사적 판단력도 높아진다고 할 수 있다. 역사적 판단력이 역사적 상상과 관련된 자료 선택, 인과적 판단, 역사 전달이라고 할 때, 각각의 능력이 어떤 단계를 거치는지를 밝히는 것이 역사적 판단력 발달의 준거가 될 것이다. 그리고 자신의 연구나 학습 목적에 맞게 자료를 선택하고 연구 결과를 어느 정도 서술할 수 있는지가 역사적 판단력의 단계가 될 것이다.

역사적 판단력에 해당하는 사고행위 중에서 가장 많이 언급되는 것은 역사서술이다. 드로이젠은 역사서술을 탐구적 서술, 설명적 서술, 교육적 서술, 논의적 서술로 구분했다. 탐구적 서술은 불확실한 객관적 상황으로부터 역사가가 세우는 하나의 주관적인 상황을 증명해나가는 형식이며, 설명적 서술은 연구된 바를 근거로 사건의 생성과 경과를 서술하는 것이다. 교육적 서술은 연구된 바를 거대한 역사적 연속성 속에서 사고하고 현재에 주는 의미에 따라 평가하면서 서술하는 것이며, 논의적 서술은 연구된 바를 현재의 어떤 시점이나 하나의 특정 주제에 집중해서 서술하는 형식이다.[155] 이 중 가장 많이 볼 수 있는 것은 설명적 서술이다. 그렇지만 탐구 → 설명 → 교육 → 논의적 서술로 갈수록 상상이 더 많이 들어갈 가능성이 높다. 그러므로 역사적 판단력을 기르고 이를 기반으로 역사적 사실을 상상적으로 이해하려면 논의적 서술을 연습하는 편이 효과적이다. 맨들바움(Maurice Mandelbaum)은 역사서술의 유형을 계기적, 설명적, 해석석 형태로 구분한다. 계기적 형태는 일련의 사건을 일어난 순서대로 서술하는 방식, 설명적 형태는 무엇이 일어났는지를 알고 있는 상태에서 그것이 어떻게 일어났는지를 설명하는 서술 방식, 해석적 형태는 어떤 역사적 사실 자체를 묘사하고 거기에 의미를 부여하는 서술 방식이다.[156] 김한종은 이런 서술 형식의 분류를 근거로 해서 역사교과서의 서술 형식을 계기적 서술, 설명적 서술, 해석적 서술, 가치판단적 서술로 유형화했다. 그리고 계기적 서술을 다시 내러티브와 연대기적 서술로 구분했다.[157] 논쟁의 대상이기도 하고 보는 사람에 따라 다르겠지만, 일반적으로 연대기적 서술보다는 내러티브가, 설명적 서술보다는 해석적 서술이 역사적 사실의 본질에 더 가까우며 역사적 상상을 내포할 가능성이 높다. 그렇지만 역사적 판단력으로서의 서술 능력은 이 중 어떤 식의 서술을 할 수 있는지보다는 자신이 전달하고자 하는 역사인식을 서술하는 데 어떤 서술 방식이 적합한지를 가리고, 그 형식에 맞게 효과적으로 서술할 수 있는지에 의해 좌우된다.

같은 방식의 서술을 하더라도, 서술 구조에 따라 그 효과가 달라질 수도 있다. 예컨대 교과서의 사료 제시 형식이 학생들의 역사이해에 어떻게 영향을 미치는지 조사한 결과, 사료의 해석 결과를 본문에 녹여서 서술한 텍스트, 본문 중간에 사료 내용을 인용한 텍스트, 본문 서술과 병행하여 자료 형태로 사료를 제시한 텍스트 중 학생들에게 가장 큰 주목을 받는 것은 본문에 사료 내용을 직접 인용한 텍스트였다.[158] 그렇지만 이것이 해당 서술 형식이 가장 효과적이라는 의미는 아니다. 서술 내용과 서술하는 사실의 역사적 의미가 무엇인지에 따라 서술 형식은 달라진다. 교과내용에 적합한 서술 형식을 선택할 수 있어야 한다.

역사적 판단력의 개념이 명확하지 않기 때문에, 역사적 판단력을 어떻게 기를 수 있는지도 제대로 연구되지 않았다. 가다머는 판단력이 배워서 알 수 있는 것이 아니라고 했다. 그가 보기에 판단력은 일반적 방식으로 배울 수 있는 것이 아니다. 그렇기 때문에 어떤 개념에 근거한 논증이나 규칙을 적용할 수 없다. 판단력은 경우에 따라 훈련되는 일종의 감각과 같은 능력이라는 것이다.[159] 최상훈은 역사적 판단력을 기르기 위해서는 토론학습이 적절하다고 하면서, 그 학습안을 제시했다.[160] 여기에서는 토론학습을 통해 기를 수 있는 역사적 판단력으로 세 가지를 제시했다. ① 정보를 획득하고, 그 타당성과 합리성을 검증한다. ② 적극적인 구성원 의식과 집단에 대한 긍정적 태도를 가지게 한다. ③ 협력과 참여의 필요성, 타인에 대한 존중과 타협, 책임의 중요성을 인식하고, 자기표현의 사회적 기능과 민주적 사고와 태도를 배우게 한다. 그렇지만 시민의식에 초점을 맞춘 이러한 능력이나 태도가 역사적 상상력으로서의 역사적 판단력이라고 보기는 어렵다. 더구나 이는 토론학습의 일반적인 교육적 의의를 제시한 것으로, 역사 토론이 어떻게 이런 태도를 길러주는지도 명확하지 않다.

이처럼 역사적 판단력의 단계를 설정하거나 구체적인 학습방법을 제시하기는 어렵다. 그렇기 때문에 역사적 판단력을 위계화하거나 단계를 설정하기보다는, 역사적 판단력을 키울 수 있는 방법을 검토하거나, 그 동인을 탐색하는 것이 현실적이다.

4. 중·고등학생의 역사적 상상 양상

1) 조사 방법

외국 연구들이 제시한 감정이입적 이해와 자료의 상상적 탐구 양상이 실제로 한국 중·고등학생들의 사료 해석에서 어떻게 나타나는지 알아보기 위해 필자가 작성한 조사지를 교사들에게 제공하여 조사를 실시했다. 조사지의 내용은 기본적으로 〈역사학습에서의 상상적 이해〉의 조사 내용을 토대로 했다.* 다만 학생들의 선지식을 알고 조사지에 나

---

* 〈역사학습에서의 상상적 이해〉에 실린 원래의 조사는 1994년 3월 11일~22일에 걸쳐 서울 소재 중학교 4개교, 1·2·3학년 각 1개 학급(남 6개, 여 4개 학급, 혼성 2개 학급), 고등학교 4개교(인문고 3, 실업고 1), 1·2·3학년 각 1개 학급씩 총 12개 학급(남 9개 학급, 여 3개 학급)을 대상으로 실시했다. 조사는 각 학교의 역사 교사에게 의뢰했다. 교사는 학생들에게 성실히 응답할 것만을 지시하고 감독했으며, 질문이나 자료의 내용에 대한 학생의 물음에는 일체 대답하지 않도록 했다. 조사에 응한 학생의 수는 중학교 1학년 217명(남 133명, 여 84명), 2학년 206명(남 129명, 여 77명), 3학년 201명(남 102명, 여 99명), 고등학교 1학년 203명(남 154명, 여 49명), 2학년 196명(남 149명, 여 47명), 3학년 196명(남 144명,

오는 사료 내용을 꼼꼼히 읽으라는 뜻으로 제시한 자료 내용을 확인하는 질문을 추가했다. 이런 질문을 넣은 것은 학생들이 텍스트 내용에 기반을 두고 질문에 대한 답변을 생각하도록 유도하기 위함이었다. 조사는 서울과 대전의 중학교 각 1개교, 경기도 여주와 충청북도 소재 고등학교 각 1개교의 학생을 대상으로 시행했다.

조사결과로 얻은 학생들의 답변을 감정이입적 역사 이해 및 상상적 해석의 양상에 따라 분류했다. 분류의 기준은 선행연구를 토대로 했다. 그렇지만 중학교와 고등학교, 그리고 학년에 따른 사고의 경향성을 파악하지는 않았다. 이는 선행연구의 '단계'가 인지적 발달 수준이 아니라 역사적 상상을 하는 논리적 과정이어서 애초 학년별 역사적 상상력의 수준 차이나 학교와 학년이 높아짐에 따라 역사적 상상력이 어떻게 발달하는지를 확인할 목적이 아니었기 때문이다. 다만 선행연구들이 말하는 역사적 상상의 양상이 한국 학생들을 대상으로 상대적으로 익숙한 한국사의 사실들에 대한 사고에서 비슷하게 나타나는지를 확인하는 데 초점을 맞췄다.

학생들의 감정이입적 이해 양상을 알아보기 위한 조사 내용은 전근대 사회에서 자주 시행되었던 자연재해 대책이었다. 농업사회인 전근대에 가장 광범하고 큰 피해를 입힌 자연재해는 가뭄이었다. 가뭄이 들면 국가는 다양한 대책을 강구했다. 그중에서도 기우제가 대표적이었다. 학생들에게 고려시대 기우제 시행을 말해주는 자료를 제시하고, 왜 이

여 52명)으로, 중학생 624명, 고등학생 595명, 총 1219명이었다. 이 논문에서는 학생들의 상상적 이해 능력을 조사하기 위한 예비적 분석으로, 상상적 이해의 단계 및 유형만을 분석했다. 김한종(1994), 〈역사학습에서의 상상적 이해〉, 134~142쪽, 150~156쪽.

런 기우제를 지냈는지를 질문해서 감정이입적 이해의 양상을 조사했다.

자료의 상상적 탐구 양상은 역사학자들 사이에 해석을 달리하는 사건을 주제로 한다. 후백제는 한때 후삼국 중 가장 강한 국가였으나, 930년 고창 전투에서 패한 이후 점차 고려에 밀리면서 약해지기 시작했다. 그러던 중 935년에 내분이 일어나 견훤의 장남인 신검이 정변을 일으켜 견훤을 몰아내고 왕위에 올랐다. 김제 금산사에 갇힌 견훤은 탈출해서 고려에 투항했다. 이 사건은 후백제를 결정적으로 약화시켰다. 신검의 정변은 보통 왕위계승을 둘러싼 갈등으로 설명된다. 견훤이 이복형제인 금강에게 왕위를 물려주려고 하자, 신검이 진봉생 및 자신을 따르는 신하들과 함께 정변을 일으켜 금강을 죽이고 견훤을 가둔 다음 스스로 왕위에 올랐다는 것이 흔히 볼 수 있는 신검의 정변에 대한 이해이다. 그렇지만 신검의 정변을 고려에 대한 대응을 둘러싼 강경파와 온건파의 대립으로 설명하기도 한다.[16] 자료는 신검의 정변을 왕위계승 갈등을 보여주는 내용과, 고려에 대한 대응 방식의 차이를 보여주는 내용이다.

2) 감정이입적 이해 양상

중·고등학생들에게 고려 사회의 제천행사에 관해 서술한 자료를 제시하여 읽게 한 후 질문에 답하게 했다. 조사지의 내용은 다음과 같다. 학생들의 감정이입적 이해 양상을 알아보기 위한 질문은 질문 5이다. 질문 1부터 질문 4까지는 질문 5에 응답하기 위한 사고 과정을 안내함으로써 질문이 요구하는 답변의 성격을 구체화하고, 해석을 위한 기초 자료를 구하기 위한 것이다.

다음은 고려 사회의 성격과 제천행사에 관한 자료입니다. 자료를 읽고 질문에 답해주세요.

[자료 1]

고려시대 국가 경제의 기반은 농업이었고 대부분 백성들은 농민이었다. 이 때문에 고려 정부는 농업을 장려하여 국가 재정을 확보하고 농민생활을 안정시키려고 했다. 우선 농번기에 농민들을 동원하지 못하게 했다. 자연재해를 당하면 세금을 줄이거나 면제해주었다. 또한 농토를 늘리기 위해 황무지를 개간하면 일정 기간 소작료나 조세를 감면해주었다.

— 이인석, 《역사 선생님도 믿고 보는 이인석 한국사》 1

[자료 2]

도교는 불로장생과 현세의 복을 구하는 종교이다. 삼국시대에 전래된 도교는 고려시대에 왕실을 비롯한 지배층에서 유행하였다. 고려 사람들은 도교의 여러 신에게 복을 빌며 국가의 안녕과 왕실의 번영을 기원하였다. 고려 왕실에서는 하늘에 제사 지내는 도교행사를 자주 열었다.

신라 말에 널리 퍼진 풍수지리설은 미래의 운명을 예언하는 도참사상과 결합하여 더욱 성행하였다. 개경과 서경이 가장 좋은 명당으로 여겨졌으며, 개경의 기운이 약해졌으므로 도읍을 서경으로 옮겨야 한다는 주장이 나오기도 하였다. 절을 지을 때에도 풍수지리설에 따라 터를 잡았다.

— 《중학교 역사2》, 비상교육

[자료 3]

고려 사회에서는 정부나 왕실이 앞장서서 하늘이나 조상에게 제사를 지내는 경우가 많았다. 가뭄이나 홍수가 들거나, 병충해를 입었을 때, 보지 못하던 별이 나타났을 때, 호랑이가 사람을 물어가는 사건이 발생하였을 때, 왕자가 태어나지 않고 있을 때 등 여러 경우에 유명한 산이나 큰 강, 바다, 종묘 등에서 제사를 지내고, 재해를 없애달라거나 소원을 들어달라고 빌었다. 이 제사에는 많은 인원이 동원되고 커다란 비용이 들었다. 높은 관리들이 모두 제사에 동원되기도 하였고, 무당 250명을 궁중에 한꺼번에 불러들인 적도 있었으며, 제사가 6일간이나 계속된 경우도 있었다. 제사를 지내도 효과가 없을 때는 다시 제사를 지냈다. 예를 들어 1329년(충숙왕 16년)에는 비가 오지 않자 5월과 6월 사이에 네 차례나 비가 오기를 비는 기우제를 지냈다.

—《고려사》에서 정리[162]

[질문]

질문 1. 자신이 생각하는 고려 사회의 성격을 '～ 사회'라고 한 단어로 표현해봅시다.

질문 2. [자료 1]을 토대로 고려시대 국가에서 농민을 보호하기 위해 어떤 정책을 취했을지 생각하는 대로 말해보세요. [자료 1]에 직접 나오지 않는 정책을 말해도 됩니다.

질문 3. [자료 2]에서 알 수 있는 역사적 사실을 모두 말해보세요.

질문 4. [자료 3]에서 알 수 있는 역사적 사실을 모두 말해보세요.

질문 5. [자료 3]의 내용과 같이 많은 비용을 들이고 사람을 동원해서 제사를 지낸 이유는 무엇이라고 생각하는지, [자료 1]～[자료 3]을 참고하여 설명해봅시다.

이러한 제사가 실제로 가뭄 해소에 별 효과가 없었을 것임을 학생들도 쉽게 추측할 수 있다. 따라서 학생들은 실제 효과가 없는데도 고려 조정이 계속해서 많은 비용을 들여 제사를 지낸 이유를 추론하게 된다.

학생들의 응답을 감정이입적 이해 과정에 따라 5단계로 구분하고, 각 단계에 해당하는 응답을 그 내용에 따라 일정하게 분류할 수 있는 경우에는 다시 나누었다. 이때의 단계는 역사를 이해할 수 있는 능력의 심리학적 발달 수준이 아니라 감정이입적으로 역사를 이해하는 과정을 보여준다. 제시된 상황은 학생들이 감정이입적 갈등을 느낄 수 있는 상황이기 때문에 이해 형태가 명확히 드러날 것이라고 기대된다. 학생들의 응답에 나타난 감정이입적 이해의 단계와, 각 단계에 해당하는 응답의 예는 다음과 같다(맞춤법이나 띄어쓰기를 제외하고는 학생들이 서술한 그대로 옮긴다).

[단계 1] 당시 사람의 행위를 이해하려고 하지 않는다

학생들은 질문이 요구하는 답변 내용에 별 관심이 없는 경우가 있다. 질문을 다시 반복하거나 질문과 상관없는 답변이 여기에 해당한다. '비를 내리게 하려고'라는 식으로 제사의 원인이 된 사건을 해결하기 위해 제사를 지냈다고 설명하거나 질문 내용과는 상관없이 자료를 읽는 것이다. "평화와 안정을 위해 그런 것 같다"(충북 오송, 고 2)는 답변은 자료 및 질문 내용과는 상관이 없다. 즉 역사적 상상의 시작인 자료에 질문을 던지는 행위 자체가 없는 것이다.

재해를 없애달라고 하기 위해서, 소원을 들어달라고 하기 위해서. (대전, 중3)

일부 학생들은 전근대 사회에서 제사를 지내는 행위의 의미를 언급한다. 그렇지만 제사의 이유를 설명하지는 않는다. 당시 사람들의 관점에서 왜 그런 제사를 지냈는지 이해하려고 하지 않는다. 행위에는 동기와 이유가 있으며, 당시 사람들도 어떤 의도와 목적을 가지고 그런 행동을 했을 것이라고 생각해야 하는데 그렇지 못하다. 감정이입적으로 역사를 이해하려는 태도가 결여되어 있는 것이다.

감정이입적으로 이해하려고 하더라도, 역사적 감정이입으로 나아가지 못하는 이유는 애초 과거인의 행위가 합리적이라고 생각하지 않기 때문이다. 과거 사람들은 무식하고 어리석다거나, 과학기술이 발달하지 않아서 효과적인 대책을 세울 수 없었다거나, 미신을 믿었다는 생각이 대표적이다.

과학기술이 발달하지 않아 비가 내리는 게 하늘의 뜻이라고 여겼기 때문이다. (서울, 중 2)

하늘에 대한 믿음이 존재해 가뭄을 하늘이 노한 것이라 생각했기에. (경기도 여주, 고 3)

제사를 지내면 해결될 것이라고 믿는 마음이 강해서 그런 것 같다. 이렇게 열심히 제사를 지내면 행복할 것이라고 생각했던 것 같다. 소원을 들어주는 줄 알고 그랬던 것 같은데, 종교를 오래전부터 믿어서 더 그런 것 같기도 하다. (대전, 중 3)

인용한 답변 중 세 번째 학생은 당시 사람들이 제사를 극진히 지내면 하늘이 소원을 들어줄 것이라고 생각했던 것 같다고 말한다. 자료에 당시 고려 정부나 왕실에서 실제로 그렇게 생각했다는 내용이 없으므로, 이는 상상적 추론에 해당한다고 볼 수도 있다. 그렇지만 다수의 학생들은 이런 추론보다는 전근대 사회의 사람들이 이런 생각을 하는 것은 당시 사람들이 자연현상을 제대로 알지 못했기 때문이라고 생각한다. 이 학생은 [자료 3]에서 알 수 있는 역사적 사실을 묻는 질문 4에 "실질적으로 무언가 해결하기보단 종교에 조금 더 의지했던 것 같다"거나 "제사를 한 번만 하는 게 아니라 소원이 이루어질 때까지 반복하였다"고 답하고 있다.

[단계 2] 고정관념으로 당시의 제사를 이해한다

어떤 하나의 사고 틀에 입각해서 과거 행위를 이해한다. 이런 사고의 틀은 자료를 접하면서 새롭게 생겨나는 것이 아니라 기존에 가지고 있던 고정관념인 경우가 많다. 신에게 의존한다든지, 종교적 신념이나 관습 등으로 이해하는 것이 여기에 해당한다. "종교를 통해 사람들을 쉽게 다스리려고"(서울. 중 2)라고 생각한다.

이때 사고 틀은 합리적인 경우도 있지만, 그렇지 않은 경우도 있다. 합리적이지 않은 대표적인 경우가 어떤 강한 힘에 의해 행위를 이해하려고 하는 것이다. 학생들은 고려가 불교를 숭상했고, 불교가 사회와 사람들의 생활에 광범한 영향을 미쳤음을 안다. 고려는 불교 중심 사회라는 것이 기존 학습의 결과로 학생들이 가지고 있는 선개념인 것이다.

고려는 불교를 숭상했다. 제사를 지내는 것은 모두 불교를 믿어서였다. (서울, 중 2)

이 학생은 자료에 나오는 신앙행위를 모두 불교와 연결해 생각하고 있다. '고려의 종교나 신앙＝불교'라는 도식에 맞춰 이해하는 것이다. 그렇지만 [자료 1]～[자료 3]에는 특별히 불교에 해당하는 내용은 없다. 물론 한국의 불교는 도교나 무속신앙을 흡수했다. 절에 가보면 삼성각이나 칠성각과 같이 이에 해당하는 전각도 흔히 찾아볼 수 있다. 조상에 대한 제사를 지내거나 죽은 자의 영혼을 달래는 천도재를 행하기도 한다. 그렇지만 하늘에 소원을 비는 제사를 지내지는 않는다. 불교가 제사를 어디까지 지내는지는 상당히 깊이 있는 지식이므로 별개의 문제라고 하더라도, 이 학생은 애초 불교와 제사 사이의 관계를 염두에 두지 않았다. 한국 불교의 성격을 별도로 고려하지 않은 것이다. 그저 고려는 불교를 숭상하는 사회라는 고정관념으로 답변했을 뿐이다. 그러므로 자료 내용에 비춰 보면 이 답변에 나타난 학생의 이해는 합리적이라고 할 수 없다.

"왕권을 강화한 뒤 왕의 권위를 보여주고 농업을 위해 제사를 지냈다"(대전, 중 3)라는 생각도 이에 해당한다. 이 학생은 전근대 사회에서 왕권 강화를 위한 노력이 꾸준히 추진되었으며, 국왕은 자신의 권력을 보여주고 싶어한다는 선지식을 가지고 있다. 그렇지만 기우제는 그 행위 자체가 왕권을 보여주는 것이라는 추론이 합리적이라고 할 수는 없다. 이런 대답을 하는 것은 전근대 사회에서 왕이 하는 모든 행위를 왕권 강화를 위한 것으로 보기 때문이다. 이처럼 고정관념으로 이해하는 학생들은 자신의 선지식과 역사적 행위를 연결하지 못하는 경향을 보인다. 한 학생은 고려 사회에서 기우제를 지낸 이유를 "자연을 숭배하기 때문이다"(서울, 중 2)라고 대답했다. 이 학생은 고려를 농업사회라고 생각했으며, 자료의 독해를 통해 도교나 풍수지리설이 퍼져 있고, 농민보호 정책으로 세금 면제 정책을 취했다고 답했다. 그렇지만 기우제를 지낸 이유나 기우제 행위를 이와 연결하지는 않는다. 그저 자연숭배 때문이라고 답했다.

> 도교는 불로장생과 현세의 복을 구하는 종교이기 때문에 현세의 복을 구하는 과정이 더 성대할수록 현세의 복이 올 가능성이 높다고 생각한 것이다.
> (서울, 중 2)

물론 이는 고정관념에 의한 것이라고 볼 수도 있지만, 자료 내용과별 상관이 없다는 점에서, 자료를 합리적으로 이해하거나 해석하려는 태도가 결여되어 있다고 할 수 있다. 이 경우 감정이입적 이해를 하기 위한 전제조건 자체를 가지지 못했다고 할 수 있다.

[단계 3] 일상적 관점에 의해 제사를 이해한다

제사를 지낸 이유를 사회적 배경에 비춰 이해하려고 한다. 그렇지만 이 단계의 학생들이 생각하는 상황은 행위가 일어났을 당시 사회가 아니라 전근대 사회 전체에 대한 막연하고 추상적인 이미지이다. 이 때문에 학생들의 응답은 이해의 대상이 되는 역사적 사실이 일어난 시대나 사회가 아니라 어떤 시대나 사회에서 일어난 현상에도 적용 가능하다.

전형적인 이런 성격의 이해는 당시의 사회적 맥락이 아닌 오늘날의 사회적 관점에 의한 이해이다. 현대 사회에서는 아무리 가뭄이 들어도 국가 차원에서 기우제를 지내지 않는다. 물론 요즘에도 기우제를 지내기는 한다. 2022년 봄과 가을에 가뭄이 극심하자, 전국 곳곳에서 자치단체나 농민들이 기우제를 지냈다.[163]

그렇지만 이는 실제로 비가 올 것이라는 믿음보다는 비가 왔으면 하는 간절한 마음을 표현한 것이다. 흔히 찾아볼 수 있는 일상적 감정이입은 민심을 수습하거나 정부의 위엄을 살리기 위해 기우제를 지냈다는 것이다. "사람이 많이 모일수록 성의를 표하는 것이라 생각해서"(서울, 중 2), "평민들의 민심을 잡기 위해"(충북 오송, 고 2)와 같은 대답이 여기에 해당한다. 요즘에도 어떤 행사가 있을 때 주최 측은 행사를 성황리에 치렀다는 인상을 주기 위해 가급적 많은 사람을 동원한다. 정부가 어떤 재앙이 있을 때 민심수습을 위한 정책을 내놓는 것은 전근대 사회에서 늘 취했던 행동이다. 이런 답변들에서 볼 수 있듯이, 일상적 감정이입은 전반적으로 합리적인 경우가 많다. 이는 이런 이해가 오늘날에도 통용되어서 시간적·공간적 제약을 넘어서는 것이기 때문이다. 그렇지만 도식화된 이해로, 당시의 사회적 맥락이나 자료 내용을 충분히 반영하지는 못한다. 일상적 감정이입의 특징은 보통 합리적 이해이기는 하지만 맥락을 고려하지 못한다는 지적이 제기되어왔다. 그렇지만 일상적 감정이입이 언제나 합리적인 것은 아니다.

재물이 풍부하고 사람이 많이 동원될수록 정성이 있으니 신이 날씨를 조종하여 농사에 영향을 줄 거라고 생각했기 때문이다. (충북 오송, 고 2)

많은 사람을 동원하고 비용을 들여서 기우제를 거창하게 지내는 것은 정성을 보이기 위함이다. 기우제를 이렇게 이해하는 것은 일상적 감정이입이다. 그런데 이렇게 하면 신이 기특하게 여겨서 비를 내려줄 것이라고 고려시대의 위정자들이 정말로 믿었는지는 불명확하다. 고려시대 사회이념은 불교였지만, 정치적으로는 유교적 합리성을 추구했다. 따라서 실제로 그렇게 믿었던 것은 아닐 수도 있다.

다수의 학생들은 전근대 사회를 농업사회라고 생각한다. 따라서 고려도 당연히 농업사회라고 생각한다. 고려 사회의 독자적 성격보다는 전근대 사회의 일부로 여기는 것이다. 그리고 이런 관점에서 기우제를 지낸 이유도 고려가 농업사회였기 때문이라고 본다. "국가 경제의 기본을 확대하기 위해"(서울. 중 3)와 같은 대답이 여기에 속한다. 물론 이 자체는 합리적인 이해에 해당한다. 그렇지만 제시된 자료의 내용과는 상관없이 하나의 틀에 맞춘 대답이다.

"농사를 지어야 하기 때문에"(서울. 중 3)라고 답한 어떤 학생은 자료를 읽고 고려 사회에는 유교적 관념이 약하고 풍수지리설과 도교가 유행했다고 생각한다. 그리고 고려 정부가 농민 보호를 위해 농번기에 농민 동원을 금지하고, 재해 시 세금을 감면하거나 면제했으며, 황무지 개간 시 소작료 또는 조세를 감면했다는 사실을 염두에 둔다. 이런 인식이 기우제를 지낸 목적을 합리적으로 추론하게 한다. 그렇지만 고려 사회의 성격에 대한 이런 인식을 [자료 3]에 나타나는 기우제의 내용을 이해하는 데 반영하지 않는다. 이와 같은 감정이입적 이해는 합리적이기는 하지만 일상적 감정이입이다. 그렇지만 읽은 자료 내용을 역사 행위를 이해하는 데 반영한 것이 아니라 '전근대 사회는 농업사회'라는 정해진 틀 속에서 이해한다는 점에서 보면 고정관념에 의한 이해에도 해당한다.

[단계 4] 사회적 맥락에 비춰 행위를 이해한다. 그렇지만 특정 요인에 주목한다

당시의 사회 상황에 비춰 행위를 이해한다. 이 단계의 학생들은 머릿속에 이미 들어 있는 고정관념보다는 자료를 읽고 그 내용을 자신의 역사 이해에 반영한다. 그러나 어느 한 가지 요인이나 국지적 맥락에 머무르는 경우가 많다. 이 수준의 이해는 역사적 감정이입이라고 할 수 있다. 토속신앙이나 풍수지리설과 관련지어 제사를 이해하는 것은 이에 해당한다.

> 도교, 풍수지리설, 도참사상을 믿는 것처럼 신을 중요하게 생각했기 때문에 많은 사람을 동원해 제사를 지냈다. (서울, 중 2)

이처럼 기우제를 지낸 이유가 고려 사회에 도교 신앙이 널리 퍼져 있기 때문이라고 생각하더라도, 자료의 다른 내용을 도교와 관련지어 해석하거나 행위자의 생각을 상상적으로 추론하는 경우가 여기에 해당한다.

[자료 2]에 나온 것처럼 '도교'라는 종교가 왕실이나 지배층에게 유행했기 때문에 그런 어떤 존재들에 대한 확신이 있었던 것 같다. 또 어떤 존재들에 대한 믿음이 있었기 때문에 많은 비용과 사람을 동원해 제사를 지내지 않았

을까 추측해본다. (대전, 중 3)

답변에 명시적으로 쓰지는 않았지만, 이 학생은 [자료 2]의 후반부인 풍수지리설 내용을 무시했다기보다는 그 또한 도교 신앙에 들어가 있다고 생각하는 듯하다. [자료 2]의 내용을 확인하는 질문 2에 "고려 사람들은 도교를 믿었다. 고려 사람들은 도교의 여러 신에게 복을 빌며 국가의 안녕과 왕실의 번영을 기원하였다"라는 내용을 확인함으로써 신에게 제사 지내는 모든 행위를 도교 신앙에 포함했다. 또한 이 학생은 어떤 존재에 대한 확신이 있으면, 사람들은 많은 비용과 사람을 동원해서 소원을 비는 경향이 있기 때문에 당시 기우제를 지냈을 거라고 이해한다. 그런 점에서 맥락적 이해라고 할 수 있다. 그렇지만 자료의 내용에서 알 수 있는 모든 역사적 사실을 서로 연관지어 종합적으로 이해하지는 않는다.

[단계 5] 사회적 상황을 종합적으로 고려해서 행위를 이해한다

당시의 사회 상황에 영향을 준 요인을 광범하게 고려한다. 여러 요인을 종합적으로 고려해 당시의 제사를 이해한다. 당시 사회의 전반적인 상황뿐 아니라 행위가 일어날 당시 처했던 구체적인 상황까지 고려할 수 있다.

고려시대 국가 경제 기반이 농업이었기 때문에 날씨가 중요했다. 그런데 날씨가 좋지 않으면 백성들이 원망할 것 같으니까, 제사라도 지내 달랬다. 이왕 지낼 거라면 도교나 풍수지리설에서 말하는 좋은 땅에서 지내면 더 잘될

거라고 생각했다. (충북 오송, 고 2)

고려는 농경사회였는데, 자연재해로 인해 피해를 입으면 큰 타격이 있었다. 이때 사람들은 도교라는 종교를 믿었는데, 이 종교는 제사를 지내며 여러 신에게 복을 빌어 국가의 안녕과 왕실 번영을 기원했다. 그래서 왕실과 정부가 앞장서서 제사를 지내고…. (서울, 중 2)

위의 두 답변은 고려 사회의 성격과 자료 내용을 반영하고 있다. 그래서 역사적 감정이입이라고 할 수 있다. 다만 [사료 2]와 [자료 3]에 나타난 요인을 병렬적으로 제시하고 있다. 상상에는 이를 종합적으로 추론하는 것이 필요한데, 그렇지 못하다. 질문에 '참고하여'라는 말은 이를 요구한 것이지만, 학생들은 그렇게 받아들이지 못했다.

고려시대에는 농업을 중요시하고 장려했기 때문에 날씨가 무척 중요했을 것이다. 산이나 하천 등 땅의 기운이 인간의 앞길에 영향을 미친다는 풍수지리설 또한 날씨와 자연에 관련 있으니 그만큼이나 날씨와 자연이 중요해서 많은 비용과 사람을 동원해 제사를 지낸 것이다. (서울, 중 2)

고려 백성들이 종교와 민간신앙을 많이 믿기 때문에 제사를 통해서 정부와 왕실이 이렇게 노력하고 있다는 것을 보여주는 동시에 백성들을 안심시켜 민심을 안정시키려고 한 것 같다. 특히 기우제는 농업이 주가 되는 백성들 일을 더욱 안정시켜 민심을 달래는 좋은 수단이었을 것이다. (충북 오송, 고 2)

이 답변을 한 학생은 고려 정부가 기우제를 지낸 여러 가지 이유를 종합해서 서술하고 있다. 그렇지만 여전히 자료에 나타난 구체적인 상황에는 주목하지 못한다. 맥락적 이해는 시대나 사회적 상황에만 한정되고, 행위가 일어난 구체적인 상황은 고려하지 않는다. 그래서 기우제를 지내는 일반적 원인을 넘어서 자료에 나타난 기우제 행위의 이유를 구체적으로 추론하는 데까지 이르지 못한다.

이상과 같은 분석은 ① 역사적 행위를 이해하려고 하지 않는 단계(단계 1) ② 특정한 관념에 의해 역사적 행위를 이해하려는 단계(단계 2, 3) ③ 사회적 맥락에 비춰 역사적 행위를 이해하려는 단계(단계 4, 5)로 구분할 수 있다. 이 중 ①은 감정이입적 이해가 아니며, ②는 감정이입적 이해이기는 하지만 역사적 감정이입은 아니며, ③의 단계가 역사적 감정이입이라고 할 수 있다. 그렇지만 실제 조사에서 고정관념에 의한 감정이입(단계 2)과 일상적 감정이입(단계 3)은 중복해서 나타나는 경우가 많다. 맥락적 이해에서도 상황에 반영된 특정 요인에 주목하는 것과 상황을 종합적으로 고려해서 이해하는 경계선을 구분하기는 어렵다. 여기에서 제시된 단계가 감정이입적 이해의 논리적 과정이라고 할 때, 실제의 감정이입적 이해는 이런 단계를 정확히 거치지 않을 수도 있다. 그렇지만 이런 단계를 염두에 두고 수업을 구성할 때, 감정이입적 이해는 더 효과적으로 나타날 수 있다.

역사적 감정이입을 위해서는 이해하려는 행위가 일어난 사회적 상황에 대한 배경지식이 필요하다. 당시의 사회적 상황에 대한 여러 가지 요인을 체계적으로 고려할수록 역사적 감정이입은 더 효과적으로 이루어지기 때문이다. 특히 감정이입적 이해 활동이 들어가는 수업에서는 발문이 중요하다. 애초 1994년의 조사에서는 "효과가 없었을 텐데도"라는 말을 넣었다. 그렇지만 2014년의 조사에서는 이를 제외했다. 그 결과 학생들은 자료에 나타난 기우제의 구체적 상황을 염두에 두지 않았다. 언뜻 보기에 사고의 확장을 제약할 수도 있는 이 말을 넣은 1994년의 조사에서는 오히려 기우제에 나타난 구체적인 행위에 주목해서 그 이유를 이해하려는 답변을 찾아볼 수 있었다.

옛날 사회에서 제사는 하나의 국가 행사였을 것이다. 농업사회이므로 비가 오지 않았을 때나, 왕자를 얻는 문제가 옛날에는 가장 중요했다. 그러니까 왕이 직접 참가했다. 그러므로 아무리 많은 비용이 들더라도 온갖 정성을 다 했을 것이다. 왕이 하늘에 잘못을 빌고, 앞으로 정치를 잘하겠다고 다짐함으로써 실제 정치를 잘할 수 있었을 것이다. 유명한 산이나 큰 강에서 제사를 지낸 것도 정성을 나타내기 위한 것이었다. 원래 민간 신앙에서는 그런 곳을 성지로 여기고 정성을 빌 때는 그런 곳에서 지냈는데, 고려 때는 그만큼 토속신앙이 널리 퍼져 있었으며, 풍수지리설도 유행했으니까, 고려 때도 정치를 하는데 유교를 따랐다고 배웠다. 종묘에 제사를 지낸 것은 그 때문이다. (1994년 조사. 서울, 고 3)[164]

이는 자료 못지않게 발문이 중요함을 말해준다. 학생들은 역사가처럼 역사하기를 할 수는 있지만, 질문이나 텍스트의 문구를 구체적으로 염두에 두고 이해하기는 어렵다는 사실을 짐작하게 한다.

3) 자료의 상상적 탐구 양상

학생들에게 제시한 자료는 신검의 정변 원인을 해석하는 서로 다른 견해의 근거가 되는 것이다. 자료는 신검의 정변이 왕위계승 갈등으로 일어났음을 보여주는 내용과, 고려에 대한 대응 방식의 차이를 보여준다. [자료 1]은 신검의 정변과 고려의 후삼국 통일에 대한 교과서 서술이다.* 1994년의 조사에는 없던 것을 추가한 것이다. 이는 학교 역사교육의 상황을 고려했다. 1994년 당시에는 이 사건이 중요한 역사적 사실로 취급되어 구태여 자료로 제공하지 않더라도 교과서나 수업을 통해서 학생들이 알고 있었다. 그렇지만 현재는 교과서 서술도 간략해졌고, 수업시수도 줄어든 만큼 많은 학생들이 이들 사건에 대한 기본적 지식을 가지고 있지 못할 가능성이 있다. [자료 2]는 신검의 정변을 왕위계승을 둘러싼 갈등으로 보는 견해를 반영하고 있으며, [자료 3]은 후백제 내부에서 고려에 대한 정책을 놓고 강경파와 온건파가 대립했음을 보여준다. 다만 전자의 견해는 자료에 명확히 나타나 있는 반면, 후자는 그렇지 않다. 후자의 견해를 이끌어내기 위해서는 자료의 내용에 대한 상상적 추론이 요구된다. 조사지의 내용은 다음과 같다.

학생들의 응답 유형을 신검 및 견훤의 행위를 이해하기 위해 사료를 이용하는 방식에 따라 5단계로 나누었다. 견훤의 고려 투항은 신검의 정변에 대한 대응 행위라는 점을 감안하여 분석은 주로 신검이 정변을 일으킨 원인 및 정변의 목적에 초점을 맞췄다. 각 단계의 응답 중 일정

---

* 2014년 현재 사용되고 있는 《중학교 역사》 교과서 내용이다. 《고등학교 한국사》의 전근대 부분 서술이 간략하여 중학교 교과서의 내용을 제공했으며, 현재 사용되고 있기 때문에 조사지에서는 연도를 별도로 표시하지 않았다.

다음은 후백제의 내분과 고려의 후삼국 통일을 서술한 자료입니다. 자료를 읽고 질문에 답해주세요.

[자료 1]

고려는 신라와 우호적으로 지냈으나 후백제와는 대립하였다. 고려는 공산(대구) 전투에서 후백제군에 패하였지만, 고창(안동) 전투에서 승리하며 주도권을 잡았다. 그러던 중 후백제에서 내분이 일어나 견훤이 큰 아들 신검에게 왕위를 빼앗기고 고려에 투항해왔다. 신라의 경순왕도 나라를 유지하기 어렵다고 판단하고 고려에 나라를 넘겨주었다(935). 이후 고려는 후백제를 공격하여 후삼국을 통일하였다.

—《중학교 역사 2》, 비상교육

[자료 2]

견훤은 아내를 많이 얻어 아들을 10여 명이나 두었다. 넷째 아들 금강은 키가 크고 지혜가 많았다. 견훤이 특히 그를 사랑하여 왕위를 물려주려고 하므로 그의 형 신검, 양검, 용검 등이 이를 염려하였다. 이때 양검은 강주 도독이었고, 용검은 무주 도독이었으므로 오직 신검만이 견훤의 곁에 있었다. 이찬이었던 능환이 강주와 무주에 사람을 보내 양검 등과 함께 음모를 꾸몄다. 935년 3월에 이르러 파진찬이었던 신덕, 영순 등이 신검에게 권하여 견훤을 금산사 불당에 가두고 사람을 시켜서 금강을 죽였다. 신검은 스스로 대왕이라고 부르면서 왕위에 오른 것을 기념하여 죄수들을 풀어주었다.

—《삼국사기》열전 10, 견훤

---

* 강주 도독, 무주 도독: 강주(현재의 경남 진주시), 무주(현재의 광주광역시) 땅을 다스리는 관리.

* 이찬, 파진찬: 벼슬 이름.

[자료 3]

견훤은 그 아들에게 말하기를 "내가 신라 말기에 나라를 세워 후백제라고 부른 지 이제 여러 해가 되었는데, 우리 군사가 고려군의 2배나 되지만 싸움의 형세는 오히려 불리하다. 이는 아마도 하늘이 고려의 편을 드는 것 같으니 차라리 고려의 왕인 왕건에게 귀순하여 목숨을 보존하는 것이 좋겠다."고 하였으나 그 아들 신검, 용검, 양검 등 3명이 모두 이를 따르지 않았다. (…) 견훤이 잠자리에서 아직 일어나기 전에 궁중 마당에서 고함소리가 들리는 것을 듣고 이것이 무슨 소리냐고 물으니 신검이 견훤에게 말하되, "왕께서 나이가 많아 군사와 정치를 제대로 다스리지 못하므로 큰아들 신검이 대신하여 왕위를 계승하니 여러 장수들이 기뻐하는 소리입니다." 하였다.

— 《삼국유사》, 기이(紀異) 2, 후백제 견훤

[질문]

질문 1. 고려가 후삼국을 통일할 수 있었던 가장 큰 이유는 무엇이라고 알고 있습니까?

질문 2. [자료 1]에서 말하는 후백제의 내분이 일어난 원인은 무엇이라고 알고 있습니까?

질문 3. [자료 2]에서 알 수 있는 역사적 사실을 생각하는 대로 모두 말해보세요.

질문 4. [자료 3]에서 알 수 있는 역사적 사실을 생각하는 대로 모두 말해보세요.

질문 5. [자료 1]~[자료 3]의 내용을 종합해서 후백제에서 내분이 일어

> 나 신검이 아버지 견훤을 몰아내고 스스로 왕의 자리에 오르고
> 이에 견훤은 적국이었던 고려에 투항하게 되는 과정과 신검 및
> 견훤이 이런 행동을 하게 된 이유를 설명해보세요.

한 경향성을 띠는 경우는 그에 따라 다시 구분했다. 감정이입적 이해와
마찬가지로 여기에서 단계는 학생들이 사료를 통해 신검의 행위를 얼
마나 잘 이해하고 있는가 하는 사료 해석의 수준이 아니라, 신검의 행
위를 상상적으로 이해하기 위해 사료를 해석하는 과정이다. 또한 학생
들이 실제로 사료를 해석하는 데 모두 거치는 단계라기보다는 이론적
성격을 띤 논리적 단계이다. 이를테면 실제 역사학습에서 [단계 3]에
해당하는 응답을 보인 학생이 반드시 [단계 1]과 [단계 2]를 거쳐 [단계
3]의 응답에 도달하는 것은 아니다.

위의 질문에 대한 응답에 나타난 학생들의 사료 해석 단계와, 각 단
계에 해당하는 응답의 예는 다음과 같다. 인용한 응답 내용은 맞춤법
과 띄어쓰기를 제외하고는 학생들이 서술한 그대로이다.

[단계 1] 사료의 내용을 무시하거나 임의로 해석한다

이 단계의 학생들은 사료의 내용을 고려하지 않거나, 임의로 해석하
여 사건을 이해하려고 한다. 따라서 이들의 응답은 사료 해석을 토대
로 하고 있지 않다. 물론 모든 질문에 그런 것은 아니다. 텍스트 내용을
재확인하거나, 텍스트 내용에 기반한 사실을 묻는 질문에는 사료 내용

을 토대로 답변하고 있다. 그렇지만 상상이 필요한 질문에는 사료 내용과 상관없이 추론을 한다. 또한 이들의 역사적 이해는 역사적 사실과도 거리가 먼 것이 보통이다. 이 단계의 응답은 다음의 두 유형으로 나눌 수 있다.

첫째, 사료의 내용과 관련 없이 사건을 이해한다. 이들의 이해는 앞뒤가 맞지 않거나 설득력이 없는 것이 보통이다. 한 학생은 견훤이 고려에 투항한 이유를 "죽는 것보단 사는 게 나아서, 아들이 제대로 못 다스릴 것 같아서"(서울, 중 2)라고 대답했다. 이 학생은 견훤이 고려에 투항한 이유를 상상해서 추론하고 있다. 그렇지만 사료 내용에는 이렇게 추론할 만한 단서가 들어 있지 않다. 학생의 상상은 일상에서 있음 직한 사실이다. 그렇지만 역사적이지는 않다. 학생의 상상은 자료와는 무관한 일종의 공상이다.

둘째, 사료 내용을 염두에 둔다. 그러나 그 내용을 제대로 파악하지 못하거나 자기 마음대로 해석하기 때문에 사료 내용과 신검의 행위를 제대로 연결하지 못한다.

나이가 들어 판단을 잘하지 못하여 간신들에게 휘둘려 어린아이에게 왕위를 물려주려 하였고 그로 인해 장남인 신검이 억울하여 정변을 일으켰다. (충북 오송, 고 2)

견훤은 정치를 못했고, 그래서 왕위를 빼앗겼다. (대전, 중 3)

첫 번째 답변을 한 학생은 사료 내용을 감안하지만, 그 내용이 실제로는 어떤 사실을 반영하거나 어떤 의미를 가지는지 해석하려고 하지 않는다.

이에 반해 두 번째 학생은 견훤이 정치를 못한 것이 신검이 정변을 일으킨 원인으로 인식한다. 물론 이는 [자료 3]에 나오는 신검의 말이다. 그렇지만 별다른 역사 지식이 없더라도 그 말이 정변의 구실일 뿐임을 짐작하기는 어렵지 않다. 실제로 견훤이 정치를 제대로 하지 못했는지 여부는 이 사료와는 별개로 따져보아야 할 문제이다. 그러니까 이 학생은 사료 내용을 제대로 이해하지 못한 것이라고 할 수 있다.

[단계 2] 자료에 명확히 나타나 있는 하나의 요인에만 주목한다

이 단계의 학생들은 [자료 1] 또는 [자료 2] 중 어느 하나를 근거로 신검의 행위를 이해한다. 사료 내용에 명확히 나타나 있는 요인에 의해서만 신검의 행위를 이해하므로 진정한 의미의 사료 해석은 아니다. 이 단계의 응답도 다수의 학생이 하는 답변 유형과 일부 학생의 답변 유형으로 나누었다.

우선 [단계 2]에 속하는 많은 학생들은 [자료 2]에 나타나 있듯이 신검이 왕의 자리에 욕심이 있어서 견훤을 몰아냈다고 설명하고 있다. [자료 3]의 내용은 무시하고 있다. 왕위계승을 둘러싼 갈등 때문에 신검이 반란을 일으켰다는 사실을 하나의 역사 지식으로 기억하고 있다. 신검의 정변을 이렇게 설명하는 것이 자연스러운 스토리가 되며 일상적으로 흥미를 불러일으킨다. 그래서 [자료 3]의 내용을 확인하는 질문이 선행되었음에도 학생들은 그 의미를 해석하려고 하지 않고 기존에 알고 있듯이 [자료 2]와 같이 이해한다. 이처럼 왕위계승을 둘러싼 갈등은 [자료 2]에 그대로 나와 있으므로, 특별히 상상이 들어간다고 할 수는 없다.

> 견훤의 생각이 신검과 달라 신검이 정변을 일으켰다고 추정되며, 그러한 까닭으로 견훤이 고려에 귀순하였다고 본다. 따라서 후백제의 정변과정으로
> 1. 견훤의 왕위를 이을 왕자와 다른 왕자들 간의 갈등
> 2. 견훤의 생각과 신검의 생각 또한 일치하지 않음
> 3. 그러한 까닭으로 신검이 정변을 일으킴
> 으로 보인다. (충북 오송, 고 1)

이 학생은 견훤과 신검의 의견 차이를 원인으로 보고 있다. 의견 차이라고 표현했지만, 이를 왕위계승에 대한 의견의 차이로 한정하고 있다. [자료 2]의 내용에 대한 상상적 추론도 보이지 않는다.

간혹 [자료 3]에 나타난 내용으로 신검과 견훤의 행위를 이해하려는 학생이 없는 것은 아니다. [단계 2]에 속하는 학생들 중 일부는 [자료 3]의 내용에 주목해 신검의 행위를 이해하려고 한다. 그렇지만 왜 [자료 3]의 내용이 더 믿을 만한지는 제시하지 않는다. 예를 들어 한 학생은 "고려가 너무 세어서 이길 수 없었기 때문에 투항한다"(서울, 중 2)라고 대답했다. [자료 3]의 내용을 반복하고 있다. 그렇지만 왜 이 자료가 더 신뢰성이 있는지는 언급하지 않는다.

이 유형의 학생들은 [자료 2]의 내용에 대해서는 언급하고 있지 않

다. 또한 [자료 2]의 내용을 정치적 견해를 둘러싼 후백제 내부의 갈등 보다는 견훤이 고려에 투항하려는 것에 대한 신검의 감정적 반발로 해석한다. 이 유형의 학생들은 텍스트 내용을 확장하는 추론을 하지는 못한다. 가능성에만 관심을 가지는 것이다.

후백제의 군사가 고려의 군사보다 두 배나 되지만, 싸움의 형세가 불리해 고려에 투항하려고 했는데, 아들들이 그의 말을 무시하고 신검이 왕이 되어서. (서울, 중 2)

신검은 고려와 통합하지 않고 싸워 이기려 했지만 견훤과 생각이 달랐기에 정변을 일으켰다. (충북 오송, 고 2)

[단계 3] 두 가지 사료의 내용을 함께 고려한다. 그렇지만 상상적 추론을 하지는 못한다

이 단계의 학생들은 신검의 행위를 설명하는 데 두 가지 사료의 내용을 동시에 언급한다. 그러나 사료에 외형적으로 드러난 요인만을 고려하는 데 머물고 있으며, 두 사료의 차이를 비교하거나 종합해서 해석하지는 못한다.

이 단계의 학생들은 대부분 두 자료에 나타난 요인을 단순히 나열한다. 때로는 그중 한 사료에 나타난 요인에 더 가치를 부여하지만 그 근거를 제시하지는 않는다.

왕위계승과 후백제를 고구려에 넘기겠다는 결정에 반발하며 왕위를 빼앗았으며 배신감에 가득 차 왕건에 투항했다. (서울, 중 2)

이 학생은 후백제 내분의 두 가지 요인을 모두 제시했다. 그렇지만 그중 어떤 요인에 더 비중을 두거나 두 요인을 종합해서 해석하지는 않으며 단순히 나열하는 데 그쳤다. 조사에서 [자료 1]과 [자료 2]의 내용을 먼저 확인하는 질문을 한 다음 요인을 물었던 것으로, 실제로는 이 대답을 반복하는 것이라고 할 수 있다. 이 학생은 고려의 후삼국 통일의 가장 큰 이유를 묻는 질문 1에 930년 고려가 후백제에게 승리를 거둔 고창 전투를 중요한 요인 중 하나로 지적했다. 그렇지만 [자료 2]와 [자료 3]을 해석하면서 이 지식을 특별히 연결하지는 않았다. 이런 유형의 학생들은 자료의 내용에 관심을 두고, 이를 근거로 답을 제시한다. 그렇지만 자신의 배경지식이나 자료의 맥락을 염두에 두지 않고 내용 그대로를 이해한다. 상상적 추론이 들어간다고 할 수는 없다.

두 사료에 나타난 내용을 함께 고려하지만 그중 하나를 더 중시하고, 그렇게 생각한 이유를 제시하는 경우도 있다. 그러나 사료 내용이 말해주는 역사적 의미가 무엇인지를 상상적으로 해석하지는 못한다.

견훤이 동생인 금강에게 왕위를 물려주려고 했으며, 신검과 견훤 사이에는 고려에 대한 의견 차이가 있었기 때문이다. 자신이 왕이 되지 못하자 신검은 정변을 일으켰다. 이에 견훤은 고려로 도망했다. (서울, 중 2)

견훤은 신라와 같이 고려에 귀순하길 바랐지만 아들들과의 의견 차이가 있었고 그러던 중 넷째 아들 금강을 더 총애하고선 위로 아들들이 있는데도 금강에게 왕위를 넘겨주려고 한다. 그래서 아들들이 음모를 꾸며 금강을 죽이고 멋대로 왕위를 차지한다. (대전, 중 3)

이 학생은 [자료 2]와 [자료 3]의 내용에 모두 관심을 가지고 있으며, 그것이 신검이 정변을 일으키고 견훤이 고려에 투항하게 된 원인이라고 인식하고 있다. 두 자료의 내용을 확인하는 질문 3과 질문 4에 대한 답변에서도 이를 확인할 수 있다. 더구나 고려 내분의 원인을 묻는 질문 1에 별다른 설명 없이 '의견 차이'라고만 답했다. 그런데도 위 답변의 내용은 왕위다툼을 정변의 원인으로 인식하고 있음을 보여준다.

[단계 4] 사료의 내용에 내포된 의미를 해석한다

이 단계의 학생들은 사료의 내용으로부터 직접 알 수 있는 것뿐만 아니라 그 내용에 내포된 의미까지 해석한다. 이를 위해서는 자신이 알고 있는 역사 지식을 활용하거나 상상적 추론이 필요하다. 신검이 왕위를 빼앗은 동기에 대해 상당히 설득력 있는 추론을 하지만, 추론의 근거는 명확하지 않다. 한 학생은 질문 2와 질문 3에 각각 다음과 같이 답했다.

견훤은 능력을 우선시했다. 그는 넷째 아들 금강을 총애했다. 견훤은 아들에 의해 불당에 가둬졌다. (질문 2에 대한 답변. 서울, 중 2)

금강은 형에 의해 죽었다. 후백제는 고려군에 밀렸었다. 밑에 있는 장군들이 불만을 품고 있었다. 신검이 왕위에 올랐다. (질문 3에 대한 답변. 서울. 중 2)

이 학생은 질문 2에 대해 능력의 중시와 총애가 견훤이 금강에게 왕위를 물려주겠다고 판단한 원인이라고 추론했다. 질문 2에 대한 답변이지만, 이는 질문의 의미를 잘 이해하지 못한 것으로, 실제로는 질문 5에 대한 답변에 해당한다. 이 학생은 왕위다툼이 후백제 내분의 원인이지만, 이는 견훤이 능력을 우선시켰기 때문이라고 보고 있다. 그리고 여기에 장군들이 가담한 것이 고려군에 밀리고 있는 후백제의 현실에 대한 불만이 작용했다고 추론하고 있다.

이처럼 이 범주의 학생들은 스스로 사료의 내용을 상상적으로 추론하지만, 이런 추론의 근거는 명확하지 않다.

견훤은 많은 아내를 들여 정치적으로 이용했으나 그로 인해 후계자가 너무 많아졌고, 그들은 자체적으로 세를 불려 왕의 힘을 약화시켰다. 견훤은 이에 위협을 느껴 고려에 투항을 시도했고, 신검은 정변을 일으켰다. (충북 오송, 고 2)

이 답변에서 학생은 신검의 정변과 견훤의 투항 원인을 [자료 2]에서 찾고 있다. 그러나 그 내용에 대해 상상적 추론을 하고 있다. 견훤의 아들들이 자체적으로 세를 불렸다는 것, 이 때문에 견훤의 힘이 약화되었다는 것이 이에 해당한다. 여기에 [자료 3]의 내용을 추가했다. 실제로 견훤이 투항하려 했다고 해석하고 있으며, 신검은 이에 반발한 것이라고 답했다.

> 견훤은 후백제와 고려가 전쟁을 치른다면 후백제가 패할 것으로 예측하고
> 고려에 귀속되어 평화로운 방법으로 전쟁을 해결하고자 하였는데, 아들과
> 의견이 맞지 않았기 때문에 후백제를 포기하고 고려에 투항했다고 생각한다.
> (경기도 여주, 고 1)

이 학생은 [자료 3]의 내용에 근거해서 신검의 정변과 견훤의 투항을 이해한다. 그리고 어느 정도 상상적 추론을 하고 있다. 견훤은 고려와 전쟁을 한다면 후백제가 질 것이라고 예측했다든가, 평화로운 방법으로 해결을 모색하려고 했다는 것은 자료에 명확하게 나와 있지 않으므로 어느 정도 상상이 들어간 것이라고 하겠다. 다만 이 학생은 반대로 [자료 2]의 내용은 추론에 고려하고 있지 않으며, 당시의 상황을 반영해 맥락적으로 이해하고 있지는 못하다. 신검의 정변을 설명하지는 않았지만 견훤의 고려 투항을 이런 식으로 이해한 학생도 있다.

> 후백제의 내분으로 신검이 견훤을 밀어냈을 때 이를 탐탁지 않게 여긴 세력
> 이 있었을 것이다. 그 때문에 내분은 점점 심해졌고, 이에 신라를 흡수하여
> 강해진 고려에 항복했을 것이다. (경기도 이천, 고 1)

이 학생은 견훤의 투항을 단순히 아들에 대한 배신감으로 인식하지 않았다. 그리고 신검이 왕위에 오른 다음에도 후백제에는 견훤을 지지하는 세력이 남아 있었고 이 때문에 내분이 계속되었으며, 그것이 견

휜의 투항 원인이라고 설명하고 있다. 이는 자료에 명확히 나타나 있지 않은 상상적 추론이다. 물론 실제로 후백제에는 여전히 견훤을 지지하는 세력이 존재했다. 견훤의 탈출을 도왔으며, 자신도 고려에 투항했던 견훤의 사위 박영규가 대표적인 인물이다. 이 학생이 박영규의 이런 행동을 알고 있었는지는 확인할 수 없다. 그렇다고 하더라도 이 학생이 상상적 추론을 하고 있음은 분명하다. 그렇지만 이 학생 역시 자료 내용을 종합하여 당시 맥락에서 해석하는 데 이르지는 못하고 있다.

[단계 5] 당시의 사회적 맥락에 비춰 사료를 해석한다

두 가지 사료의 내용을 당시 상황에 대해 이미 아는 역사적 지식과 관련지어 상상적으로 해석하고, 그 의미를 파악한다. 그러나 사회적 맥락이나 관련 인물들에 대한 지식이 정확하지 못한 경우도 있다.

후백제는 고창 전투 이후 고려와의 싸움에서 계속 졌다. 이 때문에 견훤은 의욕을 잃고 고려와 싸우는 것을 포기했을 것이다. 이 때문에 욕심 많은 신검 대신에 자기 말을 잘 듣는 금강을 왕위에 올리고 고려와 교섭하려고 했다. 신검은 금강이 왕이 되면 자기 목숨도 위태로울 것이라고 생각했다. 그래서 이판사판이라는 생각으로 동생 및 지지자들과 손을 잡고 반란을 일으켜 왕이 됐다. 그렇지만 견훤이 고려에 투항하는 건 생각하지 못했다. 후백제를 세운 견훤이 고려에 투항하자 후백제 사람들은 고려와 싸울 의지를 잃어버렸다. (경기도 여주, 고 2)

이 학생은 신검의 정변과 견훤의 투항 원인을 상당히 구체적으로 설명하고 있다. 설명은 [자료 1], [자료 2], [자료 3]의 내용을 모두 포함하고 있으며, 추론도 들어가 있다. 신검이 "금강이 왕이 되면 자기 목숨도 위태로울 것"이라고 생각한 것과 "견훤이 고려에 투항하는 건 생각하지 못했다"라는 내용은 자료만으로는 명확하게 알 수 없는 것이다. 학생이 상상적으로 추론한 것이다. 그렇지만 이 추론은 개연성이 있다. 그러므로 역사적 상상이라고 할 수 있다. 답변만으로 이 학생이 사전지식을 가지고 있었는지는 알 수 없지만, 견훤의 투항으로 후백제 사람들이 고려와 싸울 의지를 잃었다는 것은 실제로 고려와 후백제의 최후 싸움이었던 일리천 전투에서 나타난 현상이다. 학생에게 사전지식이 있었다고 하더라도, 이는 배경지식을 자료의 해석과 연결했다는 점에서 역사적 상상의 범위에 해당한다. 그렇지만 대부분의 학생은 이 단계의 해석을 하지 못한다. 자료를 해석하는 경험이 적기 때문일 수도 있다. 그중에서도 특히 자료 내용을 '큰 덩어리'로 읽을 뿐, 자세히 읽고 각각의 내용에 담긴 의미가 무엇인지 생각하는 연습이 되어 있지 않다. 자료를 상상적으로 탐구하는 역사수업에서는 자료 내용을 확인하는 발문을 통해 이를 보완할 필요가 있다. 자료 내용을 전체적으로 확인하는 데 그치지 말고, 자료의 상상적 탐구와 연결되거나 시사점을 주는 구체적인 내용을 확인하는 질문이 좋다.

이상에서 살펴본 학생들의 사료 해석에 대한 분석을 통해 다음과 같은 사실을 알 수 있다.

첫째, 학생들의 사료 해석은 [단계 1]에서와 같이 사료의 내용을 고려하지 않는 단계, [단계 2]·[단계 3]과 같이 사료에 나타난 내용을 통해 직접 알 수 있는 사실에만 주목해서 해석하는 단계, [단계 4]·[단계

5]에서 보이는 바와 같이 사료에 내재된 의미를 해석하는 단계를 거친다. 상상적 해석은 [단계 4], [단계 5]에서 나타난다고 하겠다.

둘째, 이러한 해석 단계는 사료의 본질에 대한 학생들의 이해와 밀접한 관련이 있다. [단계 1]에 해당하는 학생들은 역사적 사료를 토대로 구성된다는 사실을 무시하고 있으며, [단계 2]와 [단계 3]의 학생들은 사료의 내용 자체를 역사적 사실로 받아들이고 있다. [단계 4], [단계 5]의 학생들은 사료에는 사료를 쓴 사람의 관점이나 의도가 들어가 있다는 것을 인식하며, 사료를 역사적 사실을 이해하는 데 필요한 하나의 중요한 자료로 여긴다.

셋째, 당시 상황에 대한 배경지식은 사료의 상상적 해석을 촉진한다. 그러나 이 지식이 사회적 맥락을 토대로 한 것이 아닌 경우 오히려 상상적 해석을 저해할 수도 있다. [단계 5]의 학생들은 당시의 정치적·사회경제적 상황, 후삼국 사이의 외교관계, 사료의 내용과 관련이 있는 일화 등을 사료 해석에 이용하고 있다. 그러나 [단계 2]의 학생들은 [자료 2]에 나타난 내용을 사전에 알고 있는 경우 [자료 3]의 내용에는 관심을 두지 않는 경향이 있다.

넷째, 학생들은 자료 내용을 그대로 받아들이는 경향이 있다. 학생들의 상상적 해석을 촉진하기 위해서는 의문을 가지게 하는 질문이 필요하다. 예컨대 [자료 3]에 나오는 "이는 아마도 하늘이 고려의 편을 드는 것 같으니 차라리 고려의 왕인 왕건에게 귀순하여 목숨을 보존하는 것이 좋겠다"고 말한 이유가 무엇인지를 묻는 것이다. 이런 질문은 견훤이 이 말을 한 것이 정말로 고려에 귀순하고자 한 것인지, 아니면 다른 뜻인지 생각해보는 기회를 제공한다.

5장

역사적 상상 기반 역사학습

1. 역할극

1) 역할극의 개념과 감정이입적 이해

추체험이나 감정이입이 포함되는 대표적인 학습방법으로 연기활동과 글쓰기를 생각할 수 있다. 개념상으로 구분하자면 연기 활동에는 학생들의 추체험이 겉으로 표현되며, 글쓰기에는 감정이입적 이해를 엿볼 수 있다. 그렇지만 실제 학습의 성격에서 이 두 가지가 명확히 구분되지는 않는다. 역사 글쓰기는 역할을 나누어서 하는 경우가 많으며, 연기 활동이 들어가는 수업에도 글쓰기 활동이 포함되므로, 구태여 둘을 분리할 필요는 없다.[1]

학생들이 어떤 인물의 역할을 맡아서 연기를 하는 활동은 토론, 역할극, 시뮬레이션 등에서 자주 나타난다. 이 중 역할극과 시뮬레이션은 역사적 행위자의 내면을 추론하는 과정을 체계화한 학습법이라고 할 수 있다. 만약에 역할극이 미리 작성한 대본에 따라 연기를 하는 것이라면, 시뮬레이션과 구분하기 어렵다. 그래서 역할극 시뮬레이션(role-play simulation) 형식의 활동을 한다. 역할극과 시뮬레이션은 모두 놀이(play) 활동을 포함한다. 놀이는 그저 즐거움을 얻기 위한 행위가 아니라 자신이 접하는 현상과 그 문제의 해결을 위한 사고를 하고, 사고의 결과를 행위로 드러내는 것이다. 가다머는 놀이가 단순히 거기에 작용하는 주관적인 자유가 아니라 역할자의 존재 방식을 의미한다고 보았다.[2]

역할극에서 학생들은 과거 인간 행위를 감정이입적으로 이해하는 경험을 한다. 역할극은 학습자가 연기를 통해 인간이 부딪히는 문제를 탐구하고, 그들의 연기에 대해 추후 토론하는 문제 해결 학습법이다.[3] 역할극 수업에서는 대체로 교사가 어떤 문제 상황을 제시하고 학습자는 그 상황에 직면한 행위자의 역할을 맡아서 연기를 한다. 이를 통해 학습자는 그 상황에 처한 행위자의 반응과 감정 등을 이해하게 된다.[4] 역할극은 보통 갈등 상황을 다룬다. 학습자는 자신이 역할을 맡은 사람이 그러한 갈등을 어떻게 해결하려 했는지를 추론하고 연기를 통해 그 인물의 행위를 재연한다.

학습방법으로서의 역할극은 연기자, 무대, 청중이 있는 극의 형태를 띤다. 역사학습에서 감정이입적 이해 능력을 높이려면 적절한 범위의 경험과 학습이 필요한데, 역사교육학자들은 그 방법으로 드라마를 떠올린다. 드라마의 연기자는 역사적 상황에 자신을 투사한다. 단역으로 드라마에 참여하거나 관객이라도 자신과 역사 인물 사이의 경험의 간극을 극소화할 수 있다.[5] 극화수업에서 학생들은 직접적이건 대리적이건 상상적 경험이건 간에 극에 포함된 사람 또는 사물과 자신을 동일시하여 상황을 파악하고, 당시 사람들이 그 상황을 어떻게 생각했으며, 어떻게 처리했는지를 표현하게 된다.[6] 학생들은 행위자의 역할을 맡아 문제 해결에 참여하고, 자신이 생각한 해결책에 따라 연기를 한다. 연기자로 극에 참여하지 않는 학생들은 관찰자가 되며, 그들에게는 관찰해야 할 과제가 주어진다.[7] 학생들이 생각하는 해결책은 상황에 대한 해석을 포함한다. 연기자는 상황에 대한 자신의 해석을 극의 형태로 표현하며, 관찰자는 연기자의 해석을 받아들이거나 거부할 수 있다. 연기자의 해석이 적절하지 않다고 생각했을 때 관찰자는 이와는 다른 해석을 제시하고 연기자는 그에 따라 재연기를 할 수도 있다.[8]

사회과나 역사수업에서 일반적으로 행해지는 극의 형태는 사회극(sociodrama)이다. 사회극은 역할극을 통해 사회문제의 해결 방안을 탐색한다. 사회극은 일상의 삶이나 그 속에서 일어나는 문제를 구조화한 것이다. 학생들은 극을 통해 현실 세계와 접촉하고, 자신의 내적 세계를 외부의 세계와 연관시킨다. 어떤 경우에는 아이디어를 내고 실제 행동으로 이를 검증함으로써 현실에 대한 자신의 생각을 수정해나간다.[9] 사회극은 학생들의 이러한 경험을 체계화하고 조직화하여 사회적 문제의 해결에 적용하려는 것이다. 역할극을 통해 탐색할 수 있는 사회적 문제로는 국가 정책이나 의사결정을 둘러싼 사회구성원들 간의 갈등, 민족 및 인종에 대한 고정관념이나 권위주의에 의해 발생하는 집단 간의 문제, 어떤 상황을 판단하는 데 개인이 겪는 갈등, 정치가가 정책을 결정하거나 법관이 판결을 내려야 하는 사회적 상황 등을 들 수 있다.[10]

사회극 형식의 역사수업은 학습자에게 역사적 문제나 이슈를 제시하고 학생들은 그 상황과 관련된 역사적 인물의 역할을 맡아서 연기하는 방식으로 진행된다. 학생들은 이런 활동을 통해 시·공간적으로 떨어진 문화 및 사건을 이해하고, 이와 자신의 삶을 동일시하는 데 도움을 받는다.[11] 또한 연기자로서 자신이 맡은 인물의 관점에서 역사적 문제나 쟁점에 대한 결론을 내리게 된다. 역사학습에서 사회극이 다루는 상황은 보통 베를린 회의, 제1차 세계대전과 같은 대규모 사건이다.[12]

역할극은 학습에 다양한 효과를 줄 수 있다. 학생들의 문제 해결 능력, 비판적 사고력을 증진할 수 있으며, 다른 사람과의 상호작용이라는 교류 경험을 제공한다. 또한 역할극은 커리큘럼의 내용을 결정하기 위한 도구가 될 수도 있다. 역할극의 효용성으로는 다음과 같은 점을 들 수 있다.

- 학습에 대한 직접적 참여의 수단
- 다루어야 할 문제의 묘사
- 감정이입의 증진
- 학생 간, 또는 학생과 교사 사이의 의사소통 촉진
- 상황에 대한 학생들의 인지적·정의적 반응을 유도
- 어떤 상황을 해결하기 위해서는 특정한 기능(技能)을 훈련하는 것이 필요함을 인식
- 문제 해결의 요소를 교수
- 도덕적 발달 촉진
- 의사결정의 과정에 참여하도록 학생들을 자극[13]

이 중에서도 역할극의 교육적 효용성으로 강조되는 것은 학생들이 능동적으로 학습활동에 참여할 수 있게 하는 대표적인 수업 방법이라는 점이다. 역할극은 학생들의 연기 활동으로 학습을 전개한다. 역할극

에서 학생들이 겪는 경험은 일상생활에서도 겪는 경험일 수 있다. 역할극을 통해 학생들은 다른 사람과 상호작용을 함으로써 타인에 대한 감정이입, 공감, 분노 및 애정을 느낄 수 있는데, 이러한 마음의 상태는 학생들이 실제 생활에서 겪는 경험일 수도 있다.[14] 따라서 적절한 주제를 택하면 학생들은 역할극에서 다루는 사건 혹은 당시 상황에 호기심을 갖거나 친숙함을 느껴서 학습활동에 더 적극적으로 참여하게 된다.

이러한 점 때문에 역할극은 역사수업에서 감정이입의 능력을 높이는 데 자주 사용된다. 역할극은 학생들에게 자신의 생각을 창의적으로 표현할 수 있는 동기와 기회를 제공할 뿐 아니라 과거 사람들의 의도와 행위를 이해하는 데도 효과적이다.[15] 학생들은 역사적 토픽이나 인간의 본성에 대해서는 한정된 지식만을 가지고 있기 때문에, 이 지식을 토대로 과거 인간의 행위를 탐구하기는 어렵다. 반면에 역할극을 통해서 감정이입적 투사의 경험을 다양하게 할 수 있다.[16]

사회극의 소재가 되는 사회적 갈등이나 위기 상황에서 당시 사람들이 실제의 역사적 사실과는 다른 선택을 할 수도 있었다. 또한 오늘날 학생들이 대안을 제시할 수도 있다. 역사에서 일어난 사회적 갈등을 다루는 역할극을 통해 학생들은 콜럼버스를 후원하기로 한 스페인의 결정, 링컨의 노예해방 결정, 트루먼의 원자폭탄 투하 결정과 같은 역사적 선택의 순간에 처했던 사람의 입장이 되어 책을 읽는 것보다 더 실제에 가까운 경험을 하게 된다. 위기를 재연하는 과정은 그러한 경험을 더욱 생생하게 느끼고 기억할 수 있게 만들어 역사적 행위에 대한 이해를 높이는 데 도움을 줄 수 있다.[17] 역사적 상황에서 개인이 했던 역할을 상상함으로써 학생들은 과거 행위자의 입장이 되어 선택을 한다. 이러한 과정을 통해 역사는 각종 사건이나 현상의 연대기적 나열이 아니라 인간적 고뇌와 그 이상의 것을 겪는 사람들의 기록이라는 것을 깨달음으로써 과거의 상황 및 행위에 감정이입하게 된다.[18]

증거를 토대로 하고 학생의 참여를 유도하는 탐구방법은 정보를 수집하고 이를 활용하는 것을 지나치게 강조함으로써 역사가 인간의 생각과 행동을 보여주는 것이라는 전제를 무시할 수도 있다. 역할극은 1차 자료와 과거 사람들의 삶을 연결하는 교수 방법이다.[19] 역할극에서 학생들은 시간과 경험을 초월해 다른 사람의 경험에 자신을 놓고, 감정이입적 이해를 증진시킴으로써 역사적 인물과의 경험 차이를 최소화할 수 있다.[20] 학생들은 다른 사람의 역할과 활동, 그들 사이의 관계를 재생시키고, 교사의 지도 아래 필요한 정보 및 기능을 획득하며, 유의미하고 다방면에 걸친 놀이를 통해 학습에 대한 만족도를 높일 수 있다.[21] 역할극은 인간의 행동, 의사결정, 문제 해결, 기능, 가치, 태도 등 인간의 경험과 관련된 제반 사항을 탐색함으로써 이러한 효용성을 달성하고자 한다.

2) 역사 역할극의 방법과 절차

역할극에도 당연히 역사적 사실을 탐색하는 절차가 들어간다. 역사 역할극에서는 일반적으로 사료 탐구를 통해 역사적 사실을 밝힌다. 미리 정해진 역사적 사실의 전개 과정을 그대로 연기로 표현하는 것이 아니라, 참여자 자신이 해석한 역사를 극으로 전달하는 것이다. 감정이입적 이해가 역사적 사고의 특징적 방식이라고 할 때, 사료 탐구는 그 기본이 된다. 과거 인물의 생각을 파악하고 감정이입을 통해 의견을 제시하는 활동에서 사료를 다루지 않는다면 역사하기라고 볼 수 없다는 주장도 있다.[22] 그런 점에서 사료 탐구에 의한 감정이입적 이해의 절차를 생각해보자. 이 절차는 독립적인 수업의 과정이 될 수도 있고, 다른 활동을 중심으로 하는 수업의 한 부분에 포함할 수도 있다. 이 수업에서 사료는 이해의 대상이 되는 문제 상황을 제시해준다. 사료를 이용한 감정이입 학습에는 두 가지 방식이 있다.

첫째, 학습자에게 상황을 제시해 즉석에서 거기에 반응하게 하는 것이다. 보통 교사가 어떤 역사적 상황을 설명한 후, 학생들에게 "만약 네가 ~라면, 어떻게 행동했을까?"라는 질문을 던지고, 학생들이 대답하는 형식으로 이루어진다. 교사의 설명을 듣고 학생들은 머릿속으로 그 상황을 상상하게 되며, 이렇게 상상한 사건이 곧 학생들이 접하는 직접적 문제가 되는 것이다. 이러한 방식으로 수업을 진행할 때 학생들이 자신을 과거 사람들과 동일시하거나, 그들의 행동에 공감하게 하는 데 중점을 두어서는 안 된다. 그렇게 유도할 경우 학생들의 감정이입은 일상적 감정이입에 머물 가능성이 많기 때문이다.[23]

둘째, 사료의 내용을 통해 학습을 진행하는 방법이다. 사료는 수업의 모든 단계에 적용되어 학생들이 감정이입적 이해 능력을 갖게 하는데 활용된다. 이러한 수업 과정은 학생들의 상상적 이해 단계에 따라 전개하는 것이 효율적이다. 앞 단계의 감정이입을 미숙한 이해의 단계로 취급하기보다는 다음 단계의 이해를 위해 거치는 준비 단계로 가르쳐야 한다는 것이다. 학생들이 넘기 힘든 것은 정형적 감정이입의 단계이다. 학생들은 특정한 하나의 요인에 초점을 맞춰 과거 상황을 생각하는 경우가 많다.[24] 사료를 제공하면 학생들이 이러한 생각을 뛰어넘는 데 효율적으로 이용될 수 있다.

특히 사료가 갈등 상황을 담고 있다면 감정이입적 이해를 자극하는 데 더욱 효과적이다. 갈등에는 두 가지 상황이 있다.

첫째는 개인적 딜레마의 상황이다. 개인적 딜레마는 어떤 동일한 역사적 사건에 대해 관련된 당시 사람들 사이에 서로 다른 관점이나 태도가 나타나서 갈등을 빚는 상황이다.[25] 학습에서는 이 같은 상황을 제시하고, 학생들에게 과거인의 입장에서 해결책을 선택하게 하는 것이 개인적 딜레마를 경험하게 한다. 학생들은 당시 사람들과 마찬가지로 어려운 결정을 하게 된다. 교과서에 활동으로 자주 실리고, 교사의 수업사례에서도 흔히 찾아볼 수 있는 역사적 사건을 생각해보자. 조선 인조 때 후금(청)의 위협과 침공에 어떻게 대처할지를 둘러싼 이른바 주화론과 척화론의 대립은 역사를 어느 정도 좋아한다면 흔히 알고 있는 갈등 상황이다. 역사 토론의 소재로도 자주 이용된다. 수업은 당시 동북아시아의 정세와 조선의 사회경제적 상황, 병자호란 때 남한산성에 고립된 조선 조정의 모습을 담은 사료를 제시하고, 학생들에게 자신이 당시 조정 대신이라고 생각하고 청과의 화친을 주장할 것인가 항전을 주장할 것인가를 결정하고, 그런 결정을 하게 된 이유를 설명하게 하는 것이다. 여기에서 제시된 상황은 당시 조정 중신들 사이에서도 의견 대립으로 갈등을 빚었던 개인적 딜레마의 상황이다.

또 하나는 현재 학생의 입장에서는 이해하기 어려운 상황이 담긴 자료의 제공이다. 이는 학생들에게 과거인이 왜 그렇게 행동했는지를 생각하게 한다. 첫 번째가 역사적 행위자의 갈등이라면, 두 번째는 역사인식의 갈등이다. 이런 갈등을 자극하기 위한 자료는 학생들이 일반적으로 알고 있는 것과 다른 사실을 전하는 것이 좋다. 그렇지만 같은 자료라고 하더라도 질문을 달리 던지면 역사인식의 갈등을 불러일으킬 수 있다. 로마와 사산조 페르시아의 관계를 사례로 들어보자. 세계사 교육에서는 오랜 기간 로마를 당시 세계의 최강 국가라고 가르쳤다. '지중해는 로마의 호수'라든가, '로마 이전 모든 역사는 로마로 흘러들어가고, 로마 이후 모든 역사는 로마로부터 흘러나왔다'는 표현이 이를 상징한다. 교과서에는 공화정부터 제정까지 로마의 정치적 변화와 문화가 상세히 나온다. 그런데 로마의 전성기 시절에 로마와 자웅을 겨뤘으며, 심지어 군사력에서 우위를 자지하여 로마 황제의 항복을 받았거나 전투에서 로마 황제를 포로로 잡아서 평생 돌려보내지 않았던 사산조 페르시아가 그 옆에 존재했다는 사실*은 역사인식의 갈등을 일으키고 이 지역의 역사를 새롭게 보게 한다. 2000년대 이전 교과서는 이런 사실을 전혀 쓰지 않았지만, 요즘에는 이를 서술하는 교과서도 있다. 그 내용을 직접 소개하기도 하고, 이 장면을 새긴 그림을 싣기도 한다.[26] 이러한 사실을 교과서가 서술하는 목적은 서구 중심의 세계사 인식을 바꾸기 위한 것이다. 이는 역사인식의 전환이다. 그렇지만 이런 역사적 사실에 대해서도 질문을 달리 던지면 역사인식의 또다른 갈등을 가져올 수 있다. 학생들은 이 시대를 생각하면서 세력이 강한 국가가 약한 국가를 침략하는 일을 당연하다고 생각한다. 이전 아케메네스 왕조 페르시아도 세 차례나 그리스를 공격했으며, 교과서는 페르시

---

* 사산왕조 페르시아 2대 황제인 샤푸르 1세는 260년 시리아의 에데사 전투에서 로마군을 대파하고 로마 황제 발레리아누스를 사로잡고 많은 로마 병사를 포로로 잡았다. 이 승리를 이란 남부 유적지인 나크시 에 로스탐에 조각했다.

아 전쟁이라는 이름으로 이를 서술하는 것이 자연스럽다. 그렇지만 사산왕조 페르시아와 로마의 관계에 대해 "세력이 강했던 사산왕조 페르시아는 왜 로마제국을 침공하지 않았을까?"라고 질문할 수도 있다. 이런 질문은 학생들에게 고대 사회의 전투와 영토 확장의 목적이 무엇인지를 생각해보게 하는 기회를 제공한다. 그리고 로마제국과 사산왕조 페르시아가 차지하고 있는 지역의 지리적·역사적 의미를 달리 생각하게 한다. 이는 또다른 역사인식의 전환이라고 할 수 있다.

이 같은 상황의 사료를 제시할 경우 학생들의 정형적·일상적 감정이입을 맥락적 감정이입으로 바꿀 수도 있다. 이러한 점을 고려해 사료를 이용한 감정이입 학습의 과정을 도식화하면 그림 5-1과 같다.

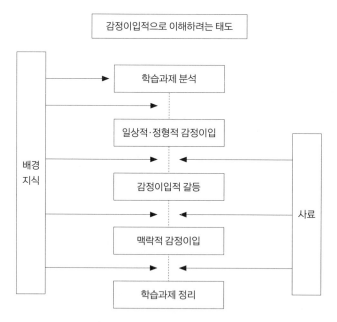

그림 5-1 감정이입적 이해를 위한 학습 과정

먼저 학생들에게 2차 사료나 편집된 1차 사료의 형태로 배경지식을 제공한다. 그런 다음 학생들은 자신의 선지식 및 학습에서 획득한 배경지식을 바탕으로 학습과제를 분석하여, 각각의 과제에 대해 감정이입적 이해를 시도한다. 이 단계의 이해는 학습과제와 관련된 구체적인 사료를 바탕으로 한 것이 아니기 때문에 보통 일상적 또는 정형적 감정이입이 된다. 다음으로 배경지식 및 각각의 과제와 관련된 사료를 통해 학생들은 자신의 이해가 타당한지를 검토한다. 특히 사료가 학생들의 일상적·정형적 감정이입과 맞지 않는 내용일수록 감정이입적 갈등을 일으키게 된다. 이 경우 학생들은 배경지식을 토대로 사료를 다시 꼼꼼히 검토함으로써 맥락적 감정이입에 이르게 된다. 학생들은 맥락적 감정이입을 토대로 학습과제를 정리하게 된다.

역할극은 문제 상황의 해결을 추구하는 연기 활동이므로, 극을 시행한 다음에는 그 적절성 및 효과를 놓고 토론하게 된다. 교사는 토론의 쟁점을 질문 형식으로 제시함으로써 연기를 통해 학생들이 다룰 문제가 무엇인지 생각하게 할 수 있다. 세이셔스와 모턴은 역할극이 끝난 후 토론할 질문들을 다음과 같이 제시했다.

- X는 당시 어떤 가치관이나 아이디어를 가지고 있었을까요?
- 사건에 대한 X의 이해는 같은 사건에 대한 Y의 이해와 어떻게 달랐을까요? 그리고 왜 그랬을까요?
- X와 Y의 신념은 어떻게 달랐고, 이는 무엇을 말해주는 것일까요?
- 이것은 그럴듯한 과거의 재현이었습니까?
- X는 그럴듯한 다른 어떤 선택을 할 수 있었을까요?

- 이해하기 어려운 의견이나 행동은 무엇이었나요?
- 우리가 신중하게 탐구하더라도, 관점을 정확하게 반영하는 능력이 항상 제한되는 이유는 무엇입니까?
- 그밖에 더 배워야 할 것은 무엇입니까?
- 이 모든 과정이 역사에 대해 우리에게 시사하는 바는 무엇입니까?[27]

3) 역사적 감정이입 기반 역할극 모형

역사 역할극은 외형적으로 다양한 형태를 띤다. 극화수업, 모의재판, 역사청문회, 모의선거 등이 역사교과서에서 흔히 볼 수 있는 역사 역할극의 형식이다. 교과서는 글쓰기와 역할극을 결합한 활동을 선호하기도 한다. 예를 들어 고대 동서양의 통치자(다리우스 1세, 페리클레스, 아우구스투스, 진시황제) 중에서 한 사람을 선택해서 자기 나라의 통치제도가 합당하다는 연설문을 작성하게 한다든지,[28] 고려 말 공민왕, 권문세족, 신진사대부 가운데 하나를 선택해서 선거 포스터를 만드는 활동[29]이 이에 해당한다. 교과서의 이 내용을 자료로 하는 수업은 통치자들이 연설을 하거나 선거 유세를 하는 연기 활동의 형식을 취할 수도 있다. 그렇지 않고 글쓰기 형식을 취한 것은, 이런 활동에서 흔히 지적되는 시간 부족과 이에 따른 진도의 문제를 의식했기 때문일 것이다. 교과서 집필자들은 활동을 넣을 때 학습효과나 아이디어의 참신성뿐 아니라 그 활동이 학교현장에서 현실적으로 가능할지 여부에 신경을 쓰는 경향이 있다. 역사 인물의 생각에 감정이입을 할 수 있어야 글을 쓸 수 있다. 그렇지만 맡은 역할을 연기하기 위해 필요한 생각의 정리나 종합에는 이르지 못하거나, 연기 과정에서 경험할 수 있는 학습자 간의 상호작용은 어렵다. 이와 달리 근대 민족운동가인 오스만제국의 미드하트 파샤, 이집트의 아라비 파샤, 인도의 마하트마 간디, 중국의 쑨원과 가상 인터뷰를 진행하는 활동[30]은 대화의 내용에 따라 학습이 진행되며, 상대방이 하는 질문과 답변에 자신의 생각이 영향을 받는 상호작용의 가능성이 존재한다. 극화학습은 개인적 경험을 바탕으로 역사적 사실에 대한 직관을 갖게 하며, 학생들은 이런 경험을 통해 역사적 사실을 다양한 관점에서 접근하고 자기 나름으로 구성한다.[31] 이처럼 역할극의 형식과 결합할 경우 글쓰기만을 하는 것보다 이러한 교육적 효과를 높일 수 있다.

역사 역할극이 어떤 절차를 거치거나 단계를 밟아야 하는지에 대한 특별한 연구는 없다. 그래서 역사 역할극은 이론보다는 교실 수업의 실천 문제로 취급되었다. 역사 역할극이 교과서 활동보다는 교사들의 수업 실천 사례에 집중되는 이유도 여기에 있다. 이에 반해 범교과나 사회과 수업을 위한 역할극 모형을 제시한 이론 연구들은 있다. 사회과 교육의 학습방법으로 역할극에 대해 연구한 대표적인 학자인 샤프텔 부부(Fannie R. Shaftel and George Shaftel)는 이러한 목적을 달성하기 위해 역할극 학습이 일반적으로 거쳐야 할 과정을 표 5-1과 같이 제시했다.

이 과정은 준비 단계(단계 1~4), 실연 단계(단계 5), 토론 및 재연 단계(단계 6~7), 정리 및 일반화 단계(단계 8)로 나눌 수 있다. 준비 단계에서는 상황을 제시하고 역할극을 계획하며, 역할을 배정한다. 학습자는 제시된 환경을 탐구하고, 각 등장인물의 역할을 분석하고 토론하게 된다.[32] 이를 바탕으로 자신이 맡은 인물의 말과 행동을 구상하고 정리

표 5-1 샤프텔 부부가 제시한 역할극의 일반적 과정[33]

극의 단계	연기 활동
1. 학습 준비	• 문제를 소개 • 문제를 명확히 하기
2. 참여자 선정	• 역할 분석 • 참여자 선정
3. 무대 설치	• 활동 계획의 결정 • 역할의 재진술 • 문제 상황의 내면 파악
4. 관찰자 준비	• 관찰할 것 결정 • 관찰 과제의 배분
5. 실연	• 역할극의 시작 • 역할극의 계속 • 역할극의 중단
6. 토의 및 평가	• 역할극 활동의 검토(사건, 위치, 사실성, 요점) • 다음 실연 준비
7. 재실연	• 수정된 역할극 • 경우에 따라서는 또다른 재실연
8. 경험의 공유 및 일반화	• 역할극 과정 중의 경험 교환 • 극의 전개 과정 전반에 관한 토론 • 극의 결말 탐색 및 일반화

한다. 그리고 실제로 역할을 맡아 첫 번째 실연을 한다. 실연 이후 결과를 공유하고 토론을 한다. 연기자와 관찰자는 극의 과정에서 느꼈던 정보의 부족에 대해 이야기함으로써 역할극을 하려면 적절한 정보가 필요하다고 생각하게 되며, 더 나아가 이를 얻기 위해 노력하게 된다.[34] 이러한 과정을 바탕으로 첫 번째 실연에서 자신들이 행한 연기의 부족한 점을 보완하고 적절하지 못한 연기를 수정하여 새로운 역할극을 구

성하고 재실연을 한다. 필요할 경우 재실연의 과정을 반복하기도 한다. 정리 및 일반화 단계에서는 학습자로 하여금 문제 상황에 대한 적절한 행동방식을 발견하고, 역할극의 목적을 더 잘 성취하기 위해서는 어떤 기능을 향상시켜야 하는지를 인식하게 함으로써, 극에 나타난 삶의 과정을 자신의 것으로 체험하게 한다.[35]

그렇지만 이와 같은 단계와 활동 내용은 역할극의 일반적 과정으로, 역할극의 절차에 초점을 맞춘 것이다. 역할극의 주제나 내용에 따라 단계 구분을 달리한다든지, 또는 각 단계에서 어떤 활동을 해야 하는지는 고려하지 않았다. 교실 수업에 역할극이라는 형식을 적용할 때는 교과 및 학습 주제의 성격과 수업 상황을 반영해야 한다. 역사적 사실을 주제로 하는 역할극과 현재 문제를 주제로 하는 역할극의 성격과 목표 사이에는 차이가 있다. 역사적 사실을 주제로 하더라도, 구체적인 주제에 따라 역할극의 요소와 절차는 달라진다. 교사와 학생도 중요한 영향을 미치는 역할극 수업의 요인이다. 교사는 역할극에서 학생들이 자신의 역사 해석을 연기로 표현하거나 사회적 상호작용을 하는데 필요한 적절한 규칙을 만드는 데 도움을 준다. 이 과정에서 역할극의 주제인 역사적 사실에 대한 교사의 인식이나 해석이 개재될 수 있다. 그렇지만 학생들의 연기내용을 구체적으로 지도한다거나 실연 과정에 개입하지 않는다. 역사수업에서 역할극을 성공적으로 적용하려면 다음과 같은 요소들을 고려해야 한다.[36]

- 배경지식: 학생들이 보유한 지식을 기반으로 해야 한다.
- 관점: 참여와 갈등을 극대화할 수 있도록 역할을 설계해야 한다.

- 상황: 역할극의 대상이 되는 사건은 논쟁을 위해 초점을 맞춰야 한다.
- 관리: 역할극 수행에서 교사가 관리를 해야 한다.

학생들의 배경지식은 교과서를 읽거나 수업에서 학습한 것일 수도 있고, 그밖의 다른 자료에서 나온 것일 수도 있다. 쟁점을 대하는 관점은 연기를 하는 학생 개인보다는 그 학생이 대표하는 사람들의 정체성을 반영해야 한다. 그렇지만 이를 추론하는 과정에서 역사 인물의 행위에 대한 학생들의 상상적 해석이 들어가게 된다. 역할극에서 다루는 상황에는 긴장 관계가 들어가야 하며, 이를 위해서는 구체적이면서 해결되지 않은 갈등이 필요하다. 역사 역할극에서 교사는 제한적으로 참여하고 학생들이 서로 대화할 수 있도록 이끌어야 한다. 교사의 역사해석을 학생에게 주지시키는 것이 아니라 학생들이 자신의 역사해석에 따라 능동적이고 구체적으로 극을 이끌어가도록 안내하는 역할을 해야 한다.

역사 역할극이 이런 요소를 가져야 한다는 것은, 역할극의 과정에서 그 내용이 포함되어야 함을 뜻한다. 역할극의 일반적 주제와 요소, 절차를 감안할 때 감정이입적 이해를 경험하는 역사 역할극 수업에서 유의할 점은 다음과 같다.

첫째, 인물의 의도와 태도를 탐구할 수 있는 사건을 다루어야 한다. 감정이입적 이해는 때로는 하나의 문제에 초점을 맞춰 학습활동을 전개할 때 촉진될 수 있다.

둘째, 사회적으로 지명도가 높거나 중요하지 않다고 생각하는 인물의 역할을 맡게 하는 것도 고려할 만하다. 경우에 따라서는 실제 역사

상황을 반영하되 가공인물을 포함할 수도 있다. 그래야만 인물의 권위나 그들의 실제 행위에 얽매이지 않고 학생들이 상상을 하는 데 제약을 받지 않는다.

셋째, 역할극의 전개 과정을 꼼꼼히 계획해야 한다. 일련의 구체적인 하위 과제별로 연기 시간을 배분하는 것도 한 방법이다.

넷째, 역할극을 시작하기에 앞서 학생들은 극에서 다루는 역사 주제나 자신이 맡은 인물에 대한 역사적 사실을 조사하는 등 꼼꼼히 준비해야 한다. 그래야만 학생들의 상상력을 자극하고 발휘시키기에 충분한 학습이 될 것이다.

다섯째, 감정이입이 무엇의 산물인가를 명확히 알아야 한다. 그것이 극의 결과인가, 집단 참가의 효과인가, 또는 무형적인 것, 즉 연기 활동 전이나 활동 중 또는 활동 후 학생의 마음속에 전개되는 사고 과정의 결과인가를 알아야 한다.[37]

역사 역할극이 다른 교과의 역할극과 다른 점은 다루는 문제의 성격과 문제 해결 방안의 근거를 어디에서 찾는가에 있다. 학생들이 역할극에서 접하는 상황은 새로 만들어진 가공 상황이 아니라 역사적 사실에 토대를 둔 실제적 상황이다. 따라서 역사 역할극에서는 상황에 대한 파악이 무엇보다도 중요하다. 역사 역할극에서 학생들은 자신의 의견을 제시하기 위해 자료를 탐구한다. 증거와 그에 대한 탐구는 역할을 얼마나 적절히 했는지를 결정하는 열쇠이다. 윌슨(Viv Wilson)과 우드하우스(Jayne Woodhouse)는 역사 역할극의 과정을 배경 상황의 탐색, 역사적 인물에 대한 파악, 역할극의 실연이라는 세 단계로 구분하고 이를 위한 역할극의 계획을 그림 5-2와 같이 제시했다. 여기에서

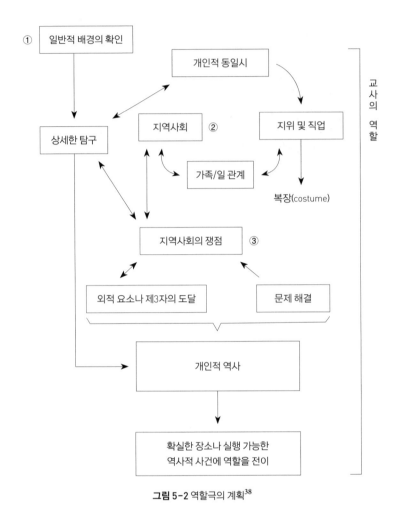

그림 5-2 역할극의 계획[38]

제시된 역할극의 계획은 전체 과정 중 준비 단계에 해당한다.

그림 5-2에서 일반적 배경의 확인 → 상세한 탐구 → 개인적 역사로 직접 이어지는 과정이 자료를 이용한 일반적인 탐구학습에서 나타나는 과정이라면, 일반적 배경의 확인 → 상세한 탐구 → 개인적 동일시 → 지역사회의 쟁점 → 개인적 역사로 이어지는 과정은 감정이입적 이

해의 과정이라고 하겠다. 일반적 배경의 확인이란 역할극에서 다루는 역사적 사실이 일어나게 된 상황을 탐색하는 것이다. 일반적 배경은 극의 배경이 되는 사회에 관한 정보에 의해 확인된다. 사회적 맥락에 대한 정보는 학생들이 역할을 선택하는 데 필요한 정보를 제공할 수 있는 측면을 탐구하는 것에 집중하는 편이 좋다. 학생들의 역할 선택은 경험을 공유하고, 그 경험을 서로 교환할 수 있도록 일정한 집단이나 장소에 제한하는 것이 좋다. 이를 위해 교사는 제시할 자료를 선택하거나 편집해야 한다.[39] 개인적 동일시란 행위자의 행위에 영향을 준 개인적 요소의 탐색이다. 개인적 동일시는 학생들의 개인적인 학습활동 참여를 촉진한다. 학생들은 자신이 맡은 인물의 사회적 위상을 탐구한다.[40] 사회적 문제는 학생들이 다루는 문제가 일어나게 된 사회 상황이다. 이 단계에서 학습자는 당시 사람들이 겪었던 문제가 무엇이며, 그들의 행위에 영향을 끼쳤던 요소가 무엇인지를 분석하고 그들이 어떻게 문제를 해결하려고 했는지를 생각하게 된다.

이런 과정을 거쳐서 학습자는 자신이 다루어야 하는 사회적 상황을 자기 나름으로 재구성한다. 이것이 개인적 역사(personal history)이다. 개인적 역사에 따라 학습자는 자신이 맡은 역할을 실제로 수행하게 된다. 학습자가 자신의 역할을 얼마나 잘 수행하는가는 역을 맡은 인물의 생각이나 행동을 어떻게 탐구하는가에 달려 있다. 학생들은 자료의 탐구를 통해 부여된 과제의 해결 방안을 찾게 되며, 드라마의 역할극에서 자신의 역할을 어떻게 실행할 것인가를 결정한다.[41]

이상의 논의를 바탕으로 할 때 역사수업에 적용할 수 있는 역할극 과정은 표 5-2와 같이 정리할 수 있다.

표 5-2 역사수업의 역할극 과정

학습 단계	학습활동
1. 학습과제 인식	• 학습과제의 선정 • 시대와 사회 상황 이해 • 학습과제의 쟁점 분석
2. 역할 분담	• 역할극에 포함할 인물 선정 • 참여자(연기자 및 관찰자) 결정 • 사건 발생 상황의 탐색 • 맡은 인물의 활동 탐색
3. 실연	• 극에서 자신이 할 연기 준비 • 실제의 연기 활동

4. 토의 및 평가	• 다음 사항을 토의 및 평가
	  – 쟁점의 적절성
	  – 선정 인물의 타당성
	  – 역할극 내용의 사실성과 구성성
	• 대안의 가능성 탐색

5. 재실연	• 재실연을 위한 연기 준비 • 역을 바꾸어서 연기
6. 정리 및 일반화	• 역할극 전체 과정 평가 • 학습과제의 정리 • 일반화

이러한 과정에 따라 조선 중종 때 소격서 혁파를 둘러싼 논쟁을 양 집단 역할극(dyadic role play)으로 예시해보자. 양 집단 역할극이란 학 생들을 두 집단으로 나누어 문제 상황에 대해 연기를 하고 그 결과를 토의하면서 경험을 교환하게 하는 학습방법을 말한다. 역할을 바꿔 다 시 실연을 하는 것은 토론의 경쟁적 성격 때문에 초래할 수 있는 부정 적 결과를 완화하기 위한 극의 형식이다. 자신이 비판한 점에 근거해 서 연기를 다시 하게 된다.[42] 양 집단 역할극의 재실연에서는 두 집단

이 역할을 맞바꿔 연기하는 방법이 많이 사용된다. 양 집단 역할극을 통해 학생들은 문제를 둘러싼 갈등 상황에 직면함으로써 문제 및 상황을 이해하게 되며, 다른 사람의 견해를 명확히 알게 되고, 입장을 바꿔 가며 역할을 맡음으로써 감정이입적 역사 이해를 확대할 수 있다. 또한 양 집단 역할극은 역할극에 필요한 여러 가지 기능을 발달시킬 수 있다.[43] 아울러 역사학습에서 기존 역할극의 문제점을 보완할 수 있다. 실제 교실 수업에서 역할극은 잘 준비되지 않으면 학습보다는 흥미에 초점을 맞출 가능성이 있다. 역할극의 상황이 너무 복잡하거나 과제가 적절하지 않으면 역할을 제대로 수행하기 어렵다.[44] 양 집단 역할극에서는 상반되는 두 집단의 갈등 때문에 문제 상황이 명확히 드러나며, 시간 문제도 어느 정도 해결할 수 있다.

소격서는 도교의 재초(齋醮)를 담당하던 조선시대의 관청으로 재난을 당하거나 경사가 있을 때 여기에서 제사를 지냈다. 연산군 대와 중종 대에 소격서 혁파를 둘러싸고 왕과 성리학적 원칙을 지키려는 신하들 사이에 극심한 대립이 일어났다. 중종반정 이후 조정의 실권은 반정공신인 훈구대신들의 손에 있었다. 그러나 연산군 때 사화로 쫓겨난 사림이 대거 등용되면서 훈구대신들과 대립했다. 성리학적 원칙을 강조하던 사림은 도교가 세상을 속이고 더럽히는 이단이며, 하늘에 대한 제사는 천자인 중국 황제만이 지낼 수 있는데, 제후인 조선 왕이 하늘에 제사를 지내는 것은 예에 어긋난다고 주장하면서 소격서를 혁파할 것을 주장했다. 이에 대해 중종은 소격서가 조종(祖宗) 이래 지켜 내려온 제도이므로 쉽사리 없앨 수 없다며 거부했다. 훈구대신들은 왕의 입장에 동조했으나 당시 사림의 위세와, 성리학적 원칙을 내세우는 주장에 눌려 명확한 입장을 나타내지 않았다. 중종은 결국 조광조 등 사림의 집요한 주장에 못 이겨 소격서를 폐지했으나, 기묘사화로 사림이 쫓겨난 뒤 소격서는 부활되었다. 학생들은 당시 사림과 훈구세력 양 집단의 관념에 비춰 소격서 혁파라는 문제 상황에서 양 집단이 어떤 주장을 했고, 그들이 내세우는 논리가 무엇이었는지를 생각하고, 그들의 역할을 맡아 연기를 하게 된다. 이 과정을 통해 당시 양 집단의 생각과 행동을 감정이입적으로 이해할 수 있다. 또한 양 집단의 대립관계로 보아 사림이 소격서 혁파를 주장했다면 훈구세력은 소격서의 존치를 주장했을 것이라고 생각하기 쉽다. 그러한 생각을 역사적 사실에 비춰 다시 검토하고, 훈구세력이 잠자코 있었던 이유를 통해 역사적 행위의 동기를 생각하게 된다.

표 5-3 양 집단 역할극에 의한 역사수업

과정	활동*
준비 작업	• 학습과제 선정: 소격서 혁파 • 배경지식: 다음과 같은 중종 때의 정치적 상황을 개괄적으로 학습 　- 중종반정의 공신인 훈구세력의 정치적 실권 장악 　- 왕권의 약화 및 훈구대신들과의 갈등 　- 사림의 등용 및 세력 강화 　- 훈구세력과 사림의 갈등
역할 분담	• 인물 선정: 훈구세력, 사림 • 인물에 대한 탐색 　① 훈구세력: 중종반정 세력, 행정권 장악, 현실 타협적, 사장(詞章) 중시 　② 사림: 중종 때 대거 등용, 언관직 진출, 성리학적 윤리의 실천, 경학(經學) 중시

* 여기에 제시한 학습활동은 예시이다. 역할극에서의 실제 활동은 두 집단의 입장에 대한 학생들의 자료 탐구를 바탕으로 하게 된다. 그러므로 실제 학습에서는 여기에서 제시된 것과는 다른 입장을 택할 수도 있다.

역할 분담	• 쟁점: 국왕이 반대하는 소격서 혁파를 둘러싼 조정의 논의 　① 혁파 주장: 도교는 이단, 하늘에 대한 제사는 중국 황제만이 지낼 수 있음. 　② 혁파 반대: 조상 때부터 내려온 전통적인 것, 급진적 변화는 바람직하지 않음. 　　→ 찬반 논리의 기본적 근거 토론 • 참여자 결정: 연기에 참여할 학생을 훈구와 사림으로 나눔. 나머지 학생은 관찰자 역할 • 자신이 맡은 인물의 연기 내용 정리: 사림과 훈구의 입장에서 소격서 혁파 찬성 또는 　반대의 이유를 정리
실연	(어전회의 형태로 진행) • 국왕: 소격서 존치 주장 • 훈구: 왕의 입장에 소극적 동조 • 사림: 소격서 폐지 주장 　→ 왕은 사림의 주장에 시달리다가 신하들의 토론 결과에 따르기로 함. 이후 훈구세 　　력과 사림 간의 토론으로 진행
토의 및 평가	• 각 집단의 주장은 설득력이 있는가? • 그렇게 주장했을 것이라고 생각한 이유는 무엇인가? • 당시 과연 그와 같이 주장했을까? 　(교사는 훈구세력은 중간적인 애매한 태도를 취했음을 이야기하되, 그 이유는 설명하지 　않는다)
재실연	• 집단의 역할 교체 • 양 집단의 역할을 검토한다. 　– 사림: 혁파 논리의 보강 　– 훈구: 국왕의 의사와 성리학적 원칙을 절충하는 방안 논의 • 실연
정리 및 일반화	① 정리 • 소격서 혁파를 둘러싼 두 집단의 입장과 논리가 무엇인지 정리한다. 　– 사림: 혁파를 강력히 주장, 성리학적 윤리의 실천을 근거로 내세움 　– 훈구: 그동안의 관행과 사회현실에 비춰 소격서 유지 주장. 그렇지만 성리학적 명 　　분을 주장하는 사림의 논리에 적극적으로 반대하지는 않으면서, 국왕의 입장에도 　　눈치를 살핀다. • 훈구와 사림의 입장을 학습자가 개인적으로 평가해서 자신의 의견 제시 ② 일반화 • 사림의 정치관: 유교 윤리의 철저한 정치적·사회적 실천 • 훈구세력의 정치관: 유교 윤리를 따르나 현실 상황을 많이 고려

2. 사료의 상상적 탐구

1) 역사 탐구의 상상적 성격

역사적 상상력은 탐구와 분리할 수 있는 사고방식이 아니기 때문에, 사료를 상상적으로 탐구하는 데 특정 학습활동만 가능한 것은 아니다. 역사적 사고는 본질적으로 상상의 속성을 가지고 있다는 것을 깨닫게 해주는 학습, 학생들의 역사적 사고를 개방적·창조적으로 만드는 데 도움을 주는 학습은 모두 학생들의 역사적 상상력을 기르는 데 사용될 수 있다. 부스는 역사적 사고의 본질을 학생들에게 인식시키는 방법으로 사료의 사용, 현장 답사(site work), 역할극, 성찰적 토론(speculative discussion)을 들었다.[45] 이러한 방법을 통해 학생들에게 역사적 사고의 본질은 형식적 조작에 제약을 받지 않는 다양한 사고, 상상적 사고의 측면이 있음을 가르칠 수 있다는 것이다.

역사적 과제에 대한 개방적·창조적 사고력을 기르는 데는 역사적 상상력을 자극하는 발문을 이용하는 것이 효율적이다. 학생들에게 어떤 역사적 상황을 제시하고, 과거의 특정 인물의 입장에서 그 상황을 상상하게 하는 것도 흔히 사용되는 방법이다. 또한 어떤 역사적 사건에 대해 상상적으로 기록하거나 보고서를 쓰는 방법도 있다.

역사적 상상력은 사료 해석에서 가장 잘 나타난다. 역사학습에서 학생들은 과거의 모습을 상상적으로 재구성하기 위한 증거로 사료를 사용할 수 있다. 학생들은 사료를 이용한 학습을 통해 역사적 상상의 경험을 할 수 있다. 사료는 여러 면에서 학생들의 역사적 상상력을 기르는 데 도움을 준다. 우선 사료는 과거에 대한 호기심을 자극하고, 역사학습에 능동적으로 참여하게 함으로써 학생들에게 역사를 상상적으로 이해하려고 하는 태도를 가지게 한다. 다양한 해석이 가능한 내용을 담은 사료는 학생들의 능동적·개방적 사고 태도와 상상력을 자극할 수 있다. 역사적 상상을 위해서는 능동적이고 개방적으로 자료를 해석하는 태도가 필요하다. 사료를 탐구하는 역사수업은 학생들에게 자신의 눈으로 역사를 해석하고, 기존 역사해석에 대한 대안적 해석을 할 수 있는 기회를 주어야 한다. 다른 한편으로는 사실적이고 합리적으로 역사적 사실을 이해할 수 있어야 한다. 양자의 균형이 역사를 상상적으로 이해할 수 있는 조건이다. 사료 탐구는 이를 위한 기회를 제공한다.[46] 학생들은 사료를 탐구할 때 분석적 능력과 상상력을 사용해 사료를 해석하고 역사를 구성해야 한다. 학생들은 사료 탐구에서 이에 필요한 지적 능력을 기를 기회를 얻는다.[47]

역사적 상상을 위해서는 역사적 사실의 본질과 역사가의 사고방식을 인식해야 한다. 사료학습에서 학생들은 역사가의 사고 과정을 경험할 수 있다. 역사를 탐구하는 것은 과거를 재구성하고 이를 생생한 당면의 연구 과제로 만드는 지속적인 재생 활동이다. 역사가는 사료를 통해 다른 사람의 경험을 간접적으로 경험함으로써 역사를 이해한다. 사료 탐구는 개인적 경험을 대신할 수 있으며 경험의 범위를 넓혀 다른 시대와 다른 장소에 사는 사람들에 대한 이해 능력을 증진시킬 수 있다.[48] 사료 내용에 담겨 있는 역사적 의미를 가설적 추리, 합리적 분석, 상상을 통해 해석함으로써 역사적 사실을 밝히는 것이 역사가의 주된 연구방법이다.[49] 이러한 재구성은 과거의 증거를 상상적으로 해석하여 역사적 사실을 재구성하는 상상적 재구성이다.[50]

사료를 통해 학생들은 주어진 과거의 상황에서 개인에게 허용된 선택의 정도와 과거 인간 행위의 토대가 되었던 가치나 태도를 확인할 수 있다. 또한 과거의 상황과 그것이 과거 사람들에게 어떠한 영향을 끼쳤는지를 상상한다. 학생들은 역사적 상상 속에서 사료를 접할 때 다른 사람의 관점을 이해하고, 반대 입장에 있는 사람들의 관점이나 자신이 공감하지 않는 관점에 대해서도 고려하게 된다.[51] 사료 해석을 통해 당시 상황에서 행위자가 내린 판단과 행위자의 정서 등을 탐구함으로써 과거 상황을 더욱 설득력 있게 상상적으로 재구성할 수 있다.

역사적 상상은 일상생활의 상상이나 다른 인문학의 상상과는 달리 사실을 바탕으로 이루어지는 것인 만큼 역사적 자료를 합리적으로 분석하고 추론하는 능력을 필요로 한다. 지난날 인간 행위의 의도를 이해하는 것은 사고의 자유로운 비약이나 정서적 공감이 아니라 자료를 해석하는 문제이다. 자료의 내용에 내재된 의미를 얼마나 꼼꼼히 해석할 수 있는지가 인간 행위의 내면을 파악하는 요체이다.[52]

사료의 해석을 통해 역사적 사실을 이해하려면, 당시 사회의 전반적인 상황을 파악할 필요가 있다. 학습과제는 기존에 알려진 일반적인 사건 과정에 비춰 검토해야 한다. 역사적 상상력을 발휘하는 데도 탐구 주제에 대한 배경지식이 필요하다. 배경지식은 구체적 사실을 학습하기에 앞서 학습 대상인 역사적 사실의 전체적인 틀을 파악하는 데도 도움이 된다.[53] 역사적 상상이 지적 가치를 가지려면 다루는 주제나 내용에 대한 맥락적 지식도 필요하다. 반성적 사고이건 창조적 사고이건 간에 학습 내용이나 문제와 연관시켜 사고를 개발하는 것이 좋다. 역사적 상상을 위해서도 상상하는 대상과 관련된 지식이 있어야 한다.[54]

사료는 학습자가 역사적 사실을 상상적으로 이해하기 위한 배경지식을 얻는 데 효과적이다. 사료의 해석은 배경지식을 바탕으로 하지만, 해석의 결과는 역으로 상상적 해석을 위한 배경 정보로 이용될 수 있다. 사료는 학생들의 탐구 과정에서 자칫 비역사적인 이해가 발생할 수 있는 문제점을 보완한다. 맥락적 지식을 제공해서 학생들이 역사를 임의로 이해하는 것을 막아줌으로써 학습과제를 해결하는 데 도움을 준다. 사료는 역사적 사실이 발생했던 당시의 생활을 해석하고 정리해서 설명해주지 않는다. 기록자가 쓴 대로 전달한다. 따라서 학생들은 사료 내용을 통해 역사적 사실이 어떤 상황에서 일어났으며 실체는 어떠했고, 당시 사회에서 가지는 의미가 무엇인지 추론해야 한다. 이는 곧 사료를 통한 역사적 사실의 상상적 탐구를 촉진한다. 역사학자나 역사책의 정리된 내용으로 상황을 설명하는 것보다는 사료와 같이 덜 가공된 형태로 전달하는 것이 역사 탐구에서 상상력을 더 활성화한다.

역사적 자료는 학습과제를 해결하는 데도 직접 활용할 수 있다. 학생들에게 역사적 상상력을 길러주기 위해서는 자료의 내용과 효율적인 제시 방법이 중요하다. 일반적으로 여러 가지 해석이 가능할수록, 제시 형태가 다양할수록 좋다. 또한 학습방법이 자료의 성격과 내용에 부합하고 수준이 학생들의 이해에 적합해야 한다.[55] 학생들이 다룰 수 있는 역사적 자료의 범위와 양, 난이도는 사고 발달의 정도에 따라 정해진다.

2) 상상적 탐구에 적합한 사료의 성격

수업에서 제시되는 자료는 학생들이 역사적 상상을 하는 데 직접 필요한 것이어야 하며, 수업 과정에서 학생들이 이를 창의적으로 사용할 수 있는 분위기의 조성이 필요하다. 결과가 알려지지 않은 역사적 문제를 담고 있는 자료는 이에 더욱 효과적이다.[56] 학생들이 공감할 수 있는 주제는 상상적으로 이해하려고 하는 태도를 기르는 좋은 방법이다. 그러나 학습에 활용되는 자료가 이에 한정되어서는 안 된다. 학생들이 싫어하는 인물이나 학생들의 경험과는 상이한 가치관이나 세계를 다룰 때 상상의 폭은 확대될 수 있다.[57]

배경지식을 제공하려면, 적절한 사료를 선택해야 한다. 구조적 상상을 위해서는 사료의 신뢰성을 확보해야 하며, 사료 내용이 탐구 주제에 적절해야 한다.[58] 역사적 상상에 적합한 사료는 당시 상황을 포괄적으로 보여주는 자료이다. 배경 정보로 사용되는 사료 내용이 너무 상세하거나 고정된 시각을 가지고 있다면 오히려 상상력을 저해하거나 시대에 관한 단순한 지식을 전달하는 데 그칠 수 있다. 너무 세세한 내용이 담긴 자료는 역사적 상상에 도움이 되지 않는다. 배경 정보가 너무 광범위하고 포괄적이거나, 반대로 너무 단편적이면 학생들이 당시 사회상을 체계적으로 파악하기 어렵기 때문에 오히려 혼란을 줄 수 있다.

이런 이유로 실제 교실 수업에서는 사료 탐구를 하는 경우라도 원사료 그대로가 아니라 편집된 1차 사료나 2차 사료, 내용을 정리한 글 또는 책을 자료로 하는 경우가 많다. 2차 사료를 배경지식을 제공하기 위한 텍스트로 사용하는 경우는 사료의 중요한 내용을 발췌하여 모아놓은 자료집이나 참고자료의 형태가 좋다.[59] 이를 감안하여 셰밀트는 배경 정보는 항상 2차 사료로 제시되어야 한다고 주장했다.[60] 배경 정보를 얻기 위한 자료로 2차 사료만을 사용해야 한다는 주장에 동의하기는 어렵지만, 전체적인 시대상을 파악하는 데 필요한 배경 정보는 개괄적이면서 어느 정도 정리된 것이 좋다. 구체적인 주제를 탐구하는 역사수업에서 교사가 흔히 시대적·사회적 상황을 개괄적으로 설명하는 것이 여기에 해당한다.

그렇지만 배경지식은 시대나 사회구조, 통치 이념, 정치 제도, 국제 관계와 같이 국가 전반이나 사회구성원 전체에 영향을 미치는 사실만이 아니라 역사적 사건이 일어났을 당시의 구체적인 상황에 관한 것일 수도 있다. 이런 구체적인 상황을 보여주는 맥락적 지식을 획득하는 데는 2차 사료 못지않게 1차 사료가 효과적이다. 1차 사료는 탐구에 필요한 사건이 일어난 구체적 상황을 파악할 수 있게 한다. 이를 매개로 학생들은 사회 전반의 모습을 상상적으로 추론할 수 있다.

이런 1차 사료가 구체적인 사건의 기록과 전달을 위한 것이 아니라 국가 운영의 방향을 담은 이념과 법, 사회문제의 해결을 위한 제도나 정책과 같이 역사적 의미를 부여하기 위한 여러 해석이 가능한 내용을 담고 있을 경우 학습자의 역사적 상상을 자극할 수 있다. 어떤 정책이나 제도를 시행했지만, 그 내용이 구체적으로 제시되지 않은 경우, 학생들은 이를 상상해서 추론할 수 있다. 이런 상상적 탐구의 결과는 역사적 사실의 본질을 염두에 두는가, 배경지식을 얼마나 가지고 있는가에 따라서 달라진다. 그렇지만 추론하는 활동의 성격은 역사학자나 학습자 모두 비슷하다. 상상적 탐구가 '역사하기'인 셈이다. 실제로 역사학자와 같이 전문 지식을 가지고 있지 않으며, 구조적 상상을 요구하는 학습과제임을 의식하지 않더라도 실제 수업에서 학생들의 역사적 상상력이 적용되는 경우는 어렵지 않게 찾아볼 수 있다.

예를 들어 《한서》 지리지에 전하는 고조선의 8조법을 생각해보자.

고조선에는 어떤 행위를 금하는 8개 조항의 법이 있었는데, 이 중 3개 조항이 《한서》 지리지에 전한다. 모든 교과서는 이를 자료로 직접 제시하든지, 아니면 그 내용을 교과서 본문에 서술한다. 이 사료를 학습에 연결시키는 방법은 공히 법의 내용을 통해서 고조선 사람들의 생활을 추론하는 것이다. 그런데 이 사료 내용의 역사적 의미에 대한 해석은 교과서나 역사책마다 다르다. 교과서에 따라 다음과 같이 서로 다른 해석을 찾아볼 수 있다.

사람들의 생명(노동력)과 재산을 중시하고 사회질서를 유지하는 데 힘썼다.
— 국사편찬위원회 1종도서편찬위원회(2002), 《중학교 국사》, 20쪽

남을 죽이거나 다치게 하면 벌을 받았던 것으로 보아 사회질서가 매우 엄격했다.
— 교육과학기술부(2010), 《사회 5-1》, 23쪽

인간의 노동력을 경제적 가치와 동질적인 것으로 인식하고 있음을 의미한다. (…) 인간의 노동력에 대한 고조선 사회의 이러한 인식은 고대사회의 인신적 지배와 관련된 것이다.
— 한국역사연구회(2002), 《한국역사》, 37~38쪽

이 법은 노예주들이 저들의 생명과 재산을 보호하고 인민들을 억압 착취하기 위한 법이었습니다.
— 차영남·박영철·김광수·오영철(2013), 《조선력사》, 24쪽

해석 내용은 다르지만, 모두 교과서나 대중용 역사책이다. 적어도 집필자는 학생이나 일반 독자가 8조법의 내용에서 이런 추론을 하거나, 이렇게 해석한 의미를 이해할 수 있다고 판단한 것이다. 바꿔 말하면 8조법의 내용을 통해 학생들이 이와 같은 여러 해석을 할 수 있음을 상정한 것이다. 이는 구조적 상상의 대안적 해석에 해당한다.

이와는 약간 달리 8조법 중 전하는 세 조항 이외의 나머지 조항을 상상적으로 추론하는 활동을 제시하기도 한다. "현재는 전해지지 않는 나머지 조항의 내용을 그 시기에 있었을 법한 것으로 상상하여 적어보자"[61]는 과제가 여기에 해당한다. 이는 8조법의 기본 내용 및 고조선 사회에 대한 지식을 바탕으로 추론하는 활동으로 보간에 해당한다.

교과서 집필자나 활동을 하는 학생이 의식을 하지 않더라도 이와 같이 구조적 상상을 경험하는 활동은 다른 사실에서도 확인된다. 신라 진성왕 때 최치원은 시무10조를 올렸다. 이는 한국사 수업에서 흔히 학습하는 내용이다. 그렇지만 시무10조는 현재 전하지 않는다. 그래서 진성왕 때 신라의 상황을 담은 사료를 제시하고, 시무10조의 내용을 추론하는 교과서나 역사수업의 학습활동을 종종 찾아볼 수 있다.

자료 2(최치원의 생애를 소개한 자료 — 인용자)를 읽고, 최치원이 제출한 개혁안에는 어떤 내용이 있었을지 추론해보자.

— 박근칠 외(2020), 《중학교 역사 2》, 58쪽

[수행평가] 시무책 작성하기
신라 말 사회의 모순을 6두품 지식인의 입장에서 해결책을 제시해보자.

자료: 시무책 예시

— 주진오 외(2013), 《중학교 역사 1》, 111쪽

자료 2('최치원의 활동과 좌절' 서술— 인용자)에서 최치원이 작성한 '시무10
조'는 어떤 내용이었을지 써보자.

신라 사회의 문제점	문제점을 해결하기 위한 방안

[길잡이] 신라 사회의 문제점을 먼저 파악해보고, 문제점을 해결하기 위한
방안을 생각해본다.

— 조한욱 외(2013), 《중학교 역사 1》, 108쪽

두 번째 소개한 활동은 대단원 말에 수행평가로 제시한 것이다. 최치
원이라는 이름이 나오지는 않지만, 기록에 따르면 신라 말 시무책을 올
린 사람이 최치원밖에 없는 데다가 본문 서술에 최치원이 시무책을 올
렸다는 내용이 들어 있으므로, 최치원 기록을 토대로 하는 상상적 사고
활동이다. 이때 최치원이 시무10조를 올렸다는 기록은 보간을 위한 자
료의 역할을 하며, 당시 신라의 상황을 보여주는 사료는 배경지식을 알
려주는 역할을 한다. 이런 사고 과정을 통해 학생들은 최치원이 시무책
을 올렸다는 사실뿐 아니라 그 내용이 어떤 것일지 상상함으로써, 당시
최치원을 비롯한 6두품이나 비판적 지식인들의 활동을 하나의 역사적

사실로 완성하게 된다. 이는 곧 구조적 상상이다. 이런 사료들은 학습 과제를 해결하기 위한 직접적인 자료로 이용된다. 역사적 상상을 경험하는 수업에서 사료는 그 경험에 필요한 정보를 제공해준다.

3) 사료의 상상적 탐구모형

역사적 상상력을 활용해 사료를 탐구하는 학습 절차는 기본적으로 역사 탐구의 절차를 따른다. 그렇지만 역사적 상상력이 비판적 사고의 성격을 가진다면, 이 절차는 텍스트의 비판적 사고 절차와 비슷하다.

강선주는 여러 외국 학자들의 견해를 종합해, 사료를 읽으면서 역사적 사고를 하는 과정을 표 5-4와 같이 정리했다.

표 5-4의 단계는 사료를 읽고 해석하는 절차이다. 이를 '역사적으로 사고하는 단계'로 규정한 것은, 사료를 분석하고 해석해서 역사적 사실의 의미를 밝히는 과정이 역사적 사고의 본질이라고 생각했기 때문이다. 제시된 사고활동은 역사적 상상을 염두에 두고 있지 않으며, 일반적인 역사 텍스트 읽기이다. 다만 "사료에서 확인한 역사적 상황, 행위, 인물에 대해서 당시 사람들이 어떻게 평가했을지 상상적으로 이해하고, 이해한 것을 표현"이라는 내용에서 맥락적 이해에는 상상이 들어감을 전제하고 있다. 또한 "사료가 어떤 질문에 답해줄 수 있는지, 또 어떤 질문에는 답해줄 수 없는지를 검토"는 역사 탐구의 일반적 방향을 제시한 것이지만, 역사적 상상에도 해당한다고 하겠다.

표 5-4의 여러 곳에서 나타나 있듯이 강선주는 특히 저자의 관점, 저작 동기나 의도 등을 염두에 두고 텍스트를 읽을 것을 강조한다. 다른 글에서 강선주는 텍스트 읽기 수업 방안을 다음과 같이 제시한다.

표 5-4 문자사료를 읽으면서 역사적으로 사고하는 단계[62]

사고 단계	사고의 성격	사고활동
탐구 문제의 결정	주어진 지식의 의심	교육과정과 학생의 수준을 고려하여 탐구할 주제나 과제를 결정
사료의 명시적 내용 파악	표면적 텍스트 읽기	글에 명시적으로 드러난 내용을 사실 그대로 어휘 자체의 의미에 충실하면서 저자가 말하는 것의 핵심 주장 또는 주제를 파악
사료의 증거 능력 평가	분석적 읽기	
	① 사료의 출처 규명	사료 저자의 저작 의도, 저자와 사료에 있는 사건과의 관련성, 저자가 목표로 한 글의 독자 등에 대한 정보를 수집하고 분석
	② 사료의 저작 상황 비판	그 사료가 어떤 맥락에서 만들어졌는지에 대해 질문하고 대답
	③ 사료의 증거 능력 확인	사료가 어떤 질문에 답해줄 수 있는지, 또 어떤 질문에는 답해줄 수 없는지를 검토
사료의 비교·종합·해석	해석적 읽기	
	① 인과성 추론	사건의 인과성을 파악
	② 맥락적 이해	사료에서 확인한 역사적 상황, 행위, 인물에 대해 당시 사람들은 어떻게 평가했을지 상상적으로 이해하고, 이해한 것을 표현
	③ 의미 부여(나의 관점으로 읽기)	사료들의 내용을 토대로 하나의 사건 또는 현상, 제도 등에 대해 기술하고, 그 사건, 현상, 제도의 의미에 대해 자신의 해석을 덧붙이는 것

① 역사적 맥락에서 읽고 저자의 관점 살피기

- 글의 요지 파악하기

- 문서에서 다루는 사람들이 당연히 여겼을 문화 해석하기

- 글을 쓰게 된 상황, 동기나 의도 읽기

- 저자(화자)의 관점 해석하기, 당시 독자들의 관점 생각해보기

② 저자의 주장을 의심하며 읽고 확증할 증거 찾기

- 문서의 상태에 대해 질문하고 관련 자료 찾기

- 저자가 글을 쓴 의도나 저작 상황 탐구하기

- 상식을 성찰하고 확증할 증거를 찾아 추론하기

- 질문하고 논쟁하면서 '지혜' 키우기[63]

김한종은 학교 역사교육이 나아갈 방향을 비판적 사고로 보면서, 역사학습을 위한 비판적 사고 절차를 표 5-5와 같이 제시했다.

표 5-5 역사학습을 위한 비판적 사고 절차(김한종)[64]

사고 단계	사고활동
학습과제의 인식	① 학습해야 할 주제나 문제를 설정한다.
	② 자료를 통해 확인해야 할 문제가 무엇인지 확인한다.
자료의 신빙성 확인	① 자료의 출처를 확인한다.
	② 자료 내용의 신뢰성을 검토한다.
텍스트 내용 분석	① 텍스트 내용을 외적으로 드러나 있는 대로 읽는다.
	② 텍스트 내용이 전하는 역사적 사실들 간의 관계를 분석한다.
	③ 텍스트 내용을 당시 상황에 비춰 읽고 행위자의 의도를 추론한다.
역사적 사실의 해석	① 텍스트가 전하는 역사적 사실이 당시 또는 나중에 사회에 미치는 영향을 추론한다.
	② 텍스트 내용에 역사적 의미를 부여한다.
역사적 사실의 평가	① 역사적 행위를 학습자의 관점에서 평가한다.
	② 텍스트에 내재된 저자의 의도, 역사관, 해석을 추론한다.
학습 정리	① 학습내용을 정리하여 과제를 해결한다.
	② 학습과제와 관련된 자신의 역사인식을 표현한다.

이와 같은 텍스트 읽기 절차는 사료의 상상적 탐구 절차에도 적용할 수 있다. 다만 상상을 기반으로 하는 탐구라고 하더라도 학생들이 임의로 추론하는 것을 막기 위해 자료 내용을 확인하는 단계가 필요하며, 탐구 과정에서 역사적 상상력을 발휘할 수 있는 기회를 제공해야한다. 학습자가 다원적 관점에서 사료를 탐구하고, 학습자의 상상적 추론을 이끌어낼 수 있는 질문이 필요하다. 역사적 사실의 해석이나 평가 단계에서 다양한 관점으로 자료를 탐구하게끔 유도하는 것도 역사적 상상에 도움이 된다.

이와 같은 텍스트 읽기 절차 및 이를 역사적 상상을 기반으로 하는 탐구에 적용할 때 유의할 점을 고려해서, 고대 사회의 순장제에 관한 상상적 탐구의 과정을 예시하면 표 5-6과 같다.* 이 학습 과정에서 역사적 상상은 이론적으로는 대체로 두 단계에 걸쳐 진행된다. 첫째는 가설적 추론을 하고, 이를 기존의 역사 해석과 비교해서 확인하는 것이다. 가설적 추론은 역사적 상상을 내포한다. 둘째는 대안적 해석을 하고 그 타당성을 자료에 비춰 확인하는 단계이다. 대안적 해석을 바탕으로 역사적 사실을 구성하는 것은 구조적 상상이다. 그렇지만 실제 학습활동에서는 첫째 단계와 둘째 단계를 구분하지 않는다. 각각의 가설적 추론 자체가 전적으로 타당함을 인정하기 어려울 경우 대안적 해석을 하는 것이 자연스러우면서 효과적이기 때문이다.

---

* 예시는 주로 교사의 발문과 이에 대해 자료를 토대로 할 때 예상되는 학생의 응답을 논리적으로 구성한 것이다. 질문에 대해 서로 다른 답변을 할 가능성이 있을 경우, 예상되는 답변을 함께 제시했다. 예상 응답이므로, 실제 수업에서는 학생의 대답에 따라 교사가 질문을 달리하거나 보충 질문을 하는 등 유동적으로 진행할 수 있다. 다만 여기에 제시한 것은 수업의 흐름을 보여주기 위함이다.

표 5-6 순장제의 상상적 탐구

수업 단계	학습활동	
	교사	학생
배경 정보	[자료 1]과 [자료 2]를 읽고 부여의 순장제도에 대해 알 수 있는 역사적 사실을 추론해보자.	① 순장은 왕이 죽었을 때 시행하는 제도이다. ② 부장품을 함께 묻는 행위와 순장은 비슷한 성격을 가졌을 것이다. ③ 순장은 특정 국가가 아니라 여러 나라에서 일반적으로 시행되었다.
학습과제 분석	순장에 대해 이해하려면 어떤 점을 탐구해야 하는가?	① 순장은 왜 행해졌을까? ② 부여 이외에 한반도에 있었던 다른 나라나 외국에서도 순장이 있었을까? ③ 순장은 누가 죽었을 때 행해졌을까? ④ 순장을 당한 것은 어떤 신분의 사람들일까? ⑤ 순장이 폐지된 것은 어떠한 사회 변화에서 비롯된 것일까?
가설적 추론	각각의 문제에 대해 자신의 생각을 말해보자.	① 왕이나 귀족이 살았을 때 누리던 편안한 생활을 죽은 다음에도 계속 누리기 위해 순장을 했다. ② 순장은 부여 이외의 다른 나라에서도 행해졌을 것이다. 왜냐하면 당시는 어느 나라를 막론하고 계급사회였기 때문이다. ③ 순장은 높은 신분의 사람이 죽었을 때 행해졌을 것이다. 특히 왕이 죽으면 더 많은 사람을 순장했을 것이다. ④ 순장을 당한 사람은 노비였을 것이다. 왜냐하면 노비는 사회적 권리를 인정받지 못한 채 물건처럼 취급당하는 존재였기 때문이다. ⑤ 순장이 폐지된 것은 하층민의 권리가 높아졌기 때문이다.
자료의 선택	그러한 생각이 맞는지 확인하는 방법에는 어떠한 것이 있을까? 그렇다면 순장과 관련된 기록과 발굴 결과를 살펴보자. [자료 2]~[자료 3]은 순장에 관한 기록이고, [자료 4]와	• 옛날 기록을 살펴본다. • 옛날 무덤을 발굴해본다.

자료의 선택	[자료 5]는 옛 무덤 발굴 결과를 서술한 것이다. (자료에서 사용된 용어나 자료의 내용에 대한 학생들의 질문에 답한다.)	
가설적 추론의 확인 및 대안적 해석의 검토	①의 추론은 타당하다고 생각하는가?	• 이 자료에 나타난 것만으로는 명확하 지 않으나, 타당할 것이다. 사람뿐만 아니라 물건을 함께 매장한 것은 그 때문이라고 생각한다.
	추론 ②와 같이 당시 다른 나라에도 순 장제도가 있었을까?	• 이 자료에는 부여 주변에 있던 동예 나 옥저, 그리고 남쪽의 삼한 같은 나 라에서 순장이 시행되었는지 나타나 있지 않다. 그러나 신라와 가야에도 순장이 있었음에 비춰 볼 때 마찬가 지로 존재했을 것이다.
	추론 ③과 같이 순장은 신분이 높은 사 람이 죽었을 때 행했을까?	• 자료에서 명확히 확인할 수 있다. 고 구려, 신라, 가야에서 모두 왕이나 왕 족이 죽었을 경우 순장을 했다는 기 록에서 알 수 있다.
	순장을 당하는 사람은 노비였을 것이 라는 추론 ④는 타당한가?	• 반드시 노비만 순장의 대상이 되지는 않았을 것 같다. 고구려에서 왕이 죽자 신하도 따라 죽지 않았는가?
	[자료 3]에서 고구려 동천왕이 죽자 신 하들이 스스로 따라 죽었다고 나오는 데, 이런 행위도 순장이라고 할 수 있 을까?	• 스스로 죽기를 원하는 사람이 누가 있 을까? 스스로 죽었다고 쓰여 있지만, 실제로는 죽음을 강요당했을 것이다. • 자료에 보면 왕이 이를 예절에 어긋 난다며 금지했다고 되어 있으니, 강 요했다고 볼 수는 없다. • 그렇지 않다. 기록은 힘센 사람 위주로 쓰기 마련이다. 실제로는 죽음을 강요 했더라도 말린 것처럼 썼을 것이다.
	신하들이 죽은 이유가 왕을 추모하여 스스로 죽음을 택했거나, 아니면 강요 에 의해 죽었거나 둘 중의 하나라고 이 야기되고 있다. 다른 이유는 없을까?	• 다른 이유가 있을지도 모르겠다. 그 러나 잘 모르겠다.
	순장을 당한 사람들의 신분은?	• 노비만이 아닌 것은 확실하다. 노비 라면 [자료 5]에 나오는 것처럼 어떻 게 장신구를 소유할 수 있겠는가?

350

가설적 추론의 확인 및 대안적 해석의 검토	그렇다면 그들은 어떤 신분일까?	• 금, 은으로 만든 장신구를 가지고 있었다면 상당히 높은 신분이 아니었을까? 장신구를 가지고 있던 사람들은 여자일 수도 있다.
	장신구를 가지고 있던 사람들은 여자였다. 어떤 일을 하는 여성이었을까?	• 그렇다면 그들은 궁녀였을 것이다. 궁녀는 노비는 아니더라도 노비와 마찬가지로 취급당했을 가능성도 있다.
	순장을 당한 사람들은 역시 낮은 신분이었을까?	• 그렇다.
	그렇다면 무기나 마구를 사용한 사람들은?	• 그들은 무사가 아닐까?
	무사도 낮은 신분일까?	• 그렇지는 않았을 것이다. 신라의 화랑에서 보듯이, 그 당시 무사는 사회적 지위가 높은 사람도 있었다. 말을 탈 수 있는 사람은 오히려 사회적 지위가 높은 사람이었을 수도 있다.
	그렇다면 순장은 신분이나 사회적 지위와는 관계 없이 모든 사람이 대상이 되었을까?	• 그랬을지도 모른다. 그러나 순장을 당한 사람들은 역시 대부분 노비였을 것이다.
	그렇다면 노비 이외에 순장을 당한 사람은 왜 그렇게 되었을까?	• 그들은 고구려의 경우처럼 스스로 죽음을 택한 사람들이 아니었을까? 고구려의 경우도 스스로 죽었다는 기록이 맞을 것 같다. • 아니다. 그렇다면 스스로 죽은 사람과 강제로 순장을 당한 사람들은 구분되었을 것이다. 그러나 〈자료 5〉를 보면 노비와 그 이외의 사람들을 구분하여 묻지 않았다. 역시 모두 강제로 순장을 당한 것으로 보아야 한다. • 왕이나 왕족의 입장에서 볼 때는 노비이건 무사이건 다 마찬가지로 하찮은 사람으로 취급하지 않았을까? 당시 왕은 신과 같은 존재였으니까.
	그렇다면 고구려의 경우, 왕은 신하도 하찮은 존재로 취급했을까?	• 그렇지는 않을 것이다. 신하들의 경우 왕에 대한 충성심이 강했으니까, 스스로 따라 죽었을 것이다.

		• 왕에 대한 충성심이나 의리는 유교 윤리가 확립된 이후 강해졌다고 배웠다. 당시에는 유교가 그리 널리 퍼지지 못하지 않았는가?
	그렇다면 신하들이 따라 죽은 다른 이유가 있었을까?	• 실제적으로는 역시 강요에 의해 죽음을 택했을 것이다. 당시 왕은 신과 같은 존재였으니까, 신하라고 하더라도 어쩔 수 없었을 것이다. • 왕이 죽는다는 것은 정치를 잘못한 것에 대해 하늘이 심판을 내린 것으로 인식되었을 수 있다. 정치에는 왕뿐 아니라 신하도 책임이 있으므로, 함께 죽어야 했을 것이다.
가설적 추론의 확인 및 대안적 해석의 검토	추론 ⑤와 같이 순장이 폐지된 것은 하층민의 사회적 권리가 높아졌기 때문일까?	• 그렇지 않다. 당시 사회는 하층민의 권리에는 별 관심이 없었다.
	그렇다면 신라 지증왕이나 고구려 중천왕 때 순장을 금한 것은 왕의 힘이 약해졌기 때문이라고 생각할 수 있지 않을까?	• 그렇지는 않다. 중천왕은 교과서 서술에서도 나오지 않아서 알기 어렵지만, 신라 지증왕 때는 중앙집권적 국가 체제가 정비되었으므로 왕권이 강해졌다고 할 수 있다.
	그렇다면 순장을 금지한 이유는 무엇일까?	• 그 이전에는 무조건 힘으로 억누르던 사회였다. 그러나 점차 제도가 생겨났다. 살아 있는 사람을 죽이는 것을 제도로 만들 수는 없지 않을까?
	제도를 만들었다는 것은 결국 사회구성원의 권리가 높아졌다는 의미가 아닐까?	• 꼭 그런 것은 아니다. 제도가 오히려 사회의 어떤 사람을 이전보다 억압할 수도 있다. 노예제도가 생겼다고 해서 이들의 권리가 높아지는 것은 아니다. • 그렇지만 사람들을 막무가내로 다루는 경우는 줄어들었으리라고 생각한다.
학습과제의 정리	이제까지 자료 탐구의 결과 의견의 일치에 도달하지 못한 내용은 기록이나 유물로 보아서 명확히 확인할 수 없는 것들이다. 사료 탐구에서는 역사학자들도 견해의 일치에 도달하지 못하는	① 왕이나 귀족은 죽은 다음에도 평소의 편안한 생활을 계속하기 위해 순장을 행했다. ② 순장은 여러 나라에서 행해졌다. 당시에는 보편적인 제도였다.

학습과제의 정리	경우가 있다. 처음에 제기했던 과제들을 다시 정리해보자. (학생들이 탐구 내용을 토대로 정리하되, 필요할 경우 교사가 보충한다.)	③ 순장은 지배층이 죽었을 때 시행되었다. 특히 왕이 죽으면 더 많은 사람을 순장했다. ④ 순장을 당한 사람 중에는 노비가 많지만 궁녀나 무사도 있었으며, 신하가 함께 죽는 경우도 있었다. 평소 지배층을 뒷바라지했던 사람이라면 모두 순장의 대상이 되었다. ⑤ 신분제도와 같은 사회제도가 법적으로 생겨나면서 순장은 점차 폐지되었다. 순장이 금지된 것은 사회 하층민이라고 하더라도 한 사람 한 사람의 힘이 중요해졌기 때문이다.

[자료 1]

부여는 만주 길림시 일대를 중심으로 송화강(쑹화강) 유역의 평야 지대를 중심으로 성장하였다. 농경과 목축을 주로 하였고, 특산물로는 말, 주옥, 모피 등이 유명하였다.

부여는 이미 서기 1세기 초에 왕호를 사용하였고, 중국과 외교 관계를 맺는 등 발전된 국가의 모습을 보였다. 그러나 북쪽으로는 선비족, 남쪽으로는 고구려와 접하고 있다가, 3세기 말 선비족의 침략을 받아 크게 쇠퇴하였고, 결국은 고구려에 편입되었다.

부여에는 왕 아래 가축의 이름을 딴 마가, 우가, 저가, 구가와 대사자, 사자 등의 관리가 있었다. 이들 가(加)는 따로이 행정 구획인 사출도를 다스리고 있어서, 왕이 직접 통치하는 중앙과 합쳐 5부를 이루었다. 가들은 왕을 추대하기도 하였고, 수해나 한해를 입어 곡식이 잘 익지 않으면 왕에게 그 책임을 묻기도 하였다.

그러나 왕이 나온 대표 부족의 세력은 매우 강해서 궁궐, 성책, 감옥, 창고

등의 시설을 갖추고 있었다. 왕이 죽으면 많은 사람을 껴묻거리와 함께 껴묻는 순장의 풍습이 있었다.

— 국사편찬위원회 국정도서편찬위원회(2006), 《고등학교 국사》, 교육인적자원부, 36쪽

[자료 2]

지증왕 3년 봄 3월에 명령을 내려 순장을 금하였다. 전에는 왕이 죽으면 남녀 각 5명씩 순장을 하였는데, 이때에 이르러 이를 금지하였다.

—《삼국사기》 권 제4 신라본기 제4 지증왕 3년

[자료 3]

동천왕 22년 가을 9월에 왕이 죽었다. 시원이라는 곳에 장사를 지내고 호를 동천왕이라고 하였다. 나라 사람들이 왕의 은덕을 생각하여 왕의 죽음을 슬퍼하지 않는 자가 없었으며, 가까운 신하들 중에서 스스로 목숨을 끊어 왕을 따라 묻히려는 자가 많았다. 새 왕(중천왕)이 이것은 예절이 아니라고 하여 금하였으나, 장례일에 이르러 왕의 무덤에 가서 스스로 죽는 자가 많았다.

—《삼국사기》 권 제17 고구려본기 제5 동천왕 22년

[자료 4]⁶⁵

아래의 사진 (1)은 경산시 조영동 고분에서 발굴한 유골이다. 사진에서 위에 보이는 유골은 이 무덤의 주인공으로 그 머리 위에 보이는 것은 토기를 비롯한 부장품이다. 그의 발 아래에는 두 사람의 유골이 나란히 보인다. 이들은 주인공의 발 아래 묻혀 있고 부장품도 없는 것을 보아 순장을 당한

사람임에 틀림없다.

[자료 5]

경상북도 고령군 지산동에는 많은 무덤이 남아 있다. 이 무덤들은 5세기 후
반에서 6세기 전반에 가야의 중심 세력으로 성장하였던 대가야 왕이나 왕족
의 무덤이다. 이 무덤들에서는 여러 곳에서 순장을 당한 사람들의 유골이 발
견된다. 그림 (2)는 그중 44호분의 내부 구조이다. 가운데 3개의 돌방이 있
고 둘레에는 32개의 작은 석곽(돌덧널)이 있다. 가운데 3개의 돌방 중 가장
큰 곳에는 이 무덤의 주인공이 묻혀 있고, 2개의 방에는 그의 부장품을 넣고
있다. 주인공이 묻혀 있는 방과 부장품이 있는 방에는 순장을 당한 사람들이
있으며, 둘레의 돌덧널에도 대개 한 명씩 순장당한 인골이 발견되었다. 이들
은 대체로 성인 남녀였으나 3명의 여자아이도 있었다. 순장을 당한 사람들

은 아무것도 소지하지 않은 채 묻혀 있는 경우도 있었으며, 토기를 소유한 경우도 있었으며, 금·은·청동기로 만든 장신구를 소유한 경우도 있었다. 각종 무기나 마구를 소유한 경우도 있었다.

이상의 학습 과정은 어떤 결론을 내리지는 않는다. 학생들의 이해에 필요한 정보를 제공하고, 갈등 상황을 제시할 뿐이다. 교사는 탐구가 끝난 다음 정리를 하면서도 실제 역사적 사실이 어떠했는지 명확히 설명할 필요가 없다. 학생들의 탐구 결과를 정리할 뿐이다. 학습과정에서 학생들은 상상력을 동원해 사료 내용을 탐구하고 역사적 사실을 해석한다. 자료에 내재된 의미를 파악하기 위해 노력하며, 당시 왕이나 신하들의 생각을 이해하려는 시도를 한다. 이를 위해 이미 알고 있는 역사적 지식을 활용한다. 역사적 자료의 성격을 고려하고 있으며, 고대 사회에서 왕권의 변화 등을 염두에 두고 있다. 이러한 학습의 과정은 순장을 통해 당시 사회가 어떤 모습이었는지 파악하는 것으로 연결된다. 또한 학생들은 상상적으로 역사를 이해하려는 태도와 능력을 기를 수 있다.

3. 시뮬레이션 게임

1) 시뮬레이션 게임의 개념과 역사적 상상
일반적으로 시뮬레이션은 현실을 모방하는 학습활동을 가리킨다. 그러나 시뮬레이션에서는 현실생활이 단순화되어 나타나며, 참여자에게 부적절하거나 위험한 요소는 배제된다. 따라서 시뮬레이션에서 참여자는 실제 상황과 비슷한 결정을 하지만, 실제 상황에서 나타날 수 있는 모든 요인을 고려해 결정하지는 않으며, 결정의 결과에 큰 사회적 책임을 지지도 않는다.[66] 학습활동에 사용되는 시뮬레이션에서는 그중 단순화된 실생활의 경험이라는 면이 두드러진다. 이런 의미에서 시뮬레이션은 학생들에게 현재 또는 장래에 겪을 실생활의 경험을 제공하기 위해 단순화된 실생활의 상황에 학생들을 참여시키고 결정을 하게 하는 학습활동이다.[67]

일상 사회에서 시뮬레이션의 목적은 미래의 상황에 대비하기 위한 경우가 많은 데 비해, 역사 시뮬레이션은 과거의 상황을 탐색하고, 필요하면 현재 문제를 해결하는 데 적용하려는 목적이 있다. 역사 시뮬레이션은 과거 사람들의 실제 생활을 재연한다. 학생들은 시뮬레이션에 참가하면서 역사적 사실을 이해하고 해석해서 재구성한다.

게임은 연기자와 관찰자로 구성되는 참여자, 승자와 패자를 가리는 규칙, 그리고 승리를 거두기 위한 경쟁을 포함한다. 게임의 결과는 주사위를 던지는 것과 같이 우연에 의해 결정되기도 하고, 장기나 바둑과 같이 참여자의 능력에 좌우되기도 한다. 많은 게임에서 승패는 우연과 능력 모두에 의해 결정된다. 그러나 교육적 목적의 게임에서는 단순히 즐거움을 주는 데 그치지 않기 위해 우연의 요소를 최소화한다.[68]

그렇지만 시뮬레이션과 게임의 개념이 명확히 정의된 것은 아니다. 다수의 학자들은 이 두 가지 학습법의 개념을 구분하지 않는다. 많은 시뮬레이션은 게임 요소를 가지고 있으며, 반대로 많은 게임도 시뮬레이션 요소를 가진다. 그래서 이 두 개념을 구분하는 것은 비현실적이라는 지적을 받기도 한다.[69] 그렇기 때문에 실제 교실 수업에서 두 가지 학습법을 명확히 구분하기 어려우며, 양자의 관계를 명확히 설명하는 경우도 찾아보기 어렵다. '게임'이라는 말을 뺀 채 '시뮬레이션'이라는 말만 붙은 학습활동도 실제로는 게임의 형태로 진행되는 경우가 많다. 이로 인해 게임과 시뮬레이션 학습의 차이는 얼마나 실제 상황과 비슷한가로 설명된다. 즉 실제 상황에 가까울수록 시뮬레이션에 가깝고, 그 틀이 단순하고 덜 실제적일수록 게임에 가깝다.[70] 이런 점에 비춰 시뮬레이션에서 학생들은 그 상황에 참여하는 사람의 입장이 되어 문제를 다루는 데 비해, 게임에서는 제3자의 입장이 되어 문제를 다루게 된다. 즉 시뮬레이션에서는 내부로부터 상황을 보고, 게임에서는 외부로부터 상황을 본다.[71] 예를 들어 고려 조정의 군사회의에서 어떤 장수가 여진 정벌을 반대했을 때, 제3자의 입장에서 그가 반대한 이유를 검토하는 것이 게임에서 나타나는 학습활동인 반면, 당시 회의에 참석한 장수의 입장이 되어 정벌에 찬성할지 반대할지를 생각하는 것이 시뮬레이션에서 나타나는 학습활동이다.

역사 시뮬레이션은 지난날 실제 일어난 사실을 재현한다. 또한 역사학습에서 게임도 역사적 상황을 바탕으로 조직한다. 따라서 실제 수업은 시뮬레이션 게임의 형태로 시행되는 것이 보통이다. 역사학습의 시뮬레이션 게임은 게임보다는 시뮬레이션의 성격이 강하다. 시뮬레이션 게임에 들어가는 규칙 및 절차는 게임의 요소이다. 그러나 시뮬레이션도 상대적으로 약하기는 하지만 이런 요소를 포함하며, 역사학습의 시뮬레이션 게임에서는 순수한 게임에서와 같이 승패를 가릴 필요도 없기 때문이다. 역사를 소재로 하는 시뮬레이션 게임에는 사실성과 흥미성이라는 두 가지 요소가 들어간다. 오늘날 컴퓨터 프로그램이나 인터넷 등에서 흔히 접할 수 있는 시뮬레이션 게임은 흥미에 주안점을 둔 나머지 사실에서 일탈하는 경우가 있다. 그렇지만 역사 시뮬레이션 게임은 사실의 범위 내에서 우연성을 가미해야 한다.[72] '불꽃 슛'을 쏘는 피구 게임이나 '마구'에 가까운 구질을 보여주는 야구 게임을 스포츠 시뮬레이션이라고 하지 않는 것과 마찬가지이다. 여기에서 사실인지의 기준은 외적으로 나타나는 형태의 제작을 위한 시각적 재구성보다는 구성요소 간의 관계 재구성이 중요한 요소이다.[73]

역사학습에서 시뮬레이션 게임은 특정 역사적 상황에서 인간 행위에 영향을 주는 요인을 확인할 수 있으며, 그러한 상황에서 행동을 하는 개인과 집단의 속성을 드러낼 수도 있다.[74] 사회과 교육에서 시뮬레이션 게임은 지식, 지적 기능, 태도를 육성하는 데 모두 효과적으로 이용될 수 있다. 이 중에서도 사회과 교육의 시뮬레이션 게임은 역할극과 마찬가지로 학생들에게 바람직한 태도를 길러주고 능동적인 학습 참여를 유도하는 데 특히 효과적인 교수 방법이라는 점이 강조된다. 웬트워스(Donald R. Wentworth)와 루이스(Darrel R. Lewis)는 1970년대 초 미국에서 행해진 사회과의 시뮬레이션 게임에 대한 연구 결과를 검토한 후 이들 연구에서 나타난 시뮬레이션 게임의 효과를 다음과 같이 종합했다.

- 내용을 가르치는 데는 특별한 장점이 있지 않다.
- 학생들의 태도에 긍정적인 영향을 준다.
- 학생들이 더 적극적으로 학습 과정에 참여하게 한다.[75]

인지적 효과보다는 정서적 효과를 강조했다. 1970년대 초를 조사 대상으로 하고 있지만, 교사들이 수업 도구로 시뮬레이션 게임을 선택할 때 기대하는 효과는 지금도 비슷할 것이다. 이들 자신이 이런 경향을 지지하는 것은 아니다. 이들은 시뮬레이션 게임의 효과를 평가하려면 태도, 인지, 행동 요인을 모두 검토해야 한다고 지적한다.[76] 역사학습의 시뮬레이션 게임도 인지적·정의적 측면을 모두 포함하고 있지만, 사회과보다 인지적 성격이 더욱 강하다. 역사학습에서 시뮬레이션 게임은 실제의 역사적 상황을 다루기 때문이다. 버트(David Birt)와 니콜(Jon Nichol)은 역사학습에서 시뮬레이션 게임의 장점을 다음과 같이 제시했다.

① 동기 부여: 학습에 능동적 자극을 준다. 역사적 행위자의 역할을 하거나 역사에서 그들이 직면했던 것과 같은 문제 및 결정에 직면하게 함으로써 학생들에게 높은 동기를 부여한다.

② 감정이입: 학생들이 다른 관점을 이해하고 인식하는 데 도움을 준다. 학생들을 역사적 인물의 입장과 연결시켜줌으로써 인물 및 동기에 대해 어떤 형태의 이해나 통찰을 할 수 있게 해준다.

③ 역사적 과정에 대한 통찰: 교사로 하여금 어떤 역사적 상황의 다양한 결과를 열거할 수 있게 해주며, 학생들에게 역사학습에서 통찰력을 가질 수 있게 해준다.

④ 학습 및 기억: 학생들은 역사적 인물의 역할을 함으로써 역사를 내면으로부터 배우게 된다. 왜냐하면 자신의 역할을 시뮬레이션의 역사적 틀과 연관시키기 때문이다. 또한 역사적 인물의 역할을 수행하고 역사적 자료

를 능동적으로 다룸으로써 학생들은 관련 토픽을 더 용이하게 기억할 수 있다.

⑤ 사회적 기능: 학생들 간의 협동을 진작시키고 언어 기능을 발달시킨다.

⑥ 다양성: 학습에 새로운 요소를 도입한다.[77]

여기에서 역사적 상상과 관련이 있는 것은 ②와 ④이다. ②는 감정 이입적 이해이고, ④는 구조적 상상과 관련된다. 시뮬레이션 게임은 사회적 상황을 구조화해 학생들에게 제공한다. 학생들은 시뮬레이션 게임을 통해 사회를 구조적으로 파악하는 경험을 한다. 또한 게임의 과정을 통해 역사가의 이해 과정을 되풀이하고, 삽입의 능력을 기를 수 있다. 시뮬레이션 게임에서 학생들은 자신이 가진 역사적 개념을 새로운 상황에 확대 적용함으로써 역사를 재구성한다. 예를 들어 어떤 학생이 중세 왕의 역할을 맡고 있다면 '너는 다음에 무엇을 할 것 인가'라는 질문을 던짐으로써 학생들에게 삽입의 기회를 부여할 수 있다.[78]

이상의 논의를 바탕으로 할 때 역사수업에서 시행하는 시뮬레이션 게임은 학생들이 과거에 실제로 발생한 문제 상황에 직면했던 역사적 행위자의 역할을 맡아서 정해진 절차 및 규칙에 따라 주어진 문제에 대해 결정을 하는 학습활동이라고 할 수 있다. 시뮬레이션 게임에서 학생들은 역사 속 인물의 역할을 한다. 학생들에게는 학습에서 다루는 상황 및 역사적 인물에 대한 정보가 제시되며, 학생들은 자신이 역할을 맡은 인물이 직면했던 것과 유사한 결정을 해야 한다.[79] 시뮬레이션 게임은 이처럼 역사적 상황을 재구성한다는 점에서 구조적 상상의 성격을 포함한다.

2) 시뮬레이션 게임의 접근 방법

시뮬레이션에 의한 재연의 목표는 학생의 삶을 과거 사람들의 삶과 근접하게 만드는 것이다. 똑같은 생활을 경험해보게 하는 것이 아니라 성격이 비슷한 문제 상황에 부딪혔을 때 합리적으로 판단하고 더 나은 삶을 추구한다는 의미의 근접이다. 이런 학습 주제로는 우선 과거 사람들이 했던 일상적인 일과 활동을 떠올릴 수 있다. 음식, 연료, 주거지, 옷 같은 주제가 여기에 해당한다. 또한 시대적 갈등, 정치적 문제, 지역사회의 문제도 이런 학습 주제에 포함할 수 있다. 이런 학습은 학생들에게 당시 사회의 주요 문제, 국제 정치 상황, 장소 및 시간에 대한 아이디어를 제공한다. 학생들은 과거 사회를 재현하면서 자신의 역할을 결정하고, 자신이 만나고 묘사하는 과거 사람들을 생각한다. 그들이 벌판에서 어떤 여행을 했으며, 당시 교통 체계는 어떻게 작동했는지를 이해하게 된다.[80]

시뮬레이션을 통한 역사 재연은 학생들로 하여금 학습에 적극적으로 참여하게 한다. 학생들의 재연 활동은 전문가의 탐구와 그 성격이 비슷하다. 재연 활동에서 초보자가 전문가로부터 일방적으로 이익을 얻는 것이 아니라, 서로의 이해에 대해 의문을 제기하면서 자신의 이해를 심화한다. 양자의 관계는 박물관에서 초보 관람객과 이들에게 비계를 제공하는 큐레이터의 관계이다.[81] 재연 활동을 하는 수업에서 전문가는 교사, 초보자는 학생에 해당한다. 교사는 재연의 결과를 직접 제공하는 것이 아니라 학생들이 재연활동을 할 수 있도록 비계를 제공하면 된다.

역사교육에서 시뮬레이션 게임은 학습 과정에서 과거 사람들의 생각을 상상적으로 추론함으로써 감정이입적 이해 능력을 기르는 데 효과적이다. 시뮬레이션 게임에서 학생들은 역사적 인물의 역할을 하며, 과거 사람들과 유사한 결정을 한다. 이 과정을 통해 시뮬레이션 게임은 감정이입적 이해를 위한 틀을 제공한다.[82]

다른 사람의 입장에서 상황을 판단하고 결정하는 시뮬레이션 게임은 일종의 역할극을 포함한다. 그러나 역할극의 참여자는 상황에 대해 직관적·개인적인 상상을 하거나, 역할을 맡은 인물의 입장에서 자유롭고 개방적으로 행동할 수 있는 반면, 시뮬레이션 게임은 실제 상황이라는 사회적 구조와 행위의 조건에 제약을 받는다. 역할극의 참여자는 어떤 유형에 제약을 받지 않은 채 조건을 상상하고 결정하며, 상황을 만들거나 구성할 수 있는 반면, 시뮬레이션 게임에서는 게임의 규칙 및 틀 안에서 상황을 만들어낸다.[83] 따라서 시뮬레이션 게임은 역할극보다 더 제한적이고 일정한 틀에 맞춰 시행되기 마련이며, 학생들은 일정한 규칙과 게임의 틀 속에서 이기기 위해 경쟁을 한다. 그렇기에 시뮬레이션 게임에 포함되는 역할, 게임의 규칙, 사용되는 자료를 보면 학생들이 어떤 학습활동을 해야 하는지를 알 수 있다.[84] 또한 시뮬레이션 게임은 실연이라는 학습활동 못지않게, 정책을 수립하거나 집행하는 활동을 하게 함으로써 문제 해결 능력을 기르는 데 더 관심을 둔다.[85]

역사적 사실의 재연은 사회적 맥락이나 과거 행위자의 사고방식이라는 복잡한 요소를 반영해야 하므로 역사적 사실을 밝히고 역사 이해에 의미를 부여해야 하는 어려움이 있다. 당시 문화의 여러 측면을 재연하는 것은 쉽지 않으며, 과거 사람들의 사고방식에 들어가기 어렵듯이 현대적 사고방식에서 벗어나기도 어렵다.[86] 재연학습에서 학생들은 현재 관점의 이해를 해체하고 과거에 대한 자신의 지식을 구성해야 한다. 그렇지만 학생들의 부족한 경험은 현재에 대한 이해를 제한하고, 과거를 이해하기 어렵게 한다.[87]

시뮬레이션 게임은 학생들로 하여금 규칙, 전술, 경쟁 등에 사로잡히게 함으로써 과거 행위자의 동기와 개성을 거의 고려하지 못하게 한다는 비판을 받기도 한다. 이러한 비판에 따르면, 학생들은 규칙을 만들거나 규정을 정할 때 자유재량이 거의 없기 때문에 사람들이 어떻게 해서 그런 특별한 관점을 가졌는지를 인식할 수 있는 기회를 갖지 못한다. 시뮬레이션 게임이 역사적 맥락에 비춰 신중하게 조직되지 않는다면 역사적 이해는 극소화되고 감정이입도 결여될 수 있다.[88]

이러한 견해의 차이는 결국 시뮬레이션 게임이 다른 사람의 행위에 대한 이해보다는 상황을 구조적으로 파악해 의사 결정 능력을 기르는 데 중점을 두는 학습방법이기 때문에 나타난다. 감정이입적 이해 능력을 증진시키는 것은 시뮬레이션 게임의 직접적 효과라기보다는 간접적 효과라고 할 수 있다. 조이스(Bruce Joyce)와 웨일(Marsha Weil)은 시뮬레이션 게임이 경쟁, 협동, 감정이입, 사회 체제, 개념, 기능, 효용성, 잘못의 대가 치르기, 기회의 역할, 비판적으로 사고할 수 있는 능력(대안적 전략을 검토하고 다른 전략을 예상하기), 의사결정 등 다양한 학습을 촉진시킬 수 있다고 한다. 이 중 개념과 기능, 정치·경제 체제에 대한 지식, 기회의 역할에 대한 인식에는 직·간접적으로 효과가 있는 데 비해, 비판적으로 사고할 수 있는 능력과 의사결정, 감정이입, 기회의 역할에 대한 인식, 결과 직면, 효과성에 대한 감각 등에는 간접적 역할을 한다고 구분했다.[89]

결국 시뮬레이션 게임이 학생들의 개방적이고 상상적인 사고를 제한할 수 있다는 주장은 역사수업의 시뮬레이션 게임이 초래할 수 있는 문제점을 지적한 것이라고 할 수 있다. 사회과학자가 사용하는 연구방법을 역사적 상황에 적용함으로써 역사적 문제를 너무 분석적으로 파악하며, 결정론적인 것으로 생각하게 될 수도 있다는 것이다.[90] 이러한 위험성을 줄이기 위해서는 게임 과정에서 개방적 분위기를 유지하는 것이 무엇보다 중요하다. 학생들이 서로 이야기를 주고받을 수 있어야 하고, 틀리는 것을 두려워하지 않고 자신의 견해를 발표할 수 있어야 한다.[91]

역사학습 방법으로 시뮬레이션 게임을 사용할 때 발생할 수 있는 또 다른 문제는 상황을 너무 단순화할 수 있다는 것이다. 실제 역사적 상황은 복잡한데, 이를 지나치게 단순화하면 학생들은 실제 상황과 근본적으로 다른 역사적 상황을 접하게 된다. 역사의 시뮬레이션 게임에서는 어떤 상황 요소를 포함하고 어떤 요소를 뺄지를 선택해야 한다.[92] 니콜은 시뮬레이션 게임에서 발생하는 이러한 문제에 대한 해결책을 두 가지로 정리했다. 첫째, 문제를 해결하기 위해서는 게임에 여러 가지 변수를 집어넣는 것이 좋다. 게임 과제의 해결책을 추론하기 어렵거나 그 방안이 떠오르지 않을 때, 간접적인 힌트를 주는 '찬스' 기회를 넣는 것은 그런 예이다. 둘째, 역사적 사실을 지나치게 단순화할 수 있다. 게임 과제를 해결하는 데 필요한 요소를 학생들의 능력을 고려해 적절한 수준으로 복잡하게 만듦으로써 이 문제를 해결할 수 있다. 이 두 가지 문제를 해소하거나 보완할 수 있는 장치를 넣음으로써, 시뮬레이션 게임은 주제를 명확히 하는 데 도움을 줄 뿐만 아니라 학습하고 있는 토픽에 대한 정확한 상을 세울 수 있는 준거 틀(frame of reference)을 제공한다고 주장했다.[93]

시뮬레이션 게임은 교육적 측면을 고려해야 한다. 시뮬레이션 게임에서 승리를 거두는 데 초점을 맞추거나 형식적인 측면을 강조하다 보면 비교육적인 결과를 초래할 수도 있다. 예를 들어 1990년대 일본의 우익단체인 자유주의사관연구회가 역사학습 방법으로 확산한 디베이트(debate)는 토론법이면서 전형적인 시뮬레이션 게임이다. 그렇지만 우익세력은 이를 일본의 침략전쟁과 식민 지배를 정당화하는 방법으로 이용했다. 일본의 침략행위에 대해 긍정과 부정이라는 대립되는 두 입장에서 토론하게 함으로써, 이를 긍정적으로 볼 수도 있다는 생각을 학생들에게 불어넣으려 했던 것이다. 자유주의사관연구회는 역사수업의 방법으로 디베이트법을 제안하면서 상반되는 평가를 받는 역사적 사건을 주제로 삼아, 기존의 사회통념이나 역사인식에서 벗어나 사회 권위에 도전하는 인간을 기를 수 있다고 주장했다. 회장을 역임한 후지오카 노부카츠(藤岡信勝)는 일본 제국주의의 침략전쟁인 아시아·태평양전쟁을 주제로 하는 디베이트 학습을 제시하기도 했다.[94] 외형적으로 볼 때 디베이트법은 학생의 개인적 가치판단이나 감정이 배제되는 논쟁게임이다. 그러나 실제로 그 바탕에 깔려 있는 것은 어떤 역사적 사건에 대한 대립되는 견해를 제시하는 가치의 상대화로, '좋은 전쟁', '필요한 전쟁'도 있다는 생각을 길러주는 데 그 목적

이 있다.[95]

이처럼 의도적인 것이 아니더라도 비교육적인 경우는 흔하다. 히틀러 집권의 결정적 계기였던 1932년 독일 대통령 선거* 시뮬레이션 수업에서 학생들은 선거 포스터에 히틀러와 마르크스의 사진을 붙이면서 나치당(국가사회주의노동자당)이나 공산당을 찍어달라고 적극 홍보했다. 학생들은 포스터를 보고 이들 정당의 후보자에게 투표했다. 반유대 정서를 보이기도 했다.[96]

역사학습을 위한 시뮬레이션 게임은 인지적 활동이지만, 게임의 성격도 있기 때문에 정서적 효과를 고려해야 한다. 모리스는 시뮬레이션이 놀이를 통한 학습이기 때문에, 학생들이 민주사회의 시민으로 살아갈 수 있도록 준비시키는 도덕적 관념을 심어주는 데 신경을 써야 한다고 말했다.[97] 그렇지 않으면 놀이의 한 요소인 경쟁에 빠져 반도덕적 효과를 불러올 수도 있기 때문이다. 모리스는 그 예로 남북전쟁 시뮬레이션을 들었다. 초등학교 4~6학년 학생들이 참여하는 시뮬레이션 게임은 남북전쟁이 일어난 들판의 전투 장면을 재연한 것이다. 학생들은 양발에 풍선을 하나씩 달고 있다. 만약 풍선이 하나 터지면 부상당

* 독일 바이마르 공화국에서 시행된 대통령 선거로, 히틀러 집권의 결정적 기반이 되었다. 선거 결과 예상대로 중도성향의 힌덴부르크가 1차 투표에서 득표율 49.5퍼센트, 결선투표에서 53.0퍼센트로 당선되었다. 그렇지만 이 선거에서 히틀러는 1차 투표 30.1퍼센트, 결선투표 36.8퍼센트를 얻어 실제적인 승리자라는 평가를 받는다. 독일 공산당의 에른스트 텔만 후보도 1차 투표에서 13.2퍼센트, 결선 투표에서 10.2퍼센트를 획득해 선전했다. 텔만 후보의 결선 득표수가 1차 투표보다 오히려 줄어든 것은 공산당 지지자의 일부가 결선 투표에서 나치당을 찍었기 때문으로 이해되고 있다. 나치당과 공산당은 소련에 대한 지지를 제외하고는 외형적으로 많은 부분에서 비슷해 보이는 공약을 내세웠다. 그 결과 힌덴부르크가 2년 후 건강 악화로 죽자, 히틀러가 대통령직을 이어받았다.

한 것이고, 2개 터지면 죽는 것이다. 학생들은 이 수업에서 특히 전투 게임에 관심을 쏟았다. 적을 죽이거나 상처 입히는 것을 재미있어 하는 반사회적인 인간과 생명경시 태도를 행동으로 자연스럽게 나타냈다. 또한 남북전쟁이 일어난 지역을 행진하면서 폭죽을 터뜨리는 시뮬레이션은 당시의 전투 행렬이 마치 미리 계획된 미국독립일 기념 행진과 비슷하다는 인상을 줄 수 있다.[98]

3) 역사적 상상 기반 시뮬레이션 게임 모형

시뮬레이션 게임을 하기 위해서 교사는 게임을 만들어야 한다. 역사수업에 사용하는 게임은 실제보다 단순한 상황을 담아야 하며 교사가 자료나 시간에 너무 큰 부담을 느끼지 않아야 한다. 학습 목표가 명확하고 여러 인지기능을 사용하도록 게임이 설계되어야 한다.[99] 시뮬레이션 게임을 만들 때는 다음과 같은 요인들을 고려해야 한다.

- 배경: 역사 시뮬레이션을 개발하기에 앞서 고려해야 할 사항. 시뮬레이션 게임의 주제, 활동의 형태, 주제를 가르치는 데 게임이 하는 기능, 게임 조직의 유형.
- 역사적 틀: 역사 시뮬레이션을 위한 역사 자료의 준비. 시뮬레이션 게임과 관련된 역사 정보를 정확히 제공할 수 있는 자료.학생들이 등장인물과 자신을 동일시할 수 있는 자료, 등장 물의 행동을 제약한 요인을 알 수 있는 자료.
- 게임의 일반적 요소 서술: 시뮬레이션 게임에 참여하는 학생들이 해야 할 행동, 대사, 장비, 정보를 담은 자료, 역사 프롬프트, 찬스 요소 등.

- 게임의 특정한 요소 서술: 게임의 유형별로 초점을 맞추어야 할 활동 형식. 보드게임은 실제 상황, 지도 게임은 지리적 위치, 발전, 진행, 테이블 게임은 결정, 분석, 토론 게임은 협상과 논쟁, 인트레이(in tray)/아웃 트레이(out tray) 게임은 단선적, 복선적.[100]

역사 시뮬레이션 게임을 만들기 위해서는 게임에 사용되는 자료, 게임에 포함시킬 요소, 게임의 조직 및 학생 활동의 형태, 게임을 하는 데 필요한 기능 등을 미리 고려해야 한다. 게임에 사용될 자료의 형태와 수준은 학생의 능력에 적합해야 한다. 게임이 학급 활동으로 전개될수록 개인 활동으로 진행하는 게임에서보다 조직의 문제를 더 많이 고려해야 하며, 학생들의 활동은 한 가지 측면에 초점을 맞추는 것이 좋다. 또한 어떤 토픽을 학습할 때 게임의 정확한 기능을 숙고할 필요가 있다. 이를 위해서는 개발하고자 하는 게임이 토픽의 어떤 측면을 이해하는 데 유익한지를 결정하는 것이 중요하다.[101]

게임에 얼마나 많은 요소를 포함할지는 학생들의 인지 능력과 관련이 있다. 중등학교에서는 세 가지를 넘지 않는 것이 좋다. 역사교육에서 상상적 이해력을 기르기 위해서는 학생들이 간과하거나 잊어버리기 쉬운 요소를 게임에 포함하는 것이 좋다.[102] 그렇지만 학생들의 역사적 상상력이 연령에 따른 발달 수준이 아니라 역사적 사실을 상상적으로 이해하고 거기에 구조를 부여해서 하나의 역사를 구성하는 것이라는 점에 비춰 보면, 이러한 조건이 절대적인 것은 아니다. 게임에서 고려해야 하는 요소의 수나 질적 수준은 학생들의 전체적인 학습 과정 속에서 판단해야 한다. 이전 역사수업에서 어떤 단계를 밟았으며, 다음에는 어떤 단계의 수업을 계획하는지에 따라 정하는 편이 좋다.

시뮬레이션 게임은 여러 가지 형태로 나뉜다. 학급 구성원의 조직에 따라 개인 활동(single role-play), 그룹 활동(group role-play), 학급 활동(class role-play)으로 나눌 수 있으며, 이용하는 자료에 따라 보드 게임(board game), 지도 게임(map game), 토론(discussion)으로 분류된다. 개인 활동은 학생들이 개별적으로 역사적 상황 속 한 인물의 역할을 하는 것이며, 그룹 활동은 그룹 내의 학생들이 어떤 한 인물이나 집단의 역할을 하는 것이며, 학급 활동은 학급 구성원을 역사적 상황 속의 집단으로 나누어 그 집단 내 인물의 역할을 하게끔 하는 형태이다. 그룹 활동에서는 그룹 내의 다른 구성원과 상호작용을 하게 되며, 학급 활동에서는 그룹 간의 상호작용에 의존하면서 게임을 진행하게 된다.[103] 판 게임은 실제 역사적 상황을 나타내는 것과 추상적인 상황이 있으며, 지도 게임은 위치, 상황의 발달, 탐험 등을 주제로 하며, 토론은 협상(negotiation)과 논쟁(debate)으로 나뉜다. 이 중 역사학습에서 자주 이용되는 것은 논쟁이다. 물론 요즈음 시뮬레이션 게임이라고 하면 컴퓨터 프로그램이나 인터넷을 기반으로 하는 온라인 게임을 떠올리며, 그 내용도 전쟁 및 전투의 승리를 목적으로 하는 전략 시뮬레이션 게임이 대부분이다. 그렇지만 컴퓨터나 온라인 시뮬레이션 게임이라고 하더라도, 그 내용이 토론의 성격을 띨 수 있으며, 역사학습의 목적과 역사수업의 성격을 고려할 때, 토론 게임은 학생들로 하여금 역사적 상상을 경험하게 할 수 있는 활동 방식으로 효과가 있다.

협상에 의한 토론 게임은 학생 집단이나 개인들 사이의 협상에 토대를 두게 된다. 학생들은 제공되는 역사적 정보를 기초로 자신의 입장을 평가하며, 다른 참여자의 활동에 동의하거나 이들과 협상을 할 수도 있다.[104] 국제관계를 다루는 시뮬레이션 게임의 방법으로는 협상에 의한 토론 게임이 자주 이용된다. 논쟁에 의한 토론 게임은 상대적으로 더 형식적인 틀에 맞춰서 시행된다. 학생들은 다른 학생의 제안에 대해 자신의 입장을 밝히고, 다른 학생에게 자신의 관점에 동의하도록 설득한다. 의견이 엇갈리는 부분에 대해서는 정해진 규칙을 통해 결정할 수 있다.[105] 정책의 결정이나 집행에 관한 시뮬레이션 게임은 보통 논쟁에 의한 단계이다. 자료 준비에는 역사적 틀의 형태를 어떻게 하고, 학생들에게 어떤 인물의 역할을 맡게 할 것인지, 학습활동에서 어떤 규칙을 사용할 것인지, 상황을 어떻게 단순화할 것인지를 고려해야 한다.[106]

시뮬레이션 게임에 들어갈 일반적 요소로는 활동(결정 또는 토론)의 종류, 어휘나 언어, 장비 점검 또는 보관의 문제, 사실이나 상황의 정확성, 학생들에게 제공할 정보, 교사의 조언, 찬스 요소 등을 생각할 수 있다.[107] 여기에서 특히 유의해야 할 요소는 학생들에게 제공하는 정보와 교사의 조언이다. 정보는 가능한 한 많은 내용을 담아야 하지만, 행위의 일반적 형태를 기술하는 것이 좋다. 교사의 조언은 학생들이 게임 과정에서 겪을 수 있는 어려움을 해결할 방법을 안내한다. 학생들은 교사의 조언을 듣고 비역사적이거나 잘못된 결정을 할 가능성을 줄일 수 있다. 그러나 교사의 조언이 선택 폭을 제한하면 흥미 있는 결정을 하지 못하게 될 가능성도 있다.[108]

게임에는 여러 요소가 필요하다. 예를 들어 협상에 의한 토론 게임에서는 다음과 같은 요소를 고려해야 한다.

① 인물 묘사, 그러한 인물을 선택한 방법 진술

② 역할을 분배하고, 게임 윤곽을 점검

③ 협상 방법, 어떤 동맹이나 거래의 결과에 대한 윤곽 파악

④ 점수의 세목이나 결과 달성을 위한 방법 명시

⑤ 시간 제한[109]

다음으로는 시뮬레이션 게임의 과정을 계획하게 된다. 시뮬레이션 게임의 절차는 대체로 시뮬레이션과 비슷하다. 시뮬레이션의 일반적 절차는 표 5-7과 같다.

도입은 시뮬레이션의 상황을 설정하는 것이다. 시뮬레이션에서 다룰 상황을 선택하고 그것을 적절하게 단순화해서 학습 상황에 넣는

표 5-7 시뮬레이션의 일반적 절차[110]

단계	학습활동
도입	• 시뮬레이션 소재 선택 • 시뮬레이션에 들어갈 요소 선정 • 시뮬레이션 상황 설정
참여자 훈련	• 시뮬레이션 설계(역할, 절차, 의사결정 형태, 목표) • 역할 배정 • 단축된 연습
시뮬레이션 운영	• 게임 활동 및 게임 관리
참여자의 결과 보고	• 시뮬레이션 과정의 분석 • 시뮬레이션 상황과 과정에서 지각한 것 요약 • 시뮬레이션을 하는 데 어려운 점과 깨달은 점 요약 • 시뮬레이션 활동을 실제 세계와 비교 • 시뮬레이션 활동을 학습 내용과 관련짓기 • 시뮬레이션 평가 및 재설계

다. 참여자 훈련 단계에서는 시뮬레이션의 형태와 규칙, 과정을 정하고, 상황을 분석해 시뮬레이션에 필요한 인물을 선정한 후 역할을 분배한다. 시뮬레이션 운영은 실제로 시뮬레이션 활동을 전개하는 단계이다. 교사는 이 단계에서 게임이 원만히 진행되도록 조정하고 관리하는 역할을 한다. 게임이 모두 끝난 후 학생들은 시뮬레이션의 전체 과정을 검토하고 평가한다. 학생들은 경험을 교환함으로써 시뮬레이션 과정에서 깨달은 점, 그리고 느꼈던 어려운 점이나 갈등을 공유하고, 대처 방안을 함께 모색한다. 이러한 학습 경험과 교과내용을 연계한다. 이런 과정을 종합해서 시뮬레이션을 평가하고, 필요하면 다시 설계한다.

시뮬레이션의 이런 일반적 절차는 시뮬레이션의 기본적인 과정이므로, 실제 교과의 수업에 적용할 때는 더 구체화하거나 수업내용에 맞게 변형하게 된다. 시뮬레이션 게임은 게임이라는 경쟁의 형식을 취해야 하므로 그 소재가 되는 역사적 사실은 갈등 구조를 포함하는 경우가 많다. 주로 전쟁이 컴퓨터나 온라인 역사 시뮬레이션 게임의 소재가 되는 것도 이 때문이다. 역사학습을 위한 시뮬레이션 게임에서는 역사적 사건이 일어났을 당시 갈등을 빚었거나, 후대에 해석이나 평가를 달리하는 역사적 사실을 소재로 삼게 된다. 행위자의 서로 다른 의사결정, 역사 해석의 차이, 서로 다른 역사적 평가가 역사수업에서 도입하는 쟁점의 유형이다.[111] 역사적 사실의 쟁점들이 역사 시뮬레이션 게임의 요소가 된다. 시뮬레이션 게임의 일반적 절차와 역사 시뮬레이션 게임 소재의 성격을 참고해서 역사적 상상을 경험할 수 있는 시뮬레이션 게임의 과정을 제시하면 표 5-8과 같다.

표 5-8 역사수업의 시뮬레이션 게임 절차

수업 단계	학습활동
학습과제 선정	• 학습과제 제시 • 학습 목표 설정
역사적 사실 및 상황 설정	• 게임 소재가 될 역사적 사건 선정 • 시대 상황 및 선정된 사건에 대한 탐색 • 역사적 상황 속 인물 및 그들의 행동 분석 • 게임 소재로 삼은 역사적 사실의 갈등 요소 정리
게임 조직	• 인물 설정 • 인물 배정 • 게임 형태, 규칙, 절차 결정
게임 활동	• 게임 활동을 위한 준비 학습 • 개인 또는 집단별로 게임 전략 수립 • 시뮬레이션 게임의 실행
평가	• 게임 참여를 위한 준비는 충분했는가? • 자신은 게임 활동에서 적절한 선택을 했는가? • 상대방의 활동에서 배울 만한 것은 무엇인가? • 게임에 다시 참여한다면 어떤 점에 초점을 맞추거나 보완할 것인가?
재실연	(필요 시)
평가 및 일반화	시뮬레이션 게임 과정의 경험과 학습한 것을 글로 정리한다. 글에는 다음과 같은 내용을 포함한다. 학습한 것을 발표하고, 간단한 질문과 토론을 한다. • (상황 설정의 적절성) 선정한 사건은 시뮬레이션 게임에 적절했는가? • (게임 방법 및 절차의 타당성) 게임의 방법과 내용, 규칙과 절차는 갈등 구조를 해소하는 데 효과적이었는가? • (내용의 사실성) 시뮬레이션 게임은 역사적 사실을 어느 정도 반영하는가? • (사고의 확장성) 게임은 학생들의 역사 이해를 돕고 상상적 추론을 촉진했는가? • (학습의 전이성) 게임으로 학생들이 습득한 역사적 사실의 이해를 다른 역사 학습에 적용할 수 있는가?

역사 시뮬레이션 게임의 문제는 사실성과 구성성의 관계에 있다. 역사는 증거를 토대로 하므로, 역사 시뮬레이션에서 증거가 없으면 단순한 모방이 될 수 있다. 인물의 성격이나 활동을 너무 자세히 제공하

면, 시뮬레이션 게임에서 학생들의 창의성이 떨어질 수도 있다. 인물의 구체적인 생각이나 행동은 학생들이 선택하도록 한다.[112]

　게임이 끝나면 학생들이 게임에서 경험한 것, 알게 된 것과, 앞으로 역사를 보는 데 이를 어떻게 적용할 것인지를 글로 쓴다. 쓴 글을 바탕으로 간단한 발표를 하고, 다른 학생들은 이에 대해 질문을 하거나 평을 한다. 이러한 정리 과정은 학생들로 하여금 시뮬레이션 내용 중 실제 사실에 해당하는 것과 그렇지 않은 것을 가려내고, 갈등을 빚은 역사 문제에 대한 학생들 개인의 관점을 가질 수 있는 기회를 제공한다.[113]

　이상의 논의를 바탕으로 역사적 상상에 기반한 시뮬레이션 게임을 시행할 때 유의할 점을 정리하면 다음과 같다.

　첫째, 결과가 학생들에게 너무 잘 알려진 역사적 사건은 시뮬레이션 게임의 대상으로 적합하지 않다. 너무 유명한 사건은 실제의 역사 과정에 얽매여 학생들의 상상력을 제약하기 쉽다.

　둘째, 역사수업에서 다루는 역사적 사건은 다양한 요인이 복합적으로 작용한 결과이다. 이러한 역사적 사건을 시뮬레이션 게임에서 다루기 위해서는 사건을 적절히 단순화해야 한다. 그러나 지나친 단순화로 인해 역사적 사실에서 어긋나지 않도록 유의해야 한다. 게임의 과정에서 학생들이 고려해야 하는 요인을 너무 많이 넣지 않는 것이 좋다. 역사 인물이 행위를 선택하는 데 고려했던 문제 정도를 게임의 요소로 넣는 것이 바람직하다.

　셋째, 역사수업에 사용되는 시뮬레이션 게임은 실제 역사적 상황에 바탕을 두고 있으므로 게임의 요소보다는 시뮬레이션의 요소가 강하다. 따라서 게임의 규칙은 복잡하지 않은 것이 좋다. 어려운 게임 규칙보다는 게임의 전개 과정이 실제 역사적 사실의 과정을 반영하도록 한다. 교사의 수업 구상에 그 과정을 구체화하기보다는, 학생들의 게임 활동이 역사적 사실의 과정이 될 수 있도록 설계하는 것이 좋다.

넷째, 시뮬레이션 게임의 효과로는 게임에서 다루는 상황에 대한 지식이나 이해보다도 게임에서 학생들이 문제에 대처해나가는 과정을 통해 상황을 이해하고 문제 해결책을 모색하는 것이 중요하다. 게임의 결과로 학생들이 상황에 대한 지식을 획득한다고 하더라도 이것을 학습의 주된 목적으로 삼아서는 안 된다. 게임 과정에서 역사 인물이 경험했던 고민을 다시 경험함으로써 학생들은 역사를 추체험하고 상상적으로 이해할 수 있다.

이러한 점을 고려해 위에서 제시한 절차에 따라 조선 전기의 북방 이주를 주제로 하는 시뮬레이션 게임을 생각해보자. 조선은 건국 이후 북방개척을 추진했다. 세종의 4군 6진 개척도 그 일환이었다. 그 지역에 거주하던 여진족을 몰아냈을 뿐 아니라 백성을 이주시키는 사민정책을 통해 그곳을 조선의 행정구역에 편입하기도 했다.

학생들은 교과서 내용에서 조선 초기 북방개척을 위해 사민정책이 추진되었음을 알게 된다. 그러나 이를 사민보다는 북방개척이라고 인식한다. 예를 들어 세종 때 4군 6진을 개척하고 그 지역에 대규모 사민을 추진한 사실을 아래 [자료 1]에 나오는 것과 같이 "압록강과 두만강을 경계로 하는 국경선을 확보하였다"라고 인식한다. 영토가 넓어지고 오늘날과 같은 국경이 확정된 것을 4군 6진 개척의 의미로 받아들이며, 그래서 매우 긍정적인 사건으로 평가한다. 역사적 행위의 주체를 바꿔 보면 역사적 사건의 평가도 달라진다. 세종 대의 북방개척은 여진의 잦은 침입에 대한 대응으로, 사민은 4군과 6진을 방어하기 위한 군사적 목적이 1차 동기라고 보는 견해가 일반적이었다. 북방 지역을 개척해 남방 사람들을 대규모로 이주시킴으로써, 국경선이 획정되었다는 인식이다.[114] 그렇지만 이런 사민정책은 백성들에게 커다란 어려움을 초래했다. 근거지를 옮겨야 하는 사람들은 낯선 땅에서 불안정하고 힘든 생활을 해야 했다. 농사짓기의 어려움, 계속되는 축성 작업과 여진족의 위협, 연이은 흉작 등으로 도망하거나 떠돌아다니는 사람이 늘어났다. 사민을 피하기 위한 저항도 여러 형태로 나타났다. 심지어 자신의 팔뚝을 끊어 스스로 불구자가 됨으로써 북방 사민을 피하려는 사람도 생겨났다.[115] 백성의 반발과 소요로 사민이 중단되는 일도 잦았다. 사민을 하면 새로 이주해간 지역의 인구 문제는 해결되지만 원래 지역의 인구가 줄어 문제가 되었다.[116] 이런 일이 대규모 사민이 추진될 때마다 반복되었다. 백성의 관점에서 보면 조선의 북방개척과 사민에 대한 평가가 달라질 수 있는 것이다.

세종 대의 북방 정벌은 여진의 공격에 대한 대응으로 인식되지만, 영토 확장을 위해 주변 세력을 정벌하려는 패권주의로 보는 시각도 있다. 여진의 소규모 침입은 조선의 북방을 크게 위협할 정도는 아니었는데, 조선 정부가 이를 과장해서 북방으로 영토를 확장하는 구실로 삼았다는 것이다. 이에 따르면 조선의 북방개척은 여진의 침입에 대한 대응이라기보다는 북방 영토 확장이라는 조선의 목적을 이루기 위한 행위이다.[117] 조선의 북방개척이 여진의 관점에서는 침략을 당한 것이 된다. 역사적 사건들 간의 이런 관계와 이에 대한 평가는 역사 시뮬레이션 게임의 요소가 된다. 그렇지만 시뮬레이션은 실제 상황을 그대로 반영하는 것이 아니라 이를 단순화하는 것이므로, 수업안에서는 사민정책과 이를 둘러싼 조선 내부의 갈등에 초점을 맞추기로 한다.[118]

사민이 실제로 어떤 방식으로 행해졌으며 사민정책이 어떤 결과를 가져왔는지 중·고등학생들이 구체적으로 배우는 경우는 드물다. 시뮬레이션 게임을 통해 학생들은 당시 관리의 입장이 되어 사민정책을 시행하는 데 고려했던 요인을 상상하게 되고, 그 목적을 여러 측면에서 생각하며, 결과를 상상적으로 추론하는 경험을 한다.

이 수업안에서 시뮬레이션 게임은 토론의 형식으로 진행하는 토론 게임의 형태를 취한다. 오늘날 흔히 찾아볼 수 있는 컴퓨터 프로그램이나 온라인 시뮬레이션 게임과는 달리 토론 게임에서는 '시각적 재구성'이 별문제가 되지 않는다. 게임의 내용이 되는 역사 인물이나 사건들의 관계를 보여주는 '관계적 재구성'이 시뮬레이션을 사실적이 되게 하는 요소이다. 토론의 규칙은 있지만, 토론 주체와 내용이 학습의 주안점이 된다.

표 5-9 시뮬레이션 게임에 의한 역사수업 사례(조선 초의 사민정책)

수업 단계	학습활동
학습과제 인식	• 조선 전기 사민정책의 목적을 추론한다. • 조선의 정책 결정에 영향을 준 요인들을 파악한다. • 사민정책 당시 조선의 시대상을 재구성한다.

상황 설정	• 학습 주제: 조선 초 북방개척을 위한 사민정책
	• 시대 상황: [자료 1], [자료 2]
	   – 조선 초기의 북방정책
	   – 조선 초기 여진에 대한 정책
	   – 조선 초기 농민정책 및 농민의 상황
	   – 사민정책에 관한 전반적 지식

상황 설정	• 선정된 사건에 대한 사실적 이해
	  – 조선 초기 북방개척 지역의 상황
	  – 사민정책의 목적
	  – 사민의 방법
	• 학습 상황 요소의 분석
	  – 사민의 대상
	  – 이주민의 신분별 구성
	  – 이주 장려 방법

게임 조직	• 인물 설정 및 집단의 역할 배정
	  – 학생들을 3개 집단과 그밖의 학생들로 나눈다.
	  – 3개 집단은 각각 5~6명 정도로 구성되는데, 2개 집단은 토론의 당사자들로 북방 사민정책을 세우는 관리이다.
	  – 나머지 1개 집단은 이들이 세운 정책에 대한 토론자이다. 두 집단의 주장이 끝나며, 토론 집단은 토론 참여 집단의 주장을 듣고 그 내용에 대해 질문을 하거나 의견을 제시한다.
	  – 3개 집단을 뺀 나머지 학생들은 배심원 역할을 한다.
	• 토론 내용의 구성
	  – 토론 주제: 북방 사민정책
	  – 토론 문제: 평안도나 함경도 지방에 천 명을 이주시키는 정책의 입안
	  – 정책에 포함할 내용: ① 이주 대상자, ② 이주민의 신분 구성, ③ 이주 장려 방법
	• 게임 절차
	  – 토론 당사자 역할을 맡은 2개 집단이 자기 정책과 이런 정책의 정당성을 설명한다.
	  – 토론을 맡은 집단이 정책을 세운 두 집단에게 각각 질문과 문제 제기를 하고, 양 집단이 각각 답변을 한다.
	  – 이에 대한 토론이 끝나면, 토론 당사자들은 서로 질문을 하며, 상대의 주장을 반박한다. 이 과정을 두 차례 반복한다.
	  – 2개 집단의 정책 내용과, 토론 집단의 질문 및 토론에 대한 답변, 그리고 상대의 주장을 반박하는 논리를 종합해서 점수를 매기는 배심원의 역할을 한다. 점수는 3개 문제 각각에 별개로 매긴다.
	  – 학생들이 매긴 점수를 합산해서 게임의 승패를 가린다.
	• 게임 형태: 그룹 활동
	• 게임 규칙
	  – 배심원 역할을 맡은 학생들은 3개 집단의 세 가지 정책 각각에 대해 100점 만점으로 점수를 매긴다. 학생들이 매긴 점수를 모두 합쳐 가장 높은 점수를 받은 집단이 승자가 된다.
	  – 게임은 지정 토론자가 있는 토론의 형식으로 진행한다. 정책 발표, 지정 토론, 상대 집단 주장에 대한 질문 및 반박, 상대 집단의 질문 및 반박에 대한 해명 및 재반박, 평가의 순서로 진행한다.
	  – 정책을 세우는 것은 집단이 공동으로 하되, 발표는 세 사람이 한다. 하나의 문제에 대해 한 사람이 발표한다.

게임 활동	• 게임 준비 – 교사는 시뮬레이션 게임 학습을 시행하기 전 시간에 학생들에게 위의 요소들에 대해 미리 조사하도록 과제로 제시한다. – 게임 참가 집단에 속한 학생들은 자신들의 조사와 자료 내용에 대한 분석 및 해석을 토대로 사민정책을 입안한다. 이를 토대로 게임에서 어떤 정책을 제시할 것인지를 결정한다. – 토론자의 역할을 맡은 학생들은 과제에 대한 조사와 자료 내용을 토대로 토론의 초점이 될 만한 점들을 생각한다 • 게임 실연 – 발표를 맡은 2개 집단은 각각 이주민을 남쪽 지방 사람, 범죄자, 평안도 출신 유민을 각각 몇 사람씩 할 것인지와, 그러한 정책을 세운 이유를 발표한다. – 토론 집단은 두 집단의 발표자에게 질문을 하거나 문제점을 지적한다. – 다른 집단의 정책에 대해 문제점을 지적하고, 반대 토론을 한다. 각 집단은 이에 맞서 자신들의 정책을 옹호하기 위해 문제점 지적에 대한 답변과 반대 토론을 한다. – 배심원 역할을 맡은 학생들은 이 과정을 지켜본 후 3개 집단의 정책에 대해 각각 점수를 매긴다.
평가 및 학습 정리	• 게임 참여자와 관찰자의 토론을 통해 다음 사항을 평가한다. – 게임 활동에서 상황에 포함된 요소 및 인물 등의 적절성 – 사민계획 수립의 어려운 점 – 게임 형식과 점수 부여 방법 등 게임 규칙의 적합성 – 게임에 대한 학생들의 호응도 – 게임 참여자가 선택한 정책의 적절성 • 교사와 학생이 함께 다음과 같은 역사적 사실을 정리하거나 앞으로의 탐구 과제로 삼는다. – 게임 과정과 결과의 사실성과 구성성 – 조선 정부가 사민정책을 추진한 이유와 목적 – 조선 초 사민정책의 사회적·역사적 의미 – 고려나 조선 중기 이후의 사민정책과 인구 이동

[자료 1] 4군 6진을 개척하다

조선은 여진에 대해 강경책과 회유책을 병행하며 영토를 확장하고 국경 지역을 안정시키려고 하였다. 세종 대에는 대대적인 군사작전을 벌여 여진을 북쪽으로 몰아내고 4군과 6진을 설치하여 압록강과 두만강을 경계로 하는 국경선을 확보하였다. 새롭게 차지한 지역에는 삼남 지방의 주민들을 이주시켜 살게 하였고, 거주민을 토관으로 임명하여 민심을 수습하였다.

한편, 귀순한 여진족에게는 관직, 토지와 주택을 주어 조선인으로 동화시키고자 하였다. 경성과 경원에서는 무역소를 열어 여진족이 가져온 가죽이나 말 등 특산물을 식량과 농기구, 의류 등과 교환하였다. 그러나 여진족이 침범하여 국경 지역을 어지럽히면 군사력을 동원하여 그 근거지를 토벌하는 강경책을 펼쳤다.

— 송호정 외(2000),《고등학교 한국사》, 지학사, 66쪽

[자료 2] 사민정책[119]

조선 왕조는 초기부터 북방개척에 힘썼다. 특히 세종 대부터 성종 대에 걸쳐서는 한반도 남부의 사람들을 북방으로 이주시키는 활발한 사민정책을 추진했다. 사민정책은 이러한 북방개척의 일환으로 시행되었다. 특히 세종, 세조, 성종 때는 적극적인 사민정책을 폈다. 세종은 두만강 일대에 6진을 설치한 다음 남도의 사람들을 꾸준히 이곳에 이주시켜 여진인보다 조선 사람들이 많게 하기에 힘썼다. 세종부터 단종 때까지 사민에 의해 이곳에 이주한 가구는 3200여 호에 달했다.

사민정책에는 크게 보아 두 가지 목적이 있었다. 첫째는, 여진족 등 북방 민족에 대비하기 위한 국방책이었다. 여진족을 정벌하고 그 지역의 방어 체제를 확립하기 위하여 사민을 하였다. 둘째는 토지개간이라는 사회경제적 목적이었다. 새로운 토지를 개간하거나 토지를 경작할 사람이 부족하였을 때 사람들을 이주시켰다. 사민의 대상은 크게 세 부류로 나눌 수 있다. 첫째는 남쪽 지방의 일반 백성들을 북쪽으로 이주시키는 것이며, 둘째는 평안도나

함경도 출신으로 각지에 떠돌아다니는 유민(流民)을 적발하여 다시 돌려보내는 것이며, 셋째는 죄수들을 강제로 옮기는 것이었다. 남쪽 지방의 사람들을 모아 북쪽으로 이주시킬 때는, 여러 가지 특권을 주어 스스로 이주에 자원하기를 유도하였다. 그렇지만 자원하는 사람이 부족할 때는 강제로 이주시키기도 했다.

사민정책으로 북방에 이주한 사람들 중에는 도망자들이 나왔다. 조선 정부는 사민이라는 국가 차원의 사업을 성공적으로 수행하기 위해 도망자를 강력히 처벌했다. 심지어 참형에 처하기도 했다.

본 수업안의 게임은 어떤 역사적 사실에 대한 찬반토론이 아니라 각각의 집단이 제시한 정책의 순위를 가리는 형식이다. 이러한 시뮬레이션 게임은 세종 대에 본격화한 북방개척 사업에 대해 학생들이 평가하는 기회를 제공한다. 그동안 긍정적으로만 생각해왔던 북방개척 사업을 다른 시각으로 보는 경험이 될 수 있다. 세종의 북방개척 정책을 긍정적으로 볼 것인가 부정적으로 볼 것인가를 가리는 데 그치지 않고, 자기 나름으로 해석하고 평가할 수 있다. 이는 학생들이 상상적으로 사고하는 연습의 기회가 되며, 이 과정을 거치면서 학생들은 자신의 역사인식을 구체화한다. 시뮬레이션 게임은 승패나 규칙에 얽매이기보다는 그런 상상적 사고로 연결될 때 더 큰 의미가 있다. 본 수업안에서는 시뮬레이션 게임의 극적 효과를 위해 게임 참여자를 2개 집단으로 나누었지만, 학생의 수나 그밖의 교실 수업 요건에 따라서는 3개 집단 이상으로 할 수도 있다.

결론

역사교육이 역사적 사고력을 기르는 데 힘을 기울여야 한다고 할 때, 연역적 추론에 의해 가설을 만들고 자료의 수집 및 분석을 통해 가설을 검증하는 과학적 사고방식뿐 아니라 역사적 상상력에 의해 기존의 사고 틀을 뛰어넘어 확장된 사고를 하고 해석을 창의적으로 새롭게 하는 상상도 역사적 사실의 성격에 비춰 특징적인 역사적 사고방식이다.

이 책에서는 그동안 역사교육 논의에서 상대적으로 소홀했던 역사적 상상의 이론을 검토하고, 이를 역사교육에 적용할 수 있는 원리를 탐색했다. 그리고 역사적 상상력을 기반으로 하는 역사수업 방안과 절차를 마련하고자 했다. 이를 위해 먼저 역사적 사고의 개념과 성격, 이에 대한 역사학적 논리를 밝혔다. 역사적 사고의 특징적인 방식으로 역사적 상상력의 개념, 구조와 형식을 정리하고 역사 내러티브에서 이러한 역사적 상상이 어떻게 들어가는지를 검토했다. 이를 바탕으로 역사적 상상력이 들어가는 역사학습 방법과 수업 절차를 제시했다. 이 책의 내용을 전체적으로 정리하면 다음과 같다.

① 역사는 겉으로 드러난 자연이나 사회 현상을 탐색하는 과학과는 달리 인간의 생각과 행동을 이해의 대상으로 삼는다. 역사는 이해의 대상이 인간의 내면이라는 점에서, 외적으로 나타나는 사회 현상을 탐구하는 과학이나 작가가 창의성을 동원해서 사실을 허구적으로 만들어내는 문학과 예술의 사고와는 차이가 있다. 자료를 바탕으로 하지만, 인간의 내면에 대한 이해는 연역적 추론에 의한 가설 설정과 이를 검증하기 위한 자료의 분석만으로는 불충분하며, 직관과 상상적 추론, 추체험이나 감정이입 같은 역사적 상상이 필요하다. 역사적 자료는 과거에 일어난 일을 충분히 알고 이를 하나의 이야기로 구성할 수 있을 만큼 그 내용이 충분하거나 명확하지 않은 경우가 많다. 이를 해석해서 역사적 사실에 의미를 부여하고, 하나의 역사로 구성하기 위해서는 상상적 사고를 해야 한다.

역사적 상상은 경험적일 수도 있지만, 이에 한정되지 않고 선험적일 수도 있다. 막연한 공상과는 달리 역사적 근거가 있어야 하지만, 그 내용이나 경험에 한정하지 않고 선험적으로 추론하는 것이 경험과학과 구분되는 역사적 상상의 성격이다.

② 역사적 상상은 감정이입적 이해, 구조적 상상, 역사적 판단력의 형식을 가진다.

감정이입은 다른 사람의 입장에서 사건이나 상황을 보는 것이다. 역사적 감정이입은 과거에 살았던 다른 사람의 행동을 이해하려는 태도를 필요로 하지만, 실제로 일어났던 일을 토대로 하는 만큼 본질적으로는 인지적인 사고행위이다. 이 점이 역사적 감정이입을 일상생활이나 다른 학문의 감정이입과 구별할 수 있게 한다. 인간의 내면에 대한 이해가 역사의 본질이라면, 감정이입은 상상적 이해의 방식이다.

구조적 상상은 자료에 명확히 나타나 있지 않은 역사적 사실의 구성요소들 간의 관계를 밝히는 것이다. 자료만으로는 명확하지 않지만, 실제로 일어났을 개연성이 있는 역사적 사실에 대한 상상적 추론이 구조적 상상이다. 자료 내용에 나타난 역사적 사실의 내적 필연성, 역사 개념이나 지식에 비춰 자료의 간극을 메우는 보간, 자료 내용을 기존과 달리 해석하는 대안적 해석이 구조적 상상의 형식이다. 근래 역사적 감정이입의 정서적 측면에 대한 관심이 높아졌지만, 이런 경향이 인지적 이해라는 역사적 감정이입의 본질을 훼손하는 것은 아니다.

역사적 판단력은 신뢰성 및 중요성에 따라 역사 탐구를 위해 자료를 선택하고, 자신이 이해하고 구성한 역사적 사실을 설득력 있게 서술하는 능력이다. 자료의 비중을 판단하는 데는 분석에 의한 논리적 결론보다는 상상적 추론이 필요하다. 분석과 논리적 결론은 선택된 자료 내용을 검토한 이후에 가능하기 때문이다. 역사서술에서 상상력은 자신의 탐구 결과를 독자에게 생생하게 전달하는 데 요구되는 서술 능력을 의미한다. 상상적 서술은 역사 이해와 구성의 문제는 아니지만, 이해하고 구성한 역사를 표현하는 능력이 필요하다. 역사를 서술하려면 기존의 역사 구성을 서술 방식에 맞게 재구성해야 한다.

③ 역사 내러티브에는 역사적 상상이 들어간다. 내러티브의 구성과 전달에는 상상이 필요하다. 구조적 상상의 형식인 보간과 자료의 새로운 해석은 개별적으로 분리된 과거의 사실을 어떤 주제 아래 묶어 스

토리로 만들어서 내러티브를 구성하게 한다. 이렇게 구성한 내러티브를 역사적 진실성을 해치지 않고 효과적으로 전달하는 데 적절한 표현형식을 선택하고 수사를 활용한다. 여기에는 역사적 상상이 들어간다.

역사적 상상과 작가적 상상은 모두 개연성이 있는 사실을 연결하여 내러티브를 구성한다. 이를 위해 상상력을 동원하며, 구성한 스토리를 서술하는 데도 상상이 필요하다. 그런 점에서 역사적 상상과 작가적 상상은 공통점이 있다. 그렇지만 작가는 자신이 상상한 것을 모두 내러티브에 포함하는 데 비해, 역사가는 이를 제한한다. 작가는 독자의 허용 범위 안에서 상상을 확장하는 데 비해, 역사가는 독자의 허용이라는 기준으로 상상의 범위를 축소한다.

④ 역사교육 과정의 목표와 역사적 사고는 상상의 요소를 포함한다. 교육목표분류학의 목표 중에서도 외적으로 볼 때 상상의 성격이 들어가는 요소들이 있다. 감정이입과 삽입이 교육목표분류학에서 찾아볼수 있는 상상의 속성을 가진 요소들이다. 그러나 교육목표분류학은 상상을 이해와 별개로 취급하거나 자료 해석의 범주에만 넣고 있으며, 감정이입을 정의적 성격의 목표로 여겨 지적 능력으로서는 소홀히 다루고 있다. 대표적인 교육목표분류학인 블룸의 교육목표분류학과 이를 사회과에 적용한 올란디의 목표분류, 역사에 적용한 콜텀과 파인스의 역사교육목표분류에서도 감정이입을 정의적 성격의 사고행위에 포함하고 있다. 이는 기본적으로 그 출발이 되는 교육목표분류학이 역사라는 교과의 성격을 염두에 둔 것이 아니기 때문이다.

역사학습 기능 중 상상의 성격을 가진 요소로는 감정이입과 상상적 재구성이 있다. 이런 학습 기능은 교육목표분류학의 요소와 비슷하지만, 역사 이해의 성격을 더 잘 반영한다. 감정이입과 상상적 재구성은 양자 모두 역사적 상상을 가리키는 포괄적 의미로 사용되는 경우도 있으며, 감정이입은 인간 행위의 이해, 상상적 재구성은 역사적 자료의 상상적 재구성을 통해 과거의 모습을 재구성하는 것으로 구분되기도 한다. 상상적 재구성은 상상적 해석의 요소를 포함한다. 역사학습 기능의 분류에서는 감정이입이 기본적으로는 인지적 기능이지만 정의적 성격도 가지는 것으로 취급한다.

교육심리학이나 교육목표분류학에서는 일반적인 교과 이론을 특정 교과에 적용하면 교과교육을 효과적으로 충분히 할 수 있다고 생각한다. 그렇지만 상상의 측면을 소홀히 하고 있으며, 설사 역사학습에 상상이 필요하다는 점을 인정하는 경우에도 이를 과학적 사고와 구분하지 않는다.

⑤ 감정이입적 이해는 역사적 행위를 이해하려고 하지 않는 단계 → 역사를 고정관념이나 현대인의 관점에 의해 이해하려는 단계 → 역사를 당시 상황에 비춰 이해하는 맥락적 이해의 단계를 거친다. 역사적 감정이입은 맥락적 감정이입이다. 맥락적 감정이입을 위해서는 당시 상황에 대한 배경지식이 필요하다.

상상적 해석의 능력은 사료를 이해하는 능력을 바탕으로 한다. 사료의 상상적 해석 능력은 사료를 제대로 해석하지 못하는 단계 → 사료에 나타난 외형적 내용에만 주목하는 단계 → 사료에 내포된 의미를 파악하는 단계 → 자신이 알고 있는 역사적 지식과 개념에 비춰 사료를 해석하는 단계를 거친다. 이 중 상상력은 '사료에 내포된 의미의 파악' 단계부터 개입한다.

실제 조사 결과 한국의 중·고등학생들에게도 이러한 역사적 상상력의 양상이 나타났다. 그렇지만 그 양상은 외국 학자들이 제시한 것과는 약간의 차이를 보인다.

⑥ 역사적 상상력이 들어가는 학습방법은 다양하다. 그중 역할극, 사료 탐구, 시뮬레이션 게임은 역사적 상상을 필요로 하는 대표적인 방법이다. 역할극은 감정이입적 이해, 사료 탐구는 구조적 상상, 시뮬레이션 게임은 감정이입적 이해와 구조적 상상이 모두 들어가는 학습방법이다. 사료 탐구가 사료를 직접 다룸으로써 역사를 상상적으로 이해하는 역사가의 탐구 과정을 밟는 것이라면, 역할극과 시뮬레이션 게임은 학생들에게 역사적 행위자의 행위를 반복하게 하는 방법이다.

사료는 역사를 상상적으로 이해하는 데 필요한 배경 정보와 맥락적 지식을 제공하는 목적으로 쓰이거나 학습의 전체 과정에서 직접 이용될 수도 있다. 다루는 상황이 갈등 상황일 때, 사료 탐구는 역사적 상상력을 효율적으로 증진시킬 수 있다. 사료의 상상적 탐구를 위해서는 적절한 사료를 선택해야 한다. 너무 구체적인 사실을 전달하는 사료는 학생들의 역사적 상상력을 제약할 수 있다.

역할극은 문제 상황을 제시하고 학생들에게 그 상황에 처했던 역사적 행위자의 입장에서 문제를 해결하게 한다. 이런 점에서 역할극은 감정이입적 이해를 증진시킬 수 있다. 역사 역할극은 보통 사회적 문제를 다루는 사회극의 형태를 띠는데, 학생들은 역사적 인물이 처한 상황과 그들의 동기를 분석함으로써 역사적 인물과의 거리감을 줄일 수 있다.

　시뮬레이션 게임은 일정한 목표를 가지고 정해진 절차 및 규칙에 따라 실제적 역할을 가정해 결정을 하는 학습활동이다. 역사학습에서 시뮬레이션 게임은 구조적 상상의 경험과 감정이입적 이해를 포함한다. 시뮬레이션 게임의 절차와 규칙이 너무 복잡하고 까다로우면 학생들은 감정이입적 이해에 제약을 받을 수도 있다. 역사학습에서 시뮬레이션 게임을 할 때 또 하나 유의해야 할 점은 복잡한 역사적 상황을 어떻게 단순화할 것인가 하는 점이다. 역사적 상황을 학생들의 능력에 맞게 단순화하면서도, 상황의 본질을 왜곡하지 말아야 한다.

　역사적 상상은 분석과 비판을 토대로 하는 기본적인 사고행위로, 과학적 사고와 대비되는 독자적인 역사 이해의 방식이다. 역사 이해에 상상력이 필요하다는 주장은 역사학의 대상, 목적, 방법이 본질적으로 다른 학문과 구분되는 고유한 성격을 가진다는 논리를 전제로 한다. 역사적 상상은 역사가 독립 교과로 존재할 수 있는 이론적 기초와, 역사학습은 곧 역사 이해의 과정이 되어야 한다는 역사교육의 방법론적 원리를 제공해준다. 역사의 본질적 성격과 역사가의 사고방식에 따라 역사를 가르쳐야 한다는 주장에 비춰 볼 때, 역사적 상상은 역사 이해의 특징적 방식이다. 따라서 역사적 상상을 경험할 수 있는 역사학습 방법의 개발이 필요하다.

　이 책에서는 역사학습에서 상상의 필요성을 강조하면서, 역사적 상상의 개념과 요소, 성격을 밝혔다. 그리고 역사 이해에 필요한 지적 능력의 하나로 역사적 상상을 자리매김하고, 이에 기반한 역사학습 방안을 체계화하기 위한 이론적 틀을 마련했다. 역사교육이 역사적 상상에 관심을 가지려면 학습의 결과뿐만 아니라 학습 과정에도 초점을 맞춰야 한다. 역사적 상상력의 증진을 위해서는 역사적 사실 자체를 아는 것보다는 이에 필요한 방법과 절차에 대한 인식이 더 중요하기 때문이다. 역사적 방법과 절차에는 역사적 사실의 성격이 내포되어 있다. 역사학습을 통해 학생들의 역사적 상상력을 기르기 위해서는 학습 자료의 개발도 중요하다. 역사의 본질을 학생들에게 인식시키기 위한 효율적인 학습방법으로 사료 탐구를 강조하더라도 이에 적합한 교육용 사료가 필요하다. 역할극을 위한 상황을 설정해야 하며, 시뮬레이션 게임을 위한 게임 모형도 개발해야 한다.

이 책에서 역사적 상상력의 중요성을 강조한다고 해서, 역사적 사고방식으로 과학적 사고방식을 배제하는 것은 아니다. 역사적 상상과 과학적 사고방식 중 어느 편이 역사를 이해하는 주된 방식이라고 주장하는 것도 이 책의 목적이 아니다. 이는 철학적인 문제로 역사학의 성격을 보는 기본적 관점의 문제라고 할 수 있다. 그리고 과학적 사고와 역사적 상상력은 효율적인 역사 이해를 위한 상호보완적인 사고방식이라고 할 수 있다.

이 연구에 이어 학교 역사교육에서 역사적 상상력이 어떤 기능을 하고 역사적 상상력을 기르기 위해 역사교육을 어떻게 할 것인지를 좀 더 체계적으로 밝히기 위해 앞으로 논의해야 할 몇 가지 과제가 남아 있다.

첫째, 상상적 이해가 그동안 강조해오던 탐구와 무관하거나 심지어 대립적이기까지 한 사고방식은 아니라는 점이다. 상상적 역사 이해는 탐구 능력을 바탕으로 하는 경우가 많다. 따라서 양자의 관계와 상호작용을 규명해야 한다.

둘째, 역사적 상상이 역사교육의 중요한 측면이며, 역사적 상상력이 역사학습에서 길러야 할 기능이라고 할 때, 역사교육의 목표를 역사적 상상의 요소를 포함하여 다시 체계화할 필요가 있다. 이 책에서는 기존의 역사교육목표와 역사적 사고의 상상 요소를 밝히고, 그 문제점을 지적했지만, 이를 포함한 역사교육의 목표 또는 역사 기능을 전체적으로 체계화하는 연구가 이어져야 한다.

셋째, 역사적 상상과 관련된 개념의 정리이다. 그중에서도 가장 혼란을 불러일으키는 용어는 re-enactment이다. 많은 사람들이 이를 '추체험'으로 번역하면서 감정이입과 거의 비슷한 의미로 사용한다. 이때 re-enactment는 과거 행위자의 마음을 읽어내는 방식으로 사용하며, 그런 의미에서는 감정이입적 이해와 비슷하다. 이해에 초점을 맞추는 경우 상상과 감정이입을 혼용하기도 한다. 그렇지만 re-enactment는 이해의 과정이나 방법뿐 아니라 이해의 결과로 역사를 재구성하는 것을 의미하기도 한다. 이런 경우는 '추체험'보다는 오히려 '재연'이 의미를 잘 드러낼 수 있다.

역사학과 역사교육에서는 empathy를 '감정이입', sympathy를 '공감'으로 번역하지만, 학문에 따라서는 empathy를 '공감', sympathy를 '동정'으로 번역하기도 한다. 역사교육 논문에서도 이런 용어를 사용하는 경우를 볼 수 있다. 이는 단순히 용어의 차이를 넘어서 역사적 감정이입의 성격과 이를 적용한 역사수업의 목적을 보는 관점의 차이로 이어진다. 이런 용어상의 혼란은 역사교육에서 역사적 상상력의 문제에 대한 연구를 더하는 데 상당한 지장을 줄 뿐 아니라, 역사적 상상력을 학교 현장에 적용할 때 체계성을 떨어뜨린다.

넷째, 역사적 상상력을 기르기 위한 학습방법의 효과를 검증하고 구체화할 필요가 있다. 이 책에서도 역사적 상상력을 경험할 수 있는 학습 방안으로 역할극, 사료 탐구, 시뮬레이션 게임을 제안하고 수업안을 제시했다. 그렇지만 이런 수업이 학생들의 역사적 상상력을 기르는데 어느 정도 효과가 있는지 확인하지 못했다. 학습 결과 학생들이 습득한 역사적 상상력을 평가할 수 있는 준거의 개발도 요구된다.

다섯째, 역사적 상상력을 기를 수 있는 다양한 수업 방법을 개발해야 한다. 이는 수업모형의 선택뿐 아니라, 같은 모형이라고 하더라도 자료 선택이나 구체적인 학습활동의 조직 문제일 수도 있다. 사료 탐구나 글쓰기, 연기 활동이 포함되는 수업이라고 하더라도 역사적 상상력을 향상시킬 수도 있고 그렇지 않을 수도 있다. 또한 학습 주제에 따라서도 수업 절차나 활동이 달라질 수 있다.

여섯째, 역사적 사고능력으로서 역사적 판단력의 계열화가 필요하다. 물론 판단이라는 개념이 일상에서 널리 사용되고 학문적으로도 포괄적 의미를 가진다. 그래서 판단이라는 일반적 개념을 정의하는 것은 불가능하다. 그렇지만 철학에서 판단력이라는 용어가 중요한 개념어가 되었듯이, 역사적 상상력의 한 형식으로 역사적 판단력을 역사교육 개념어로 포함할 필요가 있다. 그러기 위해서는 역사적 사고력의 한 영역으로서의 역사적 판단력이 어떤 의미를 가지는지 구체화해야 한다. 그럴 때 역사적 판단력의 발달 동인이 무엇이며 이를 어떻게 위계화하고 이를 촉진하기 위한 역사학습 방안이 무엇인지에 대한 논의도 가능할 것이다. 이 책에서는 자료 선택, 인과적 판단, 역사 전달을 역사 판단의 범주에 넣고, 이 중 자료 선택과 역사 전달에 내포된 역사적 상상의 속성을 설명했다. 실제 역사 연구와 학습에서 이런 범주의 역사적 판단이 갖는 기능을 구체화할 필요가 있다.

이 책은 국내 및 영어권 국가들의 연구 성과를 바탕으로 역사교육에서 역사적 상상의 개념과 범주를 밝히고, 학습방법을 탐색했다. 근래 유럽이나 다른 아시아 국가들의 역사교육 연구를 소개하거나 정리하는 작업이 이루어지고 있다.[120] 이들 국가에서도 역사적 사고가 역사교육의 핵심이 되고 있으며, 역사적 사고력에 대한 연구와 역사적 사고력을 중심으로 하는 교육과정 개발이 활발해지고 있다. 이러한 세계적인 역사교육 연구의 동향을 반영하여 연구 범위를 확대한다면 앞으로 역사적 상상력에 대한 연구가 훨씬 더 체계화될 것이다. 이 책은 이를 위한 하나의 중간 과정이다.

서론

1 이정인(1977), 〈역사교육의 목적〉, 이원순 외 5인,《역사과교육》, 능력개발, 67쪽; 이원순·
윤세철·허승일(1980,《역사교육론》, 삼영사, 128쪽; 이기영·이찬·차경수·윤세철(1984),
《사회과교육(I)》, 한국방송통신대학, 191쪽; 이원슌·이정인(1985),《역사교육》, 정음사,
68쪽.

2 Stéphane Lévesque and Penney Clark(2018), "Historical Thinking: Definitions and
Educational Applicatios", in Scott Alan Metzger and Lauren McArthur Harris eds., *The
Wiley International Handbook of History Teaching and Learning*, New York: Wiley-
Blackwell, p.119.

3 Trygve R., Tholfsen(1967), *Historical Thinking*, New York: Harper & Row,
Publishers, p.vi.

4 김민정(2022), 〈역사적 사고: 역사적으로 사고하도록 가르치는 것은 왜 중요한가〉, 김민정
외,《역사교육의 첫걸음》, 책과함께, 79~80쪽.

5 G. R. Elton(1969), *The Practice of History*, Fontana: Collins, p.109.

6 E. H. Carr(1961), *What is History*, London. Macmillan and Co Ltd. (published in
Seoul), p.18.

7 Carr(1961), *What is History*, p.18.

8 James R. L. Noland(2010), *Imagination and Critique – Two Rivals of Historical
Inquiry*, Richmond: Springer p.2.

9 Paul Fairfield(2022), *Historical Imagination – Hermeneutics and Cultural Narrative*,
Lanham: Rowman & Littlefield., p.xviii.

10 Kieran Egan(1988), "The Origins of Imagination and the Curriculum", in Kieran
Egan and Dan Nadaner eds., *Imagination and Education*, Milton Keynes: Open
University Press, p.91.

11 Michael Degenhardt and Elaine Mckay(1988), "Imagination and Education
for Intercultural Understanding", in Egan and Nadaner eds., *Imagination and*

Education, p.242.

12 John Tosh(1984), *The Pursuit of History*, London: Longman, p.194.

13 Tosh(1984), *The Pursuit of History*, p.104.

14 Gilbert Ryle(1979), *On Thinking*, Oxford: Basil Blackwell, pp.51~52.

15 William O. Aydelotte(1963), "Notes on the Problem of Historical Generalization" in Louis Gottschalk ed., *Generalization in the Writing of History*, Chicago: The University Press, p.167.

16 정선영(2006), 〈역사교육 이론의 변천: 성과와 과제〉, 《역사교육》 97, 40~42쪽.

17 유득순(2019), 〈역사가처럼 사고하기: 역사영화 시놉시스 작성 수업의 개발과 실제〉, 《역사교육연구》 33; 최선아(2021), 〈역사적 상상력으로 접근하는 독일의 역사와 문화〉, 《독일연구》 47; 곽병현·김은석(2023), 〈신석기시대 주거생활 교육의 방향: 역사 탐구와 상상의 조화〉, 《사회과교육연구》 30(3).

18 신소연·김상기·김성자·정진경(2011), 〈역사적 사고에 관한 연구의 진전과 변화〉, 양호환 엮음, 《한국 역사교육의 연구동향》, 책과함께; 윤종필(2018), 〈역사적 사고에 대한 인식론적 고찰의 역사교육적 함의〉, 고려대학교 대학원 박사학위논문; 김민정(2022), 〈역사적 사고: 역사적으로 사고하도록 가르치는 것은 왜 중요한가〉.

19 손석영(2014), 〈'민주주의'와 '역사적 사고' 사이: 1950~70년대 역사교육 담론장의 형성과 '역사적 사고' 담론의 전개〉, 《연동하는 역사교육의 목표와 방법, 공과와 전망》, 2024년 역사교육학회·한국교육과정평가원 연합학술대회 자료집, 83~132쪽.

20 김한종(2007), 〈피아제의 인지발달론과 역사교육연구〉, 《역사수업의 원리》, 책과함께, 247~253쪽.

21 송춘영(1986), 〈역사적 사고력 신장을 위한 사료학습 방안 - 이론적 기초연구를 중심으로〉, 《이원순교수화갑기념사학논총》, 교학사, 938쪽.

22 최양호(1973), 〈문답식 중심의 수업형태가 사고에 미치는 영향에 관한 연구 - 고교 세계사 개념학습과 두 수업유형의 언어적 상호작용을 중심으로〉, 《역사교육》 15; 송춘영(1986), 〈역사적 사고력 신장을 위한 사료학습 방안 - 이론적 기초연구를 중심으로〉.

23 김한종(1991), 〈역사적 사고력의 개념과 교육적 의미〉, 《이원순교수정년기념역사학논총》, 교학사.

24 정선영(1993), 〈과학적 역사설명 논리와 역사교육에의 적용〉, 서울대학교 대학원 박사학위논문.

25 김한종(1994), 〈역사학습에서의 상상적 이해〉, 서울대학교 대학원 박사학위논문.

26 최상훈(2000), 〈역사적 사고력의 학습 및 평가방안〉, 서울대학교 대학원 박사학위논문.

27 최상훈(2000), 〈역사적 사고력의 학습 및 평가방안〉, 72쪽.

28 최상훈(2000), 〈역사적 사고력의 하위범주와 역사학습 목표의 설정방안〉, 《역사교육》 73.

29 김한종(2009), 〈역사 이해와 역사교육〉, 양호환 외, 《역사교육의 이론》, 책과함께, 159~249쪽.

30 김한종(2023), 〈역사학습을 위한 역사적 상상의 구조와 형식〉, 《역사교육》 168.

31 한경자(1997), 〈역사적 이해 신장을 위한 역사교과 내용구성 방안〉, 서울대학교 대학원 박사학위논문.

32 한경자(1997), 〈역사적 이해 신장을 위한 역사교과 내용구성 방안〉, 13쪽.

33 윤종필(2018), 〈역사적 사고에 대한 인식론적 고찰의 역사교육적 함의〉.

34 이동원(1998), 〈사회과 역사수업에서 글쓰기를 통한 역사적 감응의 신장〉, 《사회과교육》 31; 김문석(2002), 〈감정이입을 활용한 역사수업과 학생의 역사이해〉, 《사회과교육연구》 9(1); 방지원(2006), 〈감정이입적 이해에 따른 초, 중, 고등학교 역사수업 방안〉, 《학습자중심교과교육연구》 9(1); 윤정근·주웅영(2021), 〈교실 역사수업에서 감정이입 학습을 위한 제언 – 자료수집과 관점의 변화를 중심으로〉, 《역사교육논집》 76; 임지현(2021), 〈공감하고 실천하는 민주시민을 기르는 역사수업 – '정서적 감정이입(affective empathy)'을 적용한 수업방안 모색〉, 《역사교육논집》 76; 강선주(2022), 〈박물관의 감정적 전시, 방문객의 감정이입, 그리고 역사교육과 유산교육〉, 《역사교육》 161.

35 방지원(2006), 〈역사교육의 계열화 연구〉, 한국교원대학교 대학원 박사학위논문.

36 조승래(2000), 〈역사교육에서 감정이입의 문제 – 영국에서의 논의를 중심으로〉, 《역사교육》 73; 김한종(2001), 〈감정이입적 역사 이해의 원리와 학습방안〉, 《전농사론》 7; 방지원(2014), 〈역사수업 원리로서 '감정이입적 역사 이해의 재개념화 필요성과 방향의 모색〉, 《역사교육연구》 20.

37 Karl Bunnar Hammarlund(2020), "Between Historical Consciousness and Historical Thinking: Swedish History Teacher Education in the 2000s", in Christopher W. Berg and Theore M. Christou eds., *The Palgrave Handbook of History and Social Studies Education*, Cham, Switzerland: p.171.

38 Carla van Boxtel, Jannel van Drie and Herhard(2020), "Improving Teachers' Proficiency in Teaching Historical Thinking", in Berg and Christou eds., *The Palgrave Handbook of History and Social Studies Education*, p.98.

39 School Council History 13-16 Project(1976), *A New Look at History*, Edinburgh, Holmes McDougall; Dennis Shemilt(1980), *History 13-16 Evaluation Study*, Glasgow: Holmes McDougall Ltd.

40 다음 책은 주로 이러한 입장의 글들을 모아놓은 것이다. A. K. Dickinson and P. J. Lee eds.(1978), *History Teaching and Historical Understanding*, London: Heinemann; G. H. Nadel ed.(1983), "The Philosophy of History Teaching", *History and Theory*, 22(4); A. K. Dickinson, P. J. Lee and P. J. Rogers eds.(1984), *Learning History*, London: Heinemann, ; Christopher Portal ed.(1987), *The History Curriculum for Teachers*, London: The Palmer Press.

41 Jason L. Endacott and Sarah Brooks, "Historical Empathy: Perspectives and

Responding to the Past", in Scott Alan Metzger and Lauren McArthur Harris eds. (2018), *The Wiley International Handbook of History Teaching and Learning*, New York: Wiley-Blackwell, pp.203~205.

42 Lévesque and Clark(2018), "Historical Thinking: Definitions and Educational Applicatios", pp.120~121.

43 Jason L. Endacott and Sarah Brooks(2018), "Historical Empathy: Perspectives and Responding to the Past", p.235.

44 Sam Wineburg(2001), *Historical Thinking and Other Unnatural Acts – Changing the Future of Teaching the Past*, Philadelphia: Temple University Press; Stéphane Lévesque(2008), *Thinking Historically – Educating Students for the Twenty-First Century*, Toronto: University of Toronto Press.

45 National Center for History in the Schools(1996), *National Standards for History* (Basic Edition), pp.14~24.

46 진재관 외(2015), 《2015 역사과 교육과정 시안 개발 연구》, 연구보고 CRC 2015-12, 한국교육과정평가원, 13쪽.

47 2015개정 교육과정 중·고등학교 역사과목, '성격'

48 Hayden White(1973), *Meta History – The Historical Imagination in Nineteenth-Century Europe*, Baltimore: The Johns Hopkins University Press.

49 Hayden White, 천형균 옮김(1991), 《19세기 유럽의 역사적 상상력Meta History: The Historical Imagination in Nineteenth Century Europe》, 문학과지성사, 15~47쪽.

50 Fairfield(2022), *Historical Imagination – Hermeneutics and Cultural Narrative*.

51 David J. Staley(2021), *Historical Imagination*, London: Routledge.

52 David J. Staley(2007), *History and Future: Using Historical Thinking to Imagine the Future*, Langham: Rowman & Littlefield Publishers, Inc..

53 Ronald Vaughan Morris(2012), *History and Imagination – Reenactment for Elementary Social Studies*, Langham: Rowman & Little Education.

54 O. L. Davis Jr., Elizabeth A. Yeager and Stuart J. Foster eds.(2001), *Historical Empathy and Perspective Taking in the Social Studies*, Lanham: Rowman & Littlefield Publishers, Inc..

55 Stuart Foster(2001), "Historical Empathy in Theory and Practice: Some Final Thoughts", in Davis Jr., Yeager and Foster eds. *Historical Empathy and Perspective Taking in the Social Studies*, Langham: Rowman & Littlefield Publishers, Inc., p.169.

56 Tyson Retz(2018), *Empathy and History – Historical Understanding in Re-Enactment, Hermeneutics and Education*, New York: Berghahn.

1장 역사 이해와 역사적 상상

1 사고(思考, thinking), 〈두산백과 두피디아〉, 네이버 지식백과(https://terms.naver.com), 2024년 1월 20일 검색.

2 Charotte Crabtree(1967), "Supporting Reflective Thinking in the Classroom", in Jean Fair and F. R. Shaftel eds, *Effective Thinking in the Social Studies*, Washington: NCSS, pp.107~108.

3 John Dewey(1933), *How We Think*, Boston: Heath and Company, pp.17~19.

4 Dewey(1933), *How We Think*, Boston: Heath and Company, p.12.

5 Dewey(1933), *How We Think*, Boston: Heath and Company, pp.28~29.

6 Dewey(1933), *How We Think*, Boston: Heath and Company, pp.30~32.

7 J. E. McPeck, 박영환·김공하 옮김(1989), 《비판적 사고와 교육*Critical Thinking and Education*》, 배영사, 14쪽.

8 김한종(2010), 〈역사교육 개념어의 용례 검토〉, 《역사교육》 113, 14~20쪽.

9 Trygve R. Tholfsen(1967), *Historical Thinking*, p.6.

10 Tholfsen(1967), *Historical Thinking*, p.6.

11 Tholfsen(1967), *Historical Thinking*, p.249.

12 Tholfsen(1967), *Historical Thinking*, p.13.

13 Sam Wineburg(2001), *Historical Thinking and Other Unnatural Acts*, p.90.

14 Wineburg(2001), *Historical Thinking and Other Unnatural Acts*, p.7.

15 Wineburg(2001), *Historical Thinking and Other Unnatural Acts*, pp.6~7.

16 Wineburg(2001), *Historical Thinking and Other Unnatural Acts*, p.5.

17 양호환(2000), 〈역사학습의 인식론적 모색〉, 《역사교육》 75, p.11.

18 양호환(2003), 〈역사적 사고의 한계와 역사화의 가능성〉, 《역사교육》 87.

19 Wineburg(2001), "On the Reading of Historical Texts: Notes of the Breach Between School and Academy", *Historical Thinking and Other Unnatural Acts*, pp.63~68.

20 Peter Seixas and Tom Morton(2013), *The Big Six Historical Thinking Concepts*, Toronto: Nelson Education, pp.2~3.

21 Seixas and Morton(2013), *The Big Six Historical Thinking Concepts*, pp.10~11.

22 James Goulding(2019), "Using Websites to Develop Historical Thinking", in Tim Allender, Anna Clark and Robert Parkes eds., *Historical Thinking for History Teachers – A New Approach to Engaging Students and Developing Historical Thinking*, Sydney: Allen & Unwin, p.234.

23 The Historical Thinking – Historical Thinking Concept Templates, (https://historicalthinking.ca/historical-thinking-concept-templates). 2024년 2월 12일 검색. 홈페이지에서는 6가지 역사적 사고개념 각각의 템플릿이 표의 형식으로 제시되어 있다.

역사적 사고개념을 어떻게 가르칠 것인지를 논하는 것이 이 책의 목적이 아니므로, 각각의 템플릿에 대한 구체적 소개는 생략한다.

24 Stéphane Lévesque(2009), *Thinking Historically – Educating Students for the Twenty-First Century*, Toronto: University of Toronto University Press, pp.35~38.

25 W. H. Burston(1972), *Principle of History Teaching* (2nd edn.), London: Methuen Educational Ltd., pp.7~8.

26 Michael Honeybone(1971, Nov), "The Development of Formal Historical Thought in Schoolchildren", *Teaching History*, 2(6), p.147.

27 D. G. Watts(1972), *The Learning of History*, London & Boston: Routledge & Kegan Paul, p.40.

28 P. J. Lee(1983), "History Teaching and Philosophy of History", *History and Theory*, 22(4), p.38.

29 Watts(1972), *The Learning of History*, p.38

30 J. S. Bruner, 이홍우 옮김(1973), 《교육의 과정》, 배영사, 140~162쪽 참조.

31 R. G. Collingwood, 김봉호 옮김(2017), 《서양사학사The Idea of History》(개정판), 탐구당, 328~329쪽.

32 Watts(1972), *The Learning of History*, p.20.

33 Dewey(1933), *How We Think, Boston: Heath and Company*, p.132.

34 P. B. Gove ed. in chief(1981), *Webster's Third International Dictionary*, Springfield, Massachusetts: Merrian-Webster, Inc., p.2490.

35 Gilbert Ryle(1949), *The Concept of Mind*, N.Y.: Barns & Noble, Inc., p.54.

36 R. F. Atkinson(1978), *Knowledge and Explanation in History*, p.63.

37 Ernest Nagel(1961), *The Structure of Science: Problems in the Logic of Science Explanation*, New York: Harcourt, Brace & World, Inc., p.484.

38 Josef Bleicher, 이한우 옮김(1987), 《해석학적 상상력Hermeneutic Imagination》, 문예출판사, 70쪽.

39 Tholfsen(1967), *Historical Thinking*, p.201.

40 신호재(2018), 《정신과학의 철학》, 이학사, 15쪽.

41 Tosh(1984), *The Pursuit of History*, p.110.

42 E. Coreth, 신귀현 옮김(1985), 《해석학Grundfragen der Hermeneutik》, 종로서적, 55쪽.

43 G. H. von Wright(1971), *Explanation and Understanding*, Itacha, N.Y.: Cornell University Press, p.6.

44 전재원(2015), 〈실천적 추론의 연역논리적 함의〉, 《철학논총》 79(1), 263쪽.

45 von Wright(1971), *Explanation and Understanding*, p.107.

46 von Wright(1971), *Explanation and Understanding*, p.37.

47 P. J. Lee(1978), "Explanation and Understanding in History", in Dickinson and Lee eds., *History Teaching and Historical Understanding*, pp.76~78.

48 Lee(1978), "Explanation and Understanding in History", pp.76~78.

49 Rex Martin(1977), *Historical Explanation: Re-enactment and Practical Inference*, Itacha: Cornell University Press, p.89.

50 Martin(1977), *Historical Explanation: Re-enactment and Practical Inference*, pp.88~89.

51 Gordon Leff(1969), *History and the Social Theory*, London: Merlin Press, p.25.

52 von Wright(1971), *Explanation and Understanding*, p.172.

53 Coreth, 신귀현 옮김(1985), 《해석학》, 25쪽.

54 이상신(1993), 《개정 서양사학사》, 신서원, 526~527쪽.

55 정항희(1990), 《서양 역사철학 사상론》, 428~429쪽.

56 이상신(1993), 《개정 서양사학사》, 524~525쪽

57 Johann Droysen(1970), "Art and Method", in Fritz Stern ed., *The Varieties of History: from Voltaire to the Present*, London: Macmillan and Co Ltd., pp.139~140.

58 H. P. Rickman(1976), "Introduction", in *Dilthey: Selected Writings*, Cambridge: Cambridge University Press, p.6.

59 Theodore Plantinga(1980), *Historical Understanding in the Thought of Wilhelm Dilthey*, Toronto: University of Toronto Press, p.29.

60 Wilhelm Dilthey(1927), *Der Aufbau der geschichtlichen Welt in den Geisteswissen-schaften*, hrsg. von Bernhard Groethuysen(*Gesammelte Schriften*, Bd.7, 1958), p.83. 이하 이 책은 'Gesammelte Schriften, Bd.7'로 표기한다.

61 Bleicher, 이한우 옮김(1987), 《해석학적 상상력》, 102쪽.

62 Dilthey(1958), *Gesammelte Schriften*, Bd.7, p.87.

63 Dilthey(1958), *Gesammelte Schriften*, Bd.7, p.196.

64 Wilhelm Dilthey, 이한우 옮김(2002), 《체험·표현·이해Erleben, Ausdruck und Verstehen》, 책세상, 22쪽. 이 책은 *Gesammelte Schriften*, Bd.7의 1장 'Erleben, Ausdrick und Verstehen'을 번역한 것이다. 이 책에서는 원서를 이용하되, 번역본도 참고한다.

65 Dilthey, 이한우 옮김(2002), 《체험·표현·이해》, 21쪽.

66 Dilthey, 이한우 옮김(2002), 《체험·표현·이해》, 40~42쪽.

67 이한구(1986), 〈딜타이의 이해의 분석〉, 272~273쪽.

68 Dilthey(1958), *Gesammelte Schriften*, Bd.7, p.147.

69 Dilthey(1958), *Gesammelte Schriften*, Bd.7, p.145.

70 이한구(1986), 〈딜타이의 이해의 분석〉, 276~277쪽.

71 Dilthey(1958), *Gesammelte Schriften*, Bd.7, p.191.

72 Bleicher, 이한우 옮김(1987), 《해석학적 상상력》, 98~99쪽.

73 Dilthey(1958), *Gesammelte Schriften*, Bd.7, p.208.

74 Dilthey(1958), *Gesammelte Schriften*, Bd.7, p.141.

75 Dilthey(1958), *Gesammelte Schriften*, Bd.7, p.161.

76 Dilthey(1958), *Gesammelte Schriften*, Bd.7, p.243.

77 Plantinga(1980), *Historical Understanding in the Thought of Wilhelm Dilthey*, p.47.

78 Wilhelm Dilthey(1914), *Einleitung in die Geisteswissenschaften. Versuch einer Grundlegung für das Studium der Gesellschaft und der Geschichte. Erster Band, hrsg. von Bernhard Groethuysen* (*Gesammelte Schriften*, Bd.1, 1958), p.254. 이하 이 책은 'Gesammelte Schriften, Bd.1'로 표기한다.

79 Plantinga(1980), *Historical Understanding in the Thought of Wilhelm Dilthey*, pp.95~97.

80 Dilthey(1958), *Gesammelte Schriften*, Bd.7, p.215.

81 Plantinga(1980), *Historical Understanding in the Thought of Wilhelm Dilthey*, p.129.

82 Dilthey(1958), *Gesammelte Schriften*, Bd.7, p.282.

83 Dilthey(1958), *Gesammelte Schriften*, Bd.7, p.55.

84 Plantinga(1980), *Historical Understanding in the Thought of Wilhelm Dilthey*, p.109.

85 Dilthey(1958), *Gesammelte Schriften*, Bd.1, p.40.

86 Dilthey(1958), *Gesammelte Schriften*, Bd.1, p.135.

87 Dilthey(1958), *Gesammelte Schriften*, Bd.1, p.91.

88 Dilthey(1958), *Gesammelte Schriften*, Bd.1, p.27.

89 R. G. Collingwood(1961), *The Idea of History*, Oxford: Oxford University Press, pp.233~234.

90 김현식(2000), 〈콜링우드와 오크쇼트의 구성적 역사: 유사성과 상이성〉, 《한성사학》 12, 74쪽.

91 R. G. Collingwood, 김봉호 옮김(2017), 《서양사학사The Idea of History》(개정판), 탐구당, 376~378쪽.

92 Vivienne Little(1983), "What is Historical Imagination", *Teaching History*, 36, p.27.

93 차하순(1998), 《새로 고쳐 쓴 역사의 본질과 인식》, 학연사, 21~22쪽.

94 William Debbins(1965), "Introduction", in William Debbins ed., R. G. Collingwood, *Essays in the Philosophy of History*, N.Y.: McGraw-Hill Book Company, pp.xxii-xxiv.

95 Collingwood(1961), *The Idea of History*, p.172.

96 Collingwood(1961), *The Idea of History*, pp.172~173.

97 Collingwood(1961), *The Idea of History*, pp.29~30.

98 R. G. Collingwood(1939), *Autobiography*, Oxford: Oxford University Press, pp.122~130.

99 Paul Q. Hirst(1985), "Collingwood, Relativism and Purpose of History", in *Marxism and Historical Writing*, London: Routledge & Kegan Paul, p.55.

100 Collingwood(1961), *The Idea of History*, p.247.

101 Collingwood(1939), *Autobiography*, p.37.

102 Collingwood(1939), *Autobiography*, p.109.

103 Collingwood(1965), "Nature and Aims of a Philosophy of History", *Essays in the Philosophy of History*, p.52.

104 Collingwood(1965), "The Philosophy of History", *Essays in the Philosophy of History*, p.137.

105 Collingwood(1961), *The Idea of History*, p.215.

106 Collingwood(1939), *Autobiography*, p.110.

107 William Dray(1964), *Philosophy of History*, Englewood Cliffs, N.J.: Prentice Hall, Inc., pp.11~12.

108 Debbins ed.(1965), *Essays in the Philosophy of History*, p.xvi.

109 Collingwood(1961), *The Idea of History*, p.247.

110 Debbins ed.(1965), *Essays in the Philosophy of History*, pp.xviii-xiv.

111 Collingwood(1961), *The Idea of History*, p.245.

112 Collingwood(1961), *The Idea of History*, pp.241~242.

113 Collingwood(1961), *The Idea of History*, p.215.

114 Collingwood(1961), *The Idea of History*, p.283.

115 Collingwood(1939), *Autobiography*, p.58.

116 Collingwood(1961), *The Idea of History*, p.219.

117 Collingwood(1939), *Autobiography*, p.114.

118 Collingwood(1961), *The Idea of History*, p.175.

119 역사 서술에 과학적 설명 논리를 적용하는 것이 적절한지에 대한 견해 차이는 헴펠과 드레이의 논쟁으로 이어졌다. 헴펠-드레이 논쟁에 대해서는 정선영(1993), 〈과학적 역사설명 논리와 역사교육에의 적용〉, 11~57쪽 참조.

120 Dray(1964), *Philosophy of History*, p.3.

121 William Dray(1963), "Historical Explanation of Action Reconsidered", in Sidney Hook ed., *Philosophy of History: A Symposium*, New York: New York University Press, pp.132~133.

122 Dray(1964), *Philosophy of History*, p.4.

123 Dray(1964), *Philosophy of History*, p.5.

124 신일철(1969), 〈역사적 이해의 기준문제〉,《고려대학교논문집: 인문사회과학》15, 95쪽.

125 Dray(1963), "Historical Explanation of Action Reconsidered", p.111.

126 William Dray(1957), *Laws and Explanation in History*, Oxford: Clarendon Press, p.119.

127 Dray(1957), *Laws and Explanation in History*, pp.119~120에서 재인용.

128 Dray(1957), *Laws and Explanation in History*, p.123.

129 Dray(1963), "Historical Explanation of Action Reconsidered", p.108.

130 Dray(1957), *Laws and Explanation in History*, p.124.

131 Dray(1957), *Laws and Explanation in History*, p.129.

132 Dray(1957), *Laws and Explanation in History*, p.132.

133 박승억(2011), 〈상상적 구성물로서의 역사: 콜링우드적 상상과 추론의 변증법〉,《중앙사론》 54, 68쪽.

134 Dan Nadaner(1988), "Visual Imagery, Imagination, and the Education", in Egan and Nadander eds., *Imagination and Education*, p.198.

135 김희봉(2013), 〈후설의 상상(Phantasie) 개념의 특성과 의미〉,《철학과 현상학 연구》56, 70쪽.

136 Staley(2021), *Historical Imagination*, pp.2~10.

137 박승억(2011), 〈상상적 구성물로서의 역사: 콜링우드적 상상과 추론의 변증법〉, 70쪽.

138 Mary Warnock(1976), *Imagination*, London: Farber and Farber, p.197.

139 Warnock(1976), *Imagination*, pp.200~201.

140 Dewey(1933), *How We Think, Boston: Heath and Company*, p.214.

141 Louis E. Rath, et.al.(1986), *Teaching for Thinking* (2nd edn.), New York: Teacher's College, Columbia University, p.14.

142 Warnock(1976), *Imagination*, p.196.

143 Warnock(1976), *Imagination*, p.202.

144 E. J. Furlong(1961), *Imagination*, London: Allen & Allen Unwin Ltd.

145 Furlong(1961), *Imagination*, p.31.

146 Furlong(1961), *Imagination*, 1961, p.28.

147 P. J. Lee(1984), "Historical Imagination", in Dickinson, Lee and Rogers eds., *Learning History*, p.97.

148 Furlong(1961), *Imagination*, 1961, pp.82~84.

149 Little(1983), "What is Historical Imagination", p.27.

150 Martin Lücke and Irmgard Zündorf, 정용숙 옮김(2020),《공공역사란 무엇인가 Einfuhrung in die Public History》, 푸른역사, 57쪽.

151 Paul Fairfield(2022), *Historical Imagination - Hermeneutics and Cultural*

Narrative, p.3.

152 Staley(2021), *Historical Imagination*, pp.1~12.

153 Staley(2021), *Historical Imagination*, pp.10~11.

154 Marnie Hughes-Warrington(2003), *How Good and Historian Shall I Be?*, Exeter: Imprint Academic, pp.117~118.

155 김한종(2023), 〈내러티브적 역사 이해를 위한 역사적 상상〉, 12~13쪽.

156 Furlong(1961), *Imagination*, pp.31~32.

157 Furlong(1961), *Imagination*, pp.31~32.

158 Furlong(1961), *Imagination*, p.32.

159 Paul Fairfield(2022), *Historical Imagination – Hermeneutics and Cultural Narrative*, pp.xvii-xiii.

160 Matthew Parfitt(2001), "Critical Thinking and the Historical Imagination", *Paper presented at the Annual Meeting of the Conference on College Composition and Communication* 52nd, Denver, CO, March 14-17. ED 451 518, p.1.

161 Charles Wright Mills, 강희경·이해찬 옮김(2004), 《사회학적 상상력The Sociological Imagination》, 돌베개, 18~19쪽.

162 Mills, 강희경·이해찬 옮김(2004), 《사회학적 상상력》, 203~205쪽.

163 Anthony Giddens, 김미숙 외 옮김(1998), 《현대사회학Sociology》, 을유문화사, 26~28쪽.

164 Parfitt(2001), "Critical Thinking and the Historical Imagination", p.7.

165 차하순(1998), 《새로 고쳐 쓴 역사의 본질과 인식》, 44쪽.

166 Harvey J. Kaye, 오인영 옮김(2004), 《과거의 힘: 역사의식, 기억과 상상력The Powers of the Past: Reflections on the Crisis and the Promise of History》, 삼인, 227쪽.

167 Lee(1983), "History Teaching and Philosophy of History", p.38.

168 Lee(1978), "Explanation and Understanding in History", pp.80~81.

169 Lee(1983), "History Teaching and Philosophy of History", p.38.

170 Lee(1984), "Historical Imagination", pp.96~97.

171 Furlong(1961), *Imagination*, pp.82~84.

172 Michael Stanford(1986), *The Nature of Historical Knowledge*, Oxford: Basil Blackwell, pp.81~82.

173 Collingwood(1938), *The Principle of Art*, Oxford: The Clarendon Press, p.173.

174 길현모(1977), 〈크로체의 역사이론〉, 노명식·길현모 엮음, 《서양사학사론》, 법문사, 315쪽.

175 Benedetto Croce, 이상신 옮김(1978), 《역사의 이론과 역사Zur Theorie und Geschichte der Historiographie》, 삼영사, 36쪽.

176 길현모(1977), 〈크로체의 역사이론〉, 341~342쪽.

177 Patrick Gardiner(1952), *The Nature of Historical Explanation*, Oxford: Oxford

University Press, p.132.

178 Maurice Mandelbaum(1977), *The Anatomy of Historical Knowledge*, Baltimore：
The Johns Hopkins University Press, p.6.

179 Dilthey(1958), *Gesammelte Schriften*, Bd.7, 211.

180 Coreth, 신귀현 옮김(1985), 《해석학》, 144쪽.

181 Little(1983), "What is Historical Imagination", p.27.

182 Collingwood(1961), *The Idea of History*, pp.215~216.

183 Collingwood(1961), *The Idea of History*, p.246.

184 Maxine Greene(1988), "What Happened to Imagine", in Egan and Nadaner eds.,
Imagination and Education, p.49.

185 Willem A. deVries(1983), "Meaning and Interpretation in History", *History and
Theory*, 22(3), pp.258~259.

186 Michael Degenhardt and Elaine McKay(1988), "Imagination and Education for
Intercultural Understanding", in Kieran Egan and Dan Nadaner eds., *Imagination
and Edation*, Milton Keynes: Open University Press, p.244.

187 David Stockley(1983), "Empathetic Reconstruction in History and History
Teaching", *History and Theory*, 22(4), p.58.

188 Louis Gottschalk(1951), *Understanding History* (2nd edn.), New York: Alfred A.
Knopf, pp.28~29.

189 Degenhardt and Mckay(1988), "Imagination and Education for Intercultural
Understanding", p.244.

190 Lee(1984), "Historical Imagination", p.94.

191 Leff(1969), *History and the Social Theory*, p.27.

192 Lee(1983), "History Teaching and Philosophy of History", p.42.

193 Gottschalk(1951), *Understanding History* (2nd edn.), pp.49~50.

194 Leff(1969), *History and the Social Theory*, pp.26~27.

195 Wolfgan von Leyden(1984), "Categories of Historical Understanding", *History and
Theory*, 23(1), p.59.

196 이 책 2장 2절 2) 참조.

197 Coreth, 신귀현 옮김(1985), 《해석학》, 65쪽.

198 von Leyden(1984), "Categories of Historical Understanding", p.58.

199 Stockley(1983), "Empathetic Reconstruction in History and History Teaching", p.55.

200 Collingwood(1965), "The Philosophy of History", p.128.

201 Collingwood(1939), *Autobiography*, pp.114~115.

202 Theodor Schieder, 임채원·김상태 옮김(1987), 《역사학입문Geschichte als Wissenschaft：

eine Einführung》, 새문사, p.116.

203 Tosh(1984), *The Pursuit of History* p.23.

2장 역사적 상상의 범주

1 D. Shemilt(1984), "Beauty and Philosopher: Empathy in History and Classroom", in Dickinson, Lee and Rogers eds., *Learning History*, p.39.

2 신호재(2018),《정신과학의 철학》, 378~380쪽.

3 신호재(2018),《정신과학의 철학》, 381~382쪽.

4 Gwynn Nettler(1970), *Explanation*, New York: McGraw-Hill Company, p.34.

5 Nettler(1970), *Explanation*, p.37.

6 Philip P. Wiener ed. in chief(1978), *Dictionary of the History of Idea*, Vol II, N.Y.: Charles Scribners Sons, p.85.

7 K. E. Gilbert and Helmut Kuhn(1972), *A History of Esthetics*, New York: Dover Publications, Inc., pp.537~539.

8 이민호(1983), 〈역사학과 역사교육〉,《역사교육》34, 7쪽.

9 Shemilt(1984), "Beauty and Philosopher: Empathy in History and Classroom", p.40.

10 Coreth, 신귀현 옮김(1985),《해석학》, 129~130쪽.

11 Coreth, 신귀현 옮김(1985),《해석학》, 133~134쪽.

12 Kathryn P. Scott(1991), "Achieving Social Studies Affective Aims: Values, Empathy and Moral Development", in James P. Shaver ed., *Handbook of Research on Social Studies Teaching and Learning*, New York: Macmillan Publishing Company, p.359. 이 밖에 감정이입의 전달적(communicative) 요소도 관심을 끌고 있다. 전달적 요소란 카운슬러와 내담자 사이의 정신요법 과정과 같이 감정이입적 이해를 전달하려는 것이다.

13 Lee(1983), "History Teaching and Philosophy of History", p.35.

14 이민호(1983), 〈역사학과 역사교육〉, 7~8쪽에서 재인용.

15 Wiener ed. in chief(1978), *Dictionary of the History of Idea*, Vol II, pp.85~87.

16 Nettler(1970), *Explanation*, p.34.

17 Nettler(1970), *Explanation*, p.37.

18 Nettler(1970), *Explanation*, p.40.

19 Gilbert Ryle, 이한우 옮김(1994),《마음의 개념》, 문예출판사, 335~336쪽.

20 Ryle, 이한우 옮김(1994),《마음의 개념》, 337~338쪽.

21 Lee(1984), "Historical Imagination", p.101.

22 Gottschalk(1951), *Understanding History* (2nd edn.), pp.136~137.

23 Shemilt(1984), "Beauty and Philosophers: Empathy in History and Classroom", pp.47~48.

24 Wiener ed. in chief(1978), *Dictionary of the History of Idea*, Vol II, p.87.

25 Tholfsen(1967), *Historical Thinking*, p.137.

26 Leff(1969), *History and the Social Theory*, p.116.

27 P. J. Rogers(1978), *The New History: Theory into Practice*, Teaching of History 44, London: Historical Association, pp.12~13.

28 Leff(1969), *History and the Social Theory*, pp.116~117.

29 Stockley(1983), "Empathetic Reconstruction in History and History Teaching", p.53.

30 Lee(1983), "History Teaching and Philosophy of History", p.35.

31 Lee(1983), "History Teaching and Philosophy of History", pp.35~37.

32 Lee(1983), "History Teaching and Philosophy of History", p.40.

33 Lee(1984), "Historical Imagination", p.101.

34 Asalyn Ashby and Peter Lee(1987), "Children's Concepts of Empathy and Understanding in History", in Christopher Portal ed., *The History Curriculum for Teachers*, London: The Palmer Press, p.63.

35 Little(1983), "What is Historical Imagination", pp.30~31.

36 Little(1983), "What is Historical Imagination", p.30.

37 Stockley(1983), "Empathetic Reconstruction in History and History Teaching", p.62.

38 Lee(1983), "History Teaching and Philosophy of History", p.39.

39 Southern Regional Examinations Board(1986), *Empathy in History: from Definition to Assessment*, Eastleigh: SREB, p.10.

40 Stockley(1983), "Empathetic Reconstruction in History and History Teaching", pp.53~54.

41 Lee(1983), "History Teaching and Philosophy of History", pp.39~40.

42 Louis Mink(1966), "The Autonomy of Historical Understanding", *History and Theory*, 5(1), p.42.

43 O. L. Davis, Jr.(2001), "In Pursuit of Historical Empathy", Davis Jr., Yeager and Foster eds., *Historical Empathy and Perspective Taking in the Social Studies*, p.3; P. Seixas, L. Gibson and K. Ercikan(2015), "Design Process for Assessing Historical Thinking", in K. Ercikan, & P. Seixas eds., *New Directions in Assessing Historical Thinking*, New York: Routledge, pp.102~116. *Historical Empathy and Perspective Taking in the Social Studies*에 실린 글들은 책의 제목에서도 알 수 있듯이 전체적으로 이런 입장에 서 있다.

44 Peter Seixas and Tom Morton(2013), *The Big Six Historical Thinking Concepts*, p.139.

45 J. Rantala, M. Manninen and Marko van den Berg(2015), "Stepping into Other People's Shoes Proves to be a Difficult Task for High School Students: Assessing

Historical Empathy through Simulation Exercise", *Journal of Curriculum Studies*, 48(3), p.1.

Keith C. Barton and Linda S. Levstik(2004), *Teaching History for the Common Good*, Mahwah, NJ: Lawrence Erlbaum Associates, Publishers, pp.206~227. 한국어판에서는 perspective taking을 '관점 취하기', perspective cognition을 '관점 이해하기'라고 번역했다(김진아 옮김(2017),《역사는 왜 가르쳐야 하는가》, 역사비평사, 398~427쪽).

47 Barton and Levstik, 김진아 옮김(2017),《역사는 왜 가르쳐야 하는가》, 33쪽.

48 Mink(1966), "Autonomy of Historical Understanding", p.36.

49 Little(1983), "What is Historical Imagination", p.30.

50 Barton and Levstik(2004), *Teaching History for the Common Good*, pp.206~221; Barton and Levstik, 김진아 옮김(2017),《역사는 왜 가르쳐야 하는가》, 369~391쪽.

51 Barton and Levstik(2004), *Teaching History for the Common Good*, pp.228~240; Barton and Levstik, 김진아 옮김(2017),《역사는 왜 가르쳐야 하는가》, 401~425쪽.

52 Endacott and Brooks(2018), "Historical Empathy and Responding to the Past", p.208.

53 방지원(2014),〈역사수업 원리로서 '감정이입적 역사 이해'의 재개념화 필요성과 방향의 모색〉,《역사교육연구》20, 30~34쪽.

54 Endacott and Brooks(2018), "Historical Empathy and Responding to the Past", p.43.

55 Sara Karn(2023), "Historical Empathy: A Cognitive-Affective Theory for History Education in Canada", *Canadian Journal of Education*, 46(1).

56 Keith Jenkins, 최용찬 옮김(1999),《누구를 위한 역사인가Rethinking History》, 혜안, 104~121쪽.

57 Mink(1966), "The Autonomy of Historical Understanding", p.37.

58 Mink(1966), "The Autonomy of Historical Understanding", p.42.

59 Stanford(1986), *The Nature of Historical Knowledge*, p.7.

60 Irving Morrisett(1966), "The New Social Science Curricula", in Irving Morrisett ed., *Concepts and Structure in the New Social Science Curricula*, West, Lafayette: Social Science Education Consortium, Inc., p.4.

61 Stanford(1986), *The Nature of Historical Knowledge*, pp.7~15.

62 박재문(1998),《지식의 구조와 구조주의》, 교육과학사, 101~102쪽.

63 Stanford(1986), *The Nature of Historical Knowledge*, p.11.

64 Stanford(1986), *The Nature of Historical Knowledge*, p.8.

65 정재정(1986),〈조선후기 실학연구의 동향과〈국사〉교과서 서술의 변천〉,《역사교육》39; 김현영(1987),〈'실학' 연구의 반성과 전망〉,《한국중세사회 해체기의 제문제(上)》, 한울아카데미; 정호훈(2019),〈조선후기 실학 연구의 추이와 성과-해방 후 한국에서의 실학 연구, 방법과 문제의식〉,《한국사연구》18 참조.

66 Stanford(1986), *The Nature of Historical Knowledge*, pp.23~24.

67 Debbins(1965), "Introduction", pp.xxi~xxii.

68 Tosh(1984), *The Pursuit of History*, p.116.

69 Stanford(1986), *The Nature of Historical Knowledge*, p.6.

70 이광주(1987), 〈〈정념〉으로서의 역사〉, 《정념으로서의 역사》, 문학과지성사, 16쪽.

71 조한욱(2014), 〈비코와 역사적 재구성〉, 《청람사학》 23, 164~165쪽.

72 Gottschalk(1951), *Understanding History* (2nd edn.), p.48.

73 H. R. Trevor-Roper(1980), *History and Imagination*, Oxford: Oxford University Press, pp.15~16.

74 Elton(1969), *The Practice of History*, p.122.

75 차하순(1988), 《역사의 본질과 인식》, 학연사, 160쪽.

76 이상철(1987), 《역사철학연구》, 종로서적, 137~138쪽.

77 Collingwood(1961), *The Idea of History*, pp.240~241.

78 R. G. Collingwood(1938), *The Principle of Art*, p.136.

79 Collingwood(1961), *The Idea of History*, p.240.

80 Collingwood, 김봉호 옮김(2017), 《서양사학사》(개정판), 322쪽.

81 Little(1983), "What is Historical Imagination", p.28.

82 Collingwood(1961), *The Idea of History*, p.240.

83 Little(1983), "What is Historical Imagination", p.28.

84 Elton(1969), *The Practice of History*, pp.111~112.

85 M. I. Finley(1963), "Generalizations in Ancient History", in Louis Gottschalk ed., *Generalization in the Writing of History*, Chicago: The University of Chicago Press, p.30.

86 Louis Gottschalk(1963), "Categories of Historiographical Generalization" in Gottschalk ed., *Generalization in the Writing of History*, p.118.

87 Dennis Gunning(1978), *The Teaching of History*, London: Croom Helm, p.82.

88 Lynn S. Lemisco, "The Historical Imagination: Collingwood in the Classroom", *Canadian Social Studies*, 38(2), 2004, p.6.

89 Little(1983), "What is Historical Imagination", p.29.

90 Lee(1983), "History Teaching and Philosophy of History", p.38.

91 《고려사》 권2, 세가2, 태조 25년 10월.

92 윤남한(1983), 〈유학의 성격〉, 《한국사6(고려): 고려 귀족사회의 문화》, 국사편찬위원회, 226쪽.

93 E. A. Peel(1971), *The Nature of Adolescent Judgment*, New York: Wiley-Interscience A Division of John Wiley & Sons, Inc., p.18.

94　Peel(1971), *The Nature of Adolescent Judgement*, p.19.

95　Christian Helmut Wenzel, 박배형 옮김(2012),《칸트미학: 주요 개념과 문제들An Introduction to Kant's Aeshetics: Core Concepts and Problems》, 그린비, 317쪽.

96　백종현(2009),《〈판단력비판〉해제》, Immanuel Kant, 백종현 옮김,《판단력비판Kritik der Urteilskraft》, 아카넷, 23~24쪽.

97　Hans-Georg Gadamer, 이길우·이선관·임호일·한동원 옮김(2000),《진리와 방법Wahrheit und Methode 1》, 문학동네, 77쪽.

98　이병련(2016),〈독일 역사수업에서의 다원적 관점〉,《독일연구》32, 82~83쪽.

99　Hanna Arent, 서유경 옮김(2005),《과거와 미래 사이 - 정치사상에 관한 여덟 가지 철학 연습Between Past and Future - Eight Exercises in Political Thought》, 푸른숲, 296~297쪽.

100　Arent, 서유경 옮김(2005),《과거와 미래 사이 - 정치사상에 관한 여덟 가지 철학 연습》, 299~300쪽.

101　Jonathan Gorman(2017), *Historical Judgment – The Limits if Historiographical Choice*, London: Routledge.

102　Gorman(2017), *Historical Judgment*, p.190.

103　Gorman(2017), *Historical Judgment*, p.94

104　Hans-Georg Gadamer, 임홍배 옮김(2012),《진리와 방법Wahrheit und Methode 2》, 문학동네, 285쪽.

105　최상훈(2000),〈역사적 사고력의 학습 및 평가방안〉, 72쪽.

106　최상훈(2000),〈역사적 사고력의 학습 및 평가방안〉, 93쪽.

107　김진아(2016),〈학생들은 중요한 역사를 어떻게 판단할까: 내러티브 템플릿의 사용이 학생들의 역사 이해에 미치는 영향〉,《역사교육》139; 김진아(2017),〈학생들이 세계사에서 '중요한 역사'를 판단하는 기준〉,《역사교육》143.

108　W. H. Nicholls(1980), "Children's Thinking in History: Watts Model and its Appropriateness" in Jon Nichol ed., *Developments in History Teaching: Perspective 4*, Exeter: School of Education, University of Exeter, p.20.

109　Nicholls(1980), "Children's Thinking in History: Watts Model and its Appropriateness", p.21.

110　Watts(1972), *The Learning of History*, p.20.

111　Watts(1972), *The Learning of History*, p.39.

112　임희완(1994),《역사학의 이해》, 건국대학교출판부, 90~91쪽.

113　김한종(2023),〈내러티브적 역사 이해를 위한 역사적 상상〉,《역사교육논집》82, 19~25쪽.

114　한미옥(2003),〈백제 건국신화로서 비류설화〉,《우리말글》27; 이도학(2010),〈백제 시조 온조설화에 대한 검증〉,《한국사상사학》36.

115　이용수(2010),〈고등학교 국사 교과의 영화활용 수업사례〉,《교육연구》47, 성신여자대

학교 교육문제연구소; 차경호·송치중(2021), 《황산벌》로 보는 삼국통일 전쟁, 《영화와 함께 하는 한국사》, 해냄에듀, 20~35쪽.

116 노광우·최지희(2012), 〈역사 코미디 영화로서의 황산벌과 평양성〉, 《영화연구》 51, 101~113쪽.

117 Stanford(1986), *The Nature of Historical Knowledge*, p.74.

118 W. H. Walsh(1967), "Colligatory Concepts in History", in W. H. Burston and D. Thompson eds., *Studies in the Nature and Teaching of History*, London: Routledge & Kegan Ltd., pp.80~81.

119 Barbara W. Tuchman(1981), *Practicing History: Selected Essays*, New York: Alfred A. Knopf, p.46.

120 Elton(1969), *The Practice of History*, p.114.

121 Elton(1969), *The Practice of History*, p.124.

122 Elton(1969), *The Practice of History*, p.115.

123 Stanford(1986), *The Nature of Historical Knowledge*, p.73.

124 Tosh(1984), *The Pursuit of History*, pp.105~106.

125 Tosh(1984), *The Pursuit of History*, p.95.

126 Atkinson(1978), *Knowledge and Explanation in History*, p.65.

127 Collingwood(1961), *The Idea of History*, p.241.

128 Collingwood(1961), *The Idea of History*, p.236.

129 Collingwood(1938), *The Principle of Art*, p.275.

130 Tuchman(1981), *Practicing History*, p.48.

131 Ryle(1979), *On Thinking*, p.53.

132 Ryle(1979), *On Thinking*, p.54.

133 김한종(2013), 〈사료내용의 전달 방식에 따른 고등학생의 역사 이해〉, 《역사교육》 125.

3장 역사 내러티브와 역사적 상상

1 '내러티브', 〈국어사전〉, 네이버 사전(ko.dict.naver.com), 2024년 2월 1일 검색.

2 J. S. Bruner(1985), "Narrative and Paradigmatic Modes of Thought", in Elliot Eisner ed., *Learning and Teaching the Ways of Knowing*, Chicago: The University of Chicago Press, pp.97~115.

3 Sigrun Gudmundsdottir(1995), "The Narrative Nature of Pedagogical Content Knowledge", in Hunter McEwan and Kieran Egan Eds., *Narrative in Teaching, Learning, and Research*, New York: Teachers College, Columbia University, p.25

4 Lücke and Zündorf, 정용숙 옮김(2020), 《공공역사란 무엇인가》, 59쪽.

5 양호환(1998), 〈내러티브의 특성과 역사학습에의 활용〉, 《사회과학교육》 2, 서울대학교

교육종합연구원, 3쪽.

6 Hanna Meretoja(2016), "Exploring the Possible: Philosophical Reflection, Historical Imagination, and Narrative Agency", *Narrative Works: Issues, Investigations, & Intervention*, 6(1), pp.86~87.

7 Meretoja(2016, Oct), "Exploring the Possible: Philosophical Reflection, Historical Imagination, and Narrative Agency", p.89.

8 Sanja Ivic(2022), "The Role of Imagination in Understanding the Historical Past", Analítica, 2, p.135.

9 J. S. Bruner, 강현석·이자현 옮김(2005), 《브루너 교육의 문화The Culture of Education》, 교육과학사, 337~378쪽.

10 Phillip W. Jackson(1995), "On The Place of Narrative in Teaching", in Hunter McEwan and Kieran Egan eds., *Narrative in Teaching, Learning, and Research*, New York: Teachers College Press, Columbia University, p.5.

11 Gudmundsdottir(1995), "The Narrative Nature of Pedagogical Content Knowledge", pp.30~34.

12 김한종(2005), 〈역사수업 도구로서 내러티브의 구성 형식과 원리〉, 김한종 외, 《역사교육과 역사인식》, 책과함께, 230~231쪽.

13 Hayden White(1984, Feb), "The Question of Narrative in Contemporary Historical Theory", *History and Theory*, 23(1), p.33.

14 Bruce Vansledright and Jere Brophy(1992), "Storytelling, Imagination, and Fanciful Elaboration in Children's Historical Reconstructions", *American Educational Research Journal*, 29(4), p.854.

15 Meretoja(2016), "Exploring the Possible: Philosophical Reflection, Historical Imagination, and Narrative Agency", p.103.

16 John Passmore(1987), "Narratives and Events", *History and Theory*, 26(4), p.70.

17 Little(1983), "What is Historical Imagination", pp.27~29.

18 Jerome Bruner(1985), "Narrative and Paradigmatic Modes of Thought", pp.98~99.

19 Meretoja(2016), "Exploring the Possible: Philosophical Reflection, Historical Imagination, and Narrative Agency", p.92.

20 Bleicher, 이한우 옮김(1987), 《해석학적 상상력》, 135~136쪽.

21 Ivic(2022, Oct), "The Role of Imagination in Understanding the Historical Past", p.131.

22 Fred Weinstein(1990), *History and Theory after the Fall*, Chicago: The University of Chicago Press, pp.13~14.

23 Lee(1983), "History Teaching and Philosophy of History", pp.45~46.

24 John Passmore, "Narratives and Events", 1987, pp.69~70.

25 Ivic(2022, Oct), "The Role of Imagination in Understanding the Historical Past", pp.125~126.

26 Fairfield(2022), *Historical Imagination - Hermeneutics and Cultural Narrative*, p.xiii.

27 Fairfield(2022), *Historical Imagination - Hermeneutics and Cultural Narrative*, p.4.

28 김현식(2021), 〈상상적 구성물로서의 역사: 콜링우드적 상상과 추론의 변증법〉, 《중앙사론》 54, 291~292쪽.

29 Meretoja(2016), "Exploring the Possible: Philosophical Reflection, Historical Imagination, and Narrative Agency", pp.93~94.

30 Meretoja(2016), "Exploring the Possible: Philosophical Reflection, Historical Imagination, and Narrative Agency", p.95.

31 강만길(2008), 〈소설 《토지》와 한국근대사〉, 《한국민족운동사론》, 서해문집, 496쪽.

32 강만길(2008), 〈소설 《토지》와 한국근대사〉, 497쪽.

33 Gadamer, 이길우·이선관·임호일·한동원 옮김(2000), 《진리와 방법 1》, 237쪽.

34 Louis Mink(2001), "Narrative Form as a Cognitive Instrument", in Geoffrey Robert ed., *The History and Narrative Reader*, London: Routledge, p.218.

35 Mink(2001), "Narrative Form as a Cognitive Instrument", p.218.

36 설혜심(2008), 〈역사학과 상상력은 어떻게 만나는가〉, 《인문과학》 88, 연세대학교 인문학연구원, 150~151쪽.

37 Mink(2001), "Narrative Form as a Cognitive Instrument", p.217.

38 Bruce Vansledright and Jere Brophy(1992), "Storytelling, Imagination, and Fanciful Elaboration in Children's Historical Reconstructions", p.854.

39 도면회 외(2020), 《고등학교 한국사》, 비상교육, 57쪽.

40 송호정 외(2020), 《고등학교 한국사》, 지학사, 62쪽.

41 양호환(2012), 〈내러티브와 역사인식〉, 《역사교육의 입론과 구상》, 책과함께, 207쪽.

42 Martin(1977), *Historical Explanation: Re-enactment and Practical Inference*.

43 김대한(2021), 〈내러티브 역사글쓰기를 통한 역사 이해〉, 《청람사학》 33, 99~110쪽.

44 차하순(1998), 《새로 고쳐 쓴 역사의 본질과 인식》, 303쪽.

45 송호정 외(2020), 《고등학교 한국사》, 84쪽.

46 설혜심(2008), 〈역사학과 상상력은 어떻게 만나는가〉, 153쪽.

47 Collingwood, 김봉호 옮김(2017), 《서양사학사》(개정판), 331쪽.

48 Bruner, 강현석·이자현 옮김(2005), 《교육의 문화》, 372쪽.

49 이미미(2022), 〈역사 내러티브: 왜 역사교육에서 내러티브를 말하는가〉, 김민정 외, 《역사교육 첫걸음》, 161쪽.

50 Tuchman(1981), *Practicing History*, p.47.

51 Hayden White, 천형균 옮김(1991), 《19세기 유럽의 역사적 상상력Metahistory the historical imagination in nineteenth-century Europe》, 문학과지성사, 23~25쪽.

52 White, 천형균 옮김(1991), 《19세기 유럽의 역사적 상상력》, 46~55쪽.

53 박중현 외(2020), 《고등학교 한국사》, 해냄에듀, 20쪽.

54 Jeretz Topolsky(1998), "The Structure of Historical Narratives and the Teaching of History", in James F. Voss and Mario Carretero eds., *Learning and Reasoning in History*, London: Routledge Falmer, pp.9~22.

55 〈금강〉의 내용은 신동엽(1975), 《신동엽전집》(증보판), 창작과비평사에 의거함.

56 이형권(1995), 〈역사적 상상력의 깊이와 넓이: 서사시 《금강》의 세계〉, 《어문연구》 27, 311~313쪽.

57 송호정 외(2020), 《고등학교 한국사》, 34쪽; 한철호 외(2020), 《고등학교 한국사》, 미래엔, 24쪽; 최병택 외(2020), 《고등학교 한국사》, 천재교육, 25쪽.

58 최준채 외(2020), 《고등학교 한국사》, 금성출판사, 25쪽.

59 도면회 외(2020), 《고등학교 한국사》, 비상, 33쪽.

60 Topolsky(1998), "The Structure of Historical Narrative and the Teaching of History", p.17.

61 안정애(2006), 〈내러티브 교재 개발과 역사수업에의 적용〉, 《역사교육연구》 4.

62 정춘면(2016), 〈'정서 읽기'를 통한 학생의 역사 이해〉, 《역사교육연구》 25, 207~208쪽.

63 이해영(2007), 〈수사적 표현을 활용한 국사교과서 서술방안〉, 《역사교육연구》 6.

64 송호정 외(2020), 《고등학교 한국사》, 111쪽.

65 이해영(2014), 《역사교과서 서술의 원리》, 책과함께, 73~159쪽.

4장 역사적 상상력과 역사학습

1 Dewey(1933), *How We Think, Boston: Heath and Company*, p.291.

2 차하순(1998), 《새로 고쳐 쓴 역사의 본질과 인식》, 219쪽.

3 Trevor-Roper(1980), *History and Imagination*, p.1.

4 Magaret B. Sutherland(1971), *Everyday Imagining and Education*, London: Routledge & Kegan Ltd., pp.6~7.

5 Warnock(1976), *Imagination*, p.206.

6 H. S. Commager(1965), *The Nature and the Study of History*, Columbus, Ohio: Charles E. Merril Books, Inc., p.38.

7 Commager(1965), *The Nature and the Study of History*, pp.77~78.

8 Н. А. Ерофéев, 김연산 엮음(1990), 《역사란 무엇인가》, 흔겨레.

9 Donald Thompson(1972), "Some Psychological Aspects of History Teaching", in W. H.

Burston and C. W. Green eds., *Handbook for History Teacher* (2nd edn.), London : Methuen Educational Ltd., p.19.

10 John Slater(1978), "Why History", *Trends in Education*, pp.4~5.

11 Elton(1969), *The Practice of History*, pp.162~164.

12 Trevor-Roper(1980), *History and Imagination*, p.20.

13 Maurice Mandelbaum(1977), *The Anatomy of Historical Knowledge*, p.8.

14 J. S. Bruner, 이홍우 옮김(1990), 《브루너 교육의 과정The Process of Education》, 배영사, 159쪽.

15 Trevor-Roper(1980), *History and Imagination*, p.21.

16 Christopher Portal(1983), "Empathy as an Aim for Curriculum : Lessons from History", *Journal of Curriculum Studies*, 15(3), p.309.

17 차하순(1998), 《새로 고쳐쓴 역사의 본질과 인식》, 54쪽.

18 이광주(1987), 《〈정념〉으로서의 역사》, 20쪽.

19 School Council History 13-16 Project(1976), *A New Look at History*, p.12.

20 School Council History 13-16 Project(1976), *A New Look at History*, p.13.

21 Christopher Portal(1987), "Empathy as an Objective for History Teaching", in Christopher Portal ed., *The History Curriculum for Teachers*, London : The Palmer Press, p.94.

22 Ashby and Lee(1987), "Children's Concepts of Empathy and Understanding in History", p.64.

23 School Council History 13-16 Project(1976), *A New Look at History*, p.17.

24 Karn(2023), "Historical Empathy : A Cognitive-Affective Theory for History Education in Canada", p.85.

25 School Council History 13-16 Project(1976), *A New Look at History*, p.15.

26 Gunning(1978), *The Teaching of History*, p.111.

27 Aydelotte(1963), "Notes on the Problem of Historical Generalization", p.163.

28 이홍우(1977), 《교육과정탐구》, 박영사, 196~197쪽.

29 E. J. Furst, 이용남 옮김(1988), 〈블룸의 교육목표분류학 비판〉, 노희관 엮음, 《교육심리학의 최근 동향: 인지와 교육》, 교육과학사, 93~94쪽.

30 Gunning(1978), *The Teaching of History*, pp.12~13.

31 B. S. Bloom, et. al., 임의도·고종렬·신세호 옮김(1984), 《교육목표분류학 I: 지적 영역 Taxonomy of Educational Objectives Handbook 1 : Cognition Domain》, 교육과학사, 101~102쪽.

32 Bloom, et. al., 임의도·고종렬·신세호 옮김(1984), 《교육목표분류학(I): 지적 영역》, 106쪽.

33 Bloom, et. al., 임의도·고종렬·신세호 옮김(1984), 《교육목표분류학(I): 지적 영역》, 107쪽.

34 Bloom, et. al., 임의도·고종렬·신세호 옮김(1984), 《교육목표분류학(I): 지적 영역》, 102쪽.

35 Lorin W. Anderson, et. al., 강현석 외 옮김(2015), 《교육과정 수업평가를 위한 새로운 분류학A Taxonomy for Learning, Teaching, and Assessment: A Revision of Bloom's Taxonomy of Educational Objectives》, 아카데미프레스, 84~85쪽.

36 Furst, 이용남 옮김(1988), 〈블룸의 교육목표분류학 비판〉, 94쪽.

37 Furst, 이용남 옮김(1988), 〈블룸의 교육목표분류학 비판〉, 98~99쪽.

38 Ian Steele(1976), *Developments in History Teaching*, Exeter: A Wheaton & Co Ltd., p.30.

39 Bloom, et. al., 임의도·고종렬·신세호 옮김(1984), 《교육목표분류학(I): 지적 영역》, 211~215쪽.

40 Lisanio R. Orlandi(1971), "Evaluation of Learning in Secondary School Social Studies", in B. S. Bloom, S. Thomas Hastings and G. F. Madaus eds., *Handbook on Formative and Summative Evaluation of Student Learning*, New York: McGraw-Hill, Inc, pp.450~451.

41 Orlandi(1971), "Evaluation of Learning in Secondary School Social Studies", p.450.

42 Orlandi(1971), "Evaluation of Learning in Secondary School Social Studies", p.450 참조.

43 Orlandi(1971), "Evaluation of Learning in Secondary School Social Studies", p.462.

44 Orlandi(1971), "Evaluation of Learning in Secondary School Social Studies", p.462.

45 Orlandi(1971), "Evaluation of Learning in Secondary School Social Studies", p.459.

46 P. Giles and G. Neal(1983), "History Teaching Analyzed", in Jon Fines ed., *Teaching History*, Edinburgh: Holmes, McDougall, pp.170~171.

47 Coltham and Fines(1971), *Educational Objectives for the Study of History*.

48 Coltham and Fines(1971), *Educational Objectives for the Study of History*, pp.3~4.

49 Giles and Neal(1983), "History Teaching Analysed", p.170.

50 Coltham and Fines(1971), *Educational Objectives for the Study of History*, p.6.

51 Coltham and Fines(1971), *Educational Objectives for the Study of History*, pp.7~8.

52 Coltham and Fines(1971), *Educational Objectives for the Study of History*, p.8.

53 Coltham and Fines(1971), *Educational Objectives for the Study of History*, pp.8~9.

54 Coltham and Fines(1971), *Educational Objectives for the Study of History*, p.20.

55 Coltham and Fines(1971), *Educational Objectives for the Study of History*, p.20.

56 A. Gard and P. J. Lee(1978), "'Educational Objectives for the Study of History' Reconsidered", in Dickinson and Lee eds., *History Teaching and Historical Understanding*, p.33.

57 Coltham and Fines(1971), *Educational Objectives for the Study of History*, p.25.

58 Coltham and Fines(1971), *Educational Objectives for the Study of History*, p.25.

59 Coltham and Fines(1971), *Educational Objectives for the Study of History*, p.27.

60 Coltham and Fines(1971), *Educational Objectives for the Study of History*, p.8.

61 Gard and Lee(1978), "'Educational Objectives for the Study of History' Reconsidered", pp.22~23.

62 Martin Roberts(1972), "Educational Objectives for the Study of History", *Teaching History*, 2(8), p.349 참조.

63 Gard and Lee(1978), "'Educational Objectives for the Study of History' Reconsidered", p.32.

64 Lee(1978), "Explanation and Understanding in History", p.81.

65 Giles and Neal(1983), "History Teaching Analyzed", p.172.

66 Coltham and Fines(1971), *Educational Objectives for the Study of History*, p.22.

67 P. J. Rogers(1978), *The New History: Theory into Practice*, p.33.

68 D. Cohen, 이용남 옮김(1988), 〈삐아제 이론의 문제점〉, 《교육심리학의 최근 동향 – 인지와 교육》, 교육과학사, 117쪽.

69 Barry J. Wadsworth(1989), *Piaget's Theory of Cognitive and Affective Development* (4th edn.), New York: Longman, p.175.

70 김재은(1974), 《교사를 위한 삐아제 입문(하)》, 배영사, 76~77쪽.

71 H. Ginsburg and S. Opper, 김억환 옮김(1984), 《피아제 지적발달론Piaget's Theory of Intellectual Development》, 성원사, 271~272쪽.

72 김재은(1974), 《교사를 위한 삐아제 입문(하)》, 82~84쪽.

73 E. A. Peel(1965), "Intellectual Growth during Adolescence", *Educational Review*, 17(3), p.171.

74 Peel(1971), *The Nature of Adolescent Judgement*, p.27.

75 Wadsworth(1989), *Piaget's Theory of Cognitive and Affective Development* (4th edn.), p.116 참조.

76 E. A. Peel(1967), "Some Problems in the Psychology of History Teaching", in W. H. Burston and D. Thompson eds., *Studies in the Nature and Teaching of History*, New York: Humanities Press, p.182.

77 Peel(1971), *The Nature of Adolescent Judgement*, p.68.

78 Peel(1971), *The Nature of Adolescent Judgement*, p.19.

79 Peel(1967), "Some Problems in the Psychology of History Teaching", pp.183~184.

80 A. K. Dickinson and P. J. Lee(1978), "Understanding and Research", in Dickinson and Lee eds., *History Teaching and Historical Understanding*, pp.97~98.

81 R. N. Hallam(1967), "Logical Thinking in History", *Educational Review*, 19(3);

R. N. Hallam(1970), "Piaget and Thinking in History", in Martin Ballard ed., *New Movements in the Study and Teaching of History*, Bloomington: Indiana University Press; R. N. Hallam(1979), "Attempting to Improve Logical Thinking in School History", *Research in Education*, 21.

82 Hallam(1970), "Piaget and Thinking in History", p.165.

83 W. A. deSilva(1972), "The Formation of Historical Concepts through Contextual Cues", *Educational Review*, 24(3).

84 Sutherland(1971), *Everyday Imagining and Education*, p.166.

85 D. G. Watts(1971), "Environmental Studies, Perception and Judgment", *General Education*, 16, p.20.

86 Sutherland(1971), *Everyday Imagining and Education*, p.169.

87 Sutherland(1971), *Everyday Imagining and Education*, p.204.

88 Sutherland(1971), *Everyday Imagining and Education*, pp.206~209.

89 Sutherland(1971), *Everyday Imagining and Education*, p.17.

90 Watts(1972), *The Learning of History*, pp.18~19.

91 Watts(1972), *The Learning of History*, p.29.

92 Watts(1972), *The Learning of History*, p.108.

93 Watts(1972), *The Learning of History*, p.20.

94 Watts(1972), *The Learning of History*, pp.20~21.

95 Watts(1972), *The Learning of History*, p.28.

96 Watts(1972), *The Learning of History*, pp.26~27.

97 Watts(1972), *The Learning of History*, p.21.

98 Watts(1972), *The Learning of History*, p.37.

99 Watts(1972), *The Learning of History*, p.32.

100 Watts(1971), "Environmental Studies, Perception and Judgement", pp.20~21.

101 Watts(1972), *The Learning of History*, p.39.

102 Watts(1972), *The Learning of History*, p.30.

103 Watts(1972), *The Learning of History*, pp.46~47.

104 Watts(1972), *The Learning of History*, pp.53~56.

105 William H. Nicholls(1980), "Children's Thinking in History: Watts Model and its Appropriateness", in Jon Nichol ed., *Developments in History Teaching: Perspective 4*, Exeter: School of Education, University of Exeter, pp.20~21.

106 L. S. Vygotsky, Eugenia Hauman and Gertrude Vakarm trans.(1962), *Thought and Language*, Cambridge, Massachusetts: The M. I. T. Press, p.58.

107 Vygotsky, Hauman and Vakarm trans.(1962), *Thought and Language*, p.22.

108 Vygotsky, Hauman and Vakarm trans.(1962), *Thought and Language*, pp.68~69.

109 Vygotsky, Hauman and Vakarm trans.(1962), *Thought and Language*, p.75.

110 Watts(1972), *The Learning of History*, p.34.

111 Watts(1972), *The Learning of History*, p.33.

112 Watts(1972), *The Learning of History*, p.48.

113 Watts(1972), *The Learning of History*, pp.39~40.

114 Nicholls(1980), "Children's Thinking in History: Watts Model and its Appropriateness", pp.21~22.

115 성일제 외(1989), 《국민학교 사고교육의 이론과 실제》, 배영사, 203~204쪽.

116 J. E. McPeck, 박영환·김공하 옮김(1989), 《비판적 사고와 교육Critical Thinking and Education》, 배영사, 6~7쪽.

117 Martin Booth(1983), "Skills, Concepts and Attitudes", *History and Theory*, 22(4), p.105.

118 M. T. Downey and L. S. Levstik(1991), "Teaching and Learning History", in James P. Shaver ed., *Handbook of Research on Social Studies Teaching and Learning: A Project of the National Council for the Social Studies*, New York: Macmillan, p.403.

119 W. H. Burston(1972), *The Principle of History Teaching* (2nd edn.), London: Methuen Educational Ltd., p.7.

120 Downey and Levstik(1991), "Teaching and Learning History", p.407.

121 Dickinson and Lee(1978), "Understanding and Research", p.96.

122 D. H. Fischer(1970), *Historian's Fallacies*, New York: Harper & Row Publishers, p.xv.

123 Fischer(1970), *Historian's Fallacies*, p.xvi.

124 Booth(1983), "Skills, Concepts and Attitude", p.106.

125 Martin Booth(1980), "A Recent Research Project into Children's Historical Thinking and Its Implications for History Teaching", in Jon Nichol ed., *Development in History Teaching: Perspective 4*, Exeter: School of Education, University of Exeter, p.3.

126 David Stockley(1983), "Empathetic Reconstruction in History and History Teaching", p.54.

127 Booth(1983), "Skills, Concepts and Attitudes", p.106.

128 Martin Booth(1987), "Ages and Concepts: A Critique of Piagetian Approach to History Teaching", in Christopher Portal ed., *The History Curriculum for Teachers*, London: The Palmer Press, p.27.

129 Booth(1987), "Ages and Concepts: A Critique of Piagetian Approach to History

Teaching", pp.26~27.

130 Martin Booth(1980), "A Modern World History Course and the Thinking of Adolescent Pupils", *Educational Review*, 32, p.255.

131 Karn(2023), "Historical Empathy: A Cognitive-Affective Theory for History Education in Canada", pp.84~85.

132 Lee(1978), "Explanation and Understanding in History", p.86.

133 Shemilt(1984), "Beauty and Philosopher: Empathy in History and Classroom", p.76.

134 Shemilt(1984), "Beauty and Philosopher: Empathy in History and Classroom", pp.77~78

135 Chris Sansom(1987), "concepts, Skills and Contents:A Developmental Approach to the History Syllabus", in Christopher Portal ed., *The History Curriculum for Teachers*, London: The Palmer Press, p.137.

136 Sansom(1987), "Concepts, Skills and Contents: A Developmental Approach to the History Syllabus", pp.120~126.

137 Ashby and Lee(1987), "Children's Concepts of Empathy and Understanding in History", pp.68~84.

138 Southern Regional Examinations Board(1986), *Empathy in History: from Definition to Assessment*, pp.13~14.

139 Southern Regional Examinations Board(1986), *Empathy in History: from Definition to Assessment*, p.13.

140 Ashby and Lee(1987), "Children's Concepts of Empathy and Understanding in History", p.72.

141 Southern Regional Examinations Board(1986), *Empathy in History: from Definition to Assessment*, p.12.

142 Rantala, Manninen and van den Berg(2015), "Stepping into Other People's Shoes Proves to be a Difficult Task for High School Students: Assessing Historical Empathy through Simulation Exercise", *Journal of Curriculum Studies*, 48(3), pp.9~13.

143 Ashby and Lee(1987), "Children's Concepts of Empathy and Understanding in History", pp.66~67.

144 A. K. Dickinson, A. Gard and P. J. Lee(1978), "Evidence in History and the Classroom", in Dickinson and Lee eds., *History Teaching and Historical Understanding*, pp.15~16.

145 Dickinson, Gard and Lee(1978), "Evidence in History and the Classroom", pp.16~17.

146 D. Shemilt(1987), "Adolescent Ideas about Evidence and Method in History", in Christopher Portal ed., *The History Curriculum for Teachers*, London: The Palmer Press, pp.42~60.

147 Shemilt(1987), "Adolescent Ideas about Evidence and Method in History", p.39.

148 Jon Nichol(1984), *Teaching History*, London: Macmillan Educational Ltd., p.21.

149 Jon Nichol(1984), *Teaching History*, p.22.

150 Booth(1980), "A Modern World History Course and the Thinking of Adolescent Pupils", pp.248~250.

151 최상훈(2000), 〈역사적 사고력의 학습 및 평가방안〉, 91쪽.

152 이병련(2016), 〈독일 역사수업에서의 다원적 관점〉, 83쪽.

153 정선영(2008), 〈역사교육의 최종 목표와 역사적 통찰력〉, 《역사교육》108, 22~24쪽.

154 최상훈(2000), 〈역사적 사고력의 학습 및 평가방안〉, 112~113쪽.

155 이상신(1994), 《역사학개론》, 신서원, 127~137쪽.

156 Maurice Mandelbaum, 임희완 옮김(1987), 《역사 지식의 해부The Anatomy of Historical Knowledge》, 집문당, 28~33쪽.

157 김한종(2006), 《역사교육과정과 교과서연구》, 선인, 425~427쪽.

158 김한종(2013), 〈사료내용의 전달 방식에 따른 고등학생의 역사 이해〉, 109~203쪽.

159 Gadamer, 이길우·이선관·임호일·한동원 옮김(2000), 《진리와 방법 1》, 79~80쪽.

160 최상훈(2000), 〈역사적 사고력의 학습 및 평가방안〉, 156~165쪽.

161 박한설(1984), 〈후삼국의 성립〉, 《한국사3(고대): 민족의 통일》, 국사편찬위원회, pp. 649~650.

162 《고려사》의 다음 기록을 토대로 작성. 《고려사》, 권5, 세가 권10, 선종 8년 5월, 6월; 《고려사》, 권35, 세가 권35, 충숙왕 16년 5월; 《고려사》, 권54, 지8, 오행(五行).

163 《한국일보》(2022. 6. 6.), 〈최악 가뭄에 바싹 마른 논밭 … 단비에도 웃지 못하는 농심〉; 《중앙일보》(2022. 11. 9.), 〈5일간 물 끓어 씻지도 못해 … 기우제까지 지내는 호남·제주〉 (이상 인터넷판).

164 김한종(1994), 〈역사학습에서의 상상적 이해〉, 155~156쪽.

5장 역사적 상상 기반 역사학습

1 김한종(2007), 《역사수업의 원리》, 120쪽.

2 Gadamer, 이길우·이선관·임호일·한동원 옮김(2000), 《진리와 방법 1》, 189쪽.

3 Fannie R. Shaftel and George Shaftel(1967), *Role Playing in the Curriculum*, Englewoood Cliffs, New Jersy: Prentice Hall, Inc., p.12.

4 Jack M. Evans and Martha M. Brueckner(1990), *Elementary Social Studies: Teaching for the Today and Tomorrow*, Boston: Allyn and Bacon, inc., pp.330~331.

5 Portal(1983), "Empathy as an Aim for Curriculum: Lessons from History", p.307.

6 Shaftel and Shaftel(1967), *Role Playing in the Curriculum*, p.86.

7 George M. Schuncke(1988), *Elementary Social Studies: Knowing, Doing, Caring*, New York: Macmillan Publishing Company, p.185.

8 Richard E. Servey(1981), *Elementary Social Studies: A Skill Emphasis*, Boston: Allyn and Bacon, Inc., p.82.

9 Shaftel and Shaftel(1967), *Role Playing in the Curriculum*, p.85.

10 Bruce Joyce and Marsha Weil, 윤기옥·송용의·김재복 옮김(1980), 《수업모형Models of Teaching》, 형설출판사, 342~343쪽.

11 Shaftel and Shaftel(1967), *Role Playing in the Curriculum*, p.87.

12 Brian Garvey and Mary Krug(1977), *Models of History Teaching in the Secondary School*, Oxford: Oxford University Press, p.98.

13 Shaftel and Shaftel(1967), *Role Playing in the Curriculum*, p.10.

14 Joyce and Weil, 윤기옥·송용의·김재복 옮김(1980), 《수업모형》, 328쪽.

15 Southern Regional Examinations Board(1986), *Empathy in History: from Definition to Assessment*, p.22.

16 Southern Regional Examinations Board(1986), *Empathy in History: from Definition to Assessment*, p.8.

17 Shaftel and Shaftel(1967), *Role Playing in the Curriculum*, p.233.

18 Shaftel and Shaftel(1967), *Role Playing in the Curriculum*, p.232.

19 Viv Wilson and Jayne Woodhouse(1990), *History through Drama*, Teaching of History 65, London: Historical Association, p.9.

20 Portal(1987), "Empathy as an Aim for Curriculum: Lessons from History", p.307.

21 Shaftel and Shaftel(1967), *Role Playing in the Curriculum*, p.89.

22 김민정(2022), 〈역사적 사고: 역사적으로 사고하도록 가르치는 것이 왜 중요한가〉, 《역사교육 첫걸음》, 87쪽.

23 Ian Colwill and Maureen Burns(1989), *Coursework in GCSE(History): Planning and Assessment*, London: Hodder & Stoughton., pp.44~45.

24 Southern Regional Examinations Board(1986), *Empathy in History: from Definition to Assessment*, p.12.

25 Stockley(1983), "Empathetic Reconstruction in History and History Teaching", p.62.

26 김형종 외(2014), 《고등학교 세계사》, 금성출판사, p.57; 김덕수 외(2018), 《고등학교 세계사》, 천재교육, p.79.

27 Seixas and Morton(2013), *The Big Six Historical Thinking Concepts*, p.161.

28 박근칠 외(2020), 《중학교 역사 1》, 지학사, 37쪽.

29 박근칠 외(2020), 《중학교 역사 2》, 지학사, 95쪽.

30 김형종 외(2020), 《중학교 역사 1》, 금성출판사, 176~177쪽.

31 이성재(2005), 〈역사수업에서 극화학습의 특성 및 교사의 역할〉, 《역사교육》 96, 40~43쪽.

32 Shaftel and Shaftel(1967), *Role Playing in the Curriculum*, p.90.

33 Shaftel and Shaftel(1967), *Role Playing in the Curriculum*, pp.57~64에서 정리.

34 Shaftel and Shaftel(1967), *Role Playing in the Curriculum*, p.91.

35 Shaftel and Shaftel(1967), *Role Playing in the Curriculum*, pp.92~93.

36 Kathryn N. McDaniel(2000), "Four Elements of Successful Historical Role-Playing in the Classroom", *The History Teachers*, 33(3), pp.357~362.

37 Southern Regional Examinations Board(1986), *Empathy in History: from Definition to Assessment*, pp.22~24.

38 Wilson and Woodhouse(1990), *History through Drama*, p.16

39 Wilson and Woodhouse(1990), *History through Drama*, p.15.

40 Wilson and Woodhouse(1990), *History through Drama*, pp.17~18.

41 Wilson and Woodhouse(1990), *History through Drama*, p.20.

42 Seixas and Morton(2013), *The Big Six Historical Thinking Concepts*, p.161.

43 L. D. Zeleny and R. E. Gross(1960), "Dyadic Role-Playing of Controversial Issues", *Social Education*, 24(12), pp.354~355.

44 Leonard H. Clark(1973), *Teaching Social Studies in Secondary Schools*, New York: Macmillan Publishing Co., Inc., p.73.

45 Booth(1987), "Ages and Concepts: A Critique of Piagetian Approach to History Teaching", p.37.

46 B. Barker(1978), "Understanding in History", in Dickinson and Lee eds., *History Teaching and Historical Understanding*, p.123.

47 Jon Nichol(1980), "History Teaching, the Historian's Evidence and Pupil's Historical Understanding", in Jon Nichol ed., *Development in History Teaching: Perspective 4*, Exeter: School of Education, University of Exeter, p.5.

48 Stockley(1983), "Empathetic Reconstruction in History and History Teaching", p.61.

49 A. D. Edward(1972), "Source Material in the Classroom", in W. H. Burston and C. W. Green eds., *Handbook for History Teacher* (2nd ed.), London: Methuen Educational Ltd., p.210.

50 School Council History 13-16 Project(1976), *A New Look at History*, pp.36~37.

51 Department of Education and Science(1985), *History in the Primary and Secondary Years*, p.26.

52 Lee(1978), "Explanation and Understanding in History", p.74.

53 School Council History 13-16 Project(1976), *A New Look at History*, p.46.

54 Ryle(1949), *The Concept of Mind*, p.272.

55 Honeybone(1971), "The Development of Formal Historical Thought in School-children", p.151.

56 Portal(1983), "Empathy as an Aim for Curriculum: Lessons from History", p.306.

57 Portal(1983), "Empathy as an Aim for Curriculum: Lessons from History", p.307.

58 Sutherland(1971), *Everyday Imagining and Education*, p.192.

59 Portal(1987), "Empathy as an Objective for History Teaching: Lessons from History", p.96.

60 Shemilt(1987), "Adolescent Ideas about Evidence and Method in History", p.60.

61 김덕수 외, 《중학교 역사 2》, 천재교육, 2020, p.19.

62 강선주(2011), 〈역사 수업에서 문자 사료 읽으며 역사저으로 사고히기 방안〉, 《경인교육대학교 교육논총》31(1)의 내용을 정리.

63 강선주(2017), 《소통으로 만드는 역사교육: 역사문서 읽기와 성찰적 역사의식》, 서울대학교 출판문화원, 163~182쪽.

64 김한종(2017), 《민주사회와 시민을 위한 역사교육》, 서울대학교 출판문화원, 338쪽.

65 〔자료 4〕와 〔자료 5〕는 김기흥(1993), 《새롭게 쓴 한국고대사》, 역사비평사, 135~143쪽을 토대로 작성했다.

66 John Jarolimek(1990), *Social Studies in Elementary Education* (8th edn.), New York: Macmillan Publishing Company, p.385.

67 J. B. Kracht and P. H. Martorella(1976), "Simulation and Inquiry Models in Action", in P. H. Martorella ed., *Social Studies Strategies: Theory into Practice*, New York: Harper & Row Publishers, Inc., p.172.

68 Jarolimek(1990), *Social Studies in Elementary Education* (8th edn.), p.385.

69 Cory Wright-Maley, John K. Lee, and Adam Friedman(2018), "Digital Simulations and Games in History Education", in Scott A. Metzger and L. M. Harris eds., *The Wiley International Handbook of History Teaching and Learning*, Hoboken, NJ: Wiley Blackwell, p.604.

70 David Birt and Jon Nichol(1975), *Games and Simulation in History*, London: Longman, p.13.

71 Gunning(1978), *The Teaching of History*, p.85.

72 정재욱(2012), 〈역사교육용 시뮬레이션 게임에 있어서의 사실성과 재미요소〉, 《Journal of Integrated Design Research》11(1), 172쪽.

73 정재욱(2012), 〈역사교육용 시뮬레이션 게임에 있어서의 사실성과 재미요소〉, 167쪽.

74 Birt and Nichol(1975), *Games and Simulations in History*, p.9.

75 D. R. Wentworth and D. R. Lewis(1973), "A Review of Research on Instructional Games and Simulations in Social Studies", *Social Education*, 35(1), pp.436~437.

76 Wentworth and Lewis(1973), "A Review of Research on Instructional Games and Simulations in Social Studies", p.439.

77 Birt and Nichol(1975), *Games and Simulations in History*, p.6.

78 Gunning(1978), *The Teaching of History*, p.86.

79 Birt and Nichol(1975), *Games and Simulations in History*, 1975, p.6.

80 Morris(2012), *History and Imagination*, pp.12~14.

81 Morris(2012), *History and Imagination*, p.5.

82 Jon Nichol(1980), *Simulation in History Teaching*, London: Historical Association, pp.5~6.

83 Garry R. Shirts(1974), "Simulation, Games and Related Activities for Elementary Classroom", in John Jarolimek and Huber M. Smith eds., *Readings for the Social Studies in Elementary Education*, New York: Macmillan Publishing, Co., Inc., pp.325~326.

84 John U. Michaelis(1980), *Social Studies for Children: A Guide to Basic Instruction* (7th ed.), Englewoods, Cliffs, New Jersy: Prentice-Hall, Inc., p.322.

85 Garvey and Krug(1977), *Models of History Teaching in the Secondary School*, p.96.

86 Morris(2012), *History and Imagination*, p.6.

87 Morris(2012), *History and Imagination*, p.12.

88 Wilson and Woodhouse(1990), *History through Drama*, p.12.

89 Joyce and Marsha Weil, 윤기옥·송용의·김재복 옮김(1980), 《수업모형》, 409~410쪽.

90 Jon Nichol(1972), "Simulation and History Teaching-Trade and Discovery, A History Games for Use in Schools", *Teaching History*, 2(7), p.242.

91 A. K. Dickinson, and P. J. Lee(1978), "Understanding and Research", in Dickinson and Lee eds., *History Teaching and Historical Understanding*, p.108.

92 Arthur E. Ellis(1986), *Teaching and Learning in Elementary Social Studies* (3rd edn.), Boston: Allen and Bacon, Inc., p.404.

93 Nichol(1972), "Simulation and History Teaching – Trade and Discovery: A History Games for Use in Schools", pp.242~243.

94 藤岡信勝 編(1996),《歷史ディベート 大東亞戰爭は自衛戰爭であつた》, 東京: 明治圖書.

95 坂井俊樹(1996), 〈역사교과서를 둘러싼 교육·사회 상황 – 일본에서의 '새로운 역사교과서 공세'의 대두〉,《세계화시대의 역사학과 역사교육》, 제7차 국제역사교과서 학술회의, pp.159~160.

96 W. George Monahan(2002), "Acting out Nazi: A Role-Play Simulation for the

History Classroom", *Teaching History*, 27(2), pp.74~85.

97 Morris(2012), *History and Imagination*, p.7.

98 Morris(2012), *History and Imagination*, p.8.

99 Gunning(1978), *The Teaching of History*, pp.83~84.

100 Birt and Nichol(1975), *Games and Simulations in History*, pp.140~146.

101 Birt and Nichol(1975), *Games and Simulations in History*, pp.140~141.

102 Gunning(1978), *The Teaching of History*, pp.88~90.

103 Birt and Nichol(1975), *Games and Simulations in History*, pp.10~11.

104 Birt and Nichol(1975), *Games and Simulations in History*, pp.15~16.

105 Birt and Nichol(1975), *Games and Simulations in History*, p.16.

106 Birt and Nichol(1975), *Games and Simulations in History*, p.142.

107 Birt and Nichol(1975), *Games and Simulations in History*, pp.143~145.

108 Birt and Nichol(1975), *Games and Simulations in History*, pp.144~145.

109 Birt and Nichol(1975), *Games and Simulations in History*, p.147.

110 Joyce and Weil, 윤기옥·송용의·김재복 옮김(1980), 《수업모형》, 406~407쪽.

111 김한종(2021), 〈쟁점 기반 해방 3년사 인식과 역사학습〉, 《역사와 담론》 97, 15쪽.

112 Monahan(2002), "Acting out Nazi: A Role-Play Simulation for the History Classroom", p.77.

113 Monahan(2002), "Acting out Nazi: A Role-Play Simulation for the History Classroom", p.78.

114 이상협(1999), 〈조선전기 북방 사민의 성격과 실상〉, 《성대사림》 12·13 합집, 157~183쪽.

115 박현모(2007), 〈세종의 변경관과 북방영토경영 연구〉, 《정치사상연구》 13(1), 44~45쪽.

116 이상협(1999), 〈조선전기 북방 사민의 성격과 실상〉, 163~164쪽.

117 이규철(2022), 〈세종의 정벌은 정당한 전쟁이었는가 – 피해자와 가해자의 전도(顚倒)〉, 《역사비평》 138, 207~304쪽.

118 이 책이 제시한 시뮬레이션 게임에 의한 사민정책 수업 방안은 애초 필자의 학위논문에서 있던 수업안을 수정한 것이다(김한종(1994), 〈역사학습에서의 상상적 이해〉, 198~203쪽). 그런데 근래 세종의 사민정책을 다원적 관점으로 접근하는 수업 사례 연구가 있었다. 수업은 사민정책을 세종, 사민정책에 반대하거나 협조하지 않는 관리, 중간 지배층인 호민, 백성의 관점으로 보게 한다. 그리고 수업의 결과 내러티브 역량이 촉진될 수 있는지를 교과서 내용을 다시 쓰게 함으로써 확인하는 것으로 설계되어 있다(이효근(2023), 〈다원적 관점의 역사인식은 내러티브 역량의 진전을 어떻게 촉진할 수 있는가?〉, 《역사교육연구》 45). 이 책 3장에서 살펴보았듯이 내러티브의 구성과 서술에 역사적 상상이 필요함을 감안할 때, 이 수업사례는 본서의 수업안과 사민정책에 대한 접근방식에서 입장을 같이 한다. 그렇지만 이 연구에서 수업이 학생들의 역사적 상상을 이끌어낼 수

있는지는 잘 나타나지 않는다. 내러티브 역량의 개념이 일반적이고 포괄적으로 제시되어 있어서 일반적인 탐구 역량과는 어떤 차이가 있는지 명확하지 않으며, 이를 측정하기도 어렵다. 학술지에 발표된 논문에서는 학생들이 다시 쓴 교과서 내용이 나오지 않아서 알 수 없지만, 이 논문의 원 출처인 학위논문에서 학생들이 쓴 글의 사례를 보면 대부분 세종의 정책에다 백성의 어려움을 덧붙이고 있으며, 일부 학생은 여기에다가 관리의 반대가 있었음을 추가하였다(이효근(2023), 〈학생의 내러티브 역량 함양을 위한 역사수업 방안 – 조선시대 세종의 정책에 관한 다원적 이해〉, 경북대학교 교육대학원 석사학위논문, 52~56쪽). 학생들은 세종의 정책을 교과서와는 다른 관점으로 이해했지만, 이는 수업에서 교과서에 나오지 않는 백성의 어려움이나 관리의 반대를 보여주는 자료를 제시한 데 따른 것으로 보인다. 학생들의 글은 어찌 보면 제시한 자료의 내용을 병렬적으로 반복한 것이라고 할 수 있다.

119 이 자료는 다음의 논문을 토대로 작성함. 김구진(1995), 〈여진과의 관계〉, 《신편 한국사》 22, 국사편찬위원회, 329~367쪽; 김석희(1971), 〈세조 조의 사민에 관한 고찰 – 하삼도 사민의 시대적 배경을 중심하여〉 《부대사학》 2; 백승아(2013), 〈조선전기 사민 도망자 처벌 논의의 전개와 의미〉, 《조선시대사학보》 102; 이경식(1992), 〈조선초기의 북방개척과 농업개발〉, 《역사교육》 52.

120 강선주 외(2018), 《세계는 역사를 어떻게 교육하는가 – 9개국의 역사교육과정 분석》, 한울아카데미; Alexander Dickinson, Peter Gorden, Peter Lee and John Slater eds. (1995), *International Yearbook of History Education*, London: The Worburn Press; Metzger, Scott Alan and Harris, Lauren McArthur eds.(2018), *The Wiley International Handbook of History Teaching and Learning*, New York: Wiley-Blackwell; Berg, Christopher C. and Christou, Theodore M. eds.(2020), *The Palgrave Handbook of History and Social Studies Education*, Cham, Switzerland: Palgrave Macmillan.

참고문헌

단행본

강선주(2017), 《소통으로 만드는 역사교육: 역사문서 읽기와 성찰적 역사의식》, 서울대학교 출판문화원.

김기흥(1993), 《새롭게 쓴 한국고대사》, 역사비평사.

김민정 외(2022), 《역사교육의 첫걸음》, 책과함께.

김재은(1974), 《교사를 위한 삐아제 입문(하)》, 배영사.

김한종(2006), 《역사교육과정과 교과서연구》, 선인.

김한종(2007), 《역사수업의 원리》, 책과함께.

김한종(2017), 《민주사회와 시민을 위한 역사교육》, 서울대학교출판문화원.

김한종 외(2005), 《역사교육과 역사인식》, 책과함께.

노희관 엮음(1988), 《교육심리학의 최근 동향: 인지와 교육》, 교육과학사.

박재문(1998), 《지식의 구조와 구조주의》, 교육과학사.

성일제 외(1989), 《국민학교 사고교육의 이론과 실제》, 배영사.

신동엽(1975), 《신동엽전집》(증보판), 창작과비평사.

신호재(2018), 《정신과학의 철학》, 이학사.

양호환(2012), 《역사교육의 입론과 구상》, 책과함께.

양호환 외(2009), 《역사교육의 이론》, 책과함께.

이광주(1987), 《정념으로서의 역사》, 문학과지성사.

이상신(1993), 《개정 서양사학사》, 신서원.

이상신(1994), 《서양사학사》, 신서원.

이상철(1987), 《역사철학연구》, 종로서적.

이한구(1986), 《역사주의와 역사철학》, 문학과 지성사.

이해영(2014), 《역사교과서 서술의 원리》, 책과함께.

이홍우(1977), 《교육과정탐구》, 박영사.

임희완(1994), 《역사학의 이해》, 건국대학교출판부.

정항희(1990), 《서양 역사철학사상론》, 법경출판사.

진재관 외(2015), 《2015 역사과 교육과정 시안 개발 연구》, 연구보고 CRC 2015-12, 한국교육
과정평가원.

차하순(1998), 《새로 고쳐 쓴 역사의 본질과 인식》, 학연사.

한국역사연구회(2002), 《한국역사》, 역사비평사.

Anderson, Lorin W., et. al. / 강현석 외 옮김(2015), 《교육과정 수업평가를 위한 새로운 분
류학A Taxonomy for Learning, Teaching, and Assessment: A Revision of Bloom's Taxonomy
of Educational Objectives》, 아카데미프레스.

Arent, Hanna / 서유경 옮김(2005), 《과거와 미래 사이: 정치사상에 관한 여덟 가지 철학 연
습Between Past and Future: Eight Exercises in Political Thought》, 푸른숲, 2005.

Barton, Keith C. and Levstik, Linda S. / 김진아 옮김(2017), 《역사는 왜 가르쳐야 하는가
Teaching History for the Common Good》, 역사비평사.

Bleicher, Josef / 이한우 옮김(1987), 《해석학적 상상력Hermeneutic Imagination》, 문예출판사.

Bloom, B. S., et. al. / 임도의·고종렬·신세호 옮김(1984), 《교육목표분류학 (1): 지적영역
Taxanomy of Educational Objectives Handbook 1: Cognition Domain》, 교육과학사.

Bruner, J. S. / 이홍우 옮김(1990), 《브루너 교육의 과정The Process of Education》, 배영사.

Bruner, J. S. / 강현석·이자현 옮김(2005), 《브루너 교육의 문화The Culture of Education,
1996》, 교육과학사.

Collingwood, R. G. / 김봉우 옮김(2017), 《서양사학사The Idea of History》(개정판), 탐구당.

Coreth, E. / 신귀현 옮김(1985), 《해석학Grundfragen der Hermeneutik》, 종로서적.

Croce, Benedetto / 이상신 옮김(1978), 《역사의 이론과 역사Zur Theorie und Geschichte der
Historiographie》, 삼영사.

Dilthey, Wilhelm / 이한우 옮김(2002), 《체험·표현·이해Erleben, Ausdruck und Verstehen》,
책세상.

Ерофéев, Н. А. / 김연산 엮음(1990), 《역사란 무엇인가》, 한겨레.

Gadamer, Hans-Georg / 이길우·이선관·임호일·한동원 옮김(2000), 《진리와 방법Wahrheit
und Methode 1》, 문학동네.

Gadamer, Hans-Georg / 임홍배 옮김(2012), 《진리와 방법Wahrheit und Methode 2》, 문학동
네.

Giddens, Anthony / 김미숙 외 옮김(1998), 《현대사회학Sociology》, 을유문화사.

Ginsburg, H. and Opper, S. / 김억환 옮김(1984), 《피아제의 지적발달론Piaget's Theory of
Intellectual Development》, 성원사.

Jenkins, Keith / 최용찬 옮김(1999), 《누구를 위한 역사인가Rethinking History》, 혜안.

Joyce, Bruce and Weil, Marsha / 윤기옥·송용의·김재복 옮김(1980), 《수업모형Models of
Teaching》, 형설출판사.

Kant, Immanuel / 백종현 옮김(2009), 《판단력비판Kritik der Urteilskraft》, 아카넷.

Kaye, Harvey J. / 오인영 옮김(2004), 《과거의 힘: 역사의식, 기억과 상상력The Powers of the Past: Reflections on the Crisis and the Promise of History》, 삼인.

Lücke, Martin and Zündorf, Irmgard / 정용숙 옮김(2020), 《공공역사란 무엇인가Einfuhrung in die Public History》, 푸른역사.

Mandelbaum, Maurice / 임희완 옮김(1987), 《역사지식의 해부The Anatomy of Historical Knowledge》, 집문당.

McPeck, J. E. / 박영환·김공하 옮김(1989), 《비판적 사고와 교육Critical Thinking and Education》, 배영사.

Mills, Charles Wright / 강희경·이해찬 옮김(2004), 《사회학적 상상력The Sociological Imagination》, 돌베개.

Ryle, Gilbert / 이한우 옮김(1994), 《마음의 개념The Concept of Mind》, 문예출판사.

Schieder, Theodor / 임채원·김상태 옮김(1987), 《역사학입문Geschichte als Wissenschaft: eine Einführung》, 새문사.

Wenzel, Christian Helmut / 박배형 옮김(2012), 《칸트미학: 주요 개념과 문제들An Introduction to Kant's Aestetics: Core Concepts and Problems》, 그린비.

White, Hayden / 천형균 옮김(1991), 《메타역사: 19세기 유럽의 역사적 상상력Meta History: The Historical Imagination in Nineteenth Century Europe》, 문학과지성사.

Allender, Tim, Clark, Anna and Parkes, Robert. eds.(2019), *Historical Thinking for History Teachers - A New Approach to Engaging Students and Developing Historical Thinking*, Sydney: Allen & Unwin.

Atkinson, R. F.(1978), *Knowledge and Explanation in History*, London: Macmillan Press Ltd.

Barton, Keith C. and Levstik, Linda S.(2004), *Teaching History for the Common Good*, Mahwah, NJ: Lawrence Erlbaum Associates, Publishers.

Berg, Christopher C. and Christou, Theodore M. eds.(2020), *The Palgrave Handbook of History and Social Studies Education*, Cham, Switzerland: Palgrave Macmillan.

Birt, David and Nichol, Jon(1975), *Games and Simulations in History*, London: Longman.

Burston, W. H.(1972), *Principles of History Teaching* (2nd edn.), London: Methuen Educational Ltd.

Burston, W. H. and Green, C. W. eds.(1972), *Handbook for History Teacher* (2nd edn.), London: Methuen Educational Ltd.

Burston, W. H. and Thompson, D. eds.(1967), *Studies in the Nature and Teaching of*

History, London: Loutledge & Kegan Ltd.

Carr, E. H.(1961), *What is History*, London, Macmillan and Co Ltd. (published in Seoul).

Clark, Leonard H.(1973), *Teaching Social Studies in Secondary Schools*, New York: Macmillan Publishing Co. Inc.

Collingwood, R. G.(1938), *The Principle of Art*, Oxford: The Clarendon Press.

Collingwood, R. G.(1939), *Autobiography*, Oxford: Oxford University Press.

Collingwood, R. G.(1961), *The Idea of History*, Oxford: Oxford University Press.

Coltham, J. A. and Fines, John(1971), *Educational Objectives for the Study of History*, London: Historical Association.

Commager, H. S.(1965), *The Nature and the Study of History*, Columbus, Ohio: Charles E. Merril Books, Inc.

Davis, Jr., O. L., Yeager, Elizabeth A. and Foster, Stuart J. eds.(2001), *Historical Empathy and Perspective Taking in the Social Studies*, Langham: Rowman & Littlefield Publishers, Inc.

Department of Education and Science(1985), *History in the Primary and Secondary Years*.

Dewey, John(1933), *How We Think*, Boston: Heath and Company.

Dickinson, A. K. and Lee, P. J. eds.(1978), *History Teaching and Historical Understanding*, London: Heinemann.

Dickinson, A. K., Lee, P. J. and Rogers, P. J. eds.(1984), *Learning History*, London: Heinemann.

Dilthey, Wilhelm(1914), *Einleitung in die Geisteswissenschaften. Versuch einer Grundlegung für das Studium der Gesellschaft und der Geschichte. Erster Band*, hrsg. von Bernhard Groethuysen(*Gesammelte Schriften*, Bd.1, 1958).

Dilthey, Wilhelm(1927), *Der Aufbau der Geschichtlichen Welt in den Geisteswissen-schaften*, hrsg. von Bernhard Groethuysen(*Gesammelte Schriften*, Bd.7, 1958).

Dray, William(1957), *Laws and Explanation in History*, Oxford: Clarendon Press.

Dray, William(1964), *Philosophy of History*, Englewood Cliffs, N.J.: Prentice Hall, Inc.

Egan, Kieran and Nadaner, Dan eds.(1988), *Imagination and Education*, Milton Keynes: Open University Press.

Elton, G. R.(1969), *The Practice of History*, Fontana: Collins.

Ercikan, K. and Seixas P. eds.(2015), *New Directions in Assessing Historical Thinking*, New York: Routledge.

Evans, Jack M. and Brueckner, Martha M.(1990), *Elementary Social Studies: Teaching for the Today and Tomorrow*, Boston: Allyn and Bacon, inc.

Fairfield, Paul(2022), *Historical Imagination – Hermeneutics and Cultural Narrative*, Langham: Rowman & Littlefield.

Fischer, D. H.(1970), *Historian's Fallacies*, New York: Harper & Row Publishers.

Furlong, E. J.(1961), *Imagination*, London: Allen & Allen Unwin Ltd.

Garvey, Brian and Krug, Mary(1977), *Models of History Teaching in the Secondary School*, Oxford: Oxford University Press.

Gilbert, K. E. and Kuhn, Helmut(1972), *A History of Esthetics*, New York: Dover Publications, Inc.

Gorman, Jonathan(2017), *Historical Judgment – The Limits if Historiographical Choice*, London: Routledge.

Gottschalk, Louis(1951), *Understanding History* (2nd edn.), New York: Alfred A. Knopf.

Gottschalk, Louis ed.(1963), *Generalization in the Writing of History*, Chicago: The University Press.

Gove, P. B. ed. in chief(1981), *Webster's Third International Dictionary*, Springfield, Massachusetts: Merrian-Webster, Inc.

Gunning, Dennis(1978), *The Teaching of History*, London: Croom Helm.

Hughes-Warrington, Marnie(2003), *How Good and Historian Shall I Be?*, Exeter: Imprint Academic.

Jarolimek, John(1990), *Social Studies in Elementary Education* (8th edn.), New York: Macmillan Publishing Company.

Leff, Gordon(1969), *History and the Social Theory*, London: Merlin Press.

Lévesque, Stéphane(2009), *Thinking Historically – Educating Students for the Twenty-First Century*, Toronto: University of Toronto Press.

Mandelbaum, Maurice(1977), *The Anatomy of Historical Knowledge*, Baltimore: The Johns Hopkins University Press.

Martin, Rex(1977), *Historical Explanation: Re-enactment and Practical Inference*, Itacha: Cornell University Press.

Metzger, Scott Alan and Harris, Lauren McArthur eds.(2018), *The Wiley International Handbook of History Teaching and Learning*, New York: Wiley-Blackwell.

Michaelis, John U.(1980), *Social Studies for Children: A Guide to Basic Instruction* (7th ed.), Englewoods, Cliffs, New Jersy: Prentice-Hall, Inc.

Morris, Ronald Vaughan(2012), *History and Imagination –Reenactment for Elementary Social Studies*, Langham: Rowman & Little Education.

Nagel, Ernst(1961), *The Structure of Science: Problems in the Logic of Science Explanation*, New York: Harcourt, Brace & World, Inc.

National Center for History in the Schools(1996), *National Standards for History* (Basic Edition).

Nettler, Gwynn(1970), *Explanation*, New York: McGraw-Hill Company.

Nichol, Jon(1980), *Simulation in History Teaching*, London: Historical Association.

Nichol, Jon ed.(1980), *Development in History Teaching: Perspective 4*, Exeter: School of Education, University of Exeter.

Noland, James R. L.(2010), *Imagination and Critique – Two Rivals of Historical Inquiry*, Richmond: Springer.

Peel, E. A.(1965), "Intellectual Growth during Adolescence", *Educational Review*, 17(3).

Peel, E. A.(1971), *The Nature of Adolescent Judgement*, New York: Wiley-Interscience A Division of John Wiley & Sons, Inc.

Plantinga, Theodore(1980), *Historical Understanding in the Thought of Wilhelm Dilthey*, Toronto: University of Toronto Press.

Portal, Christopher ed.(1987), *The History Curriculum for Teachers*, London: The Palmer Press.

Rath, Louis E. et. al.(1986), *Teaching for Thinking* (2nd edn.), New York: Teacher's College, Columbia University.

Retz, Tyson(2018), *Empathy and History – Historical Understanding in Re-Enactment, Hermeneutics and Education*, New York: berghahn.

Rickman, H. P. ed.(1976), *Dilthey: Selected Writings*, Cambridge: Cambridge University Press.

Rogers, P. J.(1978), *The New History: Theory into Practice*, Teaching of History 44, London: Historical Association.

Ryle, Gilbert(1949), *The Concept of Mind*, N.Y.: Barns & Noble, Inc.

Ryle, Gilbert(1979), *On Thinking*, Oxford: Basil Blackwell.

School Council History 13–16 Project(1976), *A New Look at History*, Edinburgh, Holmes McDougall.

Schuncke, George M.(1988), *Elementary Social Studies: Knowing, Doing, Caring*, New York: Macmillan Publishing Company.

Seixas, Peter and Morton, Tom(2013), *The Big Six Historical Thinking Concepts*, Toronto: Nelson Education.

Servey, Richard E.(1981), *Elementary Social Studies: A Skill Emphasis*, Boston: Allyn and Bacon, Inc.

Shaftel, Fannie R. and Shaftel, George(1967), *Role Playing in the Curriculum*, Englewoood Cliffs, New Jersy: Prentice Hall, Inc.

Shemilt, Dennis(1980), *History 13-16 Evaluation Study*, Glasgow: Holmes McDougall Ltd.

Shirts, Garry R.(1974),"Simulation, Games and Related Activities for Elementary Classroom", in John Jarolimek and Huber M. Smith eds., *Readings for the Social Studies in Elementary Education*, New York: Macmillan Publishing, Co., Inc.

Southern Regional Examinations Board(1986), *Empathy in History: from Definition to Assessment*, Eastleigh: SREB.

Staley, David J.(2007), *History and Future: Using Historical Thinking to Imagine the Future*, Langham: Rowman & Littlefield Publishers, Inc.

Staley, David J.(2022), *Historical Imagination*, London: Routledge.

Stanford, Michael(1986), *The Nature of Historical Knowledge*, Oxford: Basil Blackwell.

Steele, Ian(1976), *Developments in History Teaching*, Exeter: A Wheaton & Co Ltd.

Stern, Fritz ed.(1970), *The Varieties of History: from Voltaire to the Present*, London: Macmillan and Co Ltd.

Sutherland, Magaret B.(1971), *Everyday Imagining and Education*, London: Routledge & Kegan Ltd.

Taba, Hilda(1962), *Curriculum Development*, New York: Harcourt, Brace & Woeld, Inc.

Tholfsen, Trygve R.(1967), *Historical Thinking*, New York: Harper & Row, Publishers.

Tosh, John(1984), *The Pursuit of History*, London: Longman.

Trevor-Roper, H. R.(1980), *History and Imagination*, Oxford: Oxford University Press.

Tuchman, Babara W.(1981), *Practicing History*, New York: Alfred A. Knopf.

von Wright, G. H.(1971), *Explanation and Understanding*, Itacha, N.Y.: Cornel University Press.

Vygotsky, L. S., Eugenia Hauman and Gertrude Vakarm trans.(1962), *Thought and Language*, Cambridge, Massachusetts: The M.I.T. Press.

Wadsworth, Barry J.(1989), *Piaget's Theory of Cognitive and Affective Development* (4th edn.), New York: Longman.

Warnock, Mary(1976), *Imagination*, London: Farber and Farber.

Watts, D. G.(1972), *The Learning of History*, London & Boston: Routledge & Kegan Paul.

Weinstein, Fred(1990), *History and Theory after the Fall*, Chicago: The University of

Chicago Press.

Wiener, Philip P. ed. in chief(1978), *Dictionary of the History of Idea*, Vol II, N.Y.: Charles Scribners Sons.

Wilson, Viv and Woodhouse, Jayne(1990), *History through Drama*, Teaching of History 65, London: Historical Association.

Wineburg, Sam(2001), *Historical Thinking and Other Unnatural Acts - Changing the Future of Teaching the Past*, Philadelphia Temple University Press.

藤岡信勝 編(1996),《歷史ディベート 大東亞戰爭は自衛戰爭であつた》, 東京: 明治圖書.

논문

강만길(2008),〈소설《토지》와 한국근대사〉,《한국민족운동사론》, 서해문집.

강선주(2011),〈역사 수업에서 문자 사료 읽으며 역사적으로 사고하기 방안〉,《경인교육대학교 교육논총》31(1).

길현모(1977),〈크로체의 역사이론〉, 노명식·길현모 엮음,《서양사학사론》, 법문사.

김대한(2021),〈내러티브 역사글쓰기를 통한 역사 이해〉,《청람사학》33.

김한종(1991),〈역사적 사고력의 개념과 교육적 의미〉,《이원순교수 정년기념 역사학논총》, 교학사.

김한종(1994),〈역사학습에서의 상상적 이해〉, 서울대학교 대학원 박사학위논문.

김한종(2010),〈역사교육 개념어의 용례 검토〉,《역사교육》113.

김한종(2013),〈사료내용의 전달 방식에 따른 고등학생의 역사 이해〉,《역사교육》125.

김한종(2021),〈쟁점 기반 해방 3년사 인식과 역사학습〉,《역사와 담론》97, 2021.

김한종(2023),〈내러티브적 역사 이해를 위한 역사적 상상〉,《역사교육논집》82.

김한종(2023),〈역사학습을 위한 역사적 상상의 구조와 형식〉,《역사교육》168.

김현식(2000),〈콜링우드와 오크쇼트의 구성적 역사: 유사성과 상이성〉,《한성사학》12.

김현식(2021),〈상상적 구성물로서의 역사: 콜링우드적 상상과 추론의 변증법〉,《중앙사론》54.

김희봉(2013),〈후설의 상상Phantasie 개념의 특성과 의미〉,《철학과 현상학 연구》56.

노광우·최지희(2012),〈역사 코미디 영화로서의 황산벌과 평양성〉,《영화연구》51.

박승억(2011),〈상상적 구성물로서의 역사: 콜링우드적 상상과 추론의 변증법〉,《중앙사론》54.

박한설(1984),〈후삼국의 성립〉,《한국사3(고대): 민족의 통일》, 국사편찬위원회.

박현모(2007),〈세종의 변경관과 북방영토경영 연구〉,《정치사상연구》13(1).

방지원(2006),〈역사교육의 계열화 연구〉, 한국교원대학교 대학원 박사학위논문.

방지원(2014),〈역사수업 원리로서 '감정이입적 역사이해'의 재개념화 필요성과 방향의 모색〉,《역사교육연구》20.

설혜심(2008), 〈역사학과 상상력은 어떻게 만나는가〉, 《인문과학》 88, 연세대학교 인문학연구원.

손석영(2014), 〈'민주주의'와 '역사적 사고' 사이: 150~70년대 역사교육 담론장의 형성과 '역사적 사고' 담론의 전개〉, 《연동하는 역사교육의 목표와 방법, 공과와 전망》, 2024년 역사교육학회·한국교육과정평가원 연합학술대회 자료집.

송춘영(1986), 〈역사적 사고력 신장을 위한 사료학습 방안 – 이론적 기초연구를 중심으로〉, 《이원순교수 화갑기념 사학논총》, 교학사.

신일철(1969), 〈역사적 이해의 기준문제〉, 《고려대학교논문집 – 인문사회과학》 15.

안정애(2006), 〈내러티브 교재 개발과 역사수업에의 적용〉, 《역사교육연구》 4.

양호환(1998), 〈내러티브의 특성과 역사학습에의 활용〉, 《사회과학교육》 2, 서울대학교 교육종합연구원.

양호환(2000), 〈역사학습의 인식론적 모색〉, 《역사교육》 75.

양호환(2003), 〈역사적 사고의 한계와 역사화의 가능성〉, 《역사교육》 87.

윤종필(2018), 〈역사적 사고에 대한 인식론적 고찰이 역사교육적 함의〉, 고려대학교 대학원 박사학위논문.

이규철(2022), 〈세종의 정벌은 정당한 전쟁이었는가 – 피해자와 가해자의 전도(顚倒)〉, 《역사비평》 138.

이민호(1983), 〈역사학과 역사교육〉, 《역사교육》 34.

이병련(2016), 〈독일 역사수업에서의 다원적 관점〉, 《독일연구》 32.

이상협(1999), 〈조선전기 북방 사민의 성격과 실상〉, 《성대사림》 12·13 합집.

이성재(2005), 〈역사수업에서 극화학습의 특성 및 교사의 역할〉, 《역사교육》 96 .

이해영(2007), 〈수사적 표현을 활용한 국사교과서 서술방안?〉, 《역사교육연구》 6.

이형권(1995), 〈역사적 상상력의 깊이와 넓이 – 서사시 《금강》의 세계〉, 《어문연구》 27.

이효근(2023), 〈학생의 내러티브 역량 함양을 위한 역사수업 방안 – 조선시대 세종의 정책에 관한 다원적 이해〉, 경북대학교 교육대학원 석사학위논문.

이효근(2023), 〈다원적 관점의 역사인식은 내러티브 역량의 진전을 어떻게 촉진할 수 있는가?〉, 《역사교육연구》 45.

전재원(2015), 〈실천적 추론의 연역논리적 함의〉, 《철학논총》 79(1).

정선영(1993), 〈과학적 역사설명 논리와 역사교육에의 적용〉, 서울대학교 대학원 박사학위논문.

정선영(2006), 〈역사교육 이론의 변천: 성과와 과제〉, 《역사교육》 97.

정선영(2008), 〈역사교육의 최종 목표와 역사적 통찰력〉, 《역사교육》 108.

정재욱(2012), 〈역사교육용 시뮬레이션 게임에 있어서의 사실성과 재미 요소〉, 《Journal of Integrated Design Research》 11(1).

정춘면(2016), 〈'정서 읽기'를 통한 학생의 역사 이해〉, 《역사교육연구》 25.

조한욱(2014), 〈비코와 역사적 재구성〉, 《청람사학》 23.

최상훈(2000), 〈역사적 사고력의 학습 및 평가방안〉, 서울대학교 대학원 박사학위논문.
최상훈(2000), 〈역사적 사고력의 하위범주와 역사학습 목표의 설정방안〉, 《역사교육》 73.
한경자(1997), 〈역사적 이해 신장을 위한 역사교과 내용구성 방안〉, 서울대학교 대학원 박사
학위논문.

Booth, Martin(1980), "A Recent Research Project into Children's Historical Thinking and
Its Implications for History Teaching", in Jon Nichol ed., *Development in History
Teaching: Perspective 4*, Exeter: School of Education, University of Exeter.
Booth, Martin(1983), "Skills, Concepts and Attitudes", *History and Theory*, 22(4).
Bruner, J. S.(1985), "Narrative and Paradigmatic Modes of Thought", in Elliot Eisner ed.,
Learning and Teaching the Ways of Knowing, Chicago: The University of Chicago
Press.
Collingwood, R. G.(1965), "The Philosophy of History", in William Debbins ed., *R. G.
Collingwood: Essays in the Philosophy of History*, N.Y.: McGraw-Hill Company.
Collingwood, R. G.(1965), "Nature and Aims of a Philosophy of History", in William
Debbins ed., *R. G. Collingwood: Essays in the Philosophy of History*, N.Y.: McGraw-
Hill Company.
Colwill, Ian and Burns, Maureen(1989), *Coursework in GCSE(History): Planning and
Assessment*, London: Hodder & Stoughton.
Crabtree, Charotte(1967), "Supporting Reflective Thinking in the Classroom", in Jean
Fair and F. R. Shaftel eds., *Effective Thinking in the Social Studies*, Washington:
NCSS.
Debbins, William(1965), "Introduction", in William Debbins ed., *R. G. Collingwood:
Essays in the Philosophy of History*, N.Y.: McGraw-Hill Book Company.
deSilva, W. A.(1972), "The Formation of Historical Concepts through Contextual Cues",
Educational Review, 24(3).
deVries, Willem A.(1983), "Meaning and Interpretation in History", *History and Theory*,
22(3).
Dray, William(1963), "Historical Explanation of Action Reconsidered", in Sidney Hook
ed., *Philosophy of History: A Symposium*, New York: New York University Press.
Giles, P. and Neal, G.(1983), "History Teaching Analysed", in Jon Fines ed., *Teaching
History*, Edinburgh: Holmes, McDougall.
Gudmundsdottir, Sigrun(1995), "The Narrative Nature of Pedagogical Content
Knowledge", in Hunter McEwan and Kieran Egan eds., *Narrative in Teaching,
Learning, and Research*, New York: Teachers College, Columbia University.

Hallam, R. N.(1967), "Logical Thinking in History", *Educational Review*, 19(3).

Hallam, R. N.(1970), "Piaget and Thinking in History", in Martin Ballard ed., *New Movements in the Study and Teaching of History*, Bloomington: Indiana University Press.

Hallam, R. N.(1979), "Attempting to Improve Logical Thinking in School History", *Research in Education*, 21.

Hirst, Paul Q.(1985), "Collingwood, Relativism and Purpose of History", in *Marxism and Historical Writing*, London: Routledge & Kegan Paul.

Honeybone, Michael(1971), "The Development of Formal Historical Thought in Schoolchildren", *Teaching History*, 2(6).

Ivic, Sanja(2022), "The Role of Imagination in Understanding the Historical Past", *Analítica*, 2.

Jackson, Phillip W.(1995), "On The Place of Narrative in Teaching", in Hunter McEwan and Kieran Egan eds., *Narrative in Teaching, Learning, and Research*, New York: Teachers College Press, Columbia University.

Karn, Sara(2023), "Historical Empathy: A Cognitive-Affective Theory for History Education in Canada", *Canadian Journal of Education*, 46(1).

Kracht, J. B. and Martorella, P. H.(1976), "Simulation and Inquiry Models in Action", in P. H. Martorella ed., *Social Studies Strategies: Theory into Practice*, New York: Harper & Row Publishers, Inc.

Lee, P. J.(1983), "History Teaching and Philosophy of History", *History and Theory*, 22(4).

Lemisco, Lynn S.(2004), "The Historical Imagination: Collingwood in the Classroom", *Canadian Social Studies*, 38(2).

Leyden, Wolfgan von(1984), "Categories of Historical Understanding", *History and Theory*, 23(1).

Little, Vivienne(1983), "What is Historical Imagination", *Teaching History*, 36.

Meretoja, Hanna(2016), "Exploring the Possible: Philosophical Reflection, Historical Imagination, and Narrative Agency", *Narrative Works: Issues, Investigations, & Intervention*, 6(1).

Mink, Louis(1966), "The Autonomy of Historical Understanding", *History and Theory*, 5(1).

Mink, Louis(2001), "Narrative Form as a Cognitive Instrument", in Geoffrey Robert ed., *The History and Narrative Reader*, London: Routledge.

Monahan, W. George(2002), "Acting out Nazi: A Role-Play Simulation for the History

Classroom", *Teaching History*, 27(2).

Morrisett, Irving(1966), "The New Social Science Curricula", in Irving Morrisett ed., *Concepts and Structure in the New Social Science Curricula*, West, Lafayette: Social Science Education Consortium, Inc.

Nadaner, Dan(1988), "Visual Imagery, Imagination, and the Education", in Kieran Egan and Dan Nadander eds., *Imagination and Education*, Milton Keynes, Buckinghamshire: Open University Press.

Nadel, G. H. ed.(1983), "The Philosophy of History Teaching", *History and Theory*, 22(4).

Nichol, Jon(1972), "Simulation and History Teaching – Trade and Discovery, A History Games for Use in Schools", *Teaching History*, 2(7).

Nichol, Jon(1980), "History Teaching, the Historian's Evidence and Pupil's Historical Understanding", in Jon Nichol ed., *Development in History Teaching: Perspective 4*, Exeter: School of Education, University of Exeter.

Nicholls, W. H.(1980), "Children's Thinking in History: Watts Model and its Appropriateness" in Jon Nichol ed., *Developments in History Teaching: Perspective 4*, Exeter: School of Education, University of Exeter.

Orlandi, Lisanio R.(1971), "Evaluation of Learning in Secondary School Social Studies", in B. S. Bloom, S. Thomas Hastings and G. F. Madaus eds., *Handbook on Formative and Summative Evaluation of Student Learning*, New York: McGraw-Hill, Inc.

Parfitt, Matthew(2001), "Critical Thinking and the Historical Imagination", Paper presented at the Annual Meeting of the Conference on College Composition and Communication 52nd, Denver, CO, March 14–17. ED 451 518.

Passmore, John(1987), "Narratives and Events", *History and Theory*, 26(4).

Portal, Christopher(1983), "Empathy as an Aim for Curriculum: Lessons from History", *Journal of Curriculum Studies*, 15(3).

Rantala, J., Manninen, M. and van den Berg, Marko(2015), "Stepping into Other People's Shoes Proves to be a Difficult Task for High School Students: Assessing Historical Empathy through Simulation Exercise", *Journal of Curriculum Studies*, 48(3).

Roberts, Martin(1972), "Educational Objectives for the Study of History", *Teaching History*, 2(8).

Scott, Kathryn P.(1991), "Achieving Social Studies Affective Aims: Values, Empathy and Moral Development", in James P. Shaver ed., *Handbook of Research on Social Studies Teaching and Learning*, New York: Macmillan Publishing Company.

Slater, John(1978), "Why History", *Trends in Education*, 1978(Spr).

Stockley, David(1983), "Empathetic Reconstruction in History and History Teaching", *History and Theory*, 22(4).

Topolsky, Jeretz(1998), "The Structure of Historical Narratives and the Teaching of History", in James F. Voss and Mario Carretero eds., *Learning and Reasoning in History*, London: Routledge Falmer.

Vansledright, Bruce and Brophy, Jere(1992), "Storytelling, Imagination, and Fanciful Elaboration in Children's Historical Reconstructions", *American Educational Research Journal*, 29(4).

Watts, D. G.(1971), "Environmental Studies, Perception and Judgement", *General Education*, 16.

Wentworth, D. R. and Lewis, D. R.(1973), "A Review of Research on Instructional Games and Simulations in Social Studies", *Social Education*, 35(1).

White, Hayden(1984), "The Question of Narrative in Contemporary Historical Theory", *History and Theory*, 23(1).,

Zeleny, L. D. and Gross, R. E.(1960), "Dyadic Role-Playing of Controversial Issues", *Social Education*, 24(12).

坂井俊樹(1996), 〈역사교과서를 둘러싼 교육·사회 상황 – 일본에서의 '새로운 역사교과서 공세'의 대두〉, 《세계화시대의 역사학과 역사교육》, 제7차 국제역사교과서 학술회의.

교과서

교육과학기술부(2010), 《사회 5-1》, 천재교육.

국사편찬위원회 국정서편찬위원회(2006), 《고등학교 국사》, 교육인적자원부.

국사편찬위원회 1종도서편찬위원회(2002), 《중학교 국사》, 교육인적자원부.

김덕수 외(2018), 《고등학교 세계사》, 천재교육.

김덕수 외(2020), 《중학교 역사 2》, 천재교육.

김형종 외(2014), 《고등학교 세계사》, 금성출판사.

김형종 외(2020), 《중학교 역사 1》, 금성출판사.

도면회 외(2020), 《고등학교 한국사》, 비상교육.

박근칠 외(2020), 《중학교 역사 1》, 지학사.

박근칠 외(2020), 《중학교 역사 2》, 지학사.

박중현 외(2020), 《고등학교 한국사》, 해냄에듀.

송호정 외(2020), 《고등학교 한국사》, 지학사.

조한욱 외(2013), 《중학교 역사 1》, 비상교육.

주진오 외(2013), 《중학교 역사 1》, 천재교육.

차영남·박영철·김광수·오영철(2013), 《조선력사(초급중학교 1학년용)》, 교육도서출판사.

최병택 외(2020), 《고등학교 한국사》, 천재교육.

최준채 외(2020), 《고등학교 한국사》, 금성출판사.

한철호 외(2020), 《고등학교 한국사》, 미래엔.

인터넷 사이트

〈국어사전〉, 네이버 사전(https://ko.dict.naver.com).

〈두산백과〉, 네이버 지식백과(https://terms.naver.com).

〈함께 만드는 수업〉, 전국역사교사모임(https://www.akht21.org).

The Historical Thinking: Historical Thinking Concept Templates(https://historical
thinking.ca/historical-thinking-concept-templates).

찾아보기

역사적 상상과 역사교육

1판 1쇄 2024년 12월 14일

지은이 | 김한종

펴낸이 | 류종필
편집 | 권준, 이정우, 이은진
경영지원 | 홍정민
교정교열 | 오효순
표지 디자인 | 석운디자인
본문 디자인 | 박애영

펴낸곳 | (주)도서출판 책과함께
　　　　주소 (04022) 서울시 마포구 동교로 70 소와소빌딩 2층
　　　　전화 (02) 335-1982
　　　　팩스 (02) 335-1316
　　　　전자우편 prpub@daum.net
　　　　블로그 blog.naver.com/prpub
　　　　등록 2003년 4월 3일 제2003-000392호

ISBN 979-11-94263-18-0 93900